ACCESO GRATIS ***a la Lectura en la Nube***

Para visualizar el libro electrónico en la nube de lectura envíe junto a su nombre y apellidos una fotografía del código de barras situado en la contraportada del libro y otra del ticket de compra a la dirección:

ebooktirant@tirant.com

En un máximo de 72 horas laborales le enviaremos el código de acceso con sus instrucciones.

Salud colectiva y la determinación social de la salud

Procedimiento de selección de originales, ver página web:
www.tirant.net/index.php/editorial/procedimiento-de-seleccion-de-originales

Jaime Breilh Paz y Miño
Ylonka Tillería Muñoz
Coordinadores

Salud colectiva y la determinación social de la salud

tirant humanidades
Bogotá D.C., 2024

En caso de erratas y actualizaciones, la Editorial Tirant lo Blanch publicará la pertinente corrección en la página web www.tirant.com

Salud colectiva y la determinación social de la salud / Coodinadores: Jaime Breilh Paz y Miño e Ylonka Tillería Muñoz. -- Bogotá: Tirant Humanidades, 2024.
386 páginas: mapas, gráficas.
Incluye referencias bibliográficas.
ISBN: 978-84-1183-063-8
1. Salud pública. 2. Servicios de salud para la comunidad. 3. Política nutricional. 4. Salud ocupacional. I. Breilh Paz y Miño, Jaime, coordinador. II. Tillería Muñoz, Ylonka, coodinadora. III. Autores.
LC: RA425
CDD: 353.5 ed. 23
Catalogación en publicación de la Biblioteca Carlos Gaviria Díaz

© Universidad Andina Simón Bolívar, Sede Ecuador
Toledo 22-80 • Quito, Ecuador
Teléfonos: (593 2) 322 8085, 299 3600 • Fax: (593 2) 322 8426
www.uasb.edu.ec • uasb@uasb.edu.ec
ISBN UASB-E: 978-9942-641-33-5

© TIRANT LO BLANCH
EDITA: TIRANT HUMANIDADES
Calle 11 # 2-16 (Bogotá D.C.)
Telf.: 4660171
Email: tlb@tirant.com
Librería virtual: www.tirant.com/co/
ISBN: 978-84-1183-063-8

La versión original del texto que aparece en este libro fue sometida a un proceso de revisión por pares, conforme a las normas de publicación de la Universidad Andina Simón Bolívar, Sede Ecuador, y de esta editorial.

Si tiene alguna queja o sugerencia, envíenos un mail a: *atencioncliente@tirant.com*. En caso de no ser atendida su sugerencia, por favor, lea en *www.tirant.net/index.php/empresa/politicas-de-empresa* nuestro procedimiento de quejas.

Responsabilidad Social Corporativa: *http://www.tirant.net/Docs/RSCTirant.pdf*

Índice

Prefacio 11

Jaime Breilh Paz y Miño e Ylonka Tillería Muñoz

CRÍTICA AL SISTEMA DE SALUD HEGEMÓNICO **17**

Capítulo 1

Salud, un tejido de energías vitales determinado socialmente 19

José Luis Coba Carrión

Capítulo 2

Valor de uso y producción de salud 49

Jacqueline Ponzo Gómez

Capítulo 3

Multidimensionalidad y complejidad de la enseñanza de la alimentación: Determinación social de la práctica pedagógica y discursiva 83

Diana Carolina Ocampo

MODO DE VIVIR, TRABAJO,CONSUMO Y SALUD **121**

Capítulo 4

Crítica transdisciplinaria de la economía, ambiente y salud colectiva en el abordaje de los patrones de consumo alimentario... 123

Mónica Izurieta Guevara

Capítulo 5

El proceso de trabajo en salud del colectivo de enfermería en pandemia: Perspectiva desde la determinación social 145

Juan Pablo Velasco Moncayo
María Marta Nolasco Chaves

SALUD COLECTIVA, TERRITORIOS EN CRISIS Y DESPOJO 165

Capítulo 6
Inequidad social y desigualdades espaciales en la tenencia de la tierra bananera y su impacto sobre la salud en la Costa sur ecuatoriana 167

Giannina Zamora Acosta

Capítulo 7
Las cicatrices de la determinación social en el estado nutricional 193

David Acurio Páez

Capítulo 8
La determinación social de la salud colectiva del despojo de tierras y territorios en Colombia: Dinámicas y disputas geográficas.. 221

Natalia Paredes Hernández

SISTEMA AGRARIO, METABOLISMO Y SALUD COLECTIVA 253

Capítulo 9
Evaluación de las 4 "S" en los espacios agrarios: El paradigma de la determinación social en la propuesta de un sistema de evaluación crítico e intercultural 255

Doris Guilcamaigua Paztuña

Capítulo 10
Recorrido histórico por la legislación sobre la evaluación de impacto ambiental (EIA) a nivel global y nacional 289

Orlando Felicita Nato

Capítulo 11
Metabolismo social de los sistemas agrarios industriales y agroecológicos: En búsqueda de un desarrollo rural sustentable 313

Ronnie Lizano Acevedo
María Fernanda Solíz Torres

Capítulo 12
El cálculo del consumo real del agua como técnica de análisis del metabolismo sociedad-naturaleza en la determinación social de la salud. Caso de estudio: Producción florícola en la subcuenca del río Pisque 335

Renato Sánchez Proaño

Capítulo 13
"Canibalismo agrícola" del capital a una "praxis fundante" en la producción de cacao y chocolate en Ecuador 353

Hugo Zumárraga Suárez

Sobre los autores 381

Prefacio

El programa doctoral en Salud Colectiva, Ambiente y Sociedad de la Universidad Andina Simón Bolívar, Sede Ecuador (UASB-E), concluyó en el año 2021 su segunda cohorte y se encuentra a las puertas de iniciar una tercera generación.

La aparición de nuestro programa —primer doctorado en salud del país y espacio académico pionero de la salud colectiva en Ecuador— ha sido reconocido en los foros especializados como un hecho histórico en la construcción de un nuevo pensamiento científico universitario en el campo de la salud. No se trata de un remozamiento de la salud pública, sino de la implementación de un profundo cambio que abarca tanto la transformación de las bases teórico-epistemológicas, de los fundamentos metodológicos e instrumentales, como la de los principios de una acción integral en salud.

El desafío de romper los moldes convencionales de la salud pública institucional y, también, del modelo hegemónico farmobiomédico[1] ha constituido un proceso exitoso y aleccionador. Varias décadas de un trabajo creativo, tanto en lo que se refiere al cambio de los basamentos teórico-metodológicos como a las líneas de acción, encarnó en América Latina el surgimiento desde fines del siglo XX de grupos de académicos, investigadores y gestores inspirados en una reforma universitaria profunda. Un camino arduo de innovación y de construcción orientado a pensar y repensar los principios y términos concretos de un nuevo campo: la salud colectiva. Hemos logrado plasmar un robusto nuevo horizonte de visibilidad científica, cultural y política. Proceso estrechamente ligado a la formación y de la Asociación Latinoamericana de

1. El término *farmobiomédico* se refiere al creciente proceso de medicalización de eventos de la vida cotidiana que son tratados desde una perspectiva médica hegemónica.

Medicina Social-Salud Colectiva (ALAMES); construcción en la que núcleos ecuatorianos desempeñaron un papel protagónico.

Si la existencia de un doctorado de pensamiento integral y crítico, que encarnara esa nueva visión e ideales, era importante en los años postreros del siglo XX, lo es mucho más en el siglo XXI; tiempo histórico del más peligroso y agresivo hiperneoliberalismo, basado en la convergencia de usos productivistas codiciosos de las nuevas tecnologías guiadas hacia la aceleración y concentración de riqueza. Una base económica orientada a la expansión y diversificación del extractivismo, que se consuman tanto en las formas convencionales petrolero-mineras y agroindustriales, como más recientemente en las formas de extractivismo de base cibernética. Una base material de acumulación privada, que, para reproducirse, se apoya tanto en el crecimiento exponencial de inequidad y desigualdades sociales como en la consolidación de un modo civilizatorio atravesado por un extremo individualismo, el descarrilamiento de la ética y la institucionalidad.

En esas condiciones, nuestro programa de doctorado marca un camino distinto para las actuales ciencias de la salud y de la vida, reafirmando una escuela o tradición centenaria de la ciencia crítica de la salud latinoamericana y apoyándose en lo más avanzado del conocimiento contemporáneo.

Los ensayos doctorales que conforman este libro cubren un amplio y valioso espectro de problemas de la salud colectiva y tienen como uno de sus ejes vertebradores la teoría de la determinación social de la salud. Una teoría de fuerte impronta nacional que se ha construido desde la década de los 70 en la interface: las teorías críticas del espacio, la sociedad y la cultura; la aplicación a la salud de las ciencias sociales como la economía política, la sociología, la antropología y comunicación críticas de la salud y las ciencias críticas sobre el metabolismo sociedad-naturaleza y los ecosistemas.

Los coordinadores hemos clasificado los ensayos en cuatro grupos definidos según su mayor afinidad temática. El primer grupo lo hemos llamado "Crítica al sistema de salud hegemónico" y está compuesto por los ensayos descritos a continuación.

El texto "Salud, un tejido de energías vitales determinado socialmente", de José Luis Coba Carrión, con su inédita construcción transdisciplinaria e intercultural sobre la energía vital, complementando la epidemiología crítica con una visión actualizada del pensamiento chino.

El capítulo de Jacqeline Ponzo, "Valor de uso y producción de salud", ofrece una interpretación renovada de la espacialidad y la determinación de la salud en el territorio de Migues (Canelones), Uruguay.

El texto "Multidimensionalidad y complejidad de la enseñanza de la alimentación: Determinación social de la práctica pedagógica y discursiva", de Diana Carolina Ocampo, profundiza y redefine el origen y orientación de las políticas alimentarias en Colombia y propone una salida innovadora.

El segundo grupo lo denominamos "Modo de vivir, trabajo, consumo y salud" y está conformado por los siguientes textos.

El capítulo "Crítica transdisciplinaria de la economía, ambiente y salud colectiva en el abordaje de los patrones de consumo alimentario: Aproximación teórica", de Mónica Izurieta Guevara, explica el cambio histórico de los modos de alimentación, los estilos alimentarios que derivan de las nuevas relaciones bajo el neoliberalismo y el papel de las grandes empresas.

El texto "El proceso de trabajo en salud del colectivo de enfermería en pandemia: Perspectiva desde la determinación social", de Juan Pablo Velasco Moncayo y María Marta Nolasco Chaves, que aplica un visión renovada de la llamada "salud ocupacional", y especialmente de la integridad y patrones de vulnerabilidad acaecidos en los agraviantes tiempos de pandemia.

El tercer grupo se llama "Salud colectiva, territorios en crisis y despojo" y lo componen las siguientes reflexiones.

El capítulo "Inequidad social y desigualdades espaciales en la tenencia de la tierra bananera y su impacto sobre la salud en la Costa sur ecuatoriana", de Giannina Zamora Acosta, que aplica la geografía crítica de la salud para explicar la espacialidad de la salud humana y de los ecosistemas a partir de la transformación y expansión del extractivismo agroindustrial.

El texto "Las cicatrices de la determinación social en el estado nutricional", de David Acurio Páez, que introduce el paradigma integral de la epidemiología crítica de la alimentación para explicar su desarrollo histórico y espacialidad actual en la ciudad de Cuenca, Ecuador generando a la par, una nueva visión de esa urgente problemática.

El capítulo "La determinación social de la salud colectiva del despojo de tierras y territorios en Colombia: Dinámicas y disputas geográficas", de Natalia Paredes Hernández, expone una visión profunda y pionera de las consecuencias en salud del proceso de despojo, con su secuencia demoledora del bienestar y salud en los territorios y grupos sociales afectados.

Finalmente, el cuarto grupo, "Sistema agrario, metabolismo y salud colectiva", está conformado por los siguientes aportes.

El texto "Evaluación de las 4 "S" en los espacios agrarios: El paradigma de la determinación social en la propuesta de un sistema de evaluación crítico e intercultural", de Doris Guilcamaigua Paztuña, que introduce una lógica de sistematización y evaluación innovadora de los procesos agrarios, introduciendo un modelo distinto que permite aquilatar integralmente y con precisión los reales avances de la agricultura de la vida.

El capítulo "Recorrido histórico por la legislación sobre evaluación de impacto ambiental (EIA) a nivel global y nacional", de Orlando Felicita Nato, que contribuye con una visión innovadora de la toxicología crítica y un inventario crítico de la normativa nacional e internacional, para desentrañar su verdadero valor para proteger la vida en nuestros territorios.

El texto "Metabolismo social de los sistemas agrarios industriales y agroecológicos: En búsqueda de un desarrollo rural sustentable", de Ronnie Lizano Acevedo y Fernanda Solíz Torres, que ofrece una explicación innovadora de la mirada crítica sobre la huella ecológica respecto a la salud.

El capítulo "El cálculo del consumo real del agua como técnica de análisis del metabolismo sociedad-naturaleza en la determinación social de la salud. Caso de estudio: Florícola de la subcuenca del río Pisque", de Renato Sánchez Proaño, que ofrece una reformulación muy creativa e innovadora de las formas y magnitudes de uso y manejo del agua desde su determinación social y su relación con los modelos agroproductivos.

El ensayo "'Canibalismo agrícola' del capital a una 'praxis fundante' en la producción de cacao y chocolate en Ecuador", de Hugo Zumárraga Suárez, estudio que articula el paradigma de la determinación social con un conjunto de herramientas para evaluar las etapas de la producción cacaotera, el desarrollo efectivo o no, de una trazabilidad que asegure una producción de calidad, sustentable a la par que frutos seguros.

Cada uno de los trabajos sintetiza los rigurosos y cuestionadores hallazgos científicos de un grupo valioso de científicos que, más allá de cumplir a plenitud con los requisitos de la rigurosidad doctoral, se asumen como orgánicos, inmersos en una ciencia profundamente vinculada a la construcción de un mundo saludable y equitativo.

Como coordinadores de esta obra, nos sentimos muy orgullosos de que nuestro programa doctoral haya logrado producir estudios que ofrecen un amplio y potente panorama de nuevas ideas, metodologías e instrumentos, que sirven para seguir reafirmando la promoción de espacios y modos de vivir saludables.

Por la oportunidad que nuestra querida universidad nos da para construir este nuevo pensamiento, agradecemos a sus autoridades y a su Comité de Publicaciones, por haber acogido y publicado este importante esfuerzo.

Jaime Breilh Paz y Miño e Ylonka Tillería Muñoz
Coordinadores

CRÍTICA AL SISTEMA DE SALUD HEGEMÓNICO

Capítulo 1

Salud, un tejido de energías vitales determinado socialmente

José Luis Coba Carrión

INTRODUCCIÓN

La salud es un *continuum* dialéctico y relacional que se despliega, deviene y entreteje dentro de contextos de diversa naturaleza, individuales, particulares y generales, y entre escenarios protectores o destructivos determinados por la unidad histórico-social. Para entender la salud como proceso, no es suficiente salir de la zona de certezas que observa la realidad como si estuviera constituida por relaciones solamente binarias que transitan entre polaridades, como economía y política, individuo y Estado y mente y cuerpo, u oscilan entre lo racional y lo "no racional".

Las múltiples dimensiones de la salud se entremezclan, intergeneran, oponen y complementan formando un tejido complejo que, a diferencia de la salud positivista, no se puede congelar en un tiempo lineal ni en un espacio exclusivamente cartesiano. La salud como proceso no puede ser reducida a miradas simplemente objetivas, deductivas o inductivas y tampoco puede ser abstraída de su contexto. La salud es el fruto de procesos de determinación histórico-social que, para su comprensión, demanda el ejercicio de sentipensarla desde un saber, sentir, hacer y ser que nos impulse a entenderla en sus formas de organización, movimiento y transformación; así como en su interculturalidad, espacialidad, temporalidad y relacionalidad.

Orlando Fals Borda (2008, 4:46-5:21) habla del concepto "sentipensar", comprendiéndolo como la capacidad de ser anfibio, en el sentido de no quedarse atado a un solo espacio; utilizar variados recursos y combinar las artes que la gente tiene y que le permite actuar con el corazón, pero al mismo tiempo con la cabeza. Cuando se actúa con una sabiduría que no separa, sino que integra, se es sentipensante. Sentipensar es una expresión que Fals Borda tomó de la comunidad de San Benito Abad, Colombia. El sentipensar ayuda a entender la existencia como una experiencia relacional o como un entramado de realidad(es) materiales e inmateriales que se oponen y se complementan, se apoyan y se sustentan en una reciprocidad heterárquica. Sentipensar, desde la perspectiva que adopta este ensayo, es una invitación a no seguir enfocado en el relato de la cosmovisión; ni en el dualismo positivista constructor de binarismos naturalizados para aparentar neutralidad.

El sentipensar es una forma de conocer que interpela la comprensión monocultural y es un recurso más para cuestionar el modo unívoco de conocer, que, en salud, replica las fronteras que separan y rompen la continuidad entre entes que nunca estuvieron separados. El sentipensar es una estrategia para que en los ámbitos académicos, sociales, políticos y culturales se integren escenarios diversos, tópicos ausentes, actoras y actores silenciados y saberes subalternizados por las jerarquías existentes. El sentipensar, además, es una posibilidad para construir conocimiento desde un pensamiento otro[1] y emigrar hacia lugares de enunciación críticos y emancipadores.

El pensamiento otro, de acuerdo a Khatibi (1983, 19 citado en Mignolo 2003, 132), se refiere a un modo de sentir y de pensar "que no se inspira en sus propias limitaciones y que no aspira a dominar y humillar; un modo de pensar que es universalmente marginal, fragmentario y no consumado; y como tal, es un modo de pensar que por ser universalmente marginal y fragmentario no es etnocida".

1. "Abdelkebir Khatibi (2001) pensador marroquí, precisa el pensamiento otro como "el de no retorno a la inercia de los fundamentos de nuestro ser' y que se constituye en un 'diálogo con las transformaciones planetarias', de esta forma lo otro no es un agregado al proyecto hegemónico sino una interpelación o disrupción desde locus de enunciación diferentes al proyecto hegemónico. Lo otro en este caso no es un proyecto alternativo, sino una alter-activa frente a la modernidad" (Albán Achinte 2012, 25).

El pensamiento otro desnaturaliza el condicionamiento epistémico; "cuestiona los términos de la conversación, construye un pensamiento crítico que parte de las experiencias marcadas por la colonialidad" (Walsh 2005, 21). En la reflexión crítica de la salud como proceso, el pensamiento otro funciona como un ejercicio emancipador que emerge desde la periferia de la academia funcional al sistema; tiene la capacidad de construir diálogos con otras narrativas; no se detiene ante lo establecido como verdad acabada y activa enriquecimientos y legitimaciones de las interpretaciones simbólicas, objetivas y subjetivas nacidas en paradigmas que no reproducen el control de la matriz de conocimiento en las interpretaciones del mundo.

Para sentipensar la salud como un proceso es necesario derrumbar los condicionamientos e imposiciones emanadas de la matriz de poder y superar el sujetamiento a los espacios cartesianos; entendidos como la representación de la escisión entre "naturaleza y sociedad, una división que descarta por completo la relación milenaria entre seres, plantas y animales como también entre ellos, los mundos espirituales y los ancestros" (Walsh 2007, 106). Es necesario, además, desengancharse de las categorías que se erigen como portadoras de supuestos universalismos que privilegian una sola visión del mundo: la cosmovisión. Es prioritario cuestionar los términos que sostienen una sola forma de conocer moderna y eurocéntrica y traer al diálogo otras dimensiones y otros pensamientos que no se detienen en los límites del positivismo.

LA ENFERMEDAD COMO HECHO BIOLÓGICO

En salud, el paradigma empírico impuso sus condiciones basadas en una causalidad funcionalista que fue manejada utilitariamente por la epidemiología clásica para construir sus explicaciones basadas en la relación de causa y efecto. Sirvió para indagar ciertos condicionantes de la estructura económica, política y social, así como para construir explicaciones sobre las condiciones de salud de las personas o de grupos poblacionales específicos, aunque finalmente solo actuaba sobre la punta del iceberg (Breilh 2003). Esta representación, la punta del iceberg hace hincapié en que el positivismo, propio de esa epidemiología, se conformaba con los énfasis analíticos alrededor de lo medible física y objetivamente o de los efectos epidemiológicos observables.

Ese conocimiento desarrolló, justificó y generó intervenciones verticales específicas a partir de la identificación de factores de riesgo y de las causas de eventos específicos desconectados de toda relacionalidad (Breilh 2013, 9). Se constituyó en un consenso que se volvió hegemónico no solo por la comprensión; sino, también, por la exclusión política de las dimensiones sociales en las explicaciones del proceso de salud. Ese consenso se desplegó en la sociedad por intermedio del Estado y de sus instituciones; decantó en la medicalización y en la mercantilización de la vida y definió cómo entender la salud, la enfermedad y el cuerpo. Esa lógica se aplicó para entender la enfermedad como un hecho biológico y no como un proceso históricamente determinado (Feo 2020); desde allí interpretó las transformaciones físicas o psicológicas de los sujetos y de los cuerpos, sin adentrarse en el plano de la determinación de los procesos en donde devenían y adquirían sus propiedades dichos fenómenos.

La epidemiología clásica y el modelo médico hegemónico sostuvieron un racionalismo que veneraba una objetividad que obligó a entender la salud desde la fragmentación. Sus reflexiones se estancaron en la porción superficial de una realidad previamente delimitada por un sujeto observador, atemporal y objetivo. Se aproximaron a esa realidad como si esta se tratara de un objeto real al cual podía describir y estudiar desde la vastedad de su conocimiento; limitaron una salud cierta que se construía básicamente en el Norte y, simultáneamente, instalaron la idea de que el conocimiento del Sur era simplemente local y, por tanto, no científico. De este modo ampararon a un episteme que no era simplemente eurocéntrico, sino que se hizo global; episteme que buscó devastar la(s) realidad(es) favoreciendo "lo universal sobre lo local; lo moderno sobre lo tradicional; lo erudito sobre lo vernáculo" (Lambuley 2018, 45). Aniquilaron el sentido de pertenencia y desintegraron los tejidos sociales y los significados de formas de conocer no duales y por tanto distintas al pensamiento binario de ese Occidente.

La concepción binaria de la salud y de la ciencia ordenó las vidas, estructuró los cuerpos, definió sus funciones, marcó sus límites y disciplinó a la academia. De ella, emergió la salud internacional panamericana y la salud global, que son dos expresiones de un sistema-mundo[2] (Wallerstein 2005) que nos señaló una lógica de entendimiento del cuerpo, salud, estética, espacio, tiempo y consumo. Su método definió los modos de enfermar, congruentes punto por punto con el moldeamiento que generaba la matriz de conocimiento positivista. "El conocimiento científico moderno se pensó asimismo como si fuera libre de determinaciones sociales y avanzó apoyando y apoyado por el poderío material, militar y comunicativo de potencias coloniales e imperiales portadoras de la revolución industrial" (Rojas 2009, 32). Esa forma de conocer fijó las dimensiones y estructuras de saber-poder y determinó las tipologías de modos y estilos de vida; así como los modos de enfermar y de morir.

Este academicismo funcional al sistema que produjo una epidemiología basada en la causalidad y en los principios de riesgo, simultáneamente, generó una ceguera académica que privilegió el desarrollismo de un conocimiento experto, tecnocrático y pragmático. La universidad produjo un modelo de conocimiento con fines colonialistas y generador de profesionales

2. "Sistema-mundo" es una categoría que trae el filósofo Immanuel Wallerstein. Para este autor Economía-mundo, imperio-munto y sistema-mundo son términos relacionados. "Un sistema-mundo no es el sistema del mundo sino un sistema que es un mundo y que puede ser, y con mucha frecuencia, ha estado ubicado en un área menor a la totalidad del planeta" (Martínez 2011, 218). "En 'sistema-mundo' estamos frente a una zona espaciotemporal que atraviesa múltiples unidades políticas y culturales, una zona integrada de actividad e instituciones que obedecen a reglas sistémicas" (Wallerstein 2005, 15). De acuerdo a Enrique Dussel; "sistema-mundo se refiere al mundo o los mundos, en donde se produce una estética, una historia, una salud, entre otros. La centralidad de Europa en el sistema-mundo es fruto del simple hecho del descubrimiento, conquista, colonización e integración (subsunción) de Amerindia, que da a Europa la ventaja comparativa determinante sobre el mundo Otomano-islámico, India y China" (Castro-Gómez, Guardiola-Rivera y Millán de Benavides 1999, 149).

utilitarios a la maquinaria capitalista. Olvidó y no quiso aprender experiencias, historias y conocimientos distintos a los que se promulgaban desde la objetividad y neutralidad de la herencia positivista. Ese modo de conocer útil a los intereses empresariales del capitalismo fue incapaz de construir identidad y memoria y de convocar la participación de otras sabidurías para ampliar y enriquecer los conocimientos monoculturales.

La academia construyó un sujeto que conoce tornando en objeto a una realidad congelada; controló "las relaciones entre la gente y la naturaleza y entre la gente misma con respecto a la naturaleza, en particular la propiedad sobre los medios de producción" (Lugones 2014, 60). Desde esas coordenadas del saber, la academia legitimó a una salud pública que fue la salud del Estado, controlando a las poblaciones. Su dinámica de control que se basó en el método positivista y en sus estrategias funcionalistas para comprender la realidad social portaba "en su genética la tradición militar y de ahí su lenguaje metodológico: 'vigilar', 'combatir', 'controlar', 'erradicar', 'eliminar'" (Basile 2020b, 6).

Figura 1. Proceso de reproducción social, una reflexión ontoepistemológica

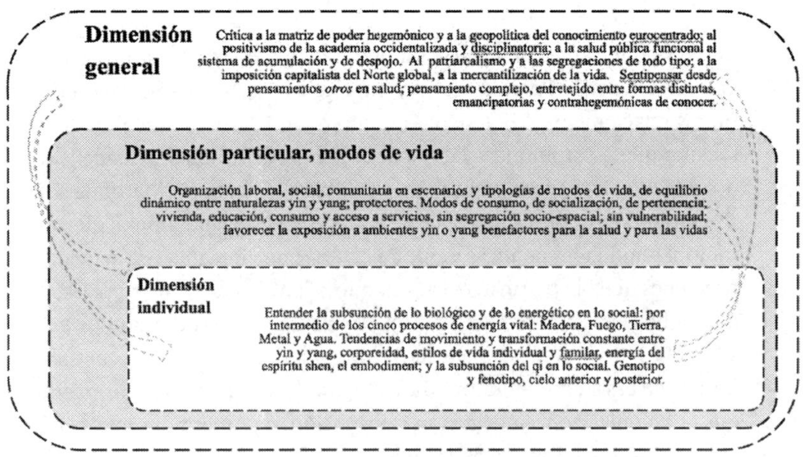

Fuente: Jaime Breilh Paz y Miño (2003). Elaboración propia.

La figura 1 muestra que esta salud; en la dimensión general o de la estructura político social, en la dimensión individual de las tipologías de modos de vida y en la dimensión individual; tomó a su cargo el riesgo y la prevención de las enfermedades. Se afirmó en un presupuesto filosófico y teórico sobre la enfermedad y la muerte que no cuestionó las propuestas, ideas, semánticas, lenguajes normatizadores ni estrategias de intervención vertical y causal emanados de esa estructura heredada de la modernidad y de sus propuestas de desarrollo y progreso. Reconoció el poder del Estado como fuerza privilegiada para asegurar el control y prevención de las enfermedades; a estas las alineó en la mirada de los principios de riesgo y, desde allí, las identificó, aplacó y redujo desde la lógica de causa y efecto.

La salud pública, fruto de una epistemología y de un proyecto político centrado en la enfermología pública (Granda 2000, 2), se afianzó en el estructural funcionalismo como teoría de la realidad social y en la hegemonía del Estado como forma de organización y gestión para resolver la enfermedad y la muerte en una sociedad (Basile 2020a).

DESNATURALIZAR LOS UNIVERSALISMOS EN SALUD

El objetivo de estudiar críticamente a la salud emanada del positivismo es uno de los primeros pasos para soltar el sujetamiento al conocimiento reduccionista con que usualmente se asumió a la salud como un producto monocultural articulado a las instituciones, academia, leyes, mercado y al contexto social e histórico. Es un recurso para comprender sus prácticas normativas desde todas las perspectivas posibles; examinar sus efectos y salir de las visiones reduccionistas que ven a las medicinas no positivistas (medicinas y saberes integrativos) como eventos o cuestiones culturales menores. Este proceso de criticidad exige trabajar, entender e investigar con y desde los conocimientos situados. La catedrática estadounidense Donna Haraway (1988, citada en Grosfoguel 2006, 21) nos dice que los conocimientos situados son los conocimientos no duales que la modernidad ubicó en la periferia de lo que autolegitimó como ciencia; esos conocimientos fueron y son "ignorados a menudo por su presunto carácter periférico" (Hobson 2006, 22).

Para dejar de mirar a las medicinas y saberes integrativos como conocimientos situados, es necesario sacarlos de ese "no lugar" instaurado por la matriz del saber y descolonizar el pensamiento y la praxis en la academia y por fuera de ella (Walsh 2006). Es fundamental abrirse hacia otros entendimientos que explican la salud desde otras lógicas y sabidurías; hacer el ejercicio de despatriarcalizar la epistemología y sacarla del territorio exclusivamente blanco y masculino para no caer ni creer en las pretensiones de universalismo del episteme eurocentrado. De acuerdo con Eduardo Menéndez (1988, 2), el biologismo que instauró una matriz de conocimiento "constituye el factor que garantiza no solo la cientificidad del modelo, sino la diferenciación y jerarquización respecto a otros factores explicativos [...] subordina en términos metodológicos y en términos ideológicos a los otros niveles explicativos posibles".

Este camino, desde la interculturalidad crítica, descubre conocimientos y saberes localizados para los cuales sentir y pensar son posibilidades de existencia que se mueven, nutren y potencian dialécticamente, sin que eso signifique la presencia de asimetrías o desniveles permanentes que promuevan jerarquías donde se valore más el pensar que el sentir. Son prácticas para desengancharse de un conocimiento que, en salud, impuso fronteras que no permitieron el contacto, obstaculizaron la movilización entre modos de conocer y naturalizaron un saber que estableció una narrativa de lo que se debía entender por cientificidad y por conocimiento experto.

SUPERANDO LA PERSPECTIVA EUROCENTRADA

Históricamente, la semilla de la cual germinó la Determinación social de la salud y la Epidemiología crítica podría ser ubicada a fines de la década de 1960 y principios de 1970, cuando se hizo más evidente la crítica al reduccionismo de la escuela positivista y al constructivismo y la fenomenología. En América Latina, la producción intelectual tuvo como eje la teoría crítica y el socialismo científico, que procuró romper con los moldes disciplinarios del empirismo matemático y buscó una transformación de ideas y de hechos que condujeron a un conocimiento integrador y dialéctico (Breilh 1997, 116).

El pensamiento crítico latinoamericano interpreta aquello no pensado y, por tanto, excluido del modelo hegemónico; hace visible los procesos de determinación social en salud y nos advierte sobre los lugares de enunciación que disciplinaron y definieron que la verdad científica es la que cuantifica y objetiviza o la que satisface la necesidad cognitiva de medir.

La medicina social latinoamericana[3] cuestionó a la estructura hegemónica del saber en salud y a su dinámica de autoafirmación y autorreproducción. Propuso un tratamiento diferente de la salud y la medicina; integrando en los análisis los contextos sociales, culturales e históricos y el enfoque de la determinación social que emergió como una respuesta emancipadora del paradigma de la epidemiología clásica y de la salud pública funcional al Estado (Morales y Eslava 2014). Junto con la epidemiología crítica, desde su posición ontoepistemológica y su proyecto político y ético, estas posturas son un "permanente examen crítico de las bases teórico metodológicas de la vieja epidemiología, y no solo de su armazón lógica (empírico-analítica), sino de sus basamentos ético-filosóficos" (Breilh 2014, 56).

La epidemiología crítica y la determinación social de la salud discrepan con las tendencias positivas que tienden a aplanar la realidad para convertirla en un conjunto de datos, cifras e imágenes precisas que supuestamente muestran rangos de normalidad. Critican el enfoque

3. "En 1984 surge la Asociación Latinoamericana de Medicina Social (ALAMES) bajo una fuerte influencia de Juan César García" (Betancourt, Mertens y Parra 2016, 11), quien incorporó varias reflexiones, en relación con la salud, mediante su teoría de los niveles de determinación y determinación en última instancia (105).

monocultural que no considera la complejidad del tejido sociohistórico y cultural subyacente en la salud como proceso.

A la salud colectiva, epidemiología crítica y al enfoque de la determinación social les se suman el pensamiento chino en salud y la sabiduría ancestral andina para cuestionar e interpelar las narrativas monoculturales del modelo médico hegemónico. Estas posturas activan reflexiones que ya no admiten que la "verdad" del academicismo ocupe todos los lugares de enunciación y de sentido y se proponen superar el uso reiterado de la perspectiva eurocentrada, supeditada a los modos de producción capitalista.

A pesar de su enquistamiento en las instituciones del Estado, el reduccionismo positivista no pudo ocultar ni desconocer las diversas formas de entender los mundos y las realidades que emanaban desde otras cosmoexistencias. No pudo detener los sentipensamientos de frontera que no han cesado de generar reflexiones críticas sobre la desigualdad, la subalternización y la iniquidad en salud. Pensamientos que se expresan desde las fisuras y las grietas de los discursos dominantes. La metáfora de las grietas y las fisuras, tomada de Catherine Walsh (2017, 33), es un recurso que denota "las consecuencias de las resistencias e insurgencias ejercidas y en marcha [...] prácticas no basadas en la lógica de la modernidad-colonialidad capitalista-patriarcal-heteronormativa-racializada con su 'monólogo de la razón moderno occidental'".

La epidemiología crítica, la determinación social de la salud, el pensamiento chino en salud y la sabiduría ancestral andina son un quehacer y pensar crítico que entienden al *sujetx*, objeto y praxis como un proceso y como un entramado complejo e indivisible en el cual participan todos los entes que interexisten en diversos órdenes. Son un proyecto político y epistémico que propone lugares de diálogo, escucha e integración entre cosmosentires integrativos para ampliar y perfeccionar las narrativas y las prácticas transformadoras. Estos paradigmas contrahegemónicos no asumen al cuerpo como un objeto o un conjunto de órganos y de sistemas aislados que funcionan de acuerdo con una normalidad previamente definida y, por tanto, no se limitan a la comprensión solamente física y biológica. Estas sabidurías generan explicaciones relacionales que aprecian las interacciones e interdependencias entre los seres o entes que participan, no hay separación entre objeto, sujeto, praxis y contextos, y, por tanto, no hablan de cuerpo sino de corporeidad.

En el pensamiento chino en salud y en la sabiduría ancestral andina, "los mundos biofísicos, humanos y supernaturales no se consideran como entidades separadas, sino que establecen vínculos de continuidad entre estos" (Escobar 2014, 58). Para el pensamiento chino en salud, eso es el orden cósmico social y para la sabiduría ancestral andina es cosmoexistencia. Cosmosentir, cosmoexistencia, orden cósmico social y contextualidad histórico-social son modos de resignificar la relacionalidad entre macro y microcosmos e involucran a todas las formas de existencia, a la vida en general y a las formas en como vivimos nuestras vidas.

Esas dimensiones se entremezclan, intergeneran, oponen y complementan mutuamente; constituyendo un tejido y un tejiendo; donde hay enunciado, acción, sujeto, objeto y práctica, que representan las diversas expresiones y momentos de la existencia. La metáfora del tejido en este trabajo se emplea para enfatizar en el cambio paradigmático y confronta a la visión lineal, rígida, eurocentrada, etnocéntrica y fragmentadora. Considera que el sentido de tejer y del tejido hace que imaginemos, sintamos y entendamos a la salud y a la vida como un trenzado que se produce entre dimensiones. Allí, participan las energías vitales y los contextos sociales, históricos y culturales, la clase social, la etnia y el género. Asimismo, comprende las expresiones objetivas, subjetivas e intersubjetivas y la participación de diversas formas de conocer que explican desde lógicas otras el movimiento y la transformación de las realidades.

Las categorías "sentipensar" (Fals Borda 2008), "cosmosentir" o "cosmoexistir" (Yampara 2011) y "cosmovivencia" (Guerrero 2016, 13) deben entenderse como palabras que describen un proceso relacional en el que todos los entes son un entramado y un entramarse que no se halla congelado en un tiempo lineal ni en un espacio exclusivamente cartesiano. Expresan una forma de ser, hacer y devenir que involucra el cambio y la mutación en relación con los contextos en donde interexisten todos los sujetos humanos y no humanos y en donde tiene más peso el cómo se está moviendo o transformando el fenómeno (devenir), que el motivo fundamental de ese movimiento (causa). Este interexistir entre y con realidades físicas y no físicas, masculinas o femeninas; los sentidos (no un solo sentido) y la naturaleza, en sus diversas manifestaciones, dan sentido a esas palabras, a ese movimiento y a esa transformación constante determinada socialmente.

Cosmovisión, por otra parte, es una "visión que entraña una posición básicamente intelectual, racional, lógica, analítica, interpretativa (pensamiento), que se desliga de lo sensitivo, perceptivo, emocional, ritual, artístico, mágico, vivencial (sentimiento), que es el otro componente básico y complementario de la vida" (Oviedo 2014, 270).

ENTRAMANDO, TRENZANDO Y TEJIENDO SABERES, SENTIDOS Y SENTIRES

El pensamiento chino en salud, la sabiduría ancestral andina, la epidemiología crítica y la determinación social de la salud comparten el principio de que para entender el proceso salud es necesario contar con explicaciones relacionales que aprecien las interacciones e interdependencias entre todos los entes que participan. La epidemiología crítica y el enfoque de la determinación social estimulan, en todos los ámbitos, la discusión y la deconstrucción de la salud pública funcional al capitalismo. Plantean quebrar los consensos establecidos sobre el cuerpo, el conocimiento y la mirada hegemónica positivista. Traen a la discusión los temas de género, etnia, interculturalidad, transdisciplinariedad e intergeneracionalidad, que no pueden dejar de abordarse cuando se trabaja en el tema de la salud como proceso socialmente determinado; pues son temas que traspasan las fronteras ficticias de verdad y no verdad, de salud pública y de enfoque arrelacional y monocultural.

Estos saberes comparten una mirada crítica sobre el biologismo y sobre la unidad histórica neoliberal que dio legitimidad al conocimiento positivista. Son paradigmas cuyo pensamiento integrativo y holístico sobre la salud muestran que esta forma parte de un entramado cultural, histórico, social y energético. Al entretejer estas formas críticas, integrativas y relacionales de conocimiento en salud, se potencia la posibilidad de que estos se amplíen y se perfeccionen mutuamente; pues nos encaminan a vivir y sentir con y desde otros modos de habitar el mundo, integrales, complejos, interculturales, transdisciplinarios y multidimensionales. Nos motivan a rebasar las propias imaginaciones y los constructos institucionalizados; a des-hacer las estructuras de poder y a reentender cómo se gestionaron los discursos sobre lugares asignados y normatizados.

Estos paradigmas contrahegemónicos en salud, que no se quedan atados a las verdades únicas, reproducibles y universales que no caben en la comprensión de procesos, de movimiento y de transformación constante, nos urgen a posicionarnos como sujetos políticos, para debatir las decisiones que la medicina biologicista y su tecnología de poder toma por nosotros.

El pensamiento chino en salud, la sabiduría ancestral andina, la determinación social de la salud y la epidemiología crítica representan entramados complejos y multidimensionales que, en salud, nos alejan de las asignaciones construidas por la geopolítica del conocimiento. Son una oportunidad para la creación y proposición de condiciones de existencia diferentes que interpretan los procesos de subsunción tanto de lo biológico como de lo energético en lo social, por medio de una praxis emancipadora y transformadora que cuestiona y supera el antropocentrismo.

Cuestionan lo establecido como verdad única, no se estancan en la materialidad solamente física o biológica y buscan, como dice John Holloway, estar en contra e ir más allá (2006). Ese estar en contra de lo establecido y de los principios monoculturales organizadores de una sociedad implica ir más allá, pero no de la misma manera, sino modificándose, perfeccionándose, desenganchándose, ampliándose y descentrándose de instrumentos conceptuales, originalmente eurocentrados (Walsh 2006, 173). A partir de allí trabajan los procesos de determinación social de la salud, desde y con saberes otros que traen otras comprensiones para superar el uniculturalismo eurocéntrico sanitario, societal, intelectual y de género. Son propuestas que sentipiensan, confrontan y reexisten[4] de otras maneras a pesar del proceso colonial (Albán Achinte 2007).

Estos paradigmas, al no quedarse estancados en la mirada biologista, abren caminos para conocer la corporeidad y la determinación social de la salud desde otras sabidurías que aprecian, valoran e integran al modo de conocer, el sentido de pertenencia a la tierra y la revalorización de las costumbres que el colonialismo ha tratado de ocultar por la racialización de la vida. Es un proceso de reivindicación, una independencia epistemológica y un enraizamiento entre historias, geografías, espacios, artes y modos de interexistir con los mundos, "donde las relaciones vivas con las memorias se anteponen al orden de las cronologías y sus proyecciones racionalistas, futuristas, ficticias" (Vázquez Melken 2014, 184).

Estas propuestas de tejido interepistémico reexisten en una experiencia de no jerarquías, de movilidades entre los diversos sectores de la(s) realidad(es) y permiten enterarnos

> de lo que hemos ignorado y estamos ignorando; de lo que hemos rechazado y estamos rechazando; de lo que ni siquiera hemos perdido: de los datos perso-

4. La categoría "re-existencia", creada por Adolfo Albán Achinte, refiere específicamente a la necesidad de analizar desde otra óptica los procesos de emancipación y lucha de los pueblos afro desde el mismo momento en que fueron esclavizados y traídos a América hasta nuestros días. Enfatiza en que es la experiencia de re-elaborar la vida, autoreconociéndose como sujetos de la historia, la cual es interpelada en su horizonte de colonialidad como lado oscuro de la modernidad occidental y reafirmando lo propio sin que esto genere extrañeza; revalorando lo que nos pertenece desde una perspectiva crítica frente a todo aquello que ha propiciado la renuncia y el autodesconocimiento. La re-existencia implica vivir en condiciones *otras*; la re-elaboración de la vida en condiciones adversas intentando la superación de esas condiciones para ocupar un lugar de dignidad en la sociedad, lo que ubica la re-existencia, también, en el presente de nuestras sociedades racializadas y discriminadoras (Albán Achinte 2007, 23).

> nales, psíquicos y corporales, de los datos culturales y de los datos políticos y sociales de los cuales no hemos querido enterarnos. (Álvarez 2009, 8)

La integración de la que en este ensayo se habla crea un marco conceptual dinámico, interactivo, interrelacional, intercultural y transdisciplinario para descubrir y no encubrir; para atreverse a conocer de un modo otro la salud, la enfermedad, el cuerpo y la corporeidad; para entender desde pensamientos otros los procesos de determinación social y de subsunción y para entretejer memorias y experiencias que, en el ámbito de la salud, den cuenta de *embodiments otros* no solamente biológicos sino también espirituales y energéticos, que la academia y su epidemiología clásica no han querido o no han podido trabajar.

HILANDO UNA CORPOREIDAD RELACIONAL

En el pensamiento chino, la salud es concebida como un proceso que tiende a conservar el equilibrio dinámico entre energías opuestas y a la vez complementarias que se movilizan y mutan constantemente condicionadas por un orden cósmico social. Por otra parte,

> desde la matriz andina, el sujeto está articulado a su entorno, a los tres mundos: *hawa —uku— kaypacha*, es decir que el universo no se construye como un sujeto aislado, sino todo lo contrario, como un elemento complementario que se auxilia en la cotidianidad. Es decir, existe una interrelación entre la madre naturaleza, el sujeto y el individuo. (Kowii 2014, 10)

Para estos saberes, el proceso salud incumbe directa o indirectamente a todas las voces, prácticas, conocimientos y experiencias de conocimiento y a todas las formas en que reflexionamos sobre lo que conocemos o lo que creemos conocer. Las cosas, los entes, los espíritus y sus energías, todos los seres son y existen a partir de sus relaciones dialécticas y heterárquicas entre dimensiones opuestas y complementarias, yin o yang, de temple frío o de calor. Para entenderlas, estas no pueden ser abstraídas de los contextos ni de su relacionalidad y tampoco pueden ser vistas como categorías aisladas de su patrón. Estas relaciones no duales no pueden entenderse como entes aislados surgidos de binarismos reduccionistas y tampoco se refieren a cosas pegadas unas junto a otras sin que se afecten mutuamente.

Corporeidad es un modo de entender, ser, sentir, creer y estar con el cuerpo físico y no físico, es un entramado multidimensional que interexiste con el espíritu, las memorias, relaciones, energías y ambientes. Es cosmosentir, cosmoexistir y cosmovivir que integra, entrama y complejiza; que transgrede las fronteras de la idea de un cuerpo biológico vaciado de historia y de comunalidad.

Corporeidad es un tejido hilado por manifestaciones que no se limitan a las fronteras de la piel y a lo que esta contiene; es un entendimiento que, en salud, al igual que en la determinación social y en la epidemiología crítica, no es reduccionista. Hablar de corporeidad, y no de cuerpo, es una forma de recordar y recuperar la relacionalidad entre las historias olvidadas y las historias ausentes de la mirada patriarcal y es también movimiento y transformación constante de energías que le constituyen y le determinan; por tanto, es integral, dialéctico y complejo. Corporeidad es la totalidad de energías que el individuo obtiene de su respiración y alimentación y se refiere también a la energía que le han transferido los progenitores. Es fenotipo y genotipo, proceso, interrelación, intergeneración, oposición y complemento y, por tanto, el entendimiento de la corporeidad de la que aquí se habla no se halla en un vacío interpretativo propio de la ficción antropocéntrica (Toledo y González 2007).

Para el pensamiento chino, la salud y la corporeidad son un proceso complejo y multidimensional que resulta del movimiento y transformación constante entre energías opuestas y complementarias cuya armonía y equilibrio dinámico están condicionados por otros procesos en movimiento que les atraviesan y les determinan. Los diversos sectores, espacios o manifestaciones de la(s) realidad(es), así como la corporeidad, son energía yin o yang; energías aparentemente opuestas, pero que, sobre todo, son complementarias y no necesariamente excluyentes. La relación de interdepenciencia e intertransformacion que se establece entre ellas estaría determinada por otros procesos macro a los cuales este pensamiento denominó "orden cósmico social".

Desde la línea epistémica de las culturas andinas, el investigador Rafael Alulema (2018, 50-1) nos habla de

> la casa cósmica que integra y se vincula con la sabiduría ontológica andina, permitiendo entender el complejo sistema cosmológico. Este tejido de la diversidad cultural de saberes se recrea en la geografía cultural de la casa cósmica [...] entendible desde la *chakana* integradora.

La *chakana* es un símbolo andino, conformado por cuatro cuadrantes que ordenan el tiempo, el espacio, la ritualidad y los ejes del ciclo agrícola, la salud, las fiestas y las ritualidades. Según Alulema, la *chakana* (2018, 51) "explica la vida que se desarrolla en un espacio específico de vinculación con la naturaleza". Se podría decir que, en forma semejante al pensamiento chino, para la sabiduría ancestral andina en salud, la vida, la existencia, la corporeidad y el interexistir son una trama indivisible entre ímpetus opuestos y complementarios, microcosmos y macrocosmos; son relacionalidad, transición, desplazamiento y dialéctica que sigue o que antecede a la transformación constante. Siempre hay relación con el todo del cual forma parte:

> la unidad e interrelación mutua existente entre todas las cosas y sucesos, la experiencia de todos los fenómenos que tienen lugar en el mundo como manifestaciones de una unidad básica. Todas las cosas son consideradas como partes inseparables de este conjunto cósmico; como diferentes manifestaciones de la misma realidad última. (Capra 1983, 52)

Estas explicaciones son coincidentes con la dinámica de relacionalidad, complejidad e integralidad que trabaja la determinación social de la salud y la epidemiología crítica (Breilh 2003). La integración, el entramado y el diálogo interepistémico se convierten en una invitación a repensar el proceso salud, la corporeidad y los procesos de determinación social desde y con la fuerza de marcos interpretativos e integrativos, que también son epistemes críticos para ampliar y enriquecer las enseñanzas e intervenciones de promoción y prevención de la salud determinada socialmente.

Estos epistemes emergen desde existencias historizadas, procesuales y sobre todo relacionales:

> La construcción de una práctica clínica intercultural y asimilación de terapias integrativas; el avance de programas de promoción y prevención en los servicios, etc., son apenas algunos ejemplos de cómo el nuevo horizonte de visibilidad [...] armoniza su relación con una práctica epidemiológica igualmente renovada. (Breilh 2013b, 38)

También afirma Breilh que

> El punto medular es que un reduccionismo causalista no corresponde para conocer un mundo caracterizado por la transformación, la diversidad o la ausencia de regularidades absolutas; en otras palabras, un mundo donde las "conjunciones constantes" solo son una parte menor y en todo caso no permanente de la realidad. (Breilh 2003, 134-5)

REFLEXIONANDO Y TEJIENDO CON SABERES, SENTIDOS Y SENTIRES

Así como el ejercicio de la producción capitalista no deja intacto el cuerpo físico o biológico, tampoco es posible que deje intacta la corporeidad, entendida como una dimensión de energías vitales o temples energéticos que interexisten en espacios y tiempos relacionales. La epidemiología crítica y la determinación social muestran cómo los procesos de reproducción determinados socialmente exponen a los individuos o colectivos a escenarios destructivos o protectores (Breilh 2003). Este proceso de subsunción no solamente ocurre en el ámbito de lo físico, psíquico o biológico, sino en toda la corporeidad energética individual o colectiva, yin o yang, de calor o de frío, determinando su movimiento y transformación constante. Integrar saberes, sentidos y sentires que entienden la salud como un proceso relacional, que deviene entre temples opuestos y a la vez complementarios, es abrirse a otras formas de comprender la determinación social de la salud y sus procesos de subsunción y de *embodiment* en un orden cósmico social (Coba 2018, 28) en el metabolismo sociedad-naturaleza (Breilh 2003) o en la cosmoexistencia de la *Pachamama*.

La sustentabilidad, armonía, equilibrio dinámico, movimiento y transformación constante de las energías vitales dependen de diversas expresiones tanto de la energética corporal, como de la energética de los entornos. Esta relación está determinada por otros procesos macro a los cuales el pensamiento chino en salud denominó "orden cósmico social" y la sabiduría ancestral andina las mentó "como la participación de los seres humanos en un conjunto vital de carácter *cósmico*, es decir, en estrecha relacionalidad, o también una armonía, con la naturaleza" (Cortés 2010, 1). Para el pensamiento chino en salud, así como para la sabiduría ancestral andina, las realidades pueden manifestarse en forma física, espiritual y social. Asimismo, devienen y son determinadas por las estructuras simbólicas construidas a partir de la cultura, la cotidianeidad, la interferencia de lo social y las mediaciones que dependen de la sensibilidad o la subjetividad. Derivan de las estructuras de conocimiento objetivas y subjetivas del investigador que se aproxima a conocer esa o esas realidades con toda su carga biográfica y energética. Esas capacidades se despliegan al encontrarse con el objeto de investigación del cual no están separadas; de este modo se establece una diferencia con el reduccionismo positivista y la forma en que ese modo de conocer se encuentra con ellas (las realidades).

En la forma de conocer del pensamiento chino en salud, las expresiones yin y yang (energías vitales), entendidas como movimiento, relacionalidad, interexistencia y transformación constante, conforman una unidualidad con la(s) realidad(es) individuales o colectivas. Esta relación de interexistencia se expresa por intermedio de la pulsión, tensión, complementariedad, oposición, interrelación e intergeneración mutua, determinadas a su vez por un orden cósmico y social. En la sabiduría ancestral andina, los temples de calor o de frío, lo masculino y lo femenino, lo opuesto y lo complementario interexisten con la tierra, el cosmos, la ritualidad, la comunalidad y la Pachamama, todo es un textil que emana tensión y distensión. Cuando se habla de tejido, se habla de una dimensión que toda comunidad que habita un territorio sabe que es vital para su existencia:

su conexión indisoluble con la Tierra y con todos los seres vivos. Más que en conocimientos teóricos, esta dimensión se encuentra elocuentemente expresada en el arte (tejidos), los mitos, las prácticas económicas y culturales del lugar, y las luchas territoriales y por la defensa de la Pachamama.[5] (Escobar 2017, 59)

Figura 2. Replanteamientos críticos y rupturas en la academia

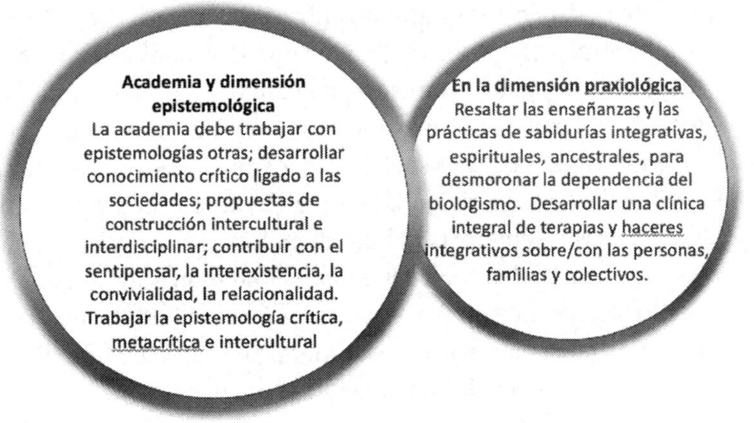

Academia y dimensión epistemológica
La academia debe trabajar con epistemologías otras; desarrollar conocimiento crítico ligado a las sociedades; propuestas de construcción intercultural e interdisciplinar; contribuir con el sentipensar, la interexistencia, la convivialidad, la relacionalidad. Trabajar la epistemología crítica, metacrítica e intercultural

En la dimensión praxiológica
Resaltar las enseñanzas y las prácticas de sabidurías integrativas, espirituales, ancestrales, para desmoronar la dependencia del biologismo. Desarrollar una clínica integral de terapias y haceres integrativos sobre/con las personas, familias y colectivos.

Fuente: Breilh (2016, 57). Elaboración propia.

Esta ontología relacional posibilita pensarnos y representarnos en un mundo o en muchos mundos en donde se interexiste con múltiples entidades; donde la alimentación, por ejemplo, se relaciona no solamente con el tipo de cultivos sino también con los climas, la tierra, la cultura, las necesidades y las espiritualidades o con los diversos entes y

5. Pachamama "es una deidad protectora —o propiamente creadora, interesante diferencia— cuyo nombre proviene de las lenguas originarias y significa Tierra, en el sentido de mundo. Es la que todo lo da, pero como permanecemos en su interior como parte de ella, también exige reciprocidad, lo que se pone de manifiesto en todas las expresiones rituales de culto" (Zaffaroni 2011, 117-8).

dimensiones que necesariamente interactúan e interexisten en entramados relacionales como lo sentipiensa la agroecología.

En forma similar, la salud, que es un proceso relacional, interexiste con otras entidades que "no preexisten a las relaciones que las constituyen" (Escobar 2014, 57-58). Es decir, son un proceso dialéctico y relacional constituido, habitado y determinado por mundos biofísicos, mundos humanos y no humanos, que son pluriversos energéticos y que devienen en contextos sociales e históricos, naturales y culturales, donde no caben los dualismos, sino muchas ontologías o mundos que interexisten, se involucran y se determinan mutuamente. Allí, las perspectivas territoriales, comunales, naturales, energéticas y sociales dan lugar a una existencia continuada y relacional que despliega praxis, metodologías, técnicas e instrumentos relacionales que nos permitan estar más allá de los análisis dualistas y alterizantes de la modernidad (63).

Figura 3. Un tejido de energías vitales determinado socialmente

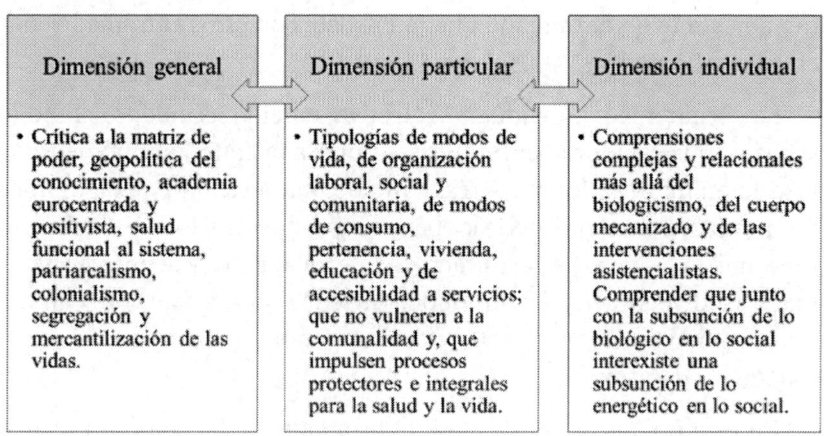

Fuente: elaboración propia, basado en Breilh (2003).

Sentipensar la salud como un tejido de energías vitales, determinadas socialmente es una opción interdisciplinar, política y epistémica que procura ampliar el camino de emancipación y de crítica al positivismo; sin desconocer ni mermar sus logros y sus avances técnicos. Integrando y entramando entendimientos que aportan a la epidemiología crítica y a la determinación social de la salud, al pensamiento chino en salud y a la sabiduría ancestral andina, no desde centros ni desde periferias, sino desde miradas, saberes, sentidos y sentires que hacen una deconstrucción epistémica sobre lo que entendemos por salud. Un entramado capaz de cuestionar a la academia para contrarrestar sus líneas hegemónicas, repensar los conceptos de "desarrollo" y de "soberanía sanitaria" y ejercer el diálogo interepistémico para formular otras metas y estrategias emancipadoras para comprender los procesos de determinación de las energías vitales desde un pensamiento no binario.

Estos marcos teórico-epistemológicos y sus proyectos políticos y epistémicos muestran capacidades, metodologías, prácticas y entendimientos que trabajan en profundidad los procesos sociales, culturales, históricos y políticos vinculados a la salud; así como los procesos energéticos, espirituales, biológicos, físicos y no físicos a los cuales entienden como un entramado que interexiste con otros entramados más amplios y complejos.

La corporeidad, individual o colectiva, en el pensamiento chino en salud o en la sabiduría andina, es sentipensada como un microcosmos inserto en un macrocosmos, resultado de una relación fractal, multidimensional y compleja donde las partes reproducen el todo y el todo está presente en las partes. Esa mirada de interrelaciones y de interacciones entre los diversos entes del mundo, deviene e interexiste con y en una materialidad social, histórica, relacional, cultural, energética o espiritual que la determina.

En este trabajo, la metáfora del entramado actúa como un recurso potente para denostar la indivisibilidad de todo el conjunto. Representa a las dimensiones individual, particular y general de la determinación social que trabaja la epidemiología crítica; así como al microcosmos y macrocosmos del pensamiento chino en salud y su orden cósmico social y, también, a todos los entes y seres que cosmosienten, cosmoexisten y cosmoviven en la *Pachamama* de la sabiduría ancestral andina.

Este trabajo, a partir del entretejido, propone una reflexión sobre los procesos de subsunción y determinación, busca posibilidades de existencia diferentes y propone la integración entre modos de sentipensamiento y de praxis que quieren resaltar que todos los entes que se encuentran entre el cielo y la tierra, todo el pluriverso, son interdependendencia, interrelación e intergeneración. Todo es una complejidad y un entramado donde las formas, el movimiento, la quietud y demás entes y expresiones son manifestaciones determinadas por un proceso heterárquico y relacional.

Entender que la producción, flujo, consumo, distribución, movimiento y transformación de las energías vitales y de los temples de calor o de frío son también determinadas por procesos de reproducción social y por relaciones clasistas, de género y etnia y de segregaciones socioespaciales que se producen en contextos histórico sociales es vital para comprender el fenómeno de la salud. Esto es el resultado de integrar sentipensares contrahegemónicos en salud que buscan ampliarse y perfeccionarse mutuamente y hacer reflexiones críticas, interculturales y transdisciplinares sobre los procesos de subsunción de lo biológico y de lo energético en lo social. Todo se halla determinado por el movimiento y transformación constante de los estilos de vida individuales, de las prácticas y de los modos de vida de la comunalidad y de los procesos de reproducción social, génesis, metabolismo sociedad-naturaleza, autonomía relativa, cultura, historia y sociedad en una dimensión general.

CONCLUSIONES

La integración y el entramado entre conocimientos, saberes, sentidos y sentires es un quehacer que hila relacionalidad, que hace un textil donde se entretejen los procesos de reflexión que emanan del pensamiento crítico y del pensamiento enraizado en la crítica sobre la colonialidad y decolonialidad. No busca producir resultados que son directamente la yuxtaposición de experiencias, sino que son experiencias que se edifican como conocimientos oportunos y urgentemente necesarios. Estos se integran, se transforman mutuamente, se enriquecen y cuestionan las interpretaciones solamente biologistas, binarias y positivistas. Construyen nuevos caminos de interpretación, enunciación y praxis y trabajan las dimensiones maso, meso y micro de la reproducción social, el metabolismo sociedad-naturaleza, el *embodiment*[6] y los procesos de subsunción no solamente de lo biológico en lo social, sino también de lo energético en lo social.

Tejer es un arte que "ayuda a generar esa reconexión entre las partes que el pensamiento moderno se encarga de desconectar" (Escobar 2015, 29:19). Es un ejercicio concordante con el hecho de pensar, hablar, hacer y sentir la salud como un proceso que no invisibiliza las relaciones de determinación que genera el sistema económico de acumulación de capital, tanto en la materialidad física como en la realidad energética del individuo, de los colectivos y de la naturaleza. Tejer es parte de una reflexión que no pretende descuidar la rigurosidad metodológica, entendida no como una camisa de fuerzas positivista, sino como un camino que guía y orienta las miradas hacia otras condiciones y cualidades, antes ausentes en la mirada de la epidemiología clásica y de su saber positivo.

El tejido resalta que todos los entes que se encuentran entre el cielo y la tierra, todo el pluriverso, dependen, se interrelacionan e intergeneran mutuamente. Todo es una complejidad, un trenzado donde las formas, el movimiento, la quietud y demás entes y expresiones de la existencia

6. *Embodiment* es literalmente la premisa ecosocial que da pistas sobre los cambios que en la actualidad se producen en los patrones de salud en la población, incluidas las disparidades sociales en salud, que se encuentran principalmente en la dinámica social, material y en los contextos ecológicos en los cuales nacemos, nos desarrollamos, interactuamos y nos esforzamos por vivir vidas significativas (Krieger 2005, 350).

son manifestaciones de un proceso heterárquico y relacional que interexiste inexorable e indefinitivamente.

REFERENCIAS

Albán Achinte, Adolfo. 2007. "Tiempos de zango y de guampín: Transformaciones gastronómicas, territorialidad y reexistencia sociocultural en comunidades afrodescendientes de los valles interandinos del Patía (sur de Colombia) y Chota (norte del Ecuador), siglo XX". Tesis doctoral, Universidad Andina Simón Bolívar, Sede Ecuador. http://hdl.handle.net/10644/468.

—. 2012. "Epistemes 'otras': ¿Epistemes disruptivas?". *Kula: Antropólogos del Atlántico Sur* 6: 22-34.

Álvarez, Javier. 2009. "Y seguimos reflexionando... ¿Qué es la visión integral?". *Cosmovisión Holística Integral.* http://cosmovisionintegral.blogspot.com/2009/08/y-seguimos-reflexionando-que-es-la.html.

Alulema Pichasaca, Rafael. 2018. "La sabiduría cañari de la chacra en relación con la salud y el ambiente, frente a la modernización agropecuaria en la organización Tucayta". Tesis doctoral, Universidad Andina Simón Bolívar, Sede Ecuador. http://hdl.handle.net/10644/6826.

Basile, Gonzalo. 2020a. *Conferencia: Ciencias Sociales y Salud Colectiva, bases del pensamiento crítico latinoamericano en salud.* República Dominicana: CLACSO. Diploma Superior en Gestión y Políticas de Salud Internacional y Soberanía Sanitaria.

—. 2020b. *La triada de cuarentenas, neohigienismo y securitizacion en el SARS-CoV-2: Matriz genética de la doctrina del panamericanismo sanitario.* Buenos Aires: FLACSO República Dominicana / IDEP Salud.

Betancourt, Óscar, Fréderic Mertens, y Manuel Parra. 2016. *Enfoques ecosistémicos en salud y ambiente. Aportes teórico-metodológicos de una comunidad de práctica.* Quito: Abya-Yala.

Breilh, Jaime. 1997. *Nuevos conceptos y técnicas de investigación: Guía pedagógica para un taller de metodología (epidemiología del trabajo).* Quito: Taller de Producción Gráfica Arcoíris.

—. 2003. *Epidemiología crítica: Ciencia emancipadora e intercultural.* Buenos Aires: Lugar Editorial.

—. 2012. "Ciencia crítica por la vida en tiempos de una sociedad de la muerte". Ponencia presentada en el XII Congreso Latinoamericano de Medicina Social y Salud Colectiva, XVIII Congreso Internacional de Políticas de Salud y VI Congreso de la Red Américas de Actores Locales de Salud, Montevideo, 2012. http://hdl.handle.net/10644/3570.

—. 2013. "La determinación social de la salud como herramienta de ruptura hacia la nueva salud pública (salud colectiva). Epidemiología crítica latinoamericana: Raíces, desarrollos recientes y ruptura metodológica". Ponencia presentada en el VIII Seminario Internacional de Salud Pública, Saberes en Epidemiología en el Siglo XXI, Universidad Nacional de Colombia, Bogotá, 4-6 de marzo.

—. 2014. "Epidemiología crítica latinoamericana: Raíces, desarrollos recientes y ruptura metodológica". En *Tras las huellas de la determinación: Memorias del Seminario Interuniversitario de Determinación Social de la Salud*, editado por Carolina Morales y Juan Carlos Eslava, 19-76. Bogotá: Universidad Nacional de Colombia.

—. 2016. "CL5 y CL6: La transformación del SUJETO del conocimiento I". Ponencia presentada en el Doctorado en Salud Colectiva, Ambiente y Sociedad, Universidad Andina Simón Bolívar, Sede Ecuador (UASB-E). Quito, 6 de julio.

Capra, Fritjof. 1983. *El tao de la física*. Málaga: Editorial Sirio S. A.

Castro-Gómez, Santiago, Óscar Guardiola-Rivera, y Carmen Millán de Benavides, eds. 1999. *Pensar (en) los intersticios: Teoría y práctica de la crítica poscolonial.* Bogotá: Instituto Pensar / Instituto de Estudios Sociales y Culturales / Pontificia Universidad Javeriana.

Coba, José Luis. 2018. *Acupuntura, vórtices y energías: Su significado oculto y profundo*. Quito: UASB-E / Paradiso Editores.

Cortéz, David. 2010. "Genealogía del Buen Vivir en la Nueva Constitución Ecuatoriana". En *Gutes Leben als humanisiertes Leben. Vorstellungen vom guten Leben in den Kulturen und ihre Bedeutung für Politik und Gesellschaft heute.* Dokumentation des VIII. Internationalen Kongresses für Interkulturelle Philosophie. Denktraditionen im Dialog. Studien zur Befreung und Interkulturalität. Band 30. Wissenschaftsverlag Main, 227-248. http://www.ecomujer.org/wp-content/uploads/2016/02/SUMAK-KAWSAY-EN-ECUADOR.-DAVID-CORTEZ.pdf.

Escobar, Arturo. 2014. *Sentipensar con la tierra: Nuevas lecturas sobre desarrollo, territorio y diferencia*. Medellín: Ediciones Unaula.

—. 2015. “Desde abajo, por la izquierda y con la Tierra: La diferencia latinoamericana”. Video de Youtube a partir de una ponencia presentada en VII Conferencia-Medellín, CLACSO 2015. https://www.youtube.com/watch?v=9wzowZd1fNY.

—. 2017. “Desde abajo, por la izquierda, y con la tierra: La diferencia de Abya Yala/Afro/Latino/América”. En *Pedagogías decoloniales: Prácticas insurgentes de resistir, (re)existir y (re)vivir*, tomo II, editado por Catherine Walsh, 55-76. Quito: Abya-Yala.

Fals Borda, Orlando. 2008. “Orlando Fals Borda-Sentipensante”. Video de Youtube. https://www.youtube.com/watch?v=LbJWqetRuMo.

Feo, Oscar. 2020. “Introducción a la epidemiología crítica y determinaciones internacionales de la salud”. Diploma Superior CLACSO en Gestión y Políticas de Salud Internacional y Soberanía Sanitaria. Módulo 2: Epidemiología crítica internacional.

Granda, Edmundo. 2000. “La salud pública y las metáforas sobre la vida”. *Revista Facultad Nacional de Salud Pública* 18 (2): 83-100. https://www.redalyc.org/articulo.oa?id=12018207.

Grosfoguel, Ramón. 2006. “La descolonización de la economía política y los estudios postcoloniales: Transmodernidad, pensamiento fronterizo y colonialidad global”. *Tabula Rasa* 4: 17-48. http://www.scielo.org.co/scielo.php?script=sci_arttext&pid=S1794-24892006000100002&lng=en&tlng=es.

Guerrero, Patricio. 2016. “Colonialidad del saber e insurgencia de las sabidurías otras: Corazonar las epistemologías hegemónicas como respuesta de insurgencia (de)colonial”. Tesis doctoral, Universidad Andina Simón Bolívar, Sede Ecuador. http://hdl.handle.net/10644/5139.

Hobson, John. 2006. *Los orígenes orientales de la civilización de Occidente*. Barcelona: Editorial Crítica.

Holloway, John. 2006. *Contra y más allá del capital*. Buenos Aires: Ediciones Herramienta.

Kowii, Ariruma. 2014. “Visión cultural del mundo andino: El caso del pueblo Kichwa”. Informe de investigación. Quito: UASB-E.

Krieger, Nancy. 2005. “Embodiment: A Conceptual Glossary for Epidemiology”. *J. Epidemiol Community Health* 59: 350-5. https://jech.bmj.com/content/jech/59/5/350.full.pdf.

Lambuley, Ricardo. 2018. "Decolonialidad y sanación: Disertación desde los estudios interculturales". En *Aprender, crear, sanar: Estudios artísticos en perspectiva decolonial*, editado por Pedro Pablo Gómez, 39-70. Bogotá: Universidad Distrital Francisco José de Caldas.

Lugones, María. 2014. "Colonialidad y género". En *Tejiendo de otro modo: Feminismo, epistemología y apuestas descoloniales en Abya Yala*, editado por Yuderkys Espinosa, Diana Gómez y Karina Ochoa, 57-74. Popayán: Editorial Universidad del Cauca.

Martínez, Abel Fernando. 2011. "Reflexiones en torno al sistema mundo de Immanuel Wallerstein". *Revista Historia y memoria* 2: 211-20. https://www.redalyc.org/articulo.oa?id=325127478010.

Menéndez, Eduardo. 1988. "Modelo médico hegemónico y atención primaria". Ponencia presentada en las Segundas Jornadas de Atención Primaria de Salud, Buenos Aires, 30 de abril al 7 de mayo.

Mignolo, Walter. 2003. *Historias locales/diseños globales. Colonialidad, conocimientos subalternos y pensamiento fronterizo*. Madrid: Ediciones Akal.

Morales, Carolina, y Juan Carlos, Eslava, eds. 2014. *Tras las huellas de la determinación. Memorias del Seminario Interuniversitario de Determinación Social de la Salud*. Bogotá: Universidad Nacional de Colombia.

Oviedo, Atawallpa. 2014. "El Buen Vivir posmoderno y el Sumakawsay ancestral". En *Antología del Pensamiento Indigenista Ecuatoriano sobre Sumak Kawsay*, editado por Antonio Hidalgo-Capitán, Alejandro Guillén y Nanci Deleg, 267-96. Huelva / Cuenca: Centro de Investigación en Migraciones (CIM) / Universidad de Huelva.

Rojas, Alejandro. 2009. "Policultivos de la mente. Enseñanzas del campesinado y de la agroecología para la educación en la sustentabilidad". *Agroecología* 4: 29-38. https://revistas.um.es/agroecologia/article/view/117161.

Toledo, Víctor, y Manuel González de Molina. 2007. "El metabolismo social: Las relaciones entre la sociedad y la naturaleza". En *El paradigma ecológico en las ciencias sociales*, coordinado por Francisco Garrido, Manuel González de Molina y José Luis Serrano, 85-112. Madrid: Icaria.

Vázquez Melken, Rolando. 2014. "Colonialidad y relacionalidad". En *Los desafíos decoloniales de nuestros días: Pensar en colectivo*, compilado por María

Eugenia Borsani y Pablo Quintero, 173-96. Neuquén: Editorial de la Universidad Nacional del Comahue.

Walsh, Catherine. 2005. "Introducción. (Re)pensamiento crítico y (de)colonialidad". En *Pensamiento crítico y matriz (de)colonial*, editado por Catherine Walsh, 13-36. Quito: UASB-E / Abya-Yala.

—. 2006. "De-colonialidad e interculturalidad: Reflexiones (des)de proyectos político-epistémicos". En *Modernidad y pensamiento descolonizador: Memoria del Seminario Internacional De-colonialidad e interculturalidad: Reflexiones (des)de proyectos político-epistémicos*, compilado por Mario Yapu, 169-186. La Paz: Universidad para la Investigación Estratégica en Bolivia / Instituto Francés de Estudios Andinos.

—. 2007. "¿Son posibles unas ciencias sociales/culturales otras? Reflexiones en torno a las epistemologías decoloniales". *Nómadas* 26: 102-13. https://www.redalyc.org/articulo.oa?id=105115241011.

—. 2017. "Gritos, grietas y siembras de vida: Entretejeres de lo pedagógico y lo decolonial". En *Pedagogías decoloniales: Prácticas insurgentes de resistir, (re)existir y (re)vivir*, tomo II, editado por Catherine Walsh, 17-48. Quito: Abya-Yala.

Wallerstein, Immanuel. 2005. *Análisis de sistemas-mundo. Una introducción.* Ciudad de México: Siglo XXI Editores.

Yampara Huarachi, S. 2011. "Cosmovivencia Andina. Vivir y convivir en armonía integral – Suma Qamaña". *Bolivian Studies Journal/Revista de Estudios Bolivianos* 18. https://bsj.pitt.edu/ojs/index.php/bsj/article/view/42.

Zaffaroni, Eugenio. 2011. *La pachamama y el humano.* Buenos Aires: Ediciones Madres de Plaza de Mayo / Ediciones Colihue.

Capítulo 2

Valor de uso y producción de salud

Jacqueline Ponzo Gómez

No es asunto interesante para un pasajero
de Varig que vuela a 7000 pies sobre
el litoral del país
y apenas percibe el verde dominante
—intenso en los campos de arroz—,
las venas de los arroyos
y los tajos de las rutas nacionales.
Tampoco llama la atención de los que
se vuelven para Salto en el ómnibus
de Spinatelli.
Ni acaso al almacenero
enredado en los hilos de las ventas de fiado.
Sin embargo,
sentado en la puerta de esta fonda,
no hago otra cosa que distraerme
con el gato que duerme patas arriba,
abandonado a moscas y jejenes.
Aturdido acaso
entre ruidos del planeta azul de Gagarin,
dueño absoluto de las sombras del sol.

Elder Silva

INTRODUCCIÓN

La ropa de todos los días es un lugar de mi infancia. Entonces había en mi casa dos categorías: la "ropa nueva" —reservada para ocasiones especiales, generalmente "para salir"— y la "ropa de todos los días" —para usar en casa o bajo la túnica de la escuela—. La ropa de todos los días me resultaba fea. No me molestaba lo viejo o gastado, pero si su falta de color. Además, me incomodaba esa clasificación que a mi entender destinaba lo mejor para lo más breve. Nunca verbalicé esta queja con mi madre pero tenía la convicción de que era errónea esa asignación que le restaba valor a los días "todos", no solo porque esos eran más, sino, además, porque nos eran más propios. Los otros eran inciertos y muchas veces ajenos, especialmente para una niña: un velatorio, un viaje a la capital, una visita al médico o una al dentista. Con mejor suerte podía ser un cumpleaños o una visita a la casa de la abuela.

Ese lugar que permanecía distante y olvidado emergió con fuerza durante este ensayo y logró posicionarse como texto. El rescate surge de la mano de varios autores que desde marcos conceptuales diversos y críticos colocan la cotidianeidad en el destaque que el pensamiento infantil reclamaba.

Este ensayo busca profundizar en la incorporación de lo histórico-territorial en el estudio de la determinación social de la salud (Breilh 2014). Surge del marco heurístico de la investigación doctoral "Análisis histórico-territorial de la producción de salud, sus rupturas y cuidado, en Migues, noreste de Canelones, Uruguay, 1980-2019". Intenta esta aproximación desde una doble "pequeña" escala: la del territorio escogido y la vida cotidiana de sus habitantes. Además de pequeño, el objeto de estudio podría considerarse "marginal", en tanto esa dimensión de la vida, las cosas "de todos los días", no suele ser motivo habitual de atención para la salud o la epidemiología.

No obstante, lo que nos mueve es la idea de reubicar el centro. Sabemos que esa "pequeñez" no es tal, que acceder a la "poderosa y lenta historia" (en palabras de Braudel) requiere indagar más allá (más acá) del "polvo de hechos menudos" que aporta el estudio de actos y gestos de ricos y poderosos (Braudel 1981, 14).

El ensayo se presenta como un sendero abierto a lo largo del cual cada capítulo aporta, pretende hacerlo, perspectiva teórica, análisis y propuestas en las categorías y procesos seleccionados para la construcción del marco heurístico. Sucesivamente se presenta lo siguiente: valor de uso, dialéctica de la salud, determinación social de la salud, perspectiva histórica, perspectiva territorial (territorio, territorialidades y territorialización) y territorio semántico-simbólico. Desde allí se confluye hacia la presentación de una matriz teórico-metodológica compleja: la producción histórico-territorial de la salud, ensamblada a partir de a la determinación social de la salud. En la búsqueda de representar estas relaciones y procesos, se incluyen algunas figuras elaboradas a tal fin que seguramente evolucionarán para mejorar. Las conclusiones son breves. El ensayo se ofrece como invitación. No es concluir lo que se busca en esta etapa, sino abrir y compartir.

VALOR DE USO

> Tematizar expresamente la vida "de todos los días" requiere de un modo u otro la presencia de un ánimo reivindicativo o al menos de una preocupación por corregir un viejo descuido del discurso reflexivo —histórico, sociológico— sobre la vida social. Pasa necesariamente por una afirmación enfática de la vida cotidiana frente a la vida "de los días especiales"; por un reconocimiento de que la densidad histórica de lo que acontece en los días "comunes" no es menor —que es tal vez incluso más determinante— que la de los "momentos de inflexión" que tendrían lugar en los días espectaculares, tenidos generalmente por "días que hacen historia".
>
> Bolívar Echeverría

Según Echeverría (1998, 154), la identificación de que existe un plano básico económico que actúa como estructurador de la vida civilizada es descubrimiento y aporte de Marx. En ese plano económico, Marx describe, en la forma más elemental de la idea, dos momentos o dimensiones bien diferenciadas: 1. la producción y el consumo de "valores de uso", la "forma natural" de las cosas, objetos de la vida práctica cuyo valor radica en cuánto contribuyen a satisfacer necesidades, a proteger, a reproducir y a sostener la vida, y 2. la valorización de los valores de uso (mercantil), camino por el cual los objetos se separan de su forma natural y adquieren un valor distinto, ya no por su "uso", sino como mercancía.

Estos procesos no están separados sino que se vinculan en forma dialéctica. Sobre el segundo componente de este par ha sido profuso el desarrollo de investigación, particularmente en campos como la economía y la política. No obstante, señala Echeverría, en relación con el valor de uso la investigación ha sido escasa.

Es en el concepto de Marx y en el sentido que propone Echeverría que Breilh funda su categorización de procesos protectores (lo que se relaciona con lo genuino del valor de uso y nos protege) y destructivos (lo que se desvía del valor de uso para la acumulación capitalista y nos daña). En consonancia con la escasa atención que ha recibido el *valor de uso* en general, Breilh (2014, 56) reconoce que esta parte de su desarrollo en la determinación social de la salud (DnSS) ha sido la menos comprendida y, por tanto, la menos investigada. Esto nos ubica frente a un área de necesidad en el campo del conocimiento, si no, por lo menos, ante una deuda histórica con una categoría que constituye el trasfondo de la "crítica a la economía política" de Marx y un concepto central de su filosofía.

La vida de las personas y de la sociedad transcurre en la tensión entre la producción de valor y la creación. Al mismo tiempo que debe someterse a la producción de valor mercantil de acuerdo al sistema de producción capitalista que habitamos, existe una necesidad y una vocación creativa que compiten por el mismo tiempo. Se instala una contradicción en el uso del tiempo para la "rutina productiva" y el tiempo para la “ruptura creativa” (Echeverría 1998, 60). Esa tensión podrá ser administrada más o menos por las personas, según su grado de autonomía relativa. La imposibilidad de lograr un margen satisfactorio en la gestión del tiempo puede ser fuente de “ruptura destructiva”[1] o puede ocurrir lo contrario cuando se logra espacio para la creación.

Samaja señala que, como principio metodológico, la investigación en salud debe dirigirse no solo a la estructura y función del objeto estudiado, sino también a su historia. Reconoce en la historia dos sentidos: convergente, definido como la presencia del pasado, y divergente, definido como la presencia del futuro. Su fundamento para dar tal jerarquía a la historia está en su concepción de la vida humana como una compleja articulación de procesos histórico-sociales de producción y reproducción. En esos procesos se suceden tensiones y conflictos que redundan en “rupturas”, “reparación” y “transformación” (Samaja, 2004, 47).

La reproducción social consiste en la reproducción de la materialidad humana en su doble dimensión “animal” (o biológica) y social. La reproducción de la materialidad “animal” es portadora de la reproducción de una materialidad que trasciende al sujeto: la materialidad social (Echeverría 1998, 164). Lo social[2] no es intangible, sino que tiene materialidad; hay un *telos*[3] estructural que da soporte al ser social. Echeverría (1998, 181) describe tres *telos*: físico, político y semiótico. También describe dos pares dialécticos que se pueden identificar en el proceso

1. En oposición a la “ruptura creativa”.
2. Encontramos puntos de contacto con el concepto de territorio material e inmaterial que introduce Fernandes, aún cuando no hay congruencia en el lenguaje, pues en la propuesta marxista lo semiótico y político están planteados también como materialidad. Visualizamos en este constructo teórico un potencial de recursos que pueden contribuir al análisis de la producción de salud desde una perspectiva compleja y dialéctica.
3. *Telos*, del griego, hace referencia a la finalidad o propósito: “es aquello en virtud de lo cual se hace algo” (Wikipedia 2019).

de reproducción: producción-consumo y comunicación-interpretación, con lo cual jerarquiza el *telos* semiótico.

PERSPECTIVA DIALÉCTICA DE LA SALUD

La salud de un sujeto está ineludiblemente pautada por su historia (y su geografía). El sujeto, en tanto individuo, es también expresión de su colectivo y no puede ser disociado de este.

La reproducción social es un proceso que puede ser descrito en forma abstracta; no obstante, solamente es real cuando "toma cuerpo", se materializa en circunstancias históricas particulares y produce una sociedad con una identidad determinada. La reproducción social incluye el conjunto de relaciones interindividuales, no existe sin ellas.

Destaca que en el sistema capitalista ese conjunto de relaciones "se establece como una fuente autónoma de determinación —sobredeterminación— de la figura concreta de la sociedad" (Echeverría 1984, 33). Lo que construye a la sociedad no es solamente su relación con la naturaleza, sino su relación con el sistema de relaciones de producción. Desde el punto de vista metodológico, esto tiene consecuencias absolutas: es necesario incluir la aproximación a los procesos sociales y económicos para comprender el objeto de estudio cuando este abarca lo humano.

La medicina, que ya en la antigüedad supo incorporar la noción histórica a través de la "historia" clínica, ha sido jaqueada sucesivamente por ilusiones biologicistas y gerenciales, que tienden a sustituir el proceso de encuentro biográfico por colecciones de datos fragmentados, cronologizados y digitalizados, originados en aparatos y laboratorios de diverso tipo, relegando a los sujetos sociales que protagonizan el encuentro y perdiendo de vista el aporte de datos que podrían hacer los sujetos (cada uno o una) y su encuentro. Con eso también se pierde la posibilidad de indagar en el proceso de reproducción social del cual participa el sujeto, analizarlo en su condición de ser productivo-creativo (de materialidad animal y también social). Abarcar esa totalidad permitiría identificar mejor las rupturas así como los contextos en los cuales se generan.

Compenetrado en describir la esencia de la historia clínica, Laín Entralgo (1950, 5) afirmaba lo siguiente: "¿Es posible que los médicos aprendan a buscar la verdad 'según la historia', además de acceder a ella en su contacto inmediato con la realidad?". En la segunda mitad del siglo XX ya habíamos comprendido que no bastaba con una buena *patografía*. Quevedo y Hernández (1994, 26) encontraban "necesario que los sujetos hablen desde su propia cultura" y pasar "de la historia de la enfermedad a la historia del sujeto enfermo".

Esta jerarquización de las historias de vida en la medicina representa una apertura a la comprensión de las rupturas con la salud, integrando el contexto y la historia biográfica, ya no solo la "patografía". Se convierte así, la jerarquización, en un elemento de un "modelo médico crítico", que es disruptivo respecto al modelo biomédico hegemónico. Además, habilita potencialmente a encontrar puntos de conexión entre los eventos de corta temporalidad ("el tiempo de los humanos") con los de mediana y larga temporalidad (el tiempo social) (Braudel 1981, 17-8).

El historiador Diego Armus (2002, 11) destaca el potencial de la enfermedad como objeto de estudio complejo, ya sea por su relevancia en los procesos de producción y reproducción o por permitir organizar la discusión en torno a ciertos problemas de la historia. Dice que la enfermedad no es solo "cosa técnica", sino "interacciones complejas entre prestadores médicos y enfermos o usuarios". Esas interacciones trascienden lo intersubjetivo y lo exclusivamente médico, participan en ellas diversidad de profesionales y no profesionales que integran equipos de salud, y aún más, trasciende a equipos y servicios de salud.

LA DETERMINACIÓN SOCIAL DE LA SALUD

La inquietud por integrar el conocimiento biológico y social está activa desde hace varias décadas. Constatado esto, no debe producir desaliento descubrir que aún seguimos en la búsqueda. En todo caso es bueno ser conscientes de que existe acumulación que es necesario recorrer. La producción teórico-metodológica, pero también la de la praxis, generada desde la salud colectiva latinoamericana es muy valiosa desde lo cuantitativo y lo cualitativo. No obstante, esto no significa que sea suficiente. Es necesario continuar buscando caminos y respuestas e integrando ideas, teorías y procesos.

La DnSS[4], propuesta teórico-metodológica presentada por Breilh en 1977 con sucesivos desarrollos ulteriores,[5] es expresión de una epidemiología crítica que adopta el materialismo dialéctico como recurso metodológico.

La producción de salud y sus *rupturas* no consiste en un proceso simple y lineal. La epidemiología comprendió hace más de un siglo que la unicausalidad no era una interpretación adecuada, pero no ha logrado trascender el determinismo y reduccionismo de los análisis lineales que dejan fuera el contexto y la complejidad de los problemas. Comprender que el estilo de vida de una persona participa del proceso de determinación no es suficiente si no se comprende que los estilos de vida no se producen en forma aislada y libre, sino en un contexto de autonomía relativa donde los modos de vida del grupo social al que pertenece la persona, así como las condiciones de vida pautadas desde el nivel más

4. DnSS se adopta como sigla modificada con el agregado de la letra n con el fin de referirnos a la determinación social de la salud y diferenciarla de la otra expresión comúnmente representada como DDS, los determinantes sociales de la salud. Se adopta la letra n para subrayar el carácter de acción o proceso que entraña la DnSS y la diferencia de los determinantes (DDS), definidos como sustantivos o factores.
5. Por ejemplo, las 4 "S" de la vida forman parte del desarrollo de la DnSS en el siglo XXI: Soberanía, solidaridad, sustentabilidad y (bio)seguridad integran el conjunto de características deseables —en tanto preservan la vida— en la sociedad (Breilh 2014, 54-63).

general, moldean y condicionan el espacio de las "elecciones" que no son totalmente libres ni individuales.

La DnSS (Breilh 1977, 2014) se presenta como un conjunto de procesos concatenados, que se pueden organizar en tres dimensiones, interconectados por un flujo de procesos que los vincula de modo constante para la producción-reproducción social. La dimensión singular (S) representa la del sujeto (también denominada "individual" (I)), su constitución y expresión, genética, biología, fenotipo, vulnerabilidad, estilo de vida, etc. La dimensión particular (P) corresponde al grupo social, a los modos de vida organizados según la matriz de poder social, que incluye clase social, género y etnia de modo interseccional. Es posible identificar y describir modos de vida característicos de grupo. La dimensión general (G) corresponde a la sociedad, el marco dado por la organización política y la estructura económica de la unidad geodemográfica definida (ciudad, departamento y país, ente otros) y el espacio global, planetario. Esta dimensión es la más importante en el establecimiento de las relaciones de "metabolismo sociedad-naturaleza", las formas de interacción del grupo y los procesos sociales con la naturaleza. Existe *subsunción* del nivel S en el P y a su vez del P en el G. Esto significa, tal como lo muestra la representación gráfica en la figura 1, que las dimensiones tienen niveles de autonomía relativa directamente proporcionales a su escala. La dimensión de menor escala está sujeta a los modos del contexto particular y las condiciones del contexto general. Se puede advertir que podrían definirse subdivisiones en cada una de las dimensiones, particularmente en G y P, así como que la dimensión general puede ampliarse sucesivamente hasta la escala planetaria.

La DnSS sostiene que las personas de un grupo social, que comparten un modo de vida, desarrollan un perfil epidemiológico que las caracteriza. No son factores de riesgo aislados los que pueden explicar los procesos de ruptura o virtuosos de salud, sino el conjunto de interacciones e interrelaciones del grupo y sus integrantes (relaciones de poder), en el marco de las dimensiones G-P-S, y el grado de autonomía relativa que puedan ejercer tanto en forma grupal como individual.

Introduciendo la perspectiva sociohistórica, inherente al modelo de DnSS, Breilh nos ayuda a comprender la importancia de este contexto en los procesos de determinación de la salud:

Figura 1. Dimensiones de la determinación social

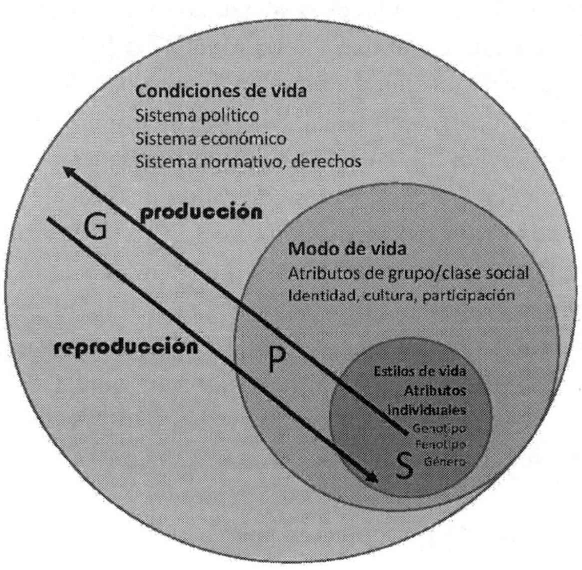

Fuente: Breilh J (2014, 62). Elaboración propia.

> ¿Cómo se define el orden de lo social y la salud? En la historia del pensamiento social sobre cómo se determina el orden y quien hace la historia, se han dado cinco grandes enfoques que van desde el extremo de un determinismo del libre albedrío individual, hasta el extremo inverso del control social absoluto externo. El paradigma del orden individual (liberalismo) esgrime que los cambios provienen de individuos movilizados por su libre albedrío, quienes se agrupan y provocan transformaciones expresadas en lo colectivo [...] Aquí lo social permanece "invisible". [...] En el extremo inverso aparece el paradigma determinista colectivo (social-mecánico), para el cual el orden social está determinado desde las instancias colectivas de las organizaciones operando sobre el dominio general, provocando de ese modo efectos en los grupos y, finalmente, cosechando efectos en los individuos. [...] Los individuos aparecen como polo pasivo invisibilizado.

[...]. De ahí la necesidad de asumir una lógica dialéctica que mantenga con vida los dos polos del movimiento de determinación (individual y colectivo), pero entendiendo el papel de cada uno. Un movimiento que Samaja describió acertadamente, y que deja con vida los dos polos del orden: un proceso de generación de cambio que va de lo micro (individuo, más simple) hacia lo macro (social, más complejo), al que se opone dialécticamente un proceso de reproducción de las condiciones generales de la sociedad. (Breilh 2014, 59-60)

La dimensión singular o individual es un espacio del modelo de la DnSS que admite mayor profundización. Sabemos que aún las características más específicas de un individuo, tal como su genética, no pueden concebirse con independencia de su entorno. Así, la dimensión singular se expresa a través de sujetos concretos. Al mismo tiempo que estos sujetos son la expresión de su propio genoma, también lo son de una clase, una etnia o una sociedad dada, que se expresan, justamente, a través de su propio cuerpo, le dan a este una forma característica. Esto es lo que Krieger (2011) y Breilh (2014, 46) llaman *embodiment* o "encarnación".[6]

Si retomamos a Marx y Echeverría (1984), podemos decir que esos sujetos producidos también tendrán una forma social y simbólica posible de ser analizada en el nivel singular. Podremos encontrar allí no solo enfermedades, en la acepción biomédica clásica, sino rupturas, diversas formas de separación de la salud que no son recogidas por los inventarios nosológicos y que derivan de la subsunción del ser creativo de valor de uso en el ser productor de valor: son la prevalencia de la ruptura destructiva por encima de la "ruptura creativa".

Esta singularidad también se expresa en diversas formas de comunicación-interpretación del cuidado-atención de esa salud.

6. *Embodiment*: expresión utilizada en el sentido que introdujo Krieger y que es presentada por Breilh como *encarnación*. Expresa la traducción biológica de las condiciones sociales, la forma en que lo social logra "encarnarse" en las personas, moldeándolas, expresarse.

Con base en esto adoptamos una categoría compleja para expresar mejor lo que hasta ahora hemos mencionado como "salud", referida por muchos como proceso salud-enfermedad, denominada "salud-rupturas-cuidado-atención".

PERSPECTIVA HISTÓRICA

En consonancia con Samaja, Quevedo y Hernández (1994, 24), se introduce la imagen del movimiento dialéctico del sujeto "en sujeción" entre lo que lo precede y lo actual. Este movimiento es inevitable y da cuenta de una historicidad constitucional. Resulta imprescindible el análisis histórico del proceso de la salud si se aspira a su comprensión profunda.

Coincidimos con la historia concebida como el estudio de las temporalidades y los procesos de producción social que albergan fenómenos y situaciones. Fernand Braudel[7] es un autor de referencia para la comprensión de la historia de este modo. El concepto de "temporalidad" que introduce es una síntesis de tiempo-espacio en la cual el tiempo no es cronológico. Si bien hay una ubicación que es espacio-temporal —cierto lugar en cierto momento; por ejemplo, el "Mediterráneo y el mundo mediterráneo-en tiempos de Felipe II" (Braudel 1981)—, el concepto de "tiempo" que maneja en la temporalidad se asimila mejor a un ritmo o pulso y corresponde mejor a un instrumento musical que a un reloj.

Reconoce escalas a las temporalidades y distintos "tipos de historia" en cada una de ellas. Habla de una "historia casi inmóvil" que expresa

7. Historiador francés (1902-1985). Reconocido integrante del movimiento *Annales*. Dos momentos relevantes de su vida fueron su contacto con América Latina (viajes académicos a Brasil que se relacionan luego con el origen de la Universidad de San Pablo) y la participación en la Segunda Guerra Mundial. Su obra principal, *El Mediterráneo y el mundo mediterráneo en tiempos de Felipe II*, fue interrumpida por la guerra, gestada parcialmente durante esta y publicada en 1949.

a los humanos y sus "relaciones con el medio" (entendido este como algo que rodea y estas como el contacto con las "cosas inanimadas") de forma simplificada, como una historia inanimada: una fotografía de lo que en realidad es movimiento constante pero se visualiza como si fuese perenne. Superpuesta o subyacente a esta Braudel reconoce una "historia de ritmo lento", a la que parece reconocer como la verdadera historia, la historia social, la de los grupos humanos, el "mar de fondo", "las fuerzas profundas que entran en acción". Finalmente, identifica lo que generalmente reconocemos como historia, la tradicional, la de los acontecimientos, la "historia cortada, no a la medida del hombre, sino del individuo", las olas rápidas, breves y visibles (Braudel 1981, 17-8).

En su metáfora náutica, las tres historias serían expresadas por tres imágenes diferentes que pueden aportar un mismo "paisaje": a) para la historia inmóvil, un barco sobre las aguas del mar, que suponemos navegando, pero que lo visualizamos en una imagen fija, asociado con la acción, como si la navegación transcurriera siempre en esa imagen, en ese color, en esas aguas, ese cielo; b) para la historia de larga duración, las corrientes profundas del mar y c) para la historia de los acontecimientos, las olas de superficie.

Particularmente dos de los conceptos que aporta Braudel no se pueden pensar separados del territorio: la historia global (no con intención de abarcar la totalidad de la historia, sino con la conciencia de que se ha de "rebasar sistemáticamente los límites") (Quevedo y Hernández, 1994, 25), y la economía mundo, que hace referencia a la geopolítica, a través de lo cual contacta con Harvey (2014) y con el concepto de "temporalidad" en su escala de larga duración.

Porto-Gonçalves (2016, 1) refuerza esta perspectiva histórico-geográfica en palabras de Milton Santos: "el espacio es una acumulación desigual de tiempos". Expresión válida para múltiples lecturas, entre otras nos remite a la interconexión constitutiva entre la historia y la geografía y nos orienta a pensar que la existencia de las personas solo se puede entender desde una comprensión profunda de estas dos dimensiones confluentes en un territorio.[8] Ese es el desafiante camino que intentaremos transitar: la comprensión de la producción social, la producción de historia, la producción de territorio y, concomitantemente, la producción de salud (salud-rupturas-cuidado-atención).

En esta perspectiva geográfica nos aventuramos en profundizar el concepto de Quevedo y Hernández citado antes y plantear un tercer nivel de avance posible: pasar de la historia de la enfermedad a la historia del sujeto enfermo y de la historia del sujeto enfermo a la historia del territorio, en tanto productor de salud-rupturas y de salud-rupturas-cuidado-atención.

PERSPECTIVA TERRITORIAL

El encuentro entre la geografía y las ciencias de la salud es un asunto aún incipiente en diversos ámbitos. En la actualidad, particularmente en América Latina, están dadas las condiciones para que ese necesario encuentro ocurra, se desarrolle[9] y estalle.[10]

En la búsqueda de alternativas más humanas, complejas o integrales, las ciencias de la salud (epidemiología, salud pública, salud colectiva, medicina, entre otras) se han involucrado con categorías como "espacio", "ambiente", "territorio" o "campo", muchas veces sin suficiente precisión en sus definiciones y operacionalización o directamente adoptando el enfoque hegemónico de la geografía física (geografía como sinónimo de localización).

8. Citamos a Milson Betancourt (2015, 47) para reforzar esta visión que integra historia y geografía y el devenir dialéctico entre múltiples escalas: "Cómo entender este largo y complejo proceso de territorialidades en tensión, desde una perspectiva histórico-geográfica, que nos ayude a distinguir entre procesos de larga duración, que conforman estructuras e instituciones, y dinámicas más coyunturales, pero que moldean los procesos?".
9. Siguiendo a Efraín León, desarrollo como aumento de la complejidad.
10. Parafraseando a Bolívar Echeverría (1998c, 153), cuando reivindica y jerarquiza el concepto marxista *valor de uso*.

La geografía, constituida como ciencia hace más de 100 años, no cuenta aún con una clara definición de su alcance y su especificidad. Su categoría central, el espacio, recibe múltiples definiciones y persiste rodeada de falta de claridad y acuerdos (León Hernández, 2016a, 11). Esta carencia —vinculada a la coexistencia de diversas corrientes de pensamiento o paradigmas— genera repercusiones que trascienden la geografía y alcanza a las ciencias que dialogan con ella e integran al espacio como parte de su cuerpo teórico. Las ciencias de la salud no son ajenas a esto, sino que asumen y reproducen la confusión o contribuyen a la consolidación del paradigma positivista en la salud a través de una interdisciplina funcional a este.

En las últimas décadas —al igual que en la salud—, se han consolidado corrientes críticas.[11] Interesa subrayar el plural, pues lo que se conoce como geografía crítica no es un cuerpo homogéneo de teorías, prácticas y métodos, sino que se caracteriza por su diversidad. León Hernández (2016a, 18 y 36) la presenta como un "conjunto de corrientes contestatarias" no exento de contradicciones, en unidad caótica y difusa (41). Es en las décadas de los 70 y 80 cuando se consolida este posicionamiento en alteridad con la geografía "de los Estados mayores"[12] (25), que busca separarse del dogmatismo metodológico pautado por la "objetividad, la neutralidad y transparencia de la geografía pragmática", orientada básicamente a legitimar el sistema capitalista.

La geografía crítica identifica la espacialidad como un subsistema particular de la sociedad, en conexión con la totalidad de la teoría social (León Hernández 2016a, 29) y, al mismo tiempo que se desarrolla como ciencia, contribuye al desarrollo de la teoría social crítica.

11. "Autores como Henri Lefebvre, Yves Lacoste y, un poco más tarde, David Harvey transformaron la comprensión de las relaciones sociedad y espacio, evidenciando que no se trata de una fusión armónica, sino de una conjunción tensionada, repleta de embates, conflictos y contradicciones" (Furtado et al. 2016).
12. Adjetivación de lo dominante introducida por Yves Lacoste justamente para señalar la contraposición de la geografía crítica.

Cuando Henri Lefebvre presenta la categoría "espacio" se detiene en precisar que se trata de "una problemática bien definida" (ni "definición particular", ni "problemática indefinida y demasiado general"):

> Se trata de la problemática del espacio. [...]. En un principio, se trata del espacio "vivido", en estrecha correlación con la práctica social. La problemática que se plantea a partir de ese espacio abarca un conjunto de problemas parciales que tienen, todos ellos, un denominador común: la "espacialidad". (Lefebvre 2013, 26)

Para la geografía crítica el espacio no es un contenedor donde se ubican o transcurren cosas, sino que "liga lo mental, lo cultural, lo social y lo histórico" (Lefebvre 2013, 57); no es ajeno a estos procesos propios de la condición humana; por el contrario, los vincula, forma parte.

Cuando nos aproximamos a este debate ontológico (y sus ineludibles consecuencias epistemológicas) podemos reconocer con frecuencia los desvíos positivistas en los que hemos caído más de una vez al pensar a geógrafos y geografía como simples proveedores de mapas o al confundir diálogo interdisciplinario con la posibilidad de georreferenciar nuestros problemas disciplinarios ("pecado" frecuente entre epidemiólogos y otros estudiosos, tanto críticos como no críticos). Lefebvre (2013, 273) pone énfasis en esto y nos señala que localizar y espacializar son asuntos distintos.

Milton Santos (2012, 166) resalta el carácter híbrido del concepto y su dinamismo al describir "o espaço é um conjunto de objetos e um conjunto de ações" (el espacio es un conjunto de objetos y un conjunto de acciones). Esto lo reafirma Mançano Fernandes (2005, 16), quien subraya que son las relaciones que producen sistemas de objetos y sistemas de acciones.

TERRITORIO, TERRITORIALIDADES, TERRITORIALIZACIÓN

> O conceito de território implica a consciência de que o poder sempre se exerce em determinado espaço e por meio dele. [...] O espaço territorializado não é apenas cenário do poder, mas também um de seus fundamentos e principais instrumentos. (El concepto de territorio implica la conciencia de que el poder

siempre se ejerce en ya través de un espacio determinado. [...] El espacio territorializado no es sólo el escenario del poder, sino también uno de sus fundamentos y principales instrumentos). (Pereira Furtado et al. 2016)

El poder emerge intrínseco al concepto de "territorio". La palabra *territorio* es incorporada como categoría de la geografía en la década del 70 y más recientemente es adoptada por otras ciencias (entre ellas la salud colectiva y la epidemiología). Se identifican diversas formas de entender el territorio, y cierta dificultad en asir su complejidad. Aun cuando se pone énfasis en afianzar el concepto más allá de su dimensión física (como espacio o espacio vivido, multidimensional, incluso más amplio que lo social) se cae reiteradamente en la idea estática en la cual el territorio se reduce a la dimensión física o político-administrativa, como escenario de procesos sociales, ajeno a estos. Mançano Fernandes (2005, 16) presenta al territorio como un "espacio geográfico o social específico" en el cual ha mediado una relación de producción y apropiación e insiste en la profundidad del concepto. Alude reiteradamente a Milton Santos (citado en Mançano Fernandes 2008, 2), para quien "el territorio es el lugar donde desembocan todas las acciones, todas las pasiones, todos los poderes, todas las fuerzas, todas las debilidades, es donde la historia del hombre plenamente se realiza a partir de las manifestaciones de su existencia".

Capel (2016, 16) analiza la relación entre tiempo y territorio (se puede descubrir a Braudel de manera subyacente en su análisis). Parte de un supuesto que rápidamente derriba: el territorio como lo permanente y la sociedad que se asienta en él como lo cambiante. Pero en verdad ambos cambian y esos cambios no son ajenos a la interacción entre territorio y sociedad. Analiza "la tensión entre lo efímero y lo permanente" presente tanto en uno como en otra. En el territorio, donde se inscribe la historia de la tierra y de la humanidad, distingue dos escalas temporales: tiempos de la naturaleza y tiempos de los humanos.[13]

13. Cuando profundicemos sobre historia veremos que estos "tiempos" distintos, presentados acá desde la geografía, son asunto esencial para la historia,

Sobre esta matriz, que ya resulta compleja, se despliegan las "territorialidades", categoría que se expresa en plural, pues se reconocen múltiples en cada territorio (León Hernández, 2016b), simultáneas, superpuestas y más o menos contradictorias entre sí. Estas diversas categorías ofrecen un modelo que permite comprender y analizar la complejidad de la vida, las contradicciones y complementariedades, las subjetividades y los intereses que entran en juego en un territorio compartido y que se expresan como formas diferentes de entramado social, productivo y cultural. Diversas territorialidades pueden convivir más o menos armoniosamente en un mismo territorio o coexistir en tensión más o menos explícita. Cada territorialidad responde a una forma de habitar el territorio, complementaria o competitiva con otra. La pugna de territorialidades constituye una disputa de poder.

El concepto de "territorialidad" está asociado al de "territorialización". El geógrafo brasileño Porto Gonçalves presenta estos conceptos estrechamente relacionados como la tríada territorio-territorialización-territorialidades (Betancourt, Hurtado y Porto-Gonçalves 2013, 9). Borde y Torres-Tovar (2017, 266) destacan que esta tríada facilita la "comprensión del territorio como producción social". El proceso de *territorialización* es aquel a través del cual se produce la apropiación del territorio mediante el desarrollo de una forma de habitarlo, de una territorialidad. Apropiación entendida no como dominación sino en el sentido introducido por Lefebvre, en su valor simbólico, que se corresponde con lo vivido, con el valor de uso[14] (Haesbaert 2005, 6774-5).

Numerosos estudios recientes han aplicado este modelo para el análisis de conflictos socioambientales y otros desencadenados por el

y la comprensión profunda de los procesos sociohistóricos. Pero no es raro que el tema surja desde la geografía, pues los procesos históricos no se pueden separar de su dimensión espacial-territorial, así como el análisis territorial resulta incompleto si no incorpora la perspectiva histórica.

14. Profundizaremos sobre este concepto más adelante.

avance del extractivismo en América del Sur (Betancourt, Hurtado, y Porto-Gonçalves 2013; Betancourt 2015; Borde y Hernández 2019). Otra línea de integración entre geografía y salud ha sido la incorporación de la geopolítica en el análisis la determinación social de la salud (Rigotto y Giraldo da Silva 2007) o de economía de la salud, tomando en cuenta la importancia del poder corporativo y el capitalismo desplegado actualmente en la mercantilización de la salud (Antas Jr. y Almeida 2015).

Por otra parte, así como el ordenamiento territorial ha sido instrumento político[15] para disponer modelos de apropiación del territorio, en el campo de la salud podrían identificarse otros instrumentos políticos del Estado y de las corporaciones para el mismo fin. Harvey (2007, 80, 83) describe la economía del espacio y analiza las formas y modelos que adopta el capital para superar las crisis de sobreacumulación. Sistemas multiescalares, transterritoriales, funcionando en redes de alcance planetario son parte de la realidad cotidiana en la economía del siglo XXI. El sector salud no ha quedado ajeno a estos procesos; por el contrario, ha sido precoz el desarrollo del modelo transnacional en la industria farmacéutica, entre otros. La concentración de poder y las tensiones que este modelo económico y mercantil producen se dimensiona cabalmente cuando se analiza con perspectiva geográfica, espacial. Podrían citarse otros ejemplos, pero no es el cometido abundar en ilustraciones, sino simplemente mostrar de qué modo la geografía permite mejorar la comprensión —y hacerla más integralmente— de los procesos de producción y reproducción de la salud-rupturas-cuidado-atención.

No solamente en aspectos de gobernanza o economía a gran escala cobra jerarquía el análisis territorial. La vasta trayectoria de participación y desarrollo de ciudadanía en torno a la salud que tiene América Latina permite intuir que un análisis histórico y geopolítico podría llegar a descubrir instrumentos o estrategias territoriales con objetivo político forjados a nivel ciudadano o presentes en culturas ancestrales.

15. Así lo define Lefebvre (2013, 30) en la llamada "tercera hipótesis".

EL TERRITORIO SEMÁNTICO-SIMBÓLICO

La diversidad que se encuentra en el uso del concepto "territorio" por las ciencias de la salud no es independiente de aspectos onto-epistemológicos. Coincidimos con Borde y Torres-Tovar (2017, 272) cuando comprenden el "territorio" como una categoría fundamental de la *salud pública* (*salud colectiva*), así como en la apertura a la búsqueda de mayores desarrollos en este sentido.

Para Pereira Furtado et al. (2016, 10), la noción de territorio introducida por Milton Santos posibilitó a la epidemiología enfrentar más adecuadamente los cambios del perfil epidemiológico asociados con la globalización y superar enfoques que ignoraban las implicancias socioespaciales del proceso salud-enfermedad.[16] Reconoce la imprecisión en el uso de los términos e identifica que "territorio y territorialidad funcionan como alusión a un ideario avanzado, sin que necesariamente se contrasten las respectivas implicancias políticas y sociales".

En un análisis de lo "comunicativo-interpretativo"[17] en el campo de la salud se encuentra que el concepto de "territorio" se suele asociar al ámbito no hospitalario y "descentralizado" de los sistemas de salud. Es probable que la mayoría de las veces que se utilice la expresión territorio por integrantes de los equipos de salud sea en referencia a procesos de gestión o atención que de modo subalterno, alternativo o contrahegemónico, se desarrollan en espacios "no centrales" del sistema. En ciertos discursos, lo "territorial" resulta sinónimo de comunitario o, incluso, de periférico, entendido el centro como el lugar del poder. Existe cierta literalidad en el uso del concepto, que no está exento de otras implicancias conceptuales.

Por otra parte, el concepto sustentado desde ámbitos gubernamentales que plantean "políticas públicas en territorio" se aproxima más a la idea de territorio como mapa, que a "territorio vivido". La expresión, en

16. Traducido desde el portugués por la autora de este ensayo.
17. Siguiendo esta categorización propuesta por Bolívar Echeverría (1998b, 181).

apariencia compartida, podría estar ocultando tensiones que la misma geografía podría contribuir a descifrar en base al análisis de "territorialidades", o sea, las diversas formas de habitar el territorio y las disputas de poder en torno a este. La implicancia del lenguaje, del uso de la expresión territorio, ha sido objeto de la atención de Mançano Fernandes (2008, 4), quien identifica diferentes formas de apropiación del concepto realizadas por los movimientos socioterritoriales, los gobiernos y las transnacionales. Señala que la disputa por el territorio ocurre en el plano material pero también en el simbólico.

PRODUCCIÓN HISTÓRICO-TERRITORIAL DE LA SALUD. ALGUNOS APUNTES METODOLÓGICOS

La dimensión territorial, jerarquizada en este trabajo, admite ser profundizada dentro del modelo teórico de la DnSS y aparece como una de las áreas de potencial aporte para su desarrollo.

El ser humano, como ser social, se relaciona con la naturaleza a través del trabajo y de las transformaciones que imprime a esta. Asimismo, se relaciona con otros humanos mediante el lenguaje y la interacción. De este modo, el ser humano tiene un contexto que no es un entorno o medioambiente no modificado, sino un mundo construido. Se trata de cierto "orden" social —caos más que orden— donde predomina la incertidumbre y el movimiento (Quevedo y Hernández 1994, 23). El mundo construido y los procesos por los cuales se produce la interacción con la naturaleza y con los humanos pasan a ser constitutivos del contexto, al tiempo que constituyen al humano y a su grupo. Esta es la dinámica (dialéctica) de los procesos que caracterizan a la DnSS y su anclaje histórico-territorial.

Una mirada integradora de las ciencias de la salud y ciencias del espacio nos permite jerarquizar la dimensión territorial de la DnSS desarrollada por Breilh (1977) y analizar los procesos de producción y reproducción de la salud (*salud-rupturas-cuidado-atención*) a la luz de los procesos de territorialización y sus conflictos.

Como destaca Porto-Gonçalves (2016, 3), el conflicto es la materialización en el territorio de contradicciones que también son fuente de avance. Analizar los conflictos territoriales puede resultar una estrategia muy productiva para conocer y reconocer el territorio y eventualmente identificar territorialidades en pugna. Es en esos procesos de producción de territorio que concomitantemente ocurre la determinación social de la salud (con sus rupturas), la producción-reproducción de la salud. Constituyen procesos inseparables.

En suma, la idea más importante que descubrimos a través de esta "mirada geográfica de la salud" nos conduce a fusionar la complejidad de la producción (reproducción) de la salud con la producción del espacio, para exponer una tesis que atraviesa este trabajo: la producción de espacio[18] es producción de salud. El territorio es entendido como una delimitación particular del espacio que surge a través de procesos históricos en un lugar dado y que en cada momento histórico es resultado de las múltiples territorialidades que lo habitan o lo disputan.

Podríamos hablar de una determinación socioespacial de la salud, no como una nueva propuesta metodológica, sino como una apertura de la DnSS a un énfasis de las territorialidades y los procesos de territorialización en su análisis.

La matriz de procesos críticos propuesta por Breilh (2014) para la operacionalización de la DnSS resulta un insumo ineludible del marco heurístico propuesto en esta investigación. El alcance de la DnSS excede la representación que permite un esquema bidimensional. Sería necesario un recurso dinámico que integre niveles y dimensiones, donde la matriz de procesos críticos se integre con una matriz territorial que dé cuenta del territorio diverso,[19] (gobernanza, propiedad para la vida y relaciones) tanto en lo material como en lo inmaterial; las territorialidades múltiples,

18. Producción de espacio en el sentido que introduce Lefebvre (1976, 41).
19. Diverso en el sentido introducido por Fernandes, territorio que al mismo tiempo es un espacio de gobernanza, un espacio de propiedad (individual o colectiva) para la vida,y un espacio relacional.

superpuestas, en conflicto, y una matriz histórica, que introduzca las temporalidades simultáneas (Quevedo y Hernández 1994, 25).[20]

Figura 2. La producción de salud y territorio en el contexto social. Una mirada histórico-geográfica a la determinación social de la salud

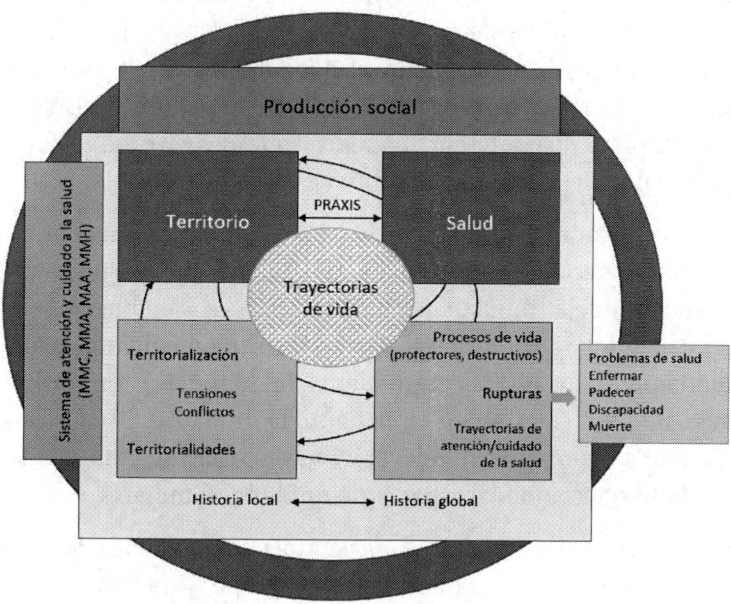

Fuente: MMA: Modelo médico alternativo, MAA: Modelo de autoatención, MMH: Modelo médico hegemónico (Menéndez 1992), MMC: Modelo médico crítico (Ponzo 2017). Elaboración propia.

La figura 2 propone un esquema para representar esta compleja trama de interrelaciones en la cual territorio y salud, con sus categorías de "proceso" y "resultados", se colocan en un lugar central para destacar la interacción intensa y múltiple entre ellos. La interacción no ocurre en la nada, sino en un soporte material que es biológico y social: las personas y sus trayectorias

20. Citando a Braudel (1976, 1985).

de vida. Esto es lo que ocupa el centro del esquema, representado por el círculo en contacto con todos los componentes. Todo transcurre sobre un escenario que integra a salud y territorio, el de la producción social, que es también histórica, donde adquiere relevancia tanto la historia local como la global, pues cada territorio no es ajeno o autónomo sino parte del Planeta y como tal, interconectado. En los laterales se destacan —solo para hacerlos explícitos por su relevancia social y metodológica— dos componentes relativos al campo de la atención y el cuidado de la salud: los modelos de atención por una parte y las rupturas con la salud por otra. La DnSS está representada por el diagrama circunferencial que envuelve todos los procesos y componentes del esquema, los contiene e interpreta.

En el cuadrante inferior derecho del esquema se encuentra lo que será nuestra puerta de entrada al campo, la llave que nos permitirá transitar esta compleja trama de relaciones y procesos en busca de explicaciones. La figura 3 amplifica este sector del esquema para presentar más detalladamente los niveles particular y singular descritos por Breilh en la DnSS. Se destaca también en la figura la unidad-estrategia de observación que se adoptará: se relevarán trayectorias de vida-salud-rupturas-cuidado seleccionadas a partir de unidades familiares.

En el nivel particular, la categoría central es el modo de vida. Este es de carácter colectivo, es una característica del grupo (generalmente clase social, aunque el recorte puede ser otro), y su variabilidad se produce en temporalidades largas. Siguiendo a Breilh, definimos al modo de vida como el conjunto de condiciones o espacios estructurados que definen al grupo con relación al trabajo y a la producción, el consumo, la participación social, la incidencia política, la identidad y la producción cultural y su relación con la naturaleza (Breilh 2011, 171-90; 2014, 54; Solíz Torres 2018, 96-105):

a) Trabajo: posición en la estructura productiva, patrones laborales.

b) Consumo: calidad y disfrute de bienes, construcción de necesidades, acceso, patrones de consumo.

c) Identidad y valores culturales: capacidad del grupo para crearlos y reproducirlos (clase "para sí").

d) Organización y soporte: capacidad del grupo para acceder al poder y participar en toma de decisiones, organización comunitaria-social, participación y organización política.

e) Calidad de las relaciones ecológicas del grupo: relación con la naturaleza .

En la figura 3 se presentan las categorías del modo de vida (nivel particular) y del nivel singular (atributos del sujeto). Asumir que los atributos de los individuos son personales es un ejercicio teórico de abstracción, pues resulta difícil separar de lo colectivo-grupal-familiar, cualesquiera sean las características que se expresan en un sujeto, ya que todas surgen de procesos. Hecha la salvedad, vale la pena decir que se incluyen en este nivel la vulnerabilidad, la exposición y la autonomía relativa. Estos grandes atributos están en relación con otros en los que se pueden reconocer trayectorias y por lo cual son listados en la segunda columna: genotipo, fenotipo o *embodiment*, género, generación, nivel de instrucción, grado de independencia económica, espiritualidad y problemas de salud.

No tenemos definiciones acabadas aún sobre las formas de análisis posibles a partir de este instrumento complejo, pero tenemos identificada la necesidad de transitar este camino, tomando en cuenta el movimiento de generación y reproducción, que vincula dialécticamente los niveles jerárquicos y determina mayor o menor grado de autonomía relativa en cada uno de los niveles: singular, particular y general. El desafío consiste en ser capaces de leer estos procesos en el territorio, en conjunto con la población, y analizar este movimiento dialéctico en relación con las categorías geográficas y las diferentes escalas históricas (singular, coyuntural y estructural). En esa dimensión (aunque sin perder de vista las diferentes escalas), se hace prioritario descubrir la valoración de la vida (a través de lo comunicativo-interpretativo-simbólico) y la tensión—valor de uso-valor de cambio—. Por ahí visualizamos la necesidad de transitar, pero entonces la búsqueda no es solo de respuestas, sino también de caminos.

Como señalaba Rovere (citado en Quevedo y Hernández 1994, 13) a pesar de que estas indagaciones nacieron hace aproximadamente 30 años, aún sigue siendo "necesario reformular la ciencia aplicada con nuevos conocimientos transdisciplinarios" y —agregamos—, unas nuevas metodologías que den cuenta de la complejidad. Ni en la medicina, ni en la salud colectiva podemos seguir actuando e investigando como si la salud fuese un asunto plano o puramente biológico.

Figura 3. La producción de salud y territorio en el contexto social. Un enfoque familiar y por trayectorias de vida de las dimensiones particular y singular de la determinación social de la salud

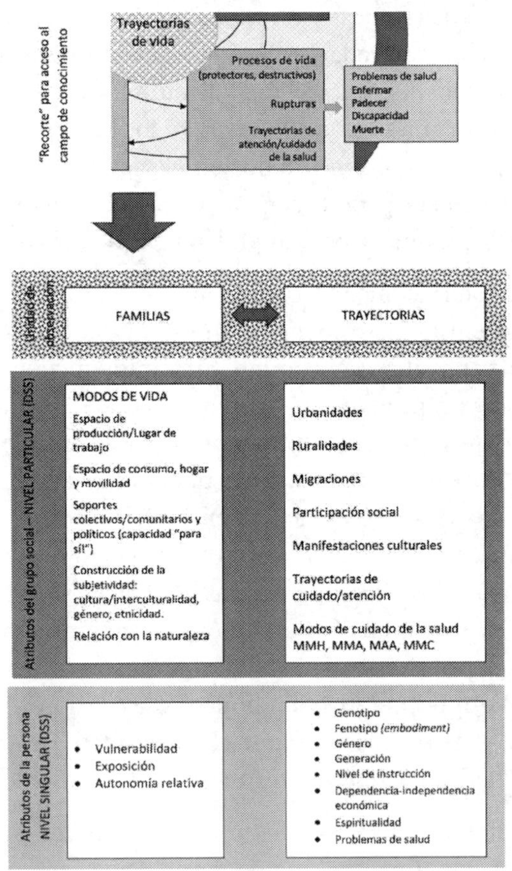

Elaboración propia.

Queda expuesto que nuestro marco heurístico no es de base disciplinaria, sino que aspira a la transdisciplina o a la metadisciplina. Asumimos que no es en los cuerpos disciplinares ya construidos que busca sus fundamentos. Se trata de un marco en construcción, definido por pensamiento y acción. En cuanto al pensamiento, es crítico, no se satisface con las respuestas actuales y busca cambiarlas. Es también de acción, en la medida que se nutre no solo de ideas o teoría, sino de hechos, de acciones integradas e integradoras o desintegradas y conflictivas, halladas en el territorio; de las contradicciones que aporta el proceso de investigación y de la resolución de estas contradicciones.

Ese proceso se plantea polifónico, abierto a las voces de la gente que lo habita, a través de sus relatos y trayectorias, y a sus miradas, no está restringido a la mirada de investigadores e intelectuales.

Figura 4. Representación gráfica de procesos e interacciones que indagará este trabajo en el territorio de Migues, noreste de Canelones, Uruguay

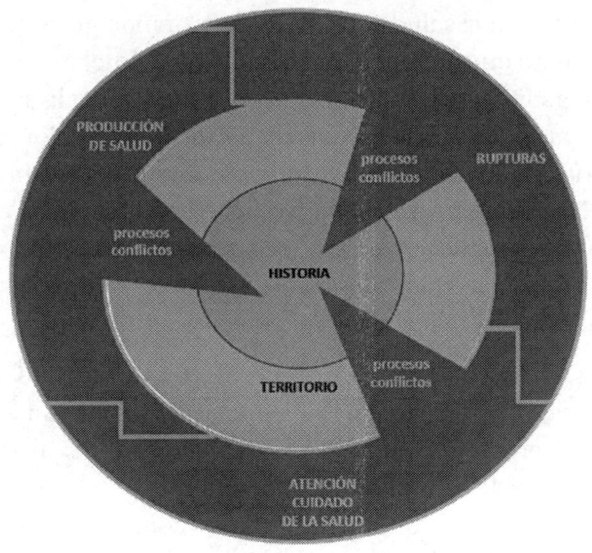

Elaboración propia.

La intención es la de poner a dialogar a la vertiente teórica del pensamiento crítico latinoamericano con las voces del territorio. En ese diálogo se espera encontrar el conocimiento nuevo, la comprensión de la salud y sus rupturas en perspectiva territorial-histórica, las consecuencias para nuevas formas de atención y cuidado necesarias y una aproximación a los caminos que se podrían intentar desde lo individual o colectivo para la producción de salud como producción de territorio.

Emergen dos grandes desafíos para el proceso de investigación: rescatar las voces que logren expresar suficientemente al territorio y tejer el diálogo interpretativo de ese discurso con el de la teoría social crítica.

Hay un tercer desafío implícito. Se trata de ofrecer este discurso (y esperamos que también sus hallazgos) integrador de lo biológico y lo social al *gran colectivo de la salud*. Al decir esto se hace referencia no solo a profesionales de la salud colectiva, acostumbrado a debatir y dialogar con las ciencias sociales, sino al colectivo que trabaja directamente implicado en la atención a las personas, en los servicios de salud, en el mundo de la clínica. Las reflexiones y debates sobre la salud, los procesos de ruptura con la salud y los marcos epistemológicos que producen el conocimiento que da soporte a la medicina no suelen ser materia que atraiga al personal que se hace cargo de la atención a la salud. Mayoritariamente atraídos por los temas de corte clínico y biológico, es solo una minoría la que resulta convocada por esta otra vertiente del conocimiento. No obstante, este colectivo tiene una incidencia capital en la producción y reproducción de modelos, en tanto participan de esos momentos críticos en la vida, tales como la enfermedad, el nacimiento y la muerte, en estrecha relación con personas y familias.

Además, eso que llamamos "el gran colectivo de la salud" incluye, naturalmente, a todas las personas. La población, la comunidad, la gente que habita el territorio, usuaria o no de los servicios de salud, constituye la parte medular de esos procesos. Coincidimos con Milson Betancourt (2015, 25) cuando señala que el propósito es "construir marcos comprensivos que a la vez que dan cuenta de la complejidad pueden ser usados y apropiados por los movimientos sociales".

La evolución (o r-evolución) del pensamiento y la praxis en el ámbito de la medicina y de la atención a la salud resulta necesaria e impostergable. Podemos identificar al menos tres motivos para fundar esta necesidad: a) los enfoques dominantes cargados de biologicismo, fragmentación y reduccionismo plantean respuestas que no coinciden con los verdaderos problemas y necesidades de salud y acumulan insatisfacción en personas y equipos de salud; b) en muchos trabajos de salud colectiva, cuando se investiga desde la complejidad de la determinación, se produce un "desajuste" al analizar resultados basados en diagnósticos biomédicos: se identifica en esos casos una coexistencia de paradigmas no confluentes (contradictorios incluso), lo cual debilita el análisis y el potencial del análisis de la determinación, y se produce un proceso que se asimila a un embudo en el cual la riqueza de la mirada inicial se despoja durante el análisis y pierde en favor de reducidas categorías de resultado. Así, c) se presenta una disociación que se vive en la práctica profesional por quienes conciben la atención a la salud con base en encuentros interpersonales de tipo horizontal donde se contemple la idoneidad cultural, se valore el contexto familiar y comunitario y se proyecten a largo plazo. En muchos casos estos profesionales se encuentran atrapados en el seno de sistemas orientados a la atención de la demanda y el consumo de prestaciones medicalizadas (y muchas veces también mercantilizadas) más que a la producción de salud.

CONCLUSIONES

La investigación titulada "Análisis histórico-territorial de la producción de salud, sus rupturas y cuidado, en Migues, noreste de Canelones, Uruguay, 1980-2019", de cuyo marco heurístico se desprende este ensayo, transita en la identificación de territorialidades y conflictos que permitan caracterizar y explicar la producción de territorio y, con ello, la producción de salud. Se vale del análisis de los procesos de *salud-rupturas-cuidado-atención* que allí prevalecen, en temporalidades de distinta duración, con base en la historia y la geografía críticas. Intenta dar luz y voz a las trayectorias de personas, familias y comunidad en busca de las tensiones y conflictos que dinamizan la producción. Intenta sondear los procesos críticos donde se encarna la tensión entre la "ruptura creativa" y la ruptura destructiva; donde la persona se debate (o ni siquiera tiene opción de hacerlo) entre su ser productivo o creativo, entre la libertad y la subsunción a la producción de valor.

La figura 5 resume el constructo metodológico planteado a partir de la DnSS, donde los procesos críticos se exploran a partir de salud-rupturas y cuidado-atención en una matriz de análisis histórico-territorial, que coloca en el centro la producción de salud.

Figura 5. Interacción entre procesos territoriales e históricos y las trayectorias de salud-rupturas-cuidado-atención para la comprensión de la ***producción de salud*** en el marco de la determinación social de la salud según modos de vida

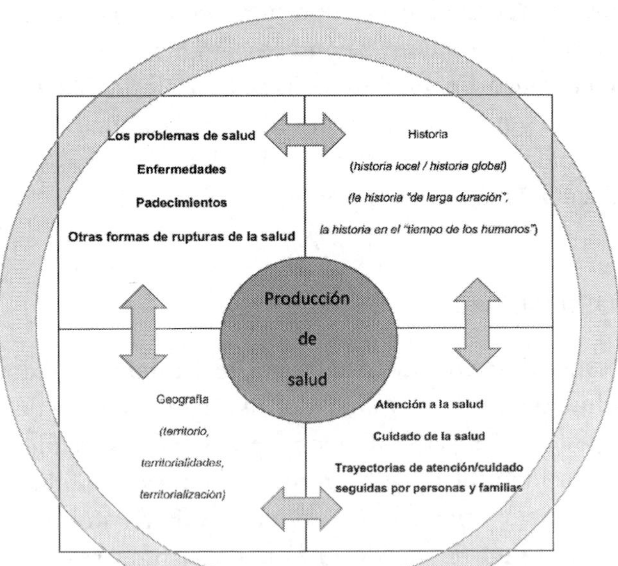

Fuente: (Breilh et al. 2014). Elaboración propia.

La representación es la de una matriz complejizada que, a partir de la Matriz de procesos críticos de la DnSS (Breilh et al. 2014), incorpora lo territorial e histórico entrelazado con los niveles de determinación (singular, particular y general). Se concibe como recurso para leer los procesos patobiográficos (las expresiones de *salud-rupturas* en la singularidad de la vida de las personas, en el "tiempo de los humanos") (Quevedo y Hernández 1994, 25), concatenados con sus niveles de determinación particular y estructural, pero también con el tiempo coyuntural y estructural. La geografía nos permite introducir la "espacialidad" como insumo de análisis. La espacialidad surge de la confluencia. De las interrelaciones en un lugar dado se produce un espacio que llamamos territorio, que no se limita a la materialidad física, sino que esencialmente es producción social (no exenta de materialidad). Por tanto, el análisis no puede omitir lo espacial y la *espacialidad* se "mezclará" con las demás dimensiones y categorías de comprensión y análisis.

EPÍLOGO

Kidlat Tahimik, director y actor, es reconocido como el padre del cine independiente filipino. Hace algunos años tuve la oportunidad de visitar Tokio y aconteció allí un extraño encuentro con Kidlat, a quien no conocía. Él salía del *31st. International Tokyo Film Festival* vestido con ropas típicas de su país y un extraño objeto en la mano derecha que manipulaba como si fuese parte de su cuerpo. Tejido en bambú, el objeto tenía forma de cámara cinematográfica. Cuando nos acercamos el cineasta se dirigió amablemente a nosotros y preguntó de dónde éramos. Le dijimos que de Uruguay, entonces nos enseñó su cámara y, como adivinando nuestra pregunta, dijo: "la cámara de bambú sirve para grabar las historias de los pueblos; de Uruguay y de todos los pueblos".

Nuestra tarea no trata de cine, pero reúne búsqueda y creación. Este ensayo ofrece algo de ello. Este dispositivo propuesto, que tiene mucho de tejido, de artesanal y de deseo, anhelamos resulte tan potente como la cámara de bambú para captar la esencia de este pueblo y de otros pueblos y de su historia y su geografía. Porque de eso sí trata esta investigación.

REFERENCIAS

Antas Jr., Ricardo Mendes, y Rafael da Silva Almeida. 2015. "Diagnóstico médico e uso corporativo do território brasileiro: uma análise do circuito espacial produtivo dos reagentes para diagnóstico". *Saúde e Sociedade* 24 (2): 674-90. https://doi.org/10.1590/S0104-12902015000200022.

Armus, Diego. 2002. "Cultura, historia y enfermedad. A modo de introducción". En *Entre médicos y curanderos: Cultura, historia y enfermedad en la América Latina moderna*, editado por Diego Armus, 11-26. Buenos Aires: Grupo Editorial Norma.

Betancourt, Milson. 2015. "Adecuaciones espaciales para la dominación: Conflictos modernos coloniales, territorios de vida en la Amazonía andina y ejes de integración y desarrollo de la IIRSA". Tesis doctoral, Universidade Federal Fluminense, Niterói.

Betancourt, Milson, Lina M. Hurtado, y Carlos W. Porto-Gonçalves. 2013. "Tensiones territoriales y políticas públicas de desarrollo en la Amazonia". Ponencia presentada en Concurso CLACSO-ASDI 2013: "Estudios sobre políticas públicas en América Latina y el Caribe: Ciudadanía, democracia y justicia social".

Borde, Elis, y Mario Hernández. 2019. "Una aproximación a la determinación social de la violencia urbana en ciudades latinoamericanas: Lecturas desde Río de Janeiro y Bogotá". *Medicina Social* 12 (1): 36-47.

Borde, Elis, y Mauricio Torres-Tovar. 2017. "El territorio como categoría fundamental para el campo de la salud pública". *Saúde em Debate* 41 (2): 264-75. https://doi.org/10.1590/0103-11042017s222.

Braudel, Fernand. 1981. *El mediterráneo y el mundo mediterráneo en la época de Felipe II*. 2.ª ed. Ciudad de México: Fondo de Cultura Económica.

Breilh, Jaime. 1977. "Crítica a la interpretación capitalista de la epidemiología. Un ensayo de desmitificación del proceso salud-enfermedad". Tesis de maestría, Universidad Autónoma Metropolitana, México.

—. 2011. "Aceleración agroindustrial: Peligros de la nueva ruralidad del capital". En *¿Agroindustria y soberanía alimentaria? Hacia una ley de agroindustria y empleo agrícola*, editado por Frank Brassel, Jaime Breilh y Alex Zapata, 171-90. Quito: Ediciones SIPAE.

—. 2014. “Epidemiología crítica latinoamericana: Raíces, desarrollos recientes y ruptura metodológica”. En *Tras las huellas de la determinación. Memorias del Seminario InterUniversitario de Determinación Social de la Salud,* editado por Carolina Morales y Juan Carlos Eslava 19-76. Bogotá: Universidad Nacional de Colombia.

Breilh, Jaime, Sonia Concha Sánchez, Andrés Ramírez Giraldo, María José Breilh, y Bayron Torres. 2014. “Estudio comparativo de los principales paradigmas sobre la determinación social de la salud y operacionalización de un modelo alternativo para investigación de modos de vivir saludables”. Informe de investigación. Quito: UASB-E.

Capel, Horacio. 2016. “Las ciencias sociales y el estudio del territorio”. *Biblio 3W* XXI (1149): 1-38. www.ub.edu/geocrit/b3w-1149.pdf.

Echeverría, Bolívar. 1984. “La ‘forma natural’ de la reproducción social”. *Cuadernos Políticos* 41: 33-46.

—. 1998. *Valor de uso y utopía.* Ciudad de México: Siglo XXI Editores.

Haesbaert, Rogério. 2005. “Da desterritorialização à multiterritorialidade”. Ponencia presentada en X Encontro de Geógrafos da América Latina, Sao Paulo, 20-26 de marzo de 2005.

Harvey, David. 2007. *El nuevo imperialismo.* Madrid: Ediciones Akal.

—. 2014. *Espacios del capital: Hacia una geografía crítica.* Madrid: Ediciones Akal.

Krieger, Nancy. 2011. *Epidemiology and the People’s Health: Theory and Context.* Nueva York: Oxford University Press.

Laín Entralgo, Pedro. 1950. *La historia clínica. Historia y teoría del relato patográfico.* Madrid: Diana Artes Gráficas / Consejo Superior de Investigaciones Científicas.

Lefebvre, Henri. 1976. *Espacio y política: El derecho a la ciudad II.* Barcelona: Ediciones Península.

—. 2013. *La producción del espacio.* Madrid: Capitán Swing.

León Hernández, Efraín. 2016a. *Geografía crítica: Espacio, teoría social y geopolítica.* Ciudad de México: Universidad Nacional Autónoma de México (UNAM)-Facultad de Filosofía y Letras.

—. 2016b. “Naturaleza, dependencia y territorialidades múltiples”. Video de Youtube a partir de una conferencia dictada en el Seminario de Ecología Política de la UNAM. https://www.youtube.com/watch?v=kb2Oj7__JSo.

Mançano Fernandes, Bernardo. 2008. “Sobre la tipología de los territorios”. https://web.ua.es/es/giecryal/documentos/documentos839/docs/bernardo-tipologia-de-territorios-espanol.pdf.

—. 2005. “Movimentos socioterritoriais e movimentos socioespaciais: Contribuição teórica para uma leitura geográfica dos movimentos sociais”. *Revista Nera* 8 (6): 14-34.

Menéndez, Eduardo. 1992. “Modelo hegemónico, modelo alternativo subordinado y modelo de autoatención. Caracteres estructurales”. En *La antropología médica en México*, compilado por R. Campos, 97-113. Ciudad de México: Universidad Autónoma Metropolitana Instituto Mora.

Pereira Furtado, Juarez, Wagner Yoshizaki Oda, Igor da Costa Borysow, y Silke Kapp. 2016. “A concepção de território na Saúde Mental”. *Cadernos de Saúde Pública* 32 (9). https://doi.org/10.1590/0102-311x00059116.

Ponzo, Jacqueline. 2017. “Modelo médico crítico”. Quito: UASB-E. Inédito.

Porto-Gonçalves, Carlos Walter. 2016. “A Geografia dos Conflitos Sociais na América Latina e Caribe”. Relatório Técnico (final). Niterói: Universidad Federal Fluminense (UFF) / LEMTO / UNAM / Observatorio Social de América Latina (OSAL)-CLACSO.

Quevedo, Emiliano, y Mario Hernández. 1994. “La articulación del conocimiento básico biológico y social en la formación del profesional de la salud: Una mirada desde la historia”. En *Lo biológico y lo social: Su articulación en la formación del personal de salud*, coordinado por María Isabel Rodríguez, 13-34. Washington D.C.: Organización Panamericana de la Salud.

Rigotto, Raquel Maria, y Augusto Lia Giraldo da Silva. 2007. “Saúde e ambiente no Brasil: desenvolvimento, território e iniqüidade social”. *Cadernos de Saúde Pública* 23: S475-85. https://doi.org/10.1590/S0102-311X2007001600002.

Samaja, Juan. 2004. *Epistemología de la salud: Reproducción social, subjetividad y transdisciplina*. Buenos Aires: Lugar Editorial.

Santos, Mílton. 2012. *Da totalidade ao lugar*. Sao Paulo: EDUSP.

Solíz Torres, María Fernanda. 2018. *Fruta del norte: La manzana de la discordia: Monitoreo comunitario participativo y memoria colectiva en la comunidad de El Zarza*. Quito: UASB-E / Ediciones La Tierra.

Wikipedia. 2019. “Telos”. *Wikipedia, la enciclopedia libre*. https://es.wikipedia.org/w/index.php?title=Telos&oldid=121163243.

Capítulo 3
Multidimensionalidad y complejidad de la enseñanza de la alimentación: Determinación social de la práctica pedagógica y discursiva

Diana Carolina Ocampo

INTRODUCCIÓN

La pregunta por la intersección entre salud y educación no es nueva. Ha hecho parte de los cuestionamientos institucionales, académicos y prácticos de profesionales de la salud y la educación que han pretendido evidenciar que existe y ha existido una forma diferente de hablar, hacer y pensar la salud, pese a los modelos hegemónicos que hoy dominan este campo (Zea 2017, 28). Como campos que comparten un interés común de intervención en la sociedad, configuran prácticas sociales que desarrollan acciones en escenarios institucionales y comunitarios tendientes a alcanzar la meta de una población saludable con autonomía y capacidad de hacer elecciones adecuadas para su propia salud. Sin embargo, el progreso de dichas acciones no ha sido consecuente con este objetivo (Demonte 2021, 2).

Esto se hace evidente al analizar las estadísticas mundiales, que muestran que, pese a que se han mejorado indicadores como el aumento de la esperanza de vida sana, la mortalidad causada por enfermedades no transmisibles (ENT) ha aumentado, por ejemplo, fenómeno que concuerda con la ausencia de éxito en la lucha contra muchos de los factores de riesgo de estas enfermedades y que pueden atribuirse a ella, como el consumo de tabaco que disminuye de manera lenta, la obesidad que va en aumento y el consumo de alcohol cuya reducción se ha estancado a escala mundial y se ha tornado en aumento en algunas regiones (Organización Mundial de la Salud, 2020, IX), a pesar de la existencia de innumerables programas centrados en la promoción de estilos de vida saludables (EVS).

Diversos estudios evidencian la efectividad de las intervenciones educativas con respecto a la modificación de los conocimientos sobre EVS (Varona et al. 2017; Carranza et al. 2019; Reyes et al. 2021), pero son escasos los que pueden dar cuenta del impacto de estas intervenciones sobre los hábitos y prácticas cotidianas de los participantes. Esto puede deberse, entre otras cosas a que las acciones educativas están fundamentadas en modelos pedagógicos que tienen una concepción instrumental de la educación sumada a una visión biomédica de la salud y una visión funcionalista de la sociedad (Peñaranda 2020, 35; Molina Berrío et al. 2021, 7). Existe además escasez de referencias al espacio social en el que las actividades educativas son desarrolladas, así como una desestimación de las condiciones socioculturales, como género, clase social o etnia, y, en general, de los intereses y necesidades de los sujetos (Gracia, Demonte y Kraemer 2020, 13). También se destacan asuntos generalizados como la deficiente fundamentación pedagógica de los programas, las contradicciones entre la teoría y la práctica, que se evidencian en su implementación y en la escasa formación del talento humano que los implementa (Peñaranda, López y Molina 2017, 125; Peñaranda 2020, 23; Molina et al. 2021, 3).

Otros autores, como Sari y Camponogara (2017, 3), plantean que algunos elementos relacionados con el devenir sociohistórico de la civilización actual se traducen en un período de modernidad reflexiva en la cual hay una confrontación de los riesgos sin reflexión, en la que predominan sistemas abstractos (especializados) sobre el pensamiento de los individuos y la segmentación del tiempo y el espacio. Estos elementos contribuyen a la poca efectividad de las acciones de educación en el campo de la salud.

La visión biomédica, reduccionista, ahistórica, descontextualizada e irreflexiva que prevalece en las acciones educativas en el campo de la salud sigue reproduciendo prácticas y discursos pedagógicos anclados a perspectivas más tradicionales de la enseñanza y el aprendizaje, sobre todo en materia de EVS (Ocampo 2018, 46; Peñaranda 2020, 8; Molina Berrío et al. 2021, 4), lo que básicamente impide ver la complejidad y dimensionalidad de la praxis educativa. En este sentido, se plantea la necesidad de entender que los procesos pedagógicos en general y, más concretamente, la práctica pedagógica[1] de la enseñanza de la alimentación en el marco de programas que promueven EVS devienen de las relaciones sociohistóricas de los grupos sociales particulares que las dinamizan con las condiciones más generales del espacio social, en donde se reproducen para volver a ser producidas como procesos de verdadera transformación individual y colectiva. Es decir, son procesos determinados socialmente.

La determinación social (DSS) propuesta por Jaime Breilh (1977; 1997; 2003; 2010; 2015a; Breilh y Krieger 2021), es una apuesta teórico-metodológica que desde la salud colectiva latinoamericana y la epidemiología crítica entiende la salud y los asuntos que se relacionan con ella como procesos sociales e históricos que se dan en un movimiento dinámico interrelacionado de tres dimensiones: el dominio general (G), de la sociedad; el particular (P), donde se dinamizan los modos de vida de los grupos sociales particulares sujetos a relaciones de clase, género y etnia, y el dominio singular (S), donde se ubican las personas-familias con sus estilos específicos de vivir y sus encarnaciones corporales y psicológicas. Este devenir de la salud se produce en cinco espacios claves donde la reproducción social media la construcción de la salud (Breilh 2015a, 54) en constante interacción dialéctica de movimientos y relaciones explicativas para dar cuenta de la complejidad y dimensionalidad

1. La práctica pedagógica (PP) comprende los procesos de institucionalización del saber pedagógico; es decir, su funcionamiento en las instituciones, no solo las educativas. Comprende las formas de enunciación y circulación de los saberes enseñados en tales instituciones. Está inscrita en un saber, en un espacio y en un tiempo determinados e implícita o explícitamente se pregunta por la naturaleza, la identidad, las intencionalidades y los contextos del proceso educativo. Es por tanto una acción intencionada, singular y específica cuyo sujeto de cuestionamiento es el *maestro* [enfasis en el texto] (Ortega 2009, 29-30).

del proceso (Breilh 2003, 128; Breilh 2015, 53, 63; Breilh y Krieger 2021, 90) (véase la Tabla 1).

Tabla 1. Determinación social de la salud. Dimensionalidad-complejidad

<table>
<tr><th colspan="4">Dimensionalidad-complejidad de la Salud</th></tr>
<tr><td rowspan="3">Dimensiones</td><td>General: relaciones económicas, políticas y culturales reproducidas por la acumulación de capital</td><td rowspan="3">Movimientos dialécticos</td><td>Contradicciones</td></tr>
<tr><td>Particular: modos de vida del grupo social</td><td>Reproducción-generación</td></tr>
<tr><td>Singular: estilos de vida del individuo-familia</td><td>Subsunción-autonomía relativa</td></tr>
<tr><td rowspan="5">Espacios de la reproducción social</td><td>Producción y lugar de trabajo</td><td rowspan="5">Relaciones explicativas</td><td>Producción-consumo</td></tr>
<tr><td>Consumo, hogar y movilidad</td><td>Biológico-social</td></tr>
<tr><td>Organización y soportes colectivos</td><td>Individual-colectivo</td></tr>
<tr><td>Construcción de cultura y subjetividad</td><td rowspan="2">Teoría-práctica</td></tr>
<tr><td>Metabolismo sociedad-naturaleza</td></tr>
</table>

Fuente: Breilh (2015a, 54); Breilh y Krieger (2021, 95). Elaboración propia.

Esta apuesta metacrítica es la que se asume en el presente estudio, en cuya interfase con otras ciencias críticas como la pedagogía (Jaramillo 2019, 105) se pretende dar respuesta a la pregunta de investigación: ¿cómo se expresa la determinación social de la producción discursiva y práctica de la enseñanza de la alimentación en un programa de EVS de la ciudad de Medellín? Las reflexiones y análisis que aquí se presentan hacen parte de los resultados parciales de la tesis doctoral "Determinación social de los discursos y la práctica pedagógica de la enseñanza de la alimentación en un programa de promoción de estilos de vida saludables. Medellín, Colombia, 2016-2019". El objetivo de este artículo es analizar algunos de los procesos que determinan la producción discursiva y práctica de la enseñanza de la alimentación en un programa de EVS para adultos, dando cuenta de su configuración, movimientos y relaciones en las dimensiones G-P-S del programa. De esta manera se pretende contribuir a la comprensión de la enseñanza de la alimentación como una PP multidimensional y compleja cuyos procesos constitutivos serán claves a la hora de pensar y gestionar las acciones pedagógicas en salud de manera transdisciplinar e intersectorial.

METODOLOGÍA

Se realizó un estudio epidemiológico crítico con enfoque de determinación social cuya complejidad requirió de un enfoque metodológico dialéctico que permitiera dar cuenta tanto de los atributos (propiedades o calidades) como de las magnitudes (cantidades) de la producción de la PP, así como de sus movimientos y relaciones explicativas. Para ello se utilizó la triangulación de aproximaciones cuantitativas y cualitativas desde los postulados de Minayo et al. (2008, 61) y Breilh (1997, 139), así como la triangulación de fuentes primarias y secundarias de información (Samaja 2018). Dada la extensión y profundidad del estudio realizado, para el caso concreto de este ensayo se presentarán parte de los hallazgos obtenidos durante la ejecución del componente cualitativo de la investigación que permiten dar cuenta de los procesos que explican la producción discursiva y práctica de la enseñanza de la alimentación, en términos de las categorías analíticas propuestas desde la DSSS (véase Tabla 1).

El análisis que orientó la explicación y compresión del fenómeno de estudio fue de tipo hermenútico-dialéctico (Minayo 1992, 219). En términos hermenéuticos, se buscó la comprensión del sentido discursivo y práctico de la enseñanza de la alimentación entendiendo a los participantes del estudio como sujetos históricos que se comunican ocupando un tiempo y un espacio, es decir, en un contexto y en una cultura (Minayo, Gonçalves y Ramos de Souza 2008, 81). Desde la apuesta analítica de la dialéctica, el objeto de estudio fue abordado como realidad en movimiento y contradicción permanente, entendiendo la contradicción como complementariedad de elementos: es un tipo de tensión, no una confrontación estática entre los dos polos (McLaren 2003, 265).

El proceso analítico inició con la recolección de los datos y continuó durante el desarrollo de toda la investigación. El ordenamiento de los datos recolectados se hizo a partir de la codificación y construcción de categorías que fueron puestas en diálogo con el marco teórico investigativo y la literatura, para contrastar la información emergente, lo que posibilitó la interpretación y análisis de los datos. Por ello, los resultados de este texto incluyen, también, una bibliografía que fortalece teóricamente las categorías, ilumina los datos y muestra la relevancia de lo encontrado en el estudio. Este proceso contó con la validación permanente de los participantes del estudio, lo que permitió garantizar que el análisis contenía la voz de los sujetos (véase Tabla 2).

Tabla 2. Categorías y subcategorías de análisis

Categorías	Subcategorías
Las formas de producción general de la enseñanza de la alimentación	Económica: Régimen alimentario neoliberal y capitalización de la vitalidad
	Política: Politización de la vida cotidiana
	Social: Consumo y regulación externa de los comportamientos y hábitos alimentarios
La PP en las dimensiones particular y singular: enseñanza de la alimentación y espacios de reproducción social	Espacio de producción y trabajo
	Espacio de consumo, hogar y movilidad: Polifonía discursiva
	Espacio de organización y soportes colectivos/comunitarios: Vinculación y fragmentación social
	Espacio de construcción de cultura y subjetividad
	Espacio de metabolismo, relación con la naturaleza y ecosistemas
Movimiento	Dialéctico: Tensión-contradicción
Relaciones	Jerárquicas explicativas: Predominio-subordinación

Elaboración propia.

El estudio se desarrolló en la ciudad de Medellín, en siete comunas y un corregimiento,[2] que fueron agrupados en tres zonas de acuerdo

2. Medellín está dividida político-administrativamente en dieciséis comunas y cinco corregimientos. Para el caso de este estudio las comunas en las que se im-

con características socioeconómicas similares (véase Tabla 3). Se realizó durante el período 2016-2019, tiempo durante el cual se acompañaron los procesos de diseño, operativización, implementación y evaluación del programa. Entre los años 2018 y 2019, se acompañó específicamente la ejecución del componente formativo en siete comunas y un corregimiento de la ciudad de Medellín. Este componente se desarrolló en siete sesiones educativas grupales en las cuales se abordaron siete hábitos saludables: moviendo tu cuerpo, comiendo frutas y verduras, usando cepillo y seda dental a diario, respetando los ambientes libres de humo, celebrando cada momento sin alcohol, amando y respetando tu cuerpo y pensando y respirando antes de actuar. Cada sesión tuvo una duración de entre dos y cuatro horas. Los participantes del estudio se agruparon en tres grupos: adultos mayores y amas de casa; profesionales con rol de educadores (Equipo Gestor de Formación) y profesionales con rol administrativo (Equipo Base y Equipo Operador) (véanse Tablas 3 y 4).

Tabla 3. Participantes del estudio. Adultos mayores y amas de casa

Zonas de estudio	n.º grupos	n.º participantes
Zona 1 (C1, 2, 3, 60)	6	16-29
Zona 2 (C11 y 12)	4	18-26
Zona 3 (C9, C15)	5	20-27
Total	15	

Elaboración propia.

De un total de 740 adultos inscritos en la base de datos del programa y distribuidos en 24 grupos, cada uno con un promedio de 25 participantes, se seleccionaron 15 grupos, garantizando mínimo un grupo por comuna para hacer observación participante de todas las sesiones educativas al iniciar el trabajo de campo. Posteriormente, se focalizaron las sesiones

plementó el programa fueron: Popular (1), Santa Cruz (2), Manrique (3), Buenos Aires (9), Laureles (11), La América (12), Guayabal (15) y San Cristóbal (60).

relacionadas con el hábito "consumiendo frutas y verduras" (Tabla 3). La selección de los adultos estuvo guiada por criterios (Goetz y Lecompte, 1988) del programa: ser ama de casa y adulto mayor de 60 años; residir en uno de los ocho territorios priorizados; participar al menos del 80 % de las sesiones educativas y tener voluntad para pertenecer al estudio.

Los grupos dos y tres estuvieron conformados por profesionales del área de la salud, comunicaciones, educación y administración que integraron los equipos administrativos y operativos del programa. Con estos grupos se hizo el seguimiento del programa desde el diseño hasta la ejecución y evaluación de las actividades programadas.

Tabla 4. Participantes del estudio. Profesionales con rol de educador o administrador

Grupo 2	**Equipo gestor de formación**	2 Psicólogos 3 Educadores físicos 2 Nutricionistas 1 Profesional en Gastronomía y cocina 1 Enfermera 1 Odontólogo 1 Médico
	Equipo base	**Equipo operador**
Grupo 3	1 Líder del programa 3 Interventores del programa 1 Representante Secretaría de Participación Ciudadana 1 Pedagoga 4-6 Equipo de Promoción y Prevención	1 Coordinadora 1 Gestor de formación 1 Comunicador 1 Gerente de Sistemas de Información

Fuente y elaboración propias.

Las técnicas de recolección fueron variadas. Se realizaron observaciones directas de las sesiones educativas desarrolladas entre julio de 2018 y noviembre de 2019; observaciones de las reuniones de los participantes del grupo 3 del período de estudio 2016-2019 y entrevistas semiestructuradas individuales y grupales y grupos focales (Tabla 5). Previo a la realización de cada una de estas técnicas de recolección de información, se tomó el consentimiento informado escrito a los participantes, al igual que para el registro fotográfico de las actividades. Se adaptó también el diario de campo como forma de registro de lo vivido y lo observado y se grabaron en formato de audio todas las sesiones educativas, las entrevistas y los grupos focales, para conservar el grado máximo de fidelidad de los relatos de los participantes.

Tabla 5. Técnicas de recolección de información cualitativa

Técnica	Número de horas/entrevistas	Número de participantes
Observación participante (Obs.)	31 sesiones educativas: 70 h	11-29
	15 reuniones equipo base	10-12
	1 reunión equipo operador	4-6
	3 reuniones equipo gestor de formación	7-15
	1 reunión intersectorial, interinstitucional y comunitaria	25
Entrevistas individuales (EI)	Adultos y amas de casa	4
	Integrantes equipo administrativo	6
	Profesionales con rol de educador	2
	Líder social	2
Entrevistas grupales (EG)	8 con adultos y amas de casa	7-16
	1 con profesionales con rol de educador	6
Grupos focales (GF)	3 con adultos y amas de casa C3, C9, C11	6-11

Fuente y elaboración propias.

Este estudio contó con el aval del Comité de Investigación de la Secretaría de Salud de Medellín (Acta 201730250999) y de la Universidad Andina Simón Bolívar (Res. 024-RA-UASB-SE-18). Se veló en todo momento por la confidencialidad y el respeto de los participantes, informando los objetivos e implicaciones del estudio, su participación voluntaria y la posibilidad de abandonarlo en cualquier momento sin que ello implicara sanción o discriminación alguna. Vale la pena aclarar que, por ser un estudio focalizado, no se considera que los resultados aquí expuestos puedan ser construcciones universales extrapolables a otros escenarios educativos o programas de salud, sino que deben ser entendidos dentro de los límites histórico-espaciales en los que se desarrolló el estudio.

RESULTADOS

A continuación, se presentan los resultados a partir de las categorías y subcategorías enunciadas en la tabla 2.

Las formas de producción general de la enseñanza de la alimentación

"Somos lo que pensamos, comemos, digerimos y excretamos" (Obs., nutricionista, C12)[3] es una frase que reúne muchas de las motivaciones de este apartado. La enseñanza de la alimentación en el programa de EVS se configura como una PP enmarcada en unas formas de producción económica, política y social cuyas expresiones concretas en la praxis educativa reproducen algunas de sus cualidades y características, como se verá a continuación. Cabe aclarar que, aunque estos macroprocesos se describen y ejemplifican de manera separada, hacen parte de una dinámica articulada que permitirá explicar cómo a través de los movimientos dialécticos de reproducción y génesis[4] se configura en el programa un tipo de racionalidad específica. Esta racionalidad opera bajo la lógica de los supuestos epistémicos propios de los procesos analizados, que constituyen el marco dentro del cual profesionales y participantes del programa pueden moverse en su "libre albedrío", para, así, desarrollar un conjunto de prácticas y discursos donde se mezclan tanto aquellas que le hacen el juego a la hegemonía de los sectores dominan-

3. Los códigos de los testimonios obedecen a la abreviatura de la técnica de recolección de información (Tabla 5), el tipo de participante (Tabla 4) y la comuna en la que se desarrolló la actividad (Tabla 3). Los nombres propios utilizados corresponden a pseudónimos asignados a los participantes.
4. Desde la perspectiva de la DSSS se reconoce que la praxis de la salud es un movimiento incesante entre lo micro y lo macro y viceversa; en donde hay actos de creación individual-particular (génesis o movimiento generativo) y unas fuerzas colectivas de la totalidad (reproducción o movimientos reproductivos) (Breilh 2003, 51).

tes, como aquellas que hacen parte de la historia cultural del grupo social al que pertenecen.

Formas de producción económica: régimen alimentario neoliberal y capitalización de la vitalidad

El desarrollo del capitalismo y la sociedad de consumo consolidan dos procesos que revisten especial atención por la fuerza con que se expresan en los discursos y la PP de los educadores del programa. Por un lado, la constitución de un régimen alimentario neoliberal[5] que impone cambios en los hábitos y patrones alimentarios influenciados por tendencias globales y la oferta internacional (aunque no exclusivamente) y se concreta en un tipo de dieta de menor calidad: con alto contenido calórico y bajo valor nutritivo (Otero 2013a, 7; 2013b, 55; Otero y Pechlaner 2014, 69, 74; Torres 2018, 6). Estos procesos son reconocidos tanto por los educadores como por los adultos que participan en el programa: "El azúcar no es una necesidad, la industria hizo que fuera así, pero realmente no lo es. Es un hábito que adquirimos con la industria y el procesamiento de los alimentos" (Obs., Nutricionista, C3), dice uno de los testimonios. Mientras que otro afirma lo siguiente: "Permanentemente nos están vendiendo cosas [...], el consumismo nos ha llevado a toda la comida chatarra" (GF, Lía, C12).

5. "Un régimen alimentario es una dinámica temporalmente específica en la economía política global de los alimentos. Se caracteriza por estructuras, normas institucionales particulares y reglas no adscritas acerca de la agricultura y de los alimentos que están circunscritas geográfica e históricamente. Estas dinámicas se combinan para crear un 'régimen' cualitativamente distinto de las tendencias de acumulación de capital en los sectores agropecuarios y de alimentos. Dichas dinámicas encuentran su durabilidad en la conexión internacional entre la producción agroalimenticia y las relaciones de consumo, de acuerdo con las tendencias de acumulación de capital global más generales" (Otero 2013, 54).

Por otro lado, fruto de las imposiciones del nuevo régimen en materia de producción, distribución, consumo y acceso a los alimentos, se produce una reconfiguración de los procesos sociales alimentarios en el marco de una nueva economía de la vida en la que la vitalidad en sí se ha convertido en fuente potencial de valor (Rose 2012, 77). De este modo, los procesos biológicos, como la alimentación y los biorrecursos, en este caso los alimentos, encierran un valor latente para izar las banderas neoliberales del desarrollo y crecimiento sustentables, producir "mejoras" en la salud y asegurar una sostenibilidad medioambiental a la largo plazo (Rose 2012, 78; Rodríguez, Rodrigues y Sotomayor 2019, 12; OECD 2019). Se cristaliza entonces la capitalización de la vitalidad y sus dinámicas de salud, fenómeno que se caracteriza entre otras cosas por el uso acelerado de la tecnología o biotecnología, con la subsecuente explotación desenfrenada de los cuerpos y de la naturaleza (Rose 2012, 30; Breilh 2020, 48). Al respecto, un educador del programa presenta su reflexión a los participantes de la sesión educativa:

> Lastimosamente, todos los productores de semillas están manejando unos productos químicos [muestra un sobre comercial con semillas]. La matica que yo siembro de cilantro con una semilla de fábrica, digámoslo así, esa semilla no tiene la misma forma de reproducirse, no son reproducibles prácticamente, no son germinables [...], son híbridos. ¿Porqué? Estamos dañando las semillas con químicos para que las empresas tengan el poder, para que dependamos de ahí y siempre tengamos que comprar la semillita. Es muy triste [...], por eso son buenas las huertas caseras. (Obs., Nutricionista, C12)

En la PP también es posible evidenciar cómo los espacios para la enseñanza de la alimentación ofrecidos por el programa reflejan esta capitalización de la vitalidad a través de procesos de tecnificación e industrialización de la cocina en la que se enseña y de las prácticas culinarias que se transmiten: la cocina como aula de aprendizaje también se transforma y se capitaliza, mediante la consecución de espacios donde sobresalen los equipamientos tecnológicos, los instrumentos especializados, la indumentaria que garantiza asepsia e higiene y los discursos *gourmet*, que hacen que la enseñanza de la alimentación producida en el programa sea percibida como distante de la realidad cotidiana de los adultos que participan del proceso educativo, tal y como se evidencia en los siguientes relatos:

> La sesión se desarrolla en una cocina industrial. Es un espacio reducido con alrededor de veinticinco participantes. Al ingresar, se entrega a las personas un gorro quirúrgico, delantal de plástico y polainas desechables. Todas se ponen la indumentaria y una de las participantes comenta en voz baja: "Estas cosas no son para personas de esta edad. Ahora casi se cae una señora con este plástico. Esto debería ser para gente de menos edad, gente que cocina". (Obs., C12)

> A mí me parece que lo que nos hicieron allá pues es como una clase de cocina, porque tenía mucho dulce y fuera de eso como complicadito, tener ese aparato como para, ¿cómo se dice?, para hacer esa crema y todas esas cosas, ¿si?, que uno de pronto no tiene los implementos entonces no puede hacer nada. (EG, Mélida, C2)

Formas de producción política: la politización de la vida cotidiana y de la enseñanza de la alimentación

La alimentación y los problemas asociados a ella aparecen cada vez más en la agenda política de varios países, debido a que en la actualidad dichos problemas representan un incremento sin precedentes en gastos gubernamentales enfocados en el cuidado de la salud. En este sentido, las acciones para mitigar sus impactos y corregir las causas no dan espera (Contreras y Gracia 2014, 390; Torres 2018, 5). Al respecto, la gestión política gira alrededor de estrategias internacionales y medidas desplazadas hacia la prevención que se concretan en prácticas de control moral y social con contenidos y acciones homogéneas y estandarizadas que devienen en un gobierno de la vida o, en palabras de Rose (2012, 97), en la politización de la vida cotidiana. Este proceso para el caso del programa se evidencia al menos de dos formas: una, relacionada con la normativización y medicalización de los discursos y la PP y la otra, expresada en la reproducción de rasgos caracterizadores de la episteme moderna que imponen forma de pensar, hablar y, en este caso, de enseñar la alimentación como hábito saludable.

De acuerdo con Gracia (2015, 160-1, 167), "pensar los actuales estilos de vida como inadecuados o desestructurados está sirviendo [...] para legitimar mecanismos de prevención e intervención de la salud en una dirección determinada-normativizar la vida cotidiana-y para reproducir y mantener ciertas prácticas biomédicas". Esta episteme normativa y de control biopolítico del cuerpo y del comportamiento redunda en una preocupación desde los ámbitos sanitario y educativo por cambiar hábitos y costumbres, en un intento por construir intersubjetividades a partir del "moldeamiento de cuerpos y mentes" (Gómez 2013, 125). En este proceso, tanto educador como educando se construyen y reconfiguran: el educador desfigura su identidad de sujeto reflexivo y se torna en operador del control social, cumplidor de protocolos o guías que le son suministrados bajo orientaciones precisas (Núñez 2010, 14) y el educando se torna consumidor activo y responsable de los servicios y productos a los que accede, así como de las decisiones que toma con respecto a su salud, transfiriéndole la responsabilidad de garantizar su propia seguridad (Demonte 2021, 25). Estos aspectos son evidenciados en los siguientes testimonios:

> Juiciosas sigan con su seda, visiten cada año al odontólogo, no coman dulces, yo veré, bien disciplinadas. (Obs., Nutricionista, C11)
>
> Lo que pretendemos es que ustedes sepan las funciones de las cosas, de dónde vienen, cuál es la interacción con otros productos, pero para que ustedes mismos tomen la decisión. (Obs., Nutricionista, C15)
>
> La guía de estilos de vida saludables es una guía que a mi percepción es una guía básica, no es una guía que tiene la profundidad [...] y hay grupos donde surgen muchas inquietudes que requieren de más profundidad y donde teníamos que cortar de manera diplomática a las personas con las respuestas, porque no teníamos permitido salirnos de la guía. (EG, Equipo Gestor de Formación)

En el programa además se evidencia que la normativización discursiva y práctica encarna un doble proceso de medicalización y moralización, según el cual hay que cambiar los "malos" hábitos y transformarlos en un nuevo conjunto de "buenas" prácticas conforme a las reglas científicas, en este caso de la nutrición (Gracia 2015, 163; Bertran Vilá

2010, 387). Dichas reglas corresponden a formas de conocimiento predominantemente biológicas que se refuerzan con discursos biomédicos que en la PP adquieren formas híbridas adaptadas en pocas ocasiones al contexto de los discursos legos de la vida cotidiana de los participantes, tal y como se evidencia en los siguientes relatos:

> ¿Ustedes usan ese Ricostilla, Maggi? [adultos al unísono] Sí, sí, sí.]. ¿Si?, eso es muy malo [...] ese tipo de saborizantes tienen mucho sodio, el cual también está en la sal, esos colorantes y cosas que usamos en la cocina, tienen alto contenido de sodio, lo utilizan para darle sabor y preservar algunos productos, entonces a largo plazo nos pueden traer unas alteraciones en el estado de la salud, ¿Qué es lo ideal? que tratemos de utilizar cosas naturales para condimentar la comida, ajo, cebolla, cilantro, para evitar el uso de esas cosas. (Obs., Profesional en Gastronomía, C1).

> Las vitaminas son las vacunas que nos regala la naturaleza [...] son las encargadas de protegernos o defendernos de todas esas enfermedades, ¿cierto? De los virus, de las bacterias, ¿si? Para esos son las vitaminas, son las defensas que nos regala la naturaleza y que están en las frutas. (Obs., Nutricionista, C15)

Por otro lado, como otra forma de expresión de la politización de la vida, se observa en la praxis educativa del programa el predominio de una racionalidad técnica en la enseñanza basada en la razón, donde la teoría prima sobre la práctica, lo que se refleja en una PP y en una práctica discursiva centrada más en el *qué* (contenido) y en el *cómo* (lo metodológico), que en el *para qué* de lo que se enseña. También, es posible observar discursos y prácticas que anteponen la dimensión individual sobre la colectiva. Emerge en este sentido una visión pragmática de los estilos de vida apoyada en la exacerbación del individualismo como fuente exclusiva para obtener el éxito personal que, en este caso, equivale a ser o estar saludable.

> Yo pienso que se necesita más prácticas de hábitos saludables [...] lo que necesitaríamos sería más práctica, poca teoría, menos teoría, más práctica. (EG, Lidya, C3)

> Pienso que esto debe involucrar más que todo a la familia, o sea, el estilo de vida saludable no solamente es para la mamá, para el adulto mayor, cierto, sino que debe involucrar un poquito más el núcleo familiar. (EG, Dennis, C3)

Asimismo, se evidencia una necesidad local de "unificar los lenguajes profesionales" en EVS, lo que se traduce en procesos de estandarización y homogenización de los discursos, los contenidos y las acciones pedagógicas en el programa. Esta forma particular de configurar la PP y discursiva se hace siguiendo un orden jerárquico institucional similar a lo reportado por Meza (2021, 6), en donde el contenido y su unificación se decide en el nivel central, Entidades Administradoras de Planes de Beneficios (EAPB) y Secretaria de Salud, posteriormente es recibido por el equipo operador del programa y de ahí es reproducido por los educadores. Esto se expresa en el diseño de fichas metodológicas que deben seguirse "al pie de la letra" y que están elaboradas a partir de una guía de EVS que marca la pauta teórica y metodológica para la enseñanza de los EVS, entre ellos, la alimentación (Alcaldía de Medellín, 2018). Desde esta perspectiva, el profesional que enseña en el programa se convierte en un reproductor de discursos y de prácticas prescritas y el adulto se torna en replicador-transmisor de contenidos y "aprendizajes" en sus espacios familiares y comunitarios:

> La guía de EVS surge porque las EAPB se sientan y hacen un análisis de que existe una divergencia en los discursos de los profesionales que hacen que cada uno de directrices diferentes a los pacientes y comunidades. La propuesta fue establecer una estandarización de los parámetros para homogenizar el lenguaje en la ciudad para transmitir lineamientos técnicos desde la Secretaria de salud [...] Tenemos que cambiar el lenguaje, hay que unificarlo en uno solo, somos muchas medellines. (Diario de campo, Reunión Equipo Base 2016)
>
> El profesional debe tratar de seguir al pie de la letra la ficha metodológica y la guía. (EI, Gestor de Formación)
>
> Necesitamos que ustedes sean replicadores [...] hoy aprendimos algo nuevo que ustedes van a aprender a aplicar y a replicar en sus casas y en sus comunidades. (Obs., Nutricionista, C12).

Estos asuntos permiten reconocer en la PP y discursiva rasgos caracterizadores y organizadores de la vida en la modernidad: individualización, homogenización, fragmentación y reducción, que son reproducidos en el programa (Breilh 2003, 100; Echeverría 2015, 51-4; Saraví 2015, 89; Roitman 2016, 64; Rizzolo 2018, 1273; Breilh 2020, 48). Como episteme dominante y dinamizadora de las relaciones, conocimientos y prácticas, la episteme moderna apoyada en la ciencia y la tecnología determina, aunque no totalmente, las condiciones de posibilidad de la enseñanza de la alimentación y contribuye a través de la reproducción de sus características en el programa para que se siga gestando el reordenamiento social y cultural demandado por las sociedades modernas por medio de la educación (Gómez Ochoa 2013, 125; Molina Berrío et al. 2021, 7).

Pese a estas imposiciones externas, surgen dos dinámicas internas que constituyen movimientos generativos y de autonomía relativa dentro del programa: por un lado, hay profesionales que no se circunscriben a las prescripciones de la guía y modifican tanto el guion como el formato, produciendo nuevas formas prácticas y discursivas para enseñar los EVS y la alimentación en el programa. En estas nuevas producciones, aparecen otros saberes y se recrean otros asuntos propios de la experiencia profesional y de formación de los educadores que dan cuenta de una subjetividad presente que reformula y resignifica tanto los discursos como la PP, similar a lo que se evidencia en otras investigaciones (Ortega 2009, 30; Rodríguez 2020, 179).

> Es imposible seguir el guion exacto de la guía y de la ficha porque las dinámicas de los grupos a veces no lo permiten. El contenido de la guía se queda corta con ciertos grupos entonces los talleres se tornan planos y monótonos. [...] y las fichas deben tener la posibilidad de modificarse en el proceso (EG, Profesional Educador).

Por otro lado, los adultos también resignifican tanto el discurso como las dinámicas de la enseñanza dando cuenta de movimientos generativos de resistencia o cambios con respecto a lo que se viene enseñando o diciendo en el programa. Es el caso de participantes que promueven el consumo de otros tipos de alimentación, como la vegetariana o vegana, la cual no hace parte del repertorio discursivo o práctico del programa, pero que es introducida a partir de la experiencia de quienes la vivencian o quienes manifiestan tener consumos que no corresponden a lo que se suscita en la publicidad; incluso, quienes dan cuenta de cambios en hábitos y comportamientos. Hay otros que se resisten a que en el programa se promueva la homogeneidad y estandarización, pues reconocen la diversidad tanto de los participantes como de los territorios. Así pues, se configuran otras expresiones políticas de lo cotidiano que van esbozando una identidad resiliente en algunos participantes (Gravante 2019, 174).

> La dieta mediterránea aplica el aceite frío, el aceite de oliva no es para altas temperaturas y el de coco no es tan bueno para cocinar [una participante interpela a la nutricionista] Mi sobrino es vegetariano/vegano y él prepara el aceite de almendras o de coco y lo alimenta igual, él cocina todo con esos aceites
>
> [...] si uno mismo lo procesa no tiene por qué haber problema. (Obs., C3)
>
> Si yo me amo ¿por qué tomo gaseosa?, la industria lo que ha hecho es generar ganancias. (Obs., Janeth, C12)
>
> En todo territorio hay variedad: campesinado, diversidad de género, diferencia de capacidades. El enfoque del programa no puede ser el mismo para todos. (Obs., Elizabeth, reunión intersectorial)

Forma de producción social: consumo y regulación externa de los comportamientos y hábitos alimentarios

Articulado a los procesos descritos anteriormente, emerge desde la forma de producción sociocultural un proceso relacionado con la regulación externa de los comportamientos, ya no solo mediante el control político del cuerpo y los discursos, sino a través de operaciones de carácter ideológico y simbólico que legitiman mediante la publicidad ciertos tipos de consumo y promocionan creencias, valores e ideas que van más allá de los atributos funcionales del producto o el alimento que se está consumiendo (Gracia 2015, 71). Este es pues otro mecanismo de modelación de la sociedad que, además de incidir en la dinámica de consumo-demanda-producción, recrea actitudes sociales, de forma sutil, que influyen en la concepción de los modelos de referencia básicos (Qualter 1994, 20, 25), como se lee a continuación:

> Entrevistadora: ¿qué creerían ustedes que haría falta para que la gente empiece a cambiar cosas que normalmente hace con respecto a la alimentación? [...] Digamos que una muy buena propaganda, digo yo, que el progra-

ma tenga buena propaganda, así como las empresas la tienen para que uno consuma los productos de ellos. (GF, Luz, C11)

El modelo ideal de consumo que se impone en la sociedad actual transforma las prácticas alimentarias y pedagógicas en tanto modifica las representaciones que se tienen del cuerpo, los alimentos y de las acciones de cuidado con relación a la alimentación. Así, hoy es normal que prevalezca una concepción estética del cuerpo y de los alimentos que promociona la delgadez, el control del peso, el consumo de productos *light*, las visitas frecuentes al gimnasio y la venta de productos comercialmente "estéticos" delgado (Contreras y Gracia 2014, 391). Como dice Magallón, son tiempos de "adelgazamiento" generalizado de la experiencia humana (Magallón 2014, 35). Para los adultos del programa, especialmente para las mujeres, la preocupación por el control del peso es una constante. Sin embargo, y como contradicción explícita a estas representaciones que deifican la esbeltez y hacen del régimen virtud (Gracia 2015, 163), aparece el discurso científico que condena el culto excesivo de la delgadez corporal y que advierte los efectos de las dietas descontroladas para la salud y el aumento de peso. Este es el caso del discurso que en general reproducen los educadores del programa con el que transmiten la idea de que lo saludable no necesariamente tiene que ver con el peso o su control. Estas dos posturas se evidencian en los siguientes relatos:

> Uno siempre está preocupado por bajar de peso. (Obs., Miriam, C3)
>
> La alimentación saludable no es para guardar la línea [...] entonces, ¿cuántas comidas hay que hacer en el día? [responden los asistentes al unísono] 6! (Obs., nutricionista, C11)

La PP en las dimensiones particular y singular: enseñanza de la alimentación en los espacios de la reproducción social

La intención discursiva de este avance está expresada de manera ejemplar en el siguiente testimonio: "Hay otras cosas que hacen que uno no tenga un hábito" (GF, Rubí, C2).

La enseñanza de la alimentación y su relación con el espacio de producción y trabajo

La relación alimentación-condiciones de vida es una relación ampliamente documentada que da cuenta en síntesis de que las prácticas de consumo y los estilos de vida están anudados a la condición de clase. No son producto de elecciones individuales o sociales desarraigadas de las condiciones estructurales de existencia (Saraví 2015, 95; Bertran Vilá 2017, 123). Sin embargo, esta premisa en el caso del programa se convierte en una omisión, toda vez que el hábito de comer saludablemente se presenta como una propuesta teórica y práctica única para todos los grupos de adultos que participan de las sesiones educativas a pesar de que sus características dan cuenta de una heterogeneidad poblacional y territorial que marca diferencias sustanciales no solo en sus modos de vivir, sino también en la forma de incorporar o "encarnar" el proceso educativo en el que participan.

Esta situación es percibida por los adultos, quienes permanentemente llaman la atención sobre las diferencias que existen al interior de los grupos y entre ellos, especialmente aquellas que no les permiten cumplir las recomendaciones "saludables" propuestas en el programa dadas sus condiciones y posibilidades de vida, lo que incentiva el carácter episódico en la adopción de las prácticas prescritas, como pasa en otras comunidades (Meza 2021, 6). Entre estas diferencias, llama la atención las relacionadas con las posibilidades desiguales de acceso a los alimentos según los ingresos de que se dispone; las condiciones de trabajo de los adultos no pensionados; la dedicación de más o menos tiempo para los asuntos relacionados con la alimentación de acuerdo con las ocupaciones propias y las relacionadas con el cuidado de otros; la variedad en gustos y preferencias y las afectaciones de la salud mental que algunos padecen e interfieren en su alimentación, entre otras.

> En un promedio de familia colombiana, no en este sector, los alimentos que usted menciona [las harinas], son los que más se consumen porque son más baratos [...] Vea, yo soy vegetariano a la fuerza [risas] y lo mismo pasa con los niños. Cuando un papá se queda sin trabajo, el niño se vuelve vegetariano, mi hijo ya es vegetariano de cuenta mía. (Obs., Oscar, C15)

> Durante la aplicación de la encuesta en la comuna 2 Madeleine, una de las participantes refiere mientras se la hace la pregunta de ¿considera usted que su dieta es equilibrada? [...] Cuando trabajo sí tengo dieta completa y equilibrada, cuando no trabajo no. Ella tiene 67 años y trabaja haciendo aseo en casas de familia 2 veces por semana. (Obs., Madeleine, C2Z1)

> ¿Cuál hábito les ha dado más dificultad implementar? [Teresa] El de la alimentación porque como mucho a deshoras, y no me alimento bien ¿y eso a qué se debe doña Teresa? No sé, hay momentos en que no me provoca o cuando me provoca ya estoy pasada [de hambre] y así [...] casi no me da hambre y casi no como y debido a eso me cogió una enfermedad muy grave y estoy con psiquiatra. (EG, Teresa, C2)

> La nutricionista sugiere que hay que masticar 32 veces cada bocado de comida y hacerlo despacio. [Una de las participantes replica] pero en el trabajo le dan a uno quince minutos para almorzar, entonces ¿cómo hacemos? (Diario de campo, Obs., C3)

La enseñanza de la alimentación y su relación con el espacio de consumo

Con respecto a la calidad y el disfrute de los alimentos es posible identificar en el programa una variedad de discursos prescriptivos que, a nivel grupal centran las recomendaciones de consumo en dos aspectos puntuales: que sea saludable y que sea natural. El consumo saludable consiste en cumplir una alimentación con cuatro criterios: completa, equilibrada, suficiente y adecuada. Asimismo, implica aumentar el consumo de frutas y verduras hasta garantizar un consumo de cinco porciones por día y disminuir el consumo de grasas, sal y azúcar. El consumo natural hace alusión a la conservación de los sabores originales y a los alimentos que no contienen aditivos ni son ultraprocesados, también al uso de ingredientes como las especias (Alcaldía de Medellín 2018, 82, 104). Un rasgo adicional que no está contenido en la guía de EVS pero que los educadores enuncian constantemente es que lo saludable y natural es “lo hecho en casa”. Ya en el nivel singular, tanto el discurso como la enseñanza se centran en el qué y cómo comer y hasta dónde, cuándo y cómo comprar los alimentos.

> Promover una alimentación saludable consiste en: tener una dieta completa, equilibrada, suficiente y adecuada para el desarrollo y el bienestar. Aumentar el consumo de frutas y verduras, disminuir el consumo de grasas, sal/sodio, azúcares y aprender a comer y disfrutar el momento. (Diario de campo, reunión Equipo base, líder conceptual)
>
> Esta mostaza [hace referencia a mostaza Dijon] es buena porque es una mostaza más natural, las otras son más procesadas. Esta es un poquito más natural [...] Sabe un poquito distinto, es más fuertecito el sabor, pero es mejor. (Obs., profesional en Gastronomía, C60)

Los discursos que predominan en el proceso educativo con respecto al consumo son más de tipo restrictivo y selectivo (Meza 2021, 7). Las restricciones alimentarias van dirigidas como generalidades a los adultos como grupo social y, en pocas ocasiones, hacen referencia a las particularidades del sujeto individual. En síntesis, se expresan en los siguiente ámbitos: el control de las porciones, la disminución o eliminación de alimentos como las grasas de origen animal, los fritos, los azúcares refinados o los productos de paquete; y la limitación del consumo de alimentos preparados fuera de casa. En el caso del discurso selectivo de la enseñanza de la alimentación, se propone discriminar y optar por alimentos que se identifiquen con lo saludable, es decir que sean buenos, benéficos y naturales; aquellos identificados como malos, dañinos o procesados deben descartarse. Esta modalidad valorativa y dicotómica del discurso alimentario hace evidente la presencia de la subjetividad de los educadores quienes realizan un proceso de reformulación textual y discursiva de los protocolos y la guía impuesta como "carta de navegación" para los profesionales, similar a lo evidenciado por Rodríguez (2020, 179).

> Miren que hoy nos vamos a llevar ¡eh!, tres aprendizajes muy valiosos. Y son empezar a reducir el consumo de grasas no saludables; bajar el consumo de sal [...] Vamos a irnos con la tarea de dejar de utilizar la sal en la mesa [...] La invitación también es a empezar a controlar las porciones, una forma fácil de medirlo es con el puño de la mano [...] El último aprendizaje que nos vamos a llevar es reducir el consumo de dulces o azúcares y si se toma una gaseosa, ahí tiene las dos cucharadas de azúcar en una gaseosa, ¿cierto? Entonces es evitar o tratar de reducir ese tipo de productos con alto contenido de azú-

car. Productos procesados, como las gaseosas, todas las bebidas azucaradas. (Obs., Nutricionista, C60)

El chocolate si es de cacao tiene grasas buenas, pero la industria ya vende adicionado con azúcar, con panela, es no debemos consumirlo porque es más dañino. (Obs., Profesional en Gastronomía, C1)

La enseñanza de la alimentación y su relación con el espacio de soportes colectivos y capacidad de agrupación

La implementación de programas de salud juega un papel fundamental no solo en la salud individual de quienes participan en ellos, sino también y de forma considerable en el relacionamiento social y la salud colectiva de los grupos inscritos. En este sentido, es posible identificar en la implementación del programa de EVS dos procesos dialécticos y básicamente contradictorios que dan cuenta de que en el proceso educativo no solo se dinamizan contenidos sino también relaciones: el programa se configura a la vez como espacio de vinculación y fragmentación social.

Como espacio de vinculación, el programa opera como un entorno organizativo que reúne a personas que son "similares entre sí" (Feld y Carter 1998, 137, citados en Bottero 2007, 818) agrupándolas por edad, lugar de residencia, género y ocupación; otras características como la clase y la etnia están menos presentes. Esta similitud social, descrita por Laumman et al. (1994, 229, citados en Bottero 2007, 819), asegura, entre otras cosas, que los adultos incluidos tengan mayores posibilidades de acceder a los programas sociales, ya que cuentan con ventajas como la cercanía de los entornos de residencia, el gusto por las actividades que comparten y el vínculo que existe entre los sujetos, el cual, para el caso del programa, está mediado básicamente por la organización social y su pertenencia a grupos de adultos mayores y otro tipo de organizaciones comunitarias, aspectos se recrean a continuación:

Yo he recibido varios cursos, con presupuesto participativo, me encantan, me parecen excelentes y yo pienso que nos dan una facilidad tremenda, te voy a decir ¿por qué?, yo con varias niñas de acá he recibido otros cursos

> como el de manualidades, nos aportan todos los materiales, enseguida nos dan refrigerio, están en manos esos cursos de personas muy calificadas y te digo ojalá esto no se acabe [...] y cuando me avisaron que este empezaba me pareció excelente y yo dije: "Tere por favor tenerme en cuenta para lo que resulte". (EG, Clara, C15)

Pero, de la misma manera en la que el programa vincula a unos, excluye a otros. Es el caso de quienes no se encuentran vinculados a estos grupos comunitarios o, como en el caso de los hombres, no cumplen con los requisitos específicos como ser ama de casa. El programa así se constituye en un espacio social de inclusión desigual y exclusión recíproca, que consolida lo que Saraví (2015, 13) denomina "fenómeno de la fragmentación social", lo cual profundiza las brechas sociales ya existentes al interior y entre los grupos de adultos.

> Hay que hacer una mayor convocatoria, no sólo para los clubes de vida; el programa no debería ser tan cerrado ¿por qué mi vecina que no es del club de vida no puede asistir al programa? Conozco a muchos que se fueron a inscribir y les dijeron que no. Este programa debería ser para más comunidad. (GF, María, C11)
>
> Pues si hubo una diferencia ahí [en la convocatoria] en el sentido que decía que mujeres cabezas de familia, ¿cierto? Cuando a mí me entregaron el volante yo leí eso y pregunté: ¿eso es para mujeres no más o qué? Yo pregunté que si se podía masculino o femenino y entonces lo primero que le dije al que me iba a inscribir, les dije yo a ellos, yo soy hombre ¿me puedo inscribir a este programa? Me dijeron: sí claro, y yo fui el primero en inscribirme. Pero sí hubo un error, ahí decía que sí aplica para todos, pero la persona que habló y repartió volantes dijo para mujeres cabeza de familia. (EG, Fernando, C60)

La enseñanza de la alimentación y su relación con el espacio de construcción de cultura y subjetividad

Este espacio tiene relación con la capacidad del grupo y de los individuos para crear y reproducir valores culturales e identidad, en este caso, alrededor de la alimentación como hábito y parte de los EVS. Al respecto, en la experiencia del programa se encuentra una fuerte relación entre alimentación y cultura, que no solo permea la enseñanza y los discursos profesionales, sino que también está presente en los discursos y prácticas cotidianas de los grupos de adultos. Dicha relación se caracteriza al menos por dos aspectos: uno tiene que ver con la concepción limitada que se tiene en el programa de la cultura con respecto a la alimentación, que deriva en una explicación reduccionista de la enfermedad a partir de atribuir su causa bien sea a los mismos alimentos o a las costumbres y "cultura" de los sujetos que los compran, preparan y consumen. La causalidad cultural, como explicación de los problemas de salud relacionados con la alimentación es uno de los rasgos característicos de la PP en este espacio, hallazgo que concuerda con estudios como el de Gracia (2015, 167).

> Si comemos saludablemente no deberíamos enfermarnos [...] El aceite vegetal es veneno para el cuerpo, veneno, veneno, veneno, mejor dicho, hígado graso, hipertensión arterial y problemas del corazón, denle gracias a los aceites que han matado miles y miles de personas. (Obs., Profesional en Gastronomía, C12)

> La gente hace fila para comprar lo malo, que tristeza, eso es falta de cultura. (Obs., Héctor, C12)

El segundo aspecto que caracteriza la relación alimentación-cultura en el programa tiene que ver con la utilización de algunas manifestaciones identitarias alrededor de la comida como dispositivo pedagógico de control social a través de la recriminación y la sanción moral. Es frecuente escuchar a los educadores locales y provenientes de otras regiones referirse a la "cultura paisa" y a la "cultura colombiana" como culturas con costumbres poco saludables. Estas costumbres reprochadas por los educadores tienen que ver con modos típicos[6] de consumo que podrían agruparse de la si-

6. La palabra *típico* aquí hace referencia a lo que históricamente ha caracterizado la cocina antioqueña y que explica en parte estos comportamientos. Por ello, a manera de ilustración, se traen algunos relatos del Fogón Antioqueño escritos por Estrada (2017, 33, 57): "en la Medellín actual somos fundamentalmente tragones; en otras palabras, nos gusta más la cantidad que la calidad [...] y fruto del ingenio culinario popular nace la bandeja paisa. [...] Aquella costumbre de comer fríjoles todas las noches, creó la idiosincrasia gastronómica de los antioqueños del gusto de acompañar los fríjoles con

guiente manera: alto consumo de azúcares y carbohidratos como la panela, productos de panadería (la parva), arroz y fríjol; escaso consumo de frutas y verduras; abundancia al servir; comer tres veces al día; predilección por las frituras como tipo de cocción y consumo de sopas y bebidas —la sobremesa— como acompañantes de los platos principales. Estas prácticas y tipos de consumo son reconocidos como parte de la cultura alimentaria del área andina —incluida Antioquia— (Ardila, Valoyes y Melo 2013, 16), cultura gastronómica que se reconoce en la actualidad como más "citadina" y globalizada (Gómez 2016, 94), pese a que en sus orígenes era fundamentalmente una cocina rural o campesina (Estrada 2017, 81).

> En Colombia no comemos frutas y verduras. [...] La cultura del colombiano no es hacer ensalada todos los días, [...] el antioqueño tiene la costumbre de fritar y fritar. El costeño no tiene esa costumbre, [...] la cultura de nosotros es que la sopa es lo nutritivo. (Obs., nutricionista, C12)
>
> Culturalmente tenemos el azúcar incorporado en la dieta [...] como colombianos tomamos más jugos, aguapanela, guarapo, que agua. [...] ¿El colombiano qué echa en la mitad del plato? Arroz (Obs., nutricionista, C11).

Llama la atención que, aunque en el programa se reconoce la importancia de "las creencias, costumbres, representaciones, prácticas y relacionamientos que comparte una comunidad" para la consolidación de una cultura del cuidado (Alcaldía de Medellín 2018, 28), se presenta como contradictorio el hecho de que en la PP dichos aspectos sean desconocidos o, en el peor de los casos, descalificados, situación que podría explicar en parte el por qué no se acogen muchas de las recomendaciones prescritas en este espacio educativo. Esta minimización de lo cultural en el programa es similar a la reportada en otras investigaciones y por otros autores

todas las carnes de marrano. [...] Los fríjoles de la Fonda Antioqueña eran servidos en una profunda chocha de porcelana, con cucharada de hogao por encima y, en plato aparte, se ofrecía arroz, chicharrón, carne en polvo, aguacate, arepa y banano [...]. En el siglo XX las panaderías pulularon en Medellín: fue la época de las mantecadas, los panderos, las lenguas, los merengues o suspiros [...] "parva" que aún sobrevive en panaderías de barrio".

(Gracia 2014, 80; Demonte 2021, 25) y da cuenta, entre otras cosas, de la desconexión entre las diferentes aproximaciones científicas que abordan la alimentación, principalmente entre ciencias biomédicas y sociales, porque solo las primeras pretenden estar legitimadas para definir y abordar la salud y la enfermedad de los sujetos (Gracia 2014, 85).

La enseñanza de la alimentación y su relación con el espacio del metabolismo sociedad-naturaleza (S-N)

Las relaciones ecológicas que establecen tanto los grupos sociales como los individuos con la naturaleza que les rodea es un tema que en el programa reviste interés al menos en cuanto a contenidos se refiere, toda vez que se incluye en la guía de EVS como anexo bajo la denominación de salud ambiental (Alcaldía de Medellín 2018, 276). Allí se reconoce la relación de los factores ambientales con la salud y los EVS y se establecen una serie de comportamientos cotidianos que deben fomentarse para preservar la salud ambiental (Figura 1).

Figura 1. Salud Ambiental. Guía de estilos de vida saludable. Medellín 2018 (Anexo 1)

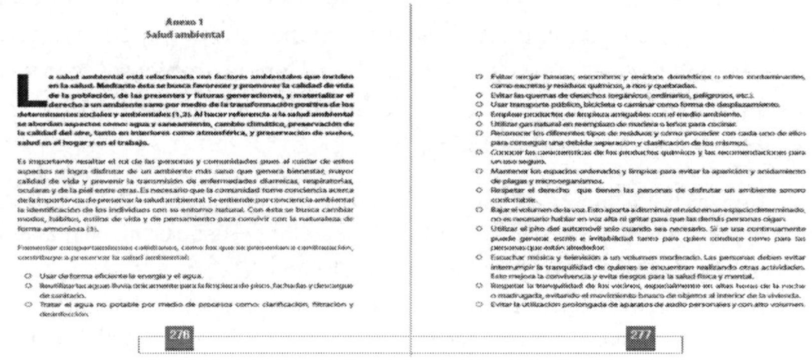

Anexo 1
Salud ambiental

La salud ambiental está relacionada con factores ambientales que inciden en la salud. Mediante ésta se busca favorecer y promover la calidad de vida de la población, de las presentes y futuras generaciones, y materializar el derecho a un ambiente sano por medio de la transformación positiva de los determinantes sociales y ambientales (1,2). Al hacer referencia a la salud ambiental se abordan aspectos como: agua y saneamiento, cambio climático, preservación de la calidad del aire, tanto en interiores como atmosférica, y preservación de suelos, salud en el hogar y en el trabajo.

Es importante resaltar el rol de las personas y comunidades pues al cuidar de estos aspectos se logra disfrutar de un ambiente más sano que genera bienestar, mayor calidad de vida y prevenir la transmisión de enfermedades diarreicas, respiratorias, oculares y de la piel entre otras. Es necesario que la comunidad tome conciencia acerca de la importancia de preservar la salud ambiental. Se entiende por conciencia ambiental la identificación de los individuos con su entorno natural. Con ésta se busca cambiar modos, hábitos, estilos de vida y de pensamiento para convivir con la naturaleza de forma armoniosa (3).

Fomentar comportamientos cotidianos, como los que se presentan a continuación, contribuye a preservar la salud ambiental:

- Usar de forma eficiente la energía y el agua.
- Reutilizar las aguas lluvia únicamente para la limpieza de pisos, fachadas y descargue de sanitario.
- Tratar el agua no potable por medio de procesos como: clarificación, filtración y desinfección.

276

- Evitar arrojar basuras, escombros y residuos domésticos u otros contaminantes, como excretas y residuos químicos, a ríos y quebradas.
- Evitar las quemas de desechos (orgánicos, ordinarios, peligrosos, etc.).
- Usar transporte público, bicicleta o caminar como forma de desplazamiento.
- Emplear productos de limpieza amigables con el medio ambiente.
- Utilizar gas natural en reemplazo de madera o leños para cocinar.
- Reconocer los diferentes tipos de residuos y cómo proceder con cada uno de ellos para conseguir una debida separación y clasificación de los mismos.
- Conocer las características de los productos químicos y las recomendaciones para un uso seguro.
- Mantener los espacios ordenados y limpios para evitar la aparición y anidamiento de plagas y microorganismos.
- Respetar el derecho que tienen las personas de disfrutar un ambiente sonoro confortable.
- Bajar el volumen de la voz. Esto aporta a disminuir el ruido en un espacio determinado, no es necesario hablar en voz alta ni gritar para que las demás personas oigan.
- Utilizar el pito del automóvil solo cuando sea necesario. Si se usa continuamente puede generar estrés e irritabilidad tanto para quien conduce como para las personas que están alrededor.
- Escuchar música y televisión a un volumen moderado. Las personas deben evitar interrumpir la tranquilidad de quienes se encuentran realizando otras actividades. Esto mejora la convivencia y evita riesgos para la salud física y mental.
- Respetar la tranquilidad de los vecinos, especialmente en altas horas de la noche o madrugada, evitando el movimiento brusco de objetos al interior de la vivienda.
- Evitar la utilización prolongada de aparatos de audio personales y con alto volumen.

277

Fuente: Alcaldía de Medellín (2018, 276-87).

Estos aspectos se articulan, además, al discurso de promoción del bienestar y disfrute de la vida que se produce en el programa, en el que el cuidado del entorno forma parte de la intención pedagógica del proceso educativo, tal y como lo expresa la líder conceptual del programa:

> La apuesta nuestra es a generar bienestar ¿cierto? con estos hábitos, que las personas logren vivir vidas más sanas, que disfruten más la vida ¿cierto? Más felices, mayor bienestar y un cuidado de sí que es lo que buscamos, pero también del otro y del entorno. (Diario de campo, evento de lanzamiento de la Guía EVS, 2018)

Al analizar la PP en el programa con respecto a estas relaciones, se encuentra que algunos educadores relacionan el tema de la alimentación saludable con la promoción del cuidado y preservación del medioambiente y los recursos naturales, sugiriendo comportamientos y acciones puntuales como no utilizar bolsas plásticas, comprar alimentos orgánicos, ahorrar agua y energía y desperdiciar cada vez menos comida. Este ejercicio netamente discursivo-enunciativo y esporádico plantea de manera difusa y abstracta la relación cuidado de la naturaleza-alimentación-salud. Sin embargo, la relación alteración de la naturaleza-alimentación-enfermedad parece ser más clara y concreta cuando se reflexiona sobre asuntos como la contaminación alimentaria por químicos, pesticidas y otras sustancias nocivas, el uso de semillas transgénicas y su impacto en la salud humana. Sin embargo, el ejercicio pedagógico y reflexivo para generar "conciencia ambiental" como se propone en la guía (Alcaldía de Medellín 2018, 276) se queda corto con respecto a las acciones ejecutadas.

> Utilizar bolsas no es un hábito saludable [...] son derivadas del petróleo y dañan los océanos, las bolsas son contaminantes y si daño el medioambiente no tengo salud. (Obs., profesional en Gastronomía, C12)
>
> Anteriormente los cultivos eran más puros, ahora todo es a base de químicos [...] hay mucha contaminación hoy en día y eso nos tiene jodidos. (Obs., Socorro, C15)
>
> ¿De dónde viene el calabacín? De las profundidades de la tierra. No se contamina como la piel del tomate [...] entonces podemos consumir papa, calabacín y todo lo que sea de debajo de la tierra. (Obs., profesional en Gastronomía, C11)

Otro aspecto digno de resaltar al respecto de la relación S-N es que los participantes establecen de manera clara la conexión entre territorio, alimentación y EVS. Sus biografías y experiencias de diversa índole y en distintos territorios (sea los de origen o los que ocupan actualmente) matizan las decisiones y comportamientos con respecto a su salud y su alimentación. Sin embargo estos hechos se convierten en anécdotas que los participantes en ocasiones comparten entre ellos mientras se sirve el menú tipo bufet en la sesión de alimentación saludable.

> Yo no como pescado, no lo puedo ver ¿sabe por qué? Porque la guerrilla me picó 3 primos y me los tiró al río Cauca. Don XXX nos dijo: "no los busquen que los picamos con una sierra y los tiramos al río". Desde ahí yo no puedo ver el pescado. (Diario de campo, sesión educativa, Mery, C11)
>
> Durante la realización de la encuesta a una de las participantes de la C3, al hacer la pregunta ¿Usted considera que su estilo de vida tiene relación con su salud? La participante baja la mirada, comienza a sollozar y responde: "el estrés tiene que ver con mi estilo de vida porque desarrollé una fibromialgia y artritis después de la Operación Orión en la comuna donde vivía [...] mi esposo se tuvo que ir y ahora trabaja en Santa Fe de Antioquia, cuando viene trae la fruta y lo que logra cosechar [...] nosotros hemos sido dos veces desplazados y eso me afecta". (Diario de campo, prueba piloto encuesta, Ligia, C3).

Finalmente, tanto para los adultos como para los educadores, el cuerpo es también un territorio por el que hay que pasar la enseñanza, de ello, según los participantes, dependen el aprendizaje: para que los discursos y prácticas "tengan sentido" deben "pasarse por el cuerpo". Pasar por el cuerpo es la expresión que mejor ejemplifica el proceso de "encarnación" de los discursos y de la PP, acción que no solo debe ser ejecutada por los participantes del programa sino también por quienes lo implementan, de esa manera se garantiza que todos después de acceder a la información la puedan "digerir", para, luego, transmitirla a otros o interiorizarla poniéndola en práctica en la vida cotidiana.

> Realmente cuando hablas como de estilos de vida a vos te toca pasarlo por vos, o sea, es un tema que te toca como empezar a reflexionar como persona, individualmente y luego de esa reflexión vos podes ya mirar como que información es pertinente y qué información te medio tragaste y cuál no,

> para saber de qué estas convencido y qué vas a llevar a otros. (EI, líder del componente conceptual).
>
> Yo creo que esto tiene [el hábito], digamos sentido, si lo encarnamos ¿cierto? porque puede sonar muy bonito [...] pero sino como decía, si no lo encarnamos, si no lo pasamos por nuestro cuerpo, no tiene sentido. (Profesional. Lanzamiento de la Guía EVS, 2018).

REFLEXIÓN FINAL

El análisis de los modos de producción de la PP y discursiva en el marco de la implementación de un programa educativo a partir de la perspectiva de la DSSS permite comprender que la enseñanza de la alimentación es un proceso multidimensional y complejo. Multidimensional porque se produce en distintos planos de la realidad social en los que se recrea el movimiento entre lo general, lo particular y lo singular y complejo porque encarna la esencia dialéctica tanto de la salud como de la educación, como procesos sociales dinámicos y contradictorios. En este sentido, la producción de la PP y discursiva implica el reconocimiento de las relaciones epistémicas que configuran la esencia social del programa y su interrelación con las dinámicas educativas que se producen en los espacios clave donde se construye grupal e individualmente la salud, cuyas formas de conexión o relación no se dan a partir de simples contingencias ni suceden aisladamente, sino que están inscritas en una forma más amplia de movimiento y relacionamiento social.

El movimiento que entrelaza las dimensiones G-P-S de la determinación de la PP y discursiva es el dialéctico, cuyas expresiones en la enseñanza de la alimentación se observan en asuntos con la tensión permanente entre lo histórico y lo concreto, o entre lo interno y lo externo, tanto en el programa como en los sujetos participantes; la contradicción entre una formación centrada en el conocimiento que busca transformar la acción; el interés puesto en el resultado-cambio de comportamientos, más que en el proceso; la reflexión pedagógica y la reducción de los sujetos educador y educando en objetos para la instrumentalización educativa en el campo de la salud. A su vez, el programa no solo se constituye en un espacio educativo o formativo, también se configura como espacio dialéctico de encuentros, tensiones y contradicción: de vinculación y fragmentación social, de similitud y diferencia. Es, además, un espacio de legitimación y deslegitimación discursiva; también es, al mismo tiempo, fuerza que dinamiza o limita las acciones de enseñanza o aprendizaje de los sujetos que interactúan en él. El programa educativo es en síntesis un espacio relacional, material, simbólico y práctico.

En este sentido, se encuentran relaciones jerárquicas explicativas que permiten profundizar desde esta lógica dialéctica en el movimiento de determinación de la enseñanza de la alimentación. Tales relaciones son el predominio de lo biológico sobre lo social con la consecuente minimización de los aspectos sociales y culturales relacionados con la alimentación; el énfasis de la alimentación como hábito individual y el poco reconocimiento de los aspectos colectivos de esta práctica social; la imposición de la teoría sobre la práctica, en donde los contenidos se asimilan a los aprendizajes y la práctica se externaliza y se posterga para ejecutarla en otros espacios y, finalmente, pero no menos importante, la subordinación y reducción de la educación, en sus aspectos pedagógicos y didácticos, a los procesos administrativos, científico-técnicos y pragmáticos de la implementación del programa, es decir, la primacía de los capitales que rigen la salud y no la educación.

Reconocer los asuntos develados en los párrafos anteriores como procesos críticos de la configuración del acto formativo y, por tanto, en la determinación social de los discursos y la práctica de la enseñanza de la alimentación es optar por una epidemiología y una pedagogía críticas que sustituyan con urgencia los modelos hegemónicos que acotan y reducen las explicaciones y comprensiones no solo en el campo de la salud, sino también en el de la educación. Es, asímismo, evidenciar que en la interfase salud colectiva-ciencias críticas es posible encontrar otros caminos para abordar los asuntos relativos a la formación de grupos sociales e individuos y pensar en una pedagogía de la salud colectiva, retomando los aportes de la didáctica crítica para un pensamiento crítico en salud.

REFERENCIAS

Alcaldía de Medellín. 2018. *Guía de estilos de vida saludables*. Medellín: Municipio de Medellín.

—. Secretaría de Salud de Medellín. 2017. "*Contrato* n.º 4600070482 de 2017. Adición al Programa Estilos de Vida Saludables". Medellín: Municipio de Medellín.

Ardila, Fabián, Elizabeth Valoyes, y Marco Melo. 2013. "Documento nacional hábitos y prácticas alimentarias. Hallazgos nacionales a partir del análisis departamental PAE-UNAL". Bogotá: Universidad Nacional de Colombia (UNAL).

Bertran Vilá, Miriam. 2010. "Acercamiento antropológico de la alimentación y la salud en México". *Physis-Revista de Saude Coletiva* 20 (2): 387-411.

—. 2017. "Domesticar la globalización: Alimentación y cultura en la urbanización de una zona rural en México". *Anales de Antropología* 51 (2): 123-30. https://doi.org/10.1016/j.antro.2017.05.003.

Bottero, Wendy. 2007. "Social Inequality and Interaction: Social Inequality and Interaction". *Sociology Compass* 1 (2): 814-31. https://doi.org/10.1111/j.1751-9020.2007.00030.x.

Breilh, Jaime. 1977. "Crítica a la interpretación capitalista de la epidemiología. Un ensayo de desmitificación del proceso salud-enfermedad". Tesis de maestría, Universidad Autónoma Metropolitana, México.

—. 1997. *Nuevos conceptos y técnicas de investigación: Guía pedagógica para un taller de metodología (epidemiología del trabajo)*. Quito: Centro de Estudios y Asesoría en Salud.

—. 2003. *Epidemiología crítica: Ciencia emancipadora e interculturalidad*. Buenos Aires: Lugar Editorial.

—. 2010. *Epidemiología, economía política y salud: Bases estructurales de la determinación social de la salud*. Quito: Universidad Andina Simón Bolívar, Sede Ecuador (UASB-E) / Corporación Editora Nacional.

—. 2015a. "Epidemiología crítica latinoamericana: Raíces, desarrollos recientes y ruptura metodológica". En *Tras las huellas de la determinación. Memorias del seminario interuniversitario de determinación social de la salud*, editado por Carolina Morales y Juan Carlos Eslava, 19-76. Bogotá: UNAL.

—. 2015b. “Epidemiología del siglo XXI y ciberespacio: Repensar la teoría del poder y la determinación social de la salud”. *Revista Brasileira de Epidemiologia* 18 (4): 972-82. https://doi.org/10.1590/1980-5497201500040025.

—. 2020. “SARS-CoV2: Rompiendo el cerco de la ciencia del poder. Escenario de asedio de la vida, los pueblos y la ciencia”. En *Posnormales*, editado por Aislamiento Social Preventivo y Obligatorio (ASPO), 31-90. https://bit.ly/PosnormalesASPO.

Breilh, Jaime, y Nancy Krieger. 2021. *Critical Epidemiology and the People's Health*. Oxford: Oxford University Press, Incorporated.

Carranza, Renzo, Tomás Rodríguez, Saulo Salinas, Mercedes Ramírez, Carlos Campos, Katy Chuquista, y Jessica Pérez. 2019. “Efectividad de intervención basada en modelo de Nola Pender en promoción de estilos de vida saludables de universitarios peruanos”. *Revista Cubana de Enfermería* 35 (4): e2859.

Contreras Hernández, Jesús, y Mabel Gracia Arnáiz. 2014. “Alimentación y cultura. Perspectivas antropológicas”. *Investigaciones Sociales* 11 (19): 387-92. https://doi.org/10.15381/is.v11i19.8073.

Demonte, Flavia. 2021. “¿Comer como el discurso médico-nutricional manda? Discursos y prácticas sobre alimentación saludable en sectores medios de la ciudad de Buenos Aires, Argentina”. *Población y Salud en Mesoamérica* 18 (2): 1-30.

Estrada Ochoa, Julián. 2017. *Fogón antioqueño*. Bogotá: Fondo de Cultura Económica.

Goetz, Judith Preissle, y Margaret Diane Lecompte. 1988. *Etnografía y diseño cualitativo en investigación educativa*. Madrid: Ediciones Morata.

Gómez Ochoa, Ana Maritza. 2013. “Educación y salud: Dos campos de intervención, un interés común”. *Revista Colombiana de Educación* 1 (65): 123-52. https://doi.org/10.17227/01203916.65rce123.152.

Gómez-Correa, María Mercedes. 2016. “Cultura alimentaria: Continuidades y cambios en la preferencia o rechazo y en los métodos de conservación de alimentos de la población migrante del cantón del San Pablo (Chocó) a Medellín”. *Eleuthera* 15: 79-98. https://doi.org/10.17151/eleu.2016.15.6.

Gracia Arnáiz, Mabel. 2014. “Comer o no comer ¿es esa la cuestión?: Una aproximación antropológica al estudio de los trastornos alimentarios”. *Política y Sociedad* 51 (1): 73-94. https://doi.org/10.5209/rev_POSO.2014.v51.n1.42486.

—. 2015. *Comemos lo que somos: Reflexiones sobre cuerpo, género y salud*. Barcelona: Icaria.

Gracia Arnáiz, Mabel, Flavia Demonte, y Fabiana Bom Kraemer. 2020. "Prevenir la obesidad en contextos de precarización: Respuestas locales a estrategias globales". *Salud Colectiva* 16: e2838. https://doi.org/10.18294/sc.2020.2838.

Gravante, Tommaso. 2019. "Prácticas y redes de autonomía alimentaria en la Ciudad de México: Un acercamiento etnográfico". *INTERdisciplina* 7 (19): 163-79. https://doi.org/10.22201/ceiich.24485705e.2019.19.70292.

Jaramillo Delgado, Gonzalo. 2019. "La pedagogía crítica esperanzada, una forma cultivada de saber posible integrada a la interfase de la salud colectiva y las ciencias críticas". Informe de investigación. Quito: UASB-E.

Magallón Anaya, Mario, y Juan de Dios Escalante Rodríguez, eds. 2014. *América Latina y su episteme analógica*. Ciudad de México: UNAM.

McLaren, Peter. 2003. *La vida en las escuelas. Una introducción a la pedagogía crítica en los fundamentos de la educación*. 4ª ed. Ciudad de México: Siglo Veintiuno Editores.

Mejía, Marco Raúl. 2016. "La investigación como estrategia pedagógica, una propuesta de saber y conocimiento desde la educación popular". *Revista Aportes* 60: 31-67.

Meza-Palmeros, José Alejandro. 2021. "Prescripciones alimentarias y límites de la medicalización: Polifonía y utilización de medios de comunicación en una población urbana de México". *Saúde e Sociedade* 30 (1): e200136. https://doi.org/10.1590/s0104-12902021200136.

Molina Berrío, Diana Patricia, Fernando Peñaranda Correa, Jennifer Marcela López Ríos, y Tomás Loaiza Herrera. 2021. "El frente discursivo biomédico, neoliberal y tradicional de la educación: Debate en la educación para la salud crítica". *Revista Facultad Nacional de Salud Pública* 39 (1): 1-11. https://doi.org/10.17533/udea.rfnsp.e337287.

Núñez, Violeta. 2010. "Trampas teóricas y conceptuales de la pedagogía social en construcción". Ponencia presentada en el III Congreso Internacional de Pedagogía Social, Sao Paulo.

Ocampo, Diana Carolina, y María Eugenia Rojas. 2016. "La educación para la salud: 'Concepto abstracto, práctica intangible'". *Revista universitaria de salud* 18 (1): 24-33.

Organización Mundial de la Salud (OMS). 2020. "Estadísticas sanitarias mundiales 2020: Monitoreando la salud para los ODS, objetivos de desarrollo sostenible [World health statistics 2020: monitoring health for the SDGs, sustainable development goals]". https://apps.who.int/iris/bitstream/handle/10665/338072/9789240011953-spa.pdf?sequence=1&isAllowed=y.

Organización para la Cooperación y el Desarrollo Económicos. 2019. "The Bioeconomy to 2030: Designing a Policy Agenda. Main Findings and Policy Conclusions". https://www.oecd.org/futures/long-termtechnologicalsocietalchallenges/thebioeconomyto2030designingapolicyagenda.htm

Ortega Valencia, Piedad. 2009. "La pedagogía crítica: Reflexiones en torno a sus prácticas y desafíos". *Pedagogía y saberes* 31: 26-33. https://doi.org/10.17227/01212494.31pys26.33.

Otero, Gerardo. 2013a. «Dieta neoliberal y "comida" chatarra». *Observatorio del Desarrollo. Investigación, reflexión y análisis* II (6): 4-7.

—. 2013b. "El régimen alimentario neoliberal y su crisis: Estado, agroempresas multinacionales y biotecnología". *Antípoda. Revista de Antropología y Arqueología* 17: 49-78. https://doi.org/10.7440/antipoda17.2013.04.

Otero, Gerardo, y Gabriela Pechlaner. 2014. "Dieta neoliberal y desigualdad en los países del TLCAN: ¿Convergencia o divergencia alimentaria?". *Estudios Críticos del Desarrollo* IV (7).
https://estudiosdeldesarrollo.mx/estudioscriticosdeldesarrollo/numero-7/.

Peñaranda C., Fernando. 2020. *Educación en el campo de la salud pública: Una mirada pedagógica*. Medellín: Universidad de Antioquia.

Peñaranda Correa, Fernando, Jennifer Marcela López Ríos, y Diana Patricia Molina Berrío. 2017. "La educación para la salud en la salud pública: Un análisis pedagógico". *Hacia la promoción de la salud* 22 (1): 123-33. https://doi.org/10.17151/hpsal.2017.22.1.10.

Qualter, Terence H. 1994. *Publicidad y democracia en la sociedad de masas*. Barcelona: Paidós.

Reyes, María Caridad, Lázara Menéndez, Julia Obregón, Mirelys Núñez, y Elsa García. 2021. "Efectividad de una intervención educativa para modificar conocimientos sobre estilos de vida en pacientes hipertensos". *Edumecentro* 13 (1): 149-66.

Rizzolo, Anelise. 2018. "Rasgos y retos de la modernidad alimentaria-una entrevista con Jesús Contreras". *Interface–Comunicação, Saúde, Educação* 22 (67): 1267-77. https://doi.org/10.1590/1807-57622017.0383.

Rodríguez, Adrián, Mónica Rodrigues, y Octavio Sotomayor. 2019. "Hacia una bioeconomía sostenible en América Latina y El Caribe. Elementos para una visión regional". https://repositorio.cepal.org/bitstream/handle/11362/44640/4/S1900161_es.pdf.

Rodríguez Barcia, Susana. 2020. "El estudio de los discursos alimentarios desde una perspectiva crítica". *ELUA* 34: 175-91. https://doi.org/10.14198/ELUA2020.34.8.

Rose, Nikolas. 2012. *Políticas de la vida: Biomedicina, poder y subjetividad en el siglo XXI*. La Plata: Universidad Pedagógica Nacional / Editorial Universitaria.

Samaja, Juan. 2018. "La triangulación metodológica (pasos para una comprensión dialéctica de la combinación de métodos)". *Rev. Cubana Salud Pública* 44 (4): 431-43.

Saraví, Gonzalo Andrés. 2015. *Juventudes fragmentadas: Socialización, clase y cultura en la construcción de la desigualdad*. Ciudad de México: FLACSO México / Centro de Investigaciones y Estudios Superiores en Antropología Social.

Sari, Vanúzia, y Silviamar Camponogara. 2017. "Discussing the Consequences of Environmental Education Actions in a Context of Reflective Modernity". *Texto & Contexto–Enfermagem* 26 (2): 1-11. https://doi.org/10.1590/0104-07072017006410015.

Souza Minayo, Maria Cecilia de. 1992. *O desafio do conhecimento*, 10.ª ed. Sao Paulo / Río de Janeiro: Hucitec / Abrasco.

Souza Minayo, María Cecilia de, Simone Gonçalves de Assis, y Edinilsa Ramos de Souza. 2008. *Evaluación por triangulación de métodos: abordaje de programas sociales*. Buenos Aires: Lugar Editorial.

Torres Torres, Felipe, ed. 2018. *Implicaciones regionales de la seguridad alimentaria en la estructura del desarrollo económico de México*. Ciudad de México: UNAM-Instituto de Investigaciones Económicas. https://doi.org/10.22201/iiec.9786073006590e.2018.

Varona, Mayelín, Isis Pernas, Sonia Socarrás, y Yunier Duret. 2017. "Impacto de una estrategia educativa antitabáquica en la Residencia Estudiantil de Ciencias Médicas en Camagüey". *Revista de Humanidades Médicas* 17 (1): 143-70.

Zea, Luis Emilio. 2017. "Una mirada histórico-pedagógica a la intersección de los campos de la educación popular y la salud en Colombia. Décadas de 1960, 1970, 1980". Medellín: Universidad de Antioquia.

MODO DE VIVIR, TRABAJO, CONSUMO Y SALUD

Capítulo 4

Crítica transdisciplinaria de la economía, ambiente y salud colectiva en el abordaje de los patrones de consumo alimentario

Mónica Izurieta Guevara

INTRODUCCIÓN

Los argumentos y análisis de este ensayo demuestran la necesidad de taxonomías integradoras para los campos de la economía, el ambiente y la salud. El diálogo propuesto procura redimir monólogos aislados de cada campo y avanzar hacia un ejercicio científico ético transdisciplinario que permita transiciones efectivas hacia una civilización de bienestar, equidad y relación armoniosa con la naturaleza.

Frente a la actual crisis civilizatoria, que ha puesto en jaque nuestra garantía de sobrevivencia, la transdisciplinariedad y el pensamiento crítico resultan útiles para superar la fragmentación de disciplinas y proponer programas, proyectos y políticas integradoras que aborden a la realidad integrando las partes en un todo, evitando el extravío en un bosque de intervenciones desconectadas y ajenas a las dinámicas propias de los territorios.

En este sentido, se aborda un objeto de estudio: el consumo alimentario. Su interpretación se desarrolla a través de un análisis teórico y evidencias que dan cuenta de las relaciones, jerarquías y dimensiones conectadas entre la economía política de la alimentación y la epidemiología crítica, así como las nociones del metabolismo sociedad y naturaleza. Se procura responder a la siguiente pregunta: ¿cómo interpretar los patrones de consumo alimentario desde un enfoque crítico transdisciplinario en los campos de la economía, ambiente y salud?

Se realiza una revisión teórica y bibliográfica que sustenta la articulación de disciplinas alrededor del objeto de estudio.

El desarrollo parte de una breve crítica al axioma del crecimiento económico, mostrando su estancamiento y discontinuidad. Posteriormente, se explica la interfase de la economía, ambiente y salud a través de la propuesta de epidemiología crítica (Breilh 2021) y la economía crítica del consumo alimentario (Santos 2014; Veraza 2008; Izurieta 2022). En un segundo momento, se presenta al objeto de estudio, patrones de consumo alimentario, y se expone su interpretación a través del análisis teórico propuesto y sus relaciones.

EL CRECIMIENTO ECONÓMICO: ¿EN INVOLUCIÓN?

Thomas Piketty (2014) consagró 15 años de investigaciones relacionadas a la dinámica de los ingresos y la riqueza antes de la publicación de su obra *El capital en el siglo XXI,* en cuyo segundo capítulo advierte: "Ahora debemos insistir en el hecho de que en el siglo XXI se juega un posible retorno a un régimen histórico de bajo crecimiento" (89). Concluye, además, que la evolución de una economía de mercado y de propiedad privada, que es abandonada a sí misma, contiene en su seno fuerzas de divergencia amenazadoras para nuestras sociedades y los valores de justicia social. Estas fuerzas yacen en el proceso desestabilizador de la tasa de rendimiento privado del capital que se incrementa de forma sostenida y con mucho mayor alcance que la tasa del ingreso y la producción. Esta falla sistémica genera profundas diferencias en la distribución de la riqueza y tiene como correlato un incremento de poblaciones sin posibilidad a formas de vida dignas y bioseguras.

La economía capitalista posee también una característica de histéresis. Isaak Mayergoyz (1991) señala que los futuros Estados de no linealidad en una tendencia dependen de los *inputs* de pasadas variaciones históricas —llámense "hitos claves"— y que solo ciertos eventos pasados que son extremos, no el total de variaciones de *inputs* o de hitos, dejan marcas sobre futuros Estados de no linealidad.[1] Michael Roberts (2020) reconoce las siguientes señales para esta tendencia en la evolución económica de los últimos 40 años: la "rentabilidad del capital" en las principales economías mundiales no ha vuelto a los niveles de fines de la década de 1990, inclusive a indicadores posteriores a las recesiones leves de los años 50 y 60. Después del final de la Gran Recesión de 2008-2009 —apunta Roberts—, el mercado bursátil creció año tras año, pero la producción, la inversión y los ingresos de los trabajadores languidecieron. Las siguientes figuras representan los argumentos desarrollados.

Estas son evidencias de que el modelo económico global del siglo XXI y sus mecanismos no han logrado que las sociedades puedan gozar de equidad y dignidad y, lo que es tremendamente angustioso, ha puesto en un hilo la sobrevivencia de la especie debido a la crisis climática derivada, en buena parte, por el manejo indiscriminado de recursos no renovables y los sistemas extractivistas de producción que acompañan al sentido productivista irresponsable de muchas industrias. La industria agroalimentaria es consustancial a esta problemática con expresiones claramente evidenciadas alrededor del planeta: destrucción de ecosistemas, deterioro de la salud de los trabajadores, exposiciones de riesgo a consumidores y relación directa con enfermedades del síndrome metabólico (Izurieta 2022).

Enfoques transdisciplinarios para transitar a una economía de lo vital, sustentada en principios de la vida, sustentabilidad, solidaridad, soberanía y bioseguridad (Breilh 2021), devienen necesarios para superar no solo la caducidad del canon reduccionista y fragmentado de las ciencias económicas y administrativas, sino, también, para incidir de forma efectiva en las soluciones que tienen el potencial de construirse junto a la academia, a partir de miradas integrales que asumen la complejidad de la realidad que se estudia.

1. Se puede profundizar sobe estos modelos en la obra de Mayergoyz: *Mathematical Models of Histeresis.*

LA NECESIDAD DE ALTERNATIVAS TRANSDISCIPLINARIAS

El crecimiento económico, motor y argumento de la economía clásica, no se sostiene. Es necesario, además, colocar sobre la mesa la amenaza indómita de la economía capitalista: el deterioro ecosistémico que avanza y empeora a medida que los gobiernos sostienen una forma económica extractivista. Aun si existiera una recuperación del crecimiento económico, en una economía de libre mercado, los procesos productivos arremeten con los recursos naturales necesarios para la vida. El carácter metabólico de la economía capitalista es nocivo y emerge en contraposición a nuestra supervivencia (Carpintero y Riechman 2013; Naredo 2013; Altieri y Toledo 2010). Como una estrella supernova de luz intensa que muere por no soportar las reacciones termonucleares de su núcleo; así, el sistema económico capitalista se atrofia a sí mismo destruyendo los recursos necesarios para sus dimensiones fundamentales: producción y consumo.

Aproximarnos a las arbóreas posibilidades de un paradigma crítico de la economía a través de su encuentro con otros campos permitiría el logro de transiciones eficaces. En este sentido, el economista Juan Manuel Naredo (2013, 135) argumenta lo siguiente: "los aires positivistas (de los economistas) desviaron la atención desde las preocupaciones por definir el núcleo teórico de su ciencia hacia el pragmatismo de la contrastación empírica". Brazadas cortas, limitadas por axiomas, hoy obsoletos, que objetivaron lo económico en la interpretación de sistemas de cuentas nacionales. Resulta ineludible admitir que los postulados económicos clásicos generan opacidades al momento de objetivar la realidad, aún peor, conducen a los profesionales de economía y salud inclusive a un *ethos* que valora solamente lo pragmático e instrumental. Este instrumentalismo asociado a un poder, sea este político, de mercado, tecnológico o monetario, conlleva muchos reveses en el quehacer económico y social de las y los gestores llamados a transiciones.

En este caminar entre lo caduco y lo vitalmente necesario, en la transición hacia la construcción de tiempos y espacios de vida, se coloca un elemento clave: *la transdisciplinariedad*.

EL ENCUENTRO DE LA ECONOMÍA CRÍTICA, AMBIENTE Y SALUD COLECTIVA

Necesitamos enrumbar nuestra genialidad hacia una economía que se enfoque en lo vital para evitar una muerte a gotas del género humano y de la naturaleza de la que somos indivisibles (Izurieta 2020). Allí donde brota la vida, en la naturaleza, la salud y los cuidados, hay que trabajar mancomunadamente desde la ciencia y la praxis. Lo transdisciplinario en la economía, ambiente y salud encuentra luces en la construcción de la epidemiología crítica latinoamericana, específicamente en su eje la determinación social de la salud (DSS) de Jaime Breilh (2003, 2021). El siguiente análisis se enfoca en la articulación del campo económico con los de ambiente y salud de acuerdo a la mencionada propuesta.

La salud es una categoría polisémica y multidimensional. Desde esta noción ontológica y, de acuerdo a una lógica dialéctica, se identifican procesos saludables o protectores de la vida y procesos destructores o nocivos. Estos dos procesos contrarios se desarrollan en tres dimensiones de la realidad: general (sociedad), particular (grupos) e individual (fenotipo y genotipo y psiquis de los cuerpos). En segundo lugar, señala Breilh (2020), se entiende a la salud como una construcción subjetiva imbricada en los modos de vida propios de grupos sociales diferenciados por su clase social, género, etnia. Estos sujetos sociales perciben y responden estratégicamente y con resiliencia subjetiva a la determinación y reproducción económica y social de sus sociedades.

La economía y gestión junto con otras disciplinas, ecología, geografía, biología —todas desde lentes críticos—, logran la transdisciplinariedad del modelo de la DSS. El carácter nocivo de la forma económica actual, las contradicciones del postulado de crecimiento económico y los movimientos de divergencia e histéresis que se detallan al inicio de este ensayo comparten la narrativa explicativa propuesta por Breilh (2003, 2014 y 2021), la cual parte justamente de la crítica a la modernidad capitalista y la concentración oligopólica de mercados que se acelera en el siglo XXI y que, de acuerdo al autor, reproduce una forma nociva de civilización y modos de vida. Este es el encuentro del campo de la economía crítica y la salud. Esta forma civilizatoria tiene un carácter de metabolismo sociedad-naturaleza que le corresponde. Aquí el encuentro de la economía crítica, ambiente y salud. Se supera el monólogo de disciplinas parceladas.

Las tres dimensiones señaladas, general, particular e individual —las cuales conforman una realidad social—, están determinadas por la forma económica que domina y configura el carácter de metabolismo con la naturaleza. Para comprender las relaciones articuladoras entre la economía, el ambiente y la salud, en esta propuesta de la epidemiología crítica, es necesario recrear movimientos y sus relaciones. Son dos las claves: subsunción y autonomía relativa. Entiéndase que las disciplinas son a la interpretación como los movimientos a la relación.

Analicemos la categoría ontológica, clave en el ejercicio transdisciplinar economía, ambiente y salud que emerge de la crítica a la economía política: *subsunción,* de origen latino *subsumptio,* relacionada con la palabra alemana *aufhebung* que significa 'arrastrar arriba lo que está debajo' y 'poner dentro lo que estaba fuera' (Dussel 2014, 73-4). Subsunción corresponde al desarrollo categorial de Karl Marx en su obra *El capital* (1867) para representar la incorporación y el control del proceso de trabajo y sus fuerzas productivas sociales al capital.

Al siglo XXI, varios estudiosos de la economía crítica, desde el lente del pensamiento latinoamericano, han renovado esta categoría. Andrea Santos (2014, 130) se refiere a la subsunción como el proceso que permite "identificar y criticar la transformación y sometimiento del contenido material de la vida social según las necesidades de acumulación del capital". Álvaro García (2009, 141-2) señala que las fuerzas subjetivas e intelectivas del ser humano también se incorporan al capital, además de las fuerzas productivas objetivas y asociativas. El mexicano Jorge Veraza (2007) asume la subsunción real de consumo como la subordinación de fuerzas productivas procreativas a favor de la acumulación de capitales en detrimento de la naturaleza.

Por otro lado, el movimiento de autonomía relativa, que propone el modelo de la determinación social de la salud, soslaya una posible interpretación lineal del movimiento de determinación e incorpora la noción dialéctica de los movimientos. La autonomía representa una génesis emancipadora que responde al movimiento de subsunción suscitando modos de vida sustentables, soberanos, solidarios y saludables; las 4 S de la vida (Breilh 2017, 2021). Este movimiento de autonomía relativa bien podría darse desde la gestión de organizaciones públicas, privadas, barriales y empresariales con carácter participativo, creativo y resiliente.

Jaime Breilh (1994) observa que el proceso de salud en el ser humano no es un asunto esencialmente biológico, sino un proceso social-biológico dialéctico y dinámico circunscrito en las dimensiones: general, particular e individual. En este sentido, Nancy Krieger (2005) estableció el concepto de *embodiment* para entender cómo los seres humanos incorporamos biológicamente lo material, económico y social del mundo en que vivimos.

Breilh (1994, 80) también señala lo siguiente:

> No se puede entender la relación social-biológico si no se asume la subsunción de lo biológico en lo social, y no se puede comprender dicha incorporación si no se interpretan los hitos del devenir histórico de cada sociedad en concordancia a un objeto de estudio.

Entonces, el movimiento que deviene de la forma económica predominante tiene dos engranajes: la subsunción de las dimensiones de producción y consumo desde la dimensión general y un segundo mecanismo de subsunción de lo biológico en lo social, que se concreta en el nivel individual y que expresa los procesos de enfermedad, fenotipos, genotipos y psiquis de los seres humanos: los *embodiments*. Así, también, de acuerdo con las formas predominantes de producción y consumo de cada sociedad, existen expresiones en la naturaleza que reflejan nuestro intercambio orgánico con ella.

EL CONSUMO ALIMENTARIO EN EL LENTE CRÍTICO DE LA EPIDEMIOLOGÍA CRÍTICA

A la estructura de lo que una sociedad considera apropiado para satisfacer sus necesidades alimentarias en un determinado momento histórico se le denomina "patrón alimentario" o "dieta" (Torres 2010). Andrea Santos (2014, 11) señala "la modificación de un patrón alimentario supone cambios en los hábitos, costumbres, necesidades y referencias de los individuos, así como de modificaciones en la estructura productiva, comercial y de generación y distribución de la riqueza". El segundo componente de esta definición (modificaciones estructurales) corresponde, en nuestro análisis, a la dimensión general de la epidemiología crítica. Hay que remarcar que, desde la oferta, existen procesos de homogenización en la producción y consumo de alimentos que tienden a estandarizar las dietas y acaparan los mercados globales de alimentos desde movimientos concentradores oligopólicos. Estos procesos, permeados por la forma económica de cada nación y su estrategia comercial global, modifican los patrones alimentarios. Pueden revisarse, por ejemplo, los estudios de Regmi, Takeshima y Unnevehr (2008); Torres y Trápaga (2001) y, especialmente, el trabajo de Andrea Santos (2014), realizado en México que evidencia la drástica reconfiguración de la dieta mexicana a partir de los tratados de libre comercio con Estados Unidos y Canadá.

Estos procesos críticos son consustanciales a mecanismos de subsunción de régimen alimentario corporativo: oligopolización de mercados; privatización del espacio para distribución de alimentos y bebidas procesadas; producción semiótica de la publicidad alimentaria corporativa; lobby corporativo, erosión y sistemático debilitamiento de mercados, bodegas y pymes familiares locales tradicionales y, por último, el éxodo campo-ciudad (Izurieta 2022). Tendrían la capacidad de configurar espacios urbanos de características propias en cuanto a sus mercados de alimentos, los cuales, a su vez, inciden en los patrones de consumo alimentario de manera diferenciada en grupos poblacionales, de acuerdo a su clase social. La producción del espacio, como instrumento del régimen alimentario corporativo, es favorable a la circulación de alimentos y bebidas procesadas mediante el crecimiento acelerado de supermercados; empuja la desaparición paulatina de los mercados y bodegas tradicionales de pequeñas familias y estimula la distribución de alimentos y bebidas procesadas en las escuelas (Izurieta 2022; Santos 2014 y Hollenstein, 2019, Pechlaner y Otero 2010).

En un espacio alimentario, como el de un barrio latinoamericano en plena transición urbana, los mercados alimentarios se configuran en medio de una multitud de contradicciones: las fuerzas de lo tradicional y lo moderno; organización asociativa y corporativa y el espacio de circulación público y privada: fuerzas que se encuentran y que definen la oferta de alimentos a los hogares. El poder corporativo para la producción de un espacio privado acaparador favorable a la acumulación de capital oligopólico definirá de sobremanera la configuración de los mercados alimentarios, si los procesos de gobernanza local son favorables a esta producción del espacio, la erosión de mercados y ferias populares —agroecológicas incluidas— deviene de forma acelerada. Por ello es crucial el sentido comunitario de los grupos de consumo, justamente para contrarrestar estas fuerzas desde movimientos autónomos.

Las dietas del régimen alimentario corporativo se promueven a través de estrategias de producción semiótica —publicidad alimentaria—, cuyo mecanismo es justamente revertir la nocividad de alimentos y bebidas procesadas y manipular las representaciones de la alimentación de consumidoras y consumidores de todas las edades. Su estrategia discursiva y de imagen genera una exposición intensa, manipuladora y agresiva, especialmente con niñas, niños y adolescentes, y recrea un espectáculo, como diría Guy Debord (1976), de nutrición, cuerpos esbeltos y competidores, mujeres y niñas erotizadas (Izurieta 2022). Con el tiempo, la estrategia publicitaria no solo se enfoca en revertir la nocividad del contenido material de ciertos alimentos y bebidas, también se apropia de los discursos sociales que reivindican las transformaciones necesarias frente a la propia economía capitalista en la cual se originan: en el siglo XXI algunas de estas corporaciones —por ejemplo, Nestlé y Coca Cola— se posicionan como marcas ecológicas, inclusivas y comprometidas con la comunidad.

Paralelamente, el *lobby* corporativo hacia los gobiernos de turno y ministerios de economía, agricultura y salud acompañan a los otros procesos mencionados. Es una estrategia propia del régimen alimentario corporativo el influenciar en el Estado a favor de sus empresas productoras y distribuidoras de alimentos, táctica ampliamente documentada por científicos y activistas como Marion Nestle (2012), en su obra *Food Politics*; Gerardo Otero (2014), en sus desarrollos de "La dieta neoliberal", y Michael Simons (2006), en sus publicaciones varias referidas a corporaciones alimentarias y su intervención en gobiernos, academia y programas sociales. En el caso del *lobby* corporativo en Ecuador, ha sido la academia la que ha frenado algunos intentos por echar abajo la política pública alimentaria, por ejemplo, en defensa del etiquetado nutricional semáforo junto a movimientos de consumidores, ha sido importante la praxis de programas académicos como Andina EcoSaludable junto al Ministerio de Salud (UASB-E, 2019).

Los procesos migratorios que devienen de la segregación socioespacial propia de la modernidad capitalista y son inherentes a la conformación de dietas, no solo porque con la movilidad humana la gastronomía tradicional se fusiona con la gastronomía de los centros urbanos, sino porque esos procesos migratorios, como expresiones de una sociedad inequitativa, deben adaptar sus estrategias de alimentación a nuevas espacialidades urbanas y los circuitos de oferta de alimentos que les corresponden. Al mismo tiempo, comer, para migrantes mujeres, hombres, niñas y niños, es una búsqueda diaria de sobrevivencia, más crítica que la de aquellas personas locales con ingresos restringidos.

Breilh incorpora otra categoría clave en la dimensión particular, donde se centra el análisis de los grupos sociales según clase social, género, etnia y sus posibilidades o ausencias de poder, son los modos de vida: trabajo, consumo y espacio doméstico, soportes colectivos, construcción de la identidad y subjetividad y relación con la naturaleza (Breilh 2013, 2021). En esta dimensión, se desplaza con mayor o menor intensidad el movimiento de subsunción de consumo alimentario al capital configurado en la estructura productiva y comercial de los sistemas alimentarios. Sidney Mintz argumenta que las estrategias de poder (en estas estructuras) reproducen las condiciones circunstanciales o los términos en los cuales la gente obtiene sus alimentos y mantienen o cambian sus hábitos alimentarios, lo cual puede configurarse en un nivel particular del modelo de la determinación social de la salud (Mintz, 1995, 11-2, citado en Santos 2014, párr. 3).

Los modos de vida figuran son comprendidos como eslabones para la construcción de las dietas en los hogares, que se conforman entre los movimientos de subsunción y autonomía y dan paso a patrones de consumo alimentario diferenciados. Hay un modo distinto de alimentarse en una familia de clase privilegiada y otro en clase obrera; los adolescentes representan a la alimentación de modo distinto que la de sus padres o abuelos; migrantes afrodescendientes tienen una memoria y adaptación a la alimentación distinta a la de mestizos o indígenas; pertenecer a una asociación o cooperativa de consumo responsable de alimentos puede modificar la dieta familiar hacia patrones más saludables de consumo; ser conscientes del alimento como don de la naturaleza, conocer y practicar agricultura urbana podría mejorar la calidad de la dieta familiar o al menos la consciencia de consumo alimentario en relación con quienes no están expuestos a este proceso protector (Izurieta 2022), entre otros ejemplos.

Finalmente, y solo hasta analizar la jerarquía general y particular, la epidemiología crítica y el enfoque de la DSS coloca la lupa en un tercer nivel o jerarquía individual, aquella en la que se generan expresiones genotípicas, fenotípicas y de psiquis (Breilh 1977, 2014, 2021). La epidemióloga Nancy Krieger (2005, 2011) argumenta que el *embodiment* implica una consideración que va más allá del fenotipo y genotipo y es superior a una vaga definición del ambiente en interacción con los genes de una población. Krieger (2011, 22) nos dice: "vivimos encarnándonos" Esta encarnación es más que el resultado de las condiciones sociales incorporadas bajo la piel, es un proceso más interactivo y recíproco de materia corporal y psique combinadas, individual y colectivamente en el mundo biofísico. Los diferentes patrones de consumo y dietas que son determinadas y eslabonadas dialécticamente de lo general a lo particular terminan por expresarse en nuestros cuerpos.

El caso de México es ilustrador. Desde la ejecución del Tratado de Libre Comercio América del Norte (TLCAN), este país inicia un proceso de sustitución de su dieta tradicional. Así, para el año 2009 se importaba el 95 % de la soya, el 80 % del arroz, el 56 % del trigo, el 33 % del maíz y el 40 % de la carne. También se convirtió en el primer importador de leche en polvo. En suma, para 2018 se importaba el 46 % de los alimentos (Blanco-García y Théodore 2016). El síntoma más perceptible de estos cambios estructurantes en el sistema alimentario mexicano fue el abandono de la dieta centrada en el maíz y frijoles, sustituida por bebidas azucaradas y trigo, alimentos procesados con alto contenido de carbohidratos (García y Bermúdez 2016, 112).

Actualmente, México ocupa el segundo lugar a nivel mundial en la prevalencia de obesidad en adultos, con un 32,4 %, muy cerca de Estados Unidos (38,2 %). De 1980 al año 2000, se identificó en este país un incremento del 47 % en la mortalidad por diabetes mellitus tipo 2, pasando de ser la novena causa de mortalidad en 1980 a la tercera en 1997 y segunda causa de mortalidad a nivel nacional en 2010. Esos son los fenotipos y genotipos originados por un cambio de dieta en el contexto de una dinámica comercial que empuja a la convergencia global de una dieta malsana.

Ecuador es un país de reflexiones interesantes. La Encuesta Nacional de Salud y Nutrición (Freire 2014) demostró una problemática preocupante de malnutrición en niñas y niños menores de 5 años: la anemia y el retraso de crecimiento continuaban siendo un importante problema de salud pública con prevalencias de 26 % y 25 %, respectivamente. A la vez, el sobrepeso y obesidad alcanzaron un 8,6 % en este grupo de edad (valor duplicado en relación con el último estudio de 1986). En los escolares de cinco a 11 años se registró una prevalencia alarmante del 30 % de sobrepeso y obesidad y en los adultos de 20 a 60 años este indicador alcanzó el 63 %. Para 2018, se registró un incremento sustancial en la prevalencia de sobrepeso y obesidad en niñas y niños de edad escolar (35 % en 2018), además, la prevalencia de sobrepeso y obesidad en adultos mayores a 20 años continúa siendo más de la mitad de la población ecuatoriana (63 % en 2012 y 65 % en 2018). En ninguno de los grupos poblacionales se ha logrado revertir o al menos controlar esta situación a pesar de las medidas de política pública que se instalaron a partir de la Encuesta Nacional de Salud y Nutrición de 2012.

Los *embodiments* de la dieta pueden variar por clase social y etnias históricamente segregados. Por ejemplo, en Estados Unidos los índices de sobrepeso y obesidad en adultos son más altos en aquellos Estados de mayor inequidad y vulnerabilidad de clases populares (TaeEung, 2018). Los niños mexicanos y afroamericanos en Estados Unidos muestran una mayor prevalencia de obesidad comparada con niños no hispanos y blancos, la relación es del doble en esta prevalencia (Ogden et al. 2012). En este país la prevalencia aumenta en niños de edad escolar de población latina 26 % y afrodescendientes 23 %, mientras que la prevalencia de obesidad más baja se encuentra en niños no hispanos cuyos padres terminaron el colegio (TaeEung 2018).

La explicación de estos fenómenos no se deriva de un determinismo biológico, ni de libres elecciones de consumo. Existe una determinación económica, social y espacial para estos modos de enfermar. Hasta aquí, con la explicación de este enfoque, podemos mostrar la siguiente figura en la que constan las jerarquías, general, particular e individual, sus relaciones en la conformación de los patrones de consumo alimentario y las trayectorias de *embodiments*.

Figura 1. Determinación social de los patrones de consumo alimentario y dietas

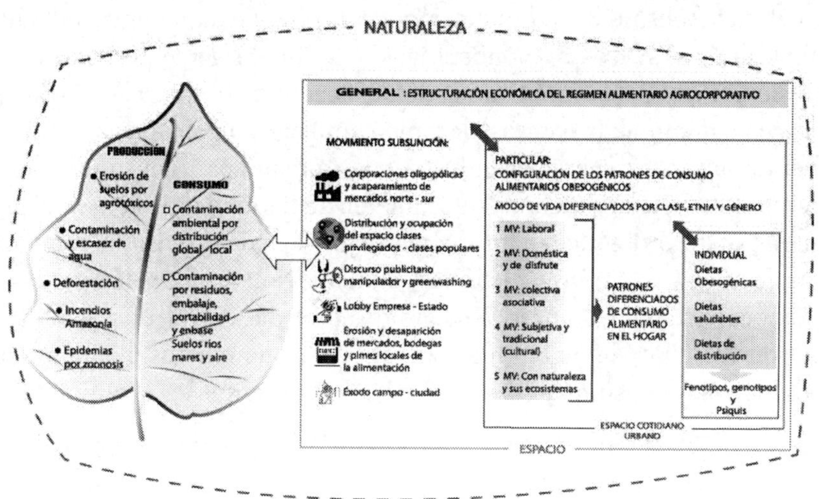

Fuente: Jaime Breilh (2021). Elaboración propia.

METABOLISMO DE LA PRODUCCIÓN-CONSUMO ALIMENTARIO Y NATURALEZA

Además de la homogenización de dietas nocivas para la salud, la producción y el consumo mundial de alimentos amenazan la estabilidad climática y la resistencia de los ecosistemas (Lohmann 2018; Haddad et al. 2016; Gómez, García, y Estrada 2005; FAO 2018; Da Silva 2019). Los procesos y movimientos descritos en el texto y figura conforman una realidad de producción y consumo de alimentos en un momento histórico específico. Esta forma económica de los sistemas alimentarios tiene características propias que definen su metabolismo con la naturaleza. Karl Marx desarrolla esta categoría: metabolismo sociedad-naturaleza para definir al trabajo como un proceso que tiene lugar entre el hombre (y mujer) y su entorno, quien, a través de sus propias acciones, media, regula y controla el metabolismo que se establece entre él y la naturaleza (Marx 1867).

La configuración de patrones alimentarios en el siglo XXI se diferencia de tiempos anteriores por su correlato de destrucción ambiental. A breves rasgos, se podría anotar la confluencia de los siguientes procesos críticos en el metabolismo de la producción y consumo de alimentos con la naturaleza en el siglo XXI: monocultivos y uso intensivo de pesticidas que erosionan los suelos y motivan la deforestación de bosques y manglares; el agua contaminada o envasada y mercantilizada a gran escala, secando fuentes naturales; la crianza industrial de animales para consumo de carne avícola, porcina y vacuna que requieren de tierras deforestadas y el uso intensivo de antibióticos y hormonas, se proveen de extensos monocultivos de maíz y soja transgénicos para alimentación de animales, y exposición ocupacional y doméstica a agrotóxicos. Estas son algunas expresiones que resultan de una forma concreta de economía, sus dinámicas de producción y consumo y los sistemas alimentarios que le corresponden.

Alrededor del mundo son cada vez más las personas en riesgo por la ingesta de metales en agua y alimentos, las emisiones y desechos industriales, la concentración de uso de fertilizantes y la acumulación de estos en las algas de los mares, que posteriormente son ingeridas por los peces que servirán de comida para los seres humanos. Los metales pesados se acumulan en tejidos y órganos de los animales pasando después a producción de carne, leche o huevos.

Los desafíos frente a la contaminación del agua por los actuales sistemas de producción de alimentos no son un asunto menor. Se estima que una de cada cinco personas en el mundo carece de agua potable, sin embargo, el consumo de agua se ha sextuplicado desde 1940 a nivel mundial. Si la tendencia de consumo y contaminación continua, para el año 2025 más de la mitad de la humanidad sufrirá escases de agua (Sacher 2006). La contaminación de agua subterránea por nitratos es producto de la fertilización excesiva de suelos y de la exposición de estos a aguas residuales, tanto industriales como domésticas. Asimismo, el agua es contaminada por plaguicidas en cultivos, escorrentía procedente de las zonas de pastoreo y corrales de engorde de animales y por el tratamiento de semillas (FAO 1997).

El uso de agrotóxicos es una sombra gigantesca que vulnera a productores y consumidores en los sistemas alimentarios. Los estudios en Brasil, principal importador de agrotóxicos en América Latina, muestran una importante evidencia científica en cuanto a los riesgos del uso de agrotóxicos en los cultivos de alimentos. La tercera parte de los alimentos consumidos en la cotidianidad brasileña está contaminada con plaguicidas, de estos, un 30 % con elementos no autorizados para su cultivo y que rebasan los límites máximos de residuos. La exposición a agrotóxicos y fertilizantes químicos producen intoxicación en los trabajadores, neoplasias, malformaciones, neuropatías y endocrinopatías al tiempo que la vida de los suelos se pierde y se eliminan las especies que en este habitan (Carneiro et al. 2015; Waissmann 2017).

En Ecuador, hacia 2018, según Alexander Naranjo (2021), se utilizaron 60 733 toneladas de plaguicidas para cultivo. En menos de una década, se duplicó el uso de agrotóxicos, especialmente destinados a los cultivos de banano, cacao y brócoli, aparte de flores. La cuarta parte de los ingredientes utilizados en estos plaguicidas son considerados como riesgosos para la salud humana de acuerdo a la Organización Mundial de la Salud, la Unión Europea y la Agencia Estadounidense de Protección Ambiental.

Una de las falencias de la teoría económica clásica es justamente ignorar a la naturaleza en sus axiomas de producción y consumo. La teoría de la gestión empresarial, por lo tanto, también adolece de un análisis responsable y profundo de la relación metabólica del sector agroalimentario y la naturaleza. Para transitar a transformaciones sustentables y saludables, es necesario un enfoque transdisciplinario y asumir a la realidad en su total complejidad. Evitar el parcelamiento disciplinario que, como vemos, posee cuestionamientos éticos por su consecuente opacidad hacia asuntos vitales para nuestra sobrevivencia en la tierra.

CONCLUSIONES

Las transiciones hacia una vida sustentable, saludable y de equidad ameritan miradas transdisciplinarias y el ejercicio de un pensamiento complejo. Los campos de la economía, ambiente y salud no pueden permanecer reducidos y fragmentados de otras ciencias, incluso más ante la evidencia de la crisis económica, ambiental y sanitaria de las últimas décadas y los nefastos efectos de la pandemia de COVID-19 en la humanidad. El enfoque de la epidemiología crítica da cuenta de las potencialidades para una reinterpretación de los sistemas alimentarios con miras a soluciones integrales que superen la perspectiva reduccionista originada en el canon de la economía ortodoxa, la nutrición y salud con enfoques biologisistas y fragmentados.

La economía y epidemiología críticas, en diálogo, significan recursos teóricos que permiten abordar a la realidad con un sentido transdisciplinario, por lo tanto, más eficaz para transiciones y más útil para la gestión social de la academia y organizaciones sociales y la gestión pública en economía, ambiente y salud. La interpretación de los patrones de consumo alimentario y las dietas, como objeto de estudio, puede ser potenciada superando el reduccionismo y opacidades de los postulados de soberanía del consumidor, de la microeconomía y el determinismo biológico de las ciencias de la nutrición. Desde el diálogo interdisciplinario expuesto, y a partir de los movimientos y relaciones del modelo de la determinación social de la salud, se logra una alternativa para abordar los fenómenos alimentarios en relación con otros campos.

REFERENCIAS

Altieri, Miguel, y Víctor Toledo. 2010. "La revolución agroecológica de América Latina: Rescatar la naturaleza, asegurar la soberanía alimentaria y empoderar al campesino". *El Otro Derecho* 42: 163-202.

Bárcena, Alicia. 2020. *La Agenda 2030 para el desarrollo sostenible en el nuevo contexto mundial y regional: Escenarios y proyecciones en la presente crisis.* Santiago de Chile: Comisión Económica para América Latina y el Caribe (CEPAL).

Blanco-García, Ilian, y Florence Théodore. 2016. "Prácticas alimentarias desde una perspectiva sistémica completa". *Razón y palabra* 20 (3): 134-47.

Braudel, Fernando.1992. *Civilización y capitalismo, siglos XV-XVIII.* 3 vols. California: University of California Press.

Breilh, Jaime. 1994. "Las ciencias de la salud pública en la construcción de una prevención profunda: Determinantes y proyecciones". En *Lo biológico y lo social: Su articulación en la formación del personal de salud,* editado por María Isabel Rodríguez, 63-100. Washington D.C.: Organización Panamericana de la Salud.

—. 2003. *Epidemiología crítica: Ciencia emancipadora e interculturalidad.* Buenos Aires: Universidad Nacional de Lanús.

—. 2013. "La determinación social de la salud como herramienta de ruptura hacia la nueva salud pública (salud colectiva) Epidemiología crítica latinoamericana: raíces, desarrollos recientes y ruptura metodológica". Ponencia presentada en VIII Seminario Internacional de Salud Pública, Saberes en Epidemiología en el Siglo XXI. Universidad Nacional de Colombia, Bogotá.

—. 2021. *Critical Epidemiology and the People's Health.* Nueva York: Oxford University Press.

Carneiro, Fernando, Augusto Lía, Rigotto Raquel, Friedrich Karen, y Búrigo André. 2015. Dossiê *Abrasco: um alerta sobre os impactos dos agrotóxicos na saúde.* Río de Janeiro-Sao Paulo: EPSJV Expressão Popular.

Carpintero, Óscar, y Jorge Riechmann. 2013. "Pensar la transición: Enseñanzas y estrategias económico-ecológicas". *Economía crítica* 16 (2): 45-107. https://bit.ly/3tNrVGF.

Da Silva, José. 2019. "Transforming Food Systems for Better Health". *The Lancet* 393: 301-31. doi: 10.1016/S0140-6736(18)33249-5.

Debord, Guy. 1976. *La Sociedad del Espectáculo.* Buenos Aires: La Marca Editora.

Dussel, Enrique. 2014. *16 tesis de economía política.* Ciudad de México: Siglo XXI Editores.

Food and Agriculture Organization (FAO). 1997. *Lucha contra la contaminación agrícola de los recursos hídricos.* Roma: FAO.

—. 2018. "Building Climate Resiliance for Food Security and Nutrition". Roma: FAO.

Foster, John Bellamy. 2004. *La ecología de Marx: Materialismo y naturaleza.* Barcelona: El Viejo Topo.

Freire, Wilma. 2014. *Tomo 1: Encuesta Nacional de Salud y Nutrición de la población ecuatoriana de cero a 59 años. ENSANUT-ECU 2012.* Quito: Ministerio de Salud Pública / Instituto Nacional de Estadística y Censos.

Galarza Suárez, Lucía. 2019. "Tierra, trabajo y tóxicos: Sobre la producción de un territorio bananero en la Costa sur de Ecuador". *Estudios atacameños* 63: 341-64.

García, Álvaro. 2009. "El núcleo fundante del desarrollo capitalista: Subsunción formal y subsunción real de las fuerzas productivas objetivas, asociativas, subjetivas e intelectivas del ser humano bajo el capital". En *Forma valor y forma comunidad: Aproximación teórica-abstracta a los fundamentos civilizatorios que preceden al Ayllu Universal,* editado por Álvaro García: 141-201. La Paz: Consejo Latinoamericano de Ciencias Sociales.

García, Martha, y Guillermo Bermúdez. 2016. "La neo-colonización del paladar en las décadas recientes. Neocolonialism in recent decades". *Razón y Palabra* 20 (3-94):106-18.

Gómez, Ana, Verónica García, y Margarita Estrada. 2005. "La alimentación en México: Enfoques y visión a futuro". *Revista de alimentación contemporánea y desarrollo regional* 13: 7-34. https://bit.ly/378Vhpe.

Haddad, Lawrence, Corina Hawkes, Jeff Waage, Patrik Webb, Charle Godfray, y Camila Toulmin. 2016. *Food Systems and Diets: Facing the challenges of the 21st century.* Londres: Global Pannel on Agricultural and Food Systems for Nutrition.

Hollenstein, Patric. 2019. *¿Están en riesgo los mercados y ferias municipales?* Quito: Universidad Central del Ecuador.

Izurieta, Mónica. 2020. "La oportunidad para repensar una economía de lo vital". *El Telégrafo.* 13 de junio. https://bit.ly/3d7tN7e.

—. 2022. "Determinación social del consumo alimentario en espacios urbanos y hogares de distintas clases sociales: trayectorias de procesos críticos en el régimen alimentario corporativo. Tesis doctoral, Universidad Andina Simón Bolívar, Sede Ecuador.

Krieger, Nancy. 2005. Embodiment: A Conceptual Glossary for Epidemiology. *Journal of Epidemiology & Community Health* 59 (5): 350-5. https://bit.ly/3b4EGUw

—. 2011. *Epidemiology and the People's Health. Theory and Context.* Nueva York: Oxford University Press.

Lohman, Ulla. 2018. "Crisis and Opportunity of the Double Burden". *Sight and Life* 32 (2): 204-20.

Martínez, Miguel. 2007. "Conceptualización de la transdisciplinariedad". *Polis* 16: 1-20. http://bit.ly/3rHUVou.

McMichael, Philip. 2006. "Peasant Prospects in the Neoliberal Age". *New Political Economy* 11: 405-16.

Marx, Karl. 1988. *El Capital: Crítica a la economía política. Libro 1: El proceso de producción del capital.* Ciudad de México: Siglo XXI Editores.

Maturana, Humberto. 1983. "Fenomenología del conocer". *Revista de Tecnología Educativa* 8 (4): 228-52.

Mayergoyz, I.D. 1991. *Mathematical Models of Hysteresis.* Nueva York: Spinger-Verlag. doi:10.1007/978-1-4612-3028-1.

Mintz, Sydney. 1995. "Food and its Relation to Concepts of Power". En *Food and Agrarian Orders in the World-Economy,* editado por Philip McMichael, 3-14. Connecticut: Greenwood Press.

Naranjo, Alexander. 2021. "Acuerdos comerciales tóxicos: Situación de los plaguicidas altamente peligrosos en el marco del acuerdo comercial multipartes con la Unión Euopea". Quito: Juan Cuvi.

Naredo, José. 2013. "Ideología político-económica dominante y claves para un nuevo paradigma". *Economía crítica* 16 (2): 108-43. https://bit.ly/3adw3ru.

Nestle, Marion. 2012. *How the Food Industry Influences Food Nutrition and Health.* California: University of California Press.

Ogden, Cynthia L., Margaret Carroll, Brian Kit, y Katherine Flegal. 2012. "Prevalence of Obesity and Trends in Body Mass Index among US Children and Adolescents, 1999 2010." *Jama* 307 (5): 483-90.

Otero, Gerardo. 2013. "El régimen alimentario neoliberal y su crisis: estado, agro-empresas multinacionales y biotecnología". *Antípoda* 17: 49-78. https://doi.org/10.7440/antipoda17.2013.04.

—. 2014. *Dieta neoliberal: La globalización y biotecnología agrícola en las Américas.* Ciudad de México: Universidad Autónoma Metropolitana.

—. 2015. "The neoliberal diet and inequality in the United States". *Social Science and Medicine* 142: 47-55.

Pechlaner, Gabriela, y Gerardo Otero. 2010. "The Neoliberal Food Regime: Neoregulation and the New Division of Labor in North America". *Rural Sociology* 75 (2): 197-208.

Piketty, Polan. 2014. *El capital en el siglo XXI.* Bogotá: Fondo de Cultura Económica.

Pollan, Michael. 2008. *In Defense of Food: An Eater's Manifesto.* Nueva York: Penguin.

Roberts, Michael. 2020. "Las cicatrices económicas de la pandemia". *El Viejo Topo.* 8 de mayo. http://bit.ly/377OAUe.

Regmi, Anita, Hiroyuki Tekeshima, y Laurian Unnevehr. 2008. "Convergence in Global Food Demand and Delivery". *SSRN Electronic Journal* 56: 39. doi:10.2139/ssrn.1354244.

Reyes, Yulieth, Inés Vergara, Omar Torres, Mercedes Díaz, y Edgar González. 2016. "Contaminación por metales pesados: Implicaciones en salud, ambiente y seguridad alimentaria". *Revista Ingeniería, Investigación y Desarrollo* 16 (2): 66-77.

Sacher, Danuta. 2006. "¿Quién controla el agua del futuro?". En *Las canillas abiertas de America Latina II*, compilado por Robert Grosse, Carlos Santos, Javier Taks y Stefan Thimmel, 39-42. Montevideo: Casa Bertolt Brecht.

Santos, Andrea. 2014. *El patrón alimentario del libre comercio.* Ciudad de México: UNAM- Instituto de Investigaciones Económicas (IIE) / CEPAL.

Simon, Michele. 2006. *Appetite for profit.* Nueva York: Nation Books.

Swinburn, Boyd, Vivica Kraak, Steven Allender, Vincent Atkins, Phillip Baker, Jessica Bogard, Hanna Brindsen, y Alejandro Calvillo. (2019). "The Global Syndemic of Obesity, Undernutrition, and Climate Change". *The Lancet* 393 (10173): 791-846. https://doi.org/10.1016/S0140-6736(18)32822-8.

TaeEung, Kim. 2018. "Longitudinal Analyses of Socioecological Obesogenic Factors in a Large Sample of US Children". Tesis doctoral, Indiana University. http://bit.ly/3afgAXU.

Théodore, Florence, Lian Blanco-García, y Clara Ramírez. 2017. "¿Por qué tomamos tanto refresco en México? Una aproximación desde la interdisciplina". *INTERdisciplina* 7 (19): 19-45.

Toledo, Víctor. 2011. "El metabolismo social: Una nueva teoría socioecológica". *Relaciones* 136: 41-71.

Torres, Felipe. 2010. "La nueva transición del patrón alimentario de la ciudad de México". *Problemas del Desarrollo* 38 (151): 77-93. https://bit.ly/3tSowDt.

Torres, Felipe, y Yolanda Trápaga. 2001. *La alimentación de los mexicanos en la alborada del tercer milenio.* Ciudad de México: UNAM-IIE.

Universidad Andina Simón Bolívar, Sede Ecuador. 2019. "El paraninfo acogió a académicos, autoridades de la salud y colectivos en torno al semáforo nutricional". *Noticias Universidad Andina.* 22 de marzo.

Veraza, Jorge. 2008. *Subsunción real de consumo: Dominación fisiológica y psicológica en la sociedad contemporánea.* Ciudad de México: Ítaca.

Waissmann, William. 2007. "Agrotóxicos e doenças não transmissíveis Pesticides and non-transmissible diseases". *Ciencia y Saude Colectiva* 12 (I): 15-24.

Capítulo 5

El proceso de trabajo en salud del colectivo de enfermería en pandemia: Perspectiva desde la determinación social

Juan Pablo Velasco Moncayo

María Marta Nolasco Chaves

INTRODUCCIÓN

Analizar la categoría "trabajo-salud" desde la complejidad del proceso de cuidado a un ser humano se refiere al conjunto de acciones de los trabajadores y profesiones del segmento de la salud desde sus ámbitos individuales y de grupo de trabajo. Esto permite ubicar el proceso de trabajo en el que participa el colectivo de enfermeras y auxiliares de enfermería en un análisis que tome en cuenta las particularidades, interrelaciones y disparidades que se presentan en estos colectivos de trabajadores (Gonçalves 1992).

Bajo esta premisa, buscamos realizar una descripción profunda del trabajo que han desarrollado, en el caso del colectivo de enfermería, durante el enfrentamiento de la pandemia de COVID-19. En este sentido, es necesario describir las realidades de cada espacio de trabajo en el contexto hospitalario, las particularidades de los puestos de trabajo, las relaciones interpersonales y los espacios de ejercicio de poder y de lucha de género y étnica.

En el caso de la relación trabajo-salud, ha sido una constante a nivel mundial el estudiar esta relación con una perspectiva reduccionista. Consecuentemente, hemos caído en el error de no tomar en cuenta otras dimensiones de la producción social de la salud en el trabajo, como, por ejemplo, los trabajadores, sus condiciones de vida y de trabajo y sus relaciones sociales, superando el análisis de factores de riesgo aislados. Esto ha llevado a distorsionar las interpretaciones del real significado de la salud como parte fundamental de la calidad de vida de los trabajadores.

Para el análisis de la realidad de los colectivos de enfermería, el punto crítico del debate toma en consideración la necesidad de describir las especificidades individuales y grupales; analizándolas en el contexto social que las determina. Esta dinámica requiere conocer y accionar en esa doble existencia en función de trascender el patrón morbicentrista y avanzar a definir los problemas y desarrollar investigaciones a través de unidades de análisis sociales e individuales, pero con un encuadre teórico-metodológico colectivo (Iriart et al. 2002).

La pandemia de COVID-19, en conjunto con los procesos de extractivismo múltiple, explotación del ser humano, deterioro del medioambiente y carencia de valores éticos, nos ha enfrentado a plantear una serie de preguntas que nos invitan a posicionarnos de cara a la problemática de la salud de los trabajadores hospitalarios y sus condiciones de trabajo, integrando un cambio epistemológico de la relación salud-trabajo que nos permita ampliar nuestro abanico de posibilidades de campos de estudio, intervención y cuidado de la salud de los trabajadores dentro y fuera del ambiente laboral.

Bajo esta mirada crítica, es necesario mencionar que los procesos históricos de acumulación de capital que ha engendrado la sociedad comercial desde el siglo XVI: sistemas perfectos de dominación, exclusión y sufrimiento de pueblos y naciones dominadas por grandes empresas que han crecido enmarcadas en paradigmas de riqueza y derroche, generando durante estos siglos senderos de inequidad económica con círculos viciosos de segregación racial y dominación patriarcal (Breilh, 2020a).

En esta misma línea, para reflexionar sobre el proceso de trabajo del colectivo de enfermería frente a la pandemia de COVID-19 en los espacios hospitalarios, es necesario tomar prestado el pensamiento de uno de los grandes epistemólogos, como lo fue Juan Samaja, quien señala que la existencia humana lleva consigo una determinada forma en que se manifiesta el proceso salud-enfermedad y un determinado perfil de los problemas de salud y del bienestar característico de cada grupo en un determinado momento histórico (Samaja 2004). En el presente caso, el enfrentamiento al COVID-19 ha develado realidades que necesariamente ameritan una evaluación con enfoque crítico.

El desafío imperioso es cultivar una lógica de pensamiento crítico, en la cual la historicidad y dinamicidad de los eventos que se han producido durante la pandemia de COVID-19, nuevo proceso de trabajo en salud para el colectivo de enfermería, se integren y en la que se pueda articular una nueva propuesta reflexiva acerca del fenómeno, no un planteamiento marginal e insignificante, en la que el análisis no se centre en las consideraciones reduccionistas de los clásicos riesgos del trabajo.

De la misma manera, se pretende realizar una mirada crítica acerca de las políticas aplicadas por el Gobierno de Ecuador para enfrentar la pandemia, para reflexionar cómo estas decisiones cambiaron los procesos de desgastes en el trabajo en salud y cómo se configuraron cambios estructurales sociales, culturales y económicos.

En Ecuador se evidenció la falta de personal sanitario para las acciones de vigilancia epidemiológica y atención oportuna de casos en todos los niveles de atención. Según el informe de Naciones Unidas, hasta abril de 2020, 400 médicos, enfermeras, epidemiólogos y trabajadores de la salud han sido contagiados por COVID-19 (ONU 2020). En este contexto, el país aparentemente implementó una estrategia para la optimización de recursos humanos en el sector público, incluido el sector de la salud, lo cual no tuvo influencia en el insuficiente número de profesionales de la salud para atender el incremento en la demanda de servicios en todos los niveles.

MÉTODO

El presente ensayo constituye una reflexión exploratoria de carácter cualitativo, con algunas evidencias cualitativas, y fundamentada en la epidemiología crítica (Breihl 2020a), cuya característica fundamental es superar las nociones del viejo marco empírico funcionalista de la medicina ocupacional en el que priman las nociones de "riesgo", "carga" y "daño" e ir hacia una reflexión emancipadora sobre los problemas de salud del colectivo de enfermería durante el enfrentamiento de la pandemia de COVID-19. De esta forma, estudiar concatenadamente la relación salud-trabajo en sus dimensiones generales, particulares e individuales, para, finalmente, analizar los procesos protectores y destructivos en el trabajo hospitalario.

El período en el cual se han levantado los datos cuantitativos va desde mayo de 2020 hasta diciembre del mismo año, los criterios que se tomaron en cuenta fueron: revisiones bibliográficas, artículos de periódicos e información oficial del Ministerio de Salud Pública del Ecuador.

EVIDENCIAS DE UNA CRISIS

"Los gobiernos deben rendir cuentas por las muertes del personal sanitario y de los trabajadores y trabajadoras esenciales a los que no protegieron de la COVID-19", declaró Amnistía Internacional con motivo de la publicación de un nuevo informe que documenta las experiencias de profesionales de la salud de todo el mundo (Amnistía Internacional, 2020). Resulta alarmante que Amnistía Internacional haya documentado casos en los que profesionales de la salud que denunciaron problemas de seguridad en el contexto de la respuesta a la pandemia de COVID-19 sufrieron represalias: desde arrestos y detenciones hasta amenazas y despidos.

Según el seguimiento de Amnistía Internacional, los países con mayor número de muertes de personal sanitario hasta enero de 2021 son Estados Unidos (507), Rusia (545), Reino Unido (540, incluidos 262 asistentes sociales), Brasil (351), México (248), Italia (188), Egipto (111), Irán (91), Ecuador (82) y España (63) (Amnistía Internacional, 2021).

En el caso de Ecuador, es probable que esta cifra sea significativamente superior, al no comunicarse todos los casos. Además, es difícil hacer comparaciones exactas entre países, por las diferencias en la forma de contabilizarlos.

Es así cómo, desde el primer caso reportado de la enfermedad de COVID-19 por el Ministerio de Salud Pública el 29 de febrero de 2020, la epidemia gradualmente se extendió por todo el país. Hacia el 27 de julio de 2020, Ecuador tenía 81 161 casos confirmados y 8976 muertes, con una proporción de letalidad de casos del 11 % (MSP, 2020).

La catástrofe mundial producida por la pandemia de COVID-19 ha generado que la humanidad entera enfrente un proceso atroz enfermedad y muerte de gran magnitud, históricamente comparado a las epidemias de gripe, viruela y sarampión, que han afectado al género humano desde hace más de 10 000 años, pero este período de calamidad social, política y cultural *per se* nos devela una oportunidad para repensar la historia de la humanidad desde su orígenes y concepción organizativa de la sociedad. La historia de la humanidad ha tenido ciclos en los cuales la adversidad ha sido el escenario propicio para que los humanos nos repensemos (Spinelli 2016).

En este contexto, es indispensable realizar un proceso de ruptura del paradigma del pensamiento positivista, enfocado únicamente en analizar la pandemia del COVID-19 desde la mirada de modelos clásicos y formales, para analizar los procesos dinámicos y complejos que han generado esta pandemia, observando con mirada crítica eso que hemos enfrentado y respetando siempre la capacidad de superación que tienen los colectivos organizados para defender la vida y los derechos.

De esta manera, se propone plantear un análisis crítico sobre el origen y desarrollo de la pandemia producida por el SARS-CoV-2, comparando el clásico enfoque de la epidemiología lineal cartesiana, que estudia los fenómenos de interés bajo la lupa de observación empírica de brotes, estudios de casos individuales, comunitarios y su relación con los factores de riesgo de transmisión (pico del iceberg), con el paradigma de la epidemiología crítica, que comprende la salud como un proceso dialéctico complejo y multidimensional (Breilh 2020a). Esta es la tarea a realizar.

De esta manera, es importante estudiar el proceso salud-enfermedad en el contexto social, considerando los efectos de los cambios de las condiciones sociales a lo largo del tiempo. El perfil epidemiológico de un colectivo social o institucional en una determinada sociedad requiere un análisis de múltiples niveles para comprender por qué y cómo las condiciones sociales, tales como la economía, la cultura, la marginalización y la participación política, se organizan históricamente en distintos modos de vida característicos de los grupos situados en diferentes posiciones dentro de la estructura de poder y determinan un acceso diferencial a condiciones favorables o protectoras o a condiciones desfavorables o destructivas, estableciendo la dinámica del proceso salud-enfermedad (Iriart et al. 2002).

Mirar el fenómeno del SARS-CoV-2, desde la epidemiología crítica como un proceso complejo y multidimensional involucra distintos dominios de la realidad, necesariamente nos plantea una reflexión importante: mirar los fenómenos como una convergencia de partes y las propiedades de esas partes, a su vez, como elementos que determinan el comportamiento del todo. Esas partes son los elementos esenciales preexistes cuya conjunción es la que define la naturaleza y la existencia de todo lo estudiado. Esta operación se ha definido como reducción y su matriz metodológica se llama "reduccionismo" (Breilh 2020b).

Una estrategia alternativa para superar esta matriz de análisis y estudio reduccionista está enmarcada en mirar la relación salud-trabajo en el marco epistémico de la epidemiología crítica, que propone incorporar en sus parámetros de análisis las diferentes dimensiones de la producción social de la vida y salud en el trabajo, determinadas fundamentalmente por el modo de producción y el modelo económico imperante, las condiciones de vida, las relaciones sociales dentro y fuera del trabajo y las categorías como "género", "clase social" y "etnia", que hacen parte de los procesos vitales y que están presentes desde la dimensiones general, particular y singular de la realidad en una sociedad. Los procesos que derivan de las relaciones de estas categorías, en las tres dimensiones de la realidad, determinan el modo de vivir de los trabajadores y su proceso de salud expresado en su cuerpo biológico, psíquico y familiar (Breihl 2007, 2008).

En esta misma línea, la predominancia de los procesos críticos de exposición permanente desencadena en sus miembros características feno y genotípicas, que, de acuerdo a sus estilos de vida cotidianos y sus historias de vida, adquieren vulnerabilidades y protecciones propias, por ende, el análisis de los objetos epidemiológicos debe abordar los procesos de su determinación, que se encuentran en las dimensiones general, particular y singular de la realidad, lo macro y lo micro, lo social y lo biológico (Breihl 2007).

Bajo esta estructura de pensamiento, podemos deducir que uno de los espacios sociales que debe ser analizado y estudiado a profundidad es el proceso de la relación salud-trabajo, como una dimensión que ocupa el 75 % de la vida del ser humano y que, durante el tiempo que el mundo ha enfrentado la pandemia producida por el SARS-CoV-2, ha permitido evidenciar con más intensidad los procesos que operan sobre la base de una gran estructura de inequidad, que generan sistemáticamente patrones de exposición a procesos críticos en todos los espacios de la vida, teniendo en cuenta que esta relación salud-trabajo es una de las dimensiones más importantes del ser humano.

En este sentido, las condiciones de trabajo han sido especialmente sensibles a las presiones históricas de los intereses sociales contrapuestos en el sentido de la producción económica; que es el espacio clave para controlar el reparto y el acceso a bienes de todo tipo (Breihl 2008). Sin embargo, actualmente, en las condiciones del avance tecnológico y de las relaciones entre los grupos humanos, la relación salud-trabajo se ha visto mucho más afectada, ocasionando daños a la salud de los grupos sociales, incluyendo la muerte (Betancourt 2007).

El espacio hospitalario es un lugar de atención a seres humanos que han perdido su condición de salud y es, a la par, un espacio de trabajo de grandes exigencias que inciden fuertemente sobre los modos de vivir de los trabajadores de la salud, la salud misma de estos, las condiciones de estrés emocional y psicológico que en su cotidianidad laboral enfrentan y, consecuentemente, los estados de insatisfacción y desmotivación de las cuales son víctimas frecuentes. Adicionalmente, los trabajadores de la salud también se ven afectados por las condiciones propias del trabajo, tales como insumos, elementos de protección personal, espacios de trabajo y disposición de medios adecuados de trabajo, entre otros, elementos que juegan un papel determinante en los procesos de trabajo en salud (OIT 2019).

Sin lugar a dudas, las condiciones de trabajo a las que se enfrentan los profesionales sanitarios determinan no solo su condición de salud y, consecuentemente, el bienestar integral de sus familias, sino que afectan directa y proporcionalmente su calidad de trabajo frente a los pacientes. Los procesos malsanos de estos trabajos y su intensidad dependen en gran medida de las políticas que se aplican en los centros de trabajo hospitalarios, y a nivel de los sistemas de salud, afectando directamente los perfiles de desempeño profesional (Breilh 2018).

Indudablemente, el COVID-19 ha generado a nivel mundial los más variados análisis y reflexiones en varios sectores. Este se transformó en un problema de salud pública que puso en jaque no solo a los gobiernos a nivel mundial, al develar condiciones como la desigualdad, evidenciada en el debilitamiento de las políticas de gobierno que no garantizan el acceso igualitario a servicios básicos y de protección social, sino que acrecentó, en algunos lugares más que en otros, un serio cuestionamiento a los modelos de desarrollo del sistema capitalista y a los sistemas de salud imperantes.

En el contexto de la pandemia de COVID-19, el panorama de salud de los trabajadores de la salud en el mundo entero demostró que se requiere cada vez más de un enfoque social, de género y derechos, principios reguladores del quehacer de los Estados. Según estadísticas de la OIT (2012), en la actualidad sigue siendo una problemática la incapacidad temporal y permanente de los trabajadores por alteraciones de la salud, así como unas condiciones de trabajo y ambientales que generan afectaciones en la salud y daños a los trabajadores, colectivos y ambientales, respectivamente.

En el caso de los trabajadores de la salud, los procesos de desgaste vienen dados principalmente por sus horarios de trabajo, la no disponibilidad de espacios de descanso adecuados durante su desempeño, una alimentación poco saludable, abuso de sustancias y problemáticas de género, la condición de género sigue estableciendo una relación jerarquizada que en muchos casos es el origen de condiciones de abuso físico, psicológico y sexual. En este sentido, fundamentalmente la ausencia de políticas de gobierno enfocadas en establecer mecanismos claros de protección a los trabajadores de la salud es una debilidad importante, sin embargo, la falta de compromiso de las autoridades que administran las casas de salud en todos los niveles juega un rol crítico en el desarrollo crónico de estos procesos malsanos.

Los trabajadores de la salud, tras llevar semanas atendiendo de forma desesperada a gente que muere cada día colgados de un respirador, concluyen que existe una abstracción que supera al individuo y que uno de los grandes errores cometidos por los modelos sanitarios occidentales ha sido precisamente centrar la atención en el paciente, olvidando aspectos fundamentales del trabajo hospitalario tales como el personal de salud. Este colectivo laboral desarrolla procesos de trabajo en cantidad y calidad que en muchas ocasiones de desborda la capacidad de atención. Asimismo, los sistemas tecnologizados imponen imperativos de productividad y el personal de salud está valorado y calificado por números: cantidad de pacientes atendidos, números de cama por enfermera, cantidad de procedimientos realizados etc. Esto sucede a pesar de que el personal de la salud hace parte de los sistemas de control, desarrollando en los trabajadores de la salud constantes estados de estrés y desgaste profesional.

La relación salud-trabajo posee una plasticidad muy delicada porque está en íntimo contacto con la naturaleza humana. En este campo, los seres humanos que se encargan de cuidar y atender otros seres humanos vulnerables están en un proceso constante de desgaste: físico, biológico, emocional y psicosocial; por tanto, es necesario mirar de una forma distinta a estos trabajadores. En el caso del COVID-19, es esta también una enfermedad que se da en el colectivo de personas y de trabajadores que cuidan de ese enfermo.

En el contexto político-social ecuatoriano se ha podido evidenciar el debilitamiento de la participación de los trabajadores (organizaciones gremiales, sindicales o de profesionales y comités de seguridad y salud) en la toma de decisiones respecto a su situación colectiva, traducido en la ausencia de una agenda de discusión dentro de las organizaciones de trabajadores. Esta debilidad ha impactado en toda la estructura de gestión de la seguridad y salud en el trabajo, pues la parte fundamental de la razón de ser de esta disciplina (los trabajadores) se ha reducido a considerar a los trabajadores como simples instrumentos de un proceso de servicio asistencial (Sabater Fernández 2014).

Las relaciones de género clásicamente se han desarrollado histórica y culturalmente reproduciendo una lógica de diferenciación de los roles sexuales en la familia tradicional. Es decir, padre productor-proveedor y madre reproductora-cuidadora, dependiente del "cabeza de familia" (Bourdieu 2000). En el espacio hospitalario, se ha marcado esta típica división por género: se ha producido una segregación vertical marcada por la división jerárquica del poder, donde las enfermeras aparentemente tienen asignadas tareas más "fáciles" que los médicos, perpetuando la lógica de la economía de los bienes simbólicos en el espacio laboral (Chamizo Vega 2004).

Históricamente, la enfermería ha sido una actividad exclusivamente de mujeres y ha estado ligada al cuidado. Hablar de la enfermería, en términos de lucha de clases, género e inclusive etnia, es un fenómeno moderno que tiene que ver con la posibilidad del ejercicio de ciertas libertades en sociedades occidentales. Así, el

> interés de observar la enfermería como objeto de estudio, a partir del aglutinamiento en función del reconocimiento social significativo como mujeres cuidadoras, es decir, cuando aparecen como colectivo y como sujeto político, rompiendo el discurso dominante como feminidad y construyendo su propio discurso profesional. (Cadena-Baquero et al. 2020).

Las mujeres están participando mayoritariamente en la respuesta a la enfermedad, incluso como trabajadoras de atención médica de primera línea, cuidadoras en el hogar y líderes comunitarias. La experiencia de otros brotes de enfermedades muestra que esta carga de atención también aumenta su riesgo de infección. A nivel mundial, las mujeres representan el 70 % de los trabajadores del sector social y de la salud y realizan tres veces más trabajo no remunerado que los hombres (ONU 2020). Cuando los sistemas de salud están sobrecargados, se pone una mayor carga en la atención en el hogar y esa carga recae principalmente en las mujeres.

Las políticas públicas e intervenciones en los centros de trabajo dirigidas a alcanzar un equilibrio entre el empleo y la vida familiar desde una perspectiva de género podrían resultar en una reducción en los daños a la salud y en las desigualdades de género en salud (Raurell-Torredà et al. 2020).

Las condiciones laborales del colectivo de enfermería determinan, por tanto, no solo su estado de salud y, por ende, el bienestar de sus familias, sino que afectan la calidad de su trabajo frente a los pacientes. Por supuesto, las facetas malsanas de dicho trabajo y su intensidad dependen en gran medida de las políticas que se aplican a los hospitales en un determinado sistema de salud y los correspondientes protocolos de desempeño profesional.

En Ecuador, durante el período marzo-agosto de 2020, el Ministerio de Salud Pública reportó 2182 casos confirmados de COVID-19 en personal de enfermería y 1177 en personal auxiliar (cuadro 1), lo que nos permite evidenciar que existió una afectación importante al personal de enfermería a nivel del todo el país (MSP 2020).

Cuadro 1. Distribución de profesionales de la salud, según grupo ocupacional, confirmados y descartados por COVID-19 en Ecuador, período marzo-agosto 2020

Grupo ocupacional	Confirmados/ Total de muestras		Descartados		Muestras no procesadas		Total de muestras
	n.º	%	n.º	%	n.º	%	n.º
Médicos/as	3 431	28,8	7 356	61,8	1 118	9,4	11 905
Enfermeras/os	2 182	30,4	4 211	58,6	793	11	7 186
Auxiliares de enfermería	1 177	33,7	1 850	53,0	463	13,3	3 490
Obstetra/ obstetriz	159	27,1	383	65,2	45	7,7	587
Odontólogos/as	256	23,0	712	64,1	144	12,9	1 112
Psicólogos/as	143	30,3	256	54,2	73	15,5	472
Total general	7 348	29,7	14 768	59,7	2 636	10,9	24 752

Fuente: Ministerio de Salud Pública de Ecuador (2020).

Los datos obtenidos del Ministerio de Salud Pública fueron de corte agosto de 2020, se ha solicitado en varias ocasiones a la Dirección de Epidemiología los datos actualizados, pero a la presente fecha solo logramos obtener los datos con la fecha mencionada. En todos los casos, existió un porcentaje de aproximadamente el 10 % de pruebas que no se reportaron, porque, según datos del Ministerio de Salud Pública, esas muestras no fueron procesadas adecuadamente. Como puede observarse en el cuadro 1, la sumatoria de los grupos de enfermeras y auxiliares supera a los casos identificados en el grupo de los médicos, esto podría estar dado por el tiempo y dedicación que tiene este personal frente a los pacientes infectados con COVID-19. La base de datos disponible no permite un análisis epidemiológico profundo o una aproximación a la determinación social, apenas tenemos indicadores de prevalencia que no distinguen la severidad, ni las comorbilidades, ni otros elementos básicos de caracterización de los casos.

Reflexionar el proceso de trabajo en el colectivo de enfermería nos plantea la necesidad de mirar la salud de los trabajadores con una perspectiva integral de la determinación social y de las relaciones de clase, género, cultural y étnica. El colectivo de enfermería tiene un rol fundamental en el proceso de atención y cuidado directo de los enfermos, el tiempo que debe permanecer expuesto a procesos de trabajo peligrosos genera patrones de exposición, desgaste y modos de vivir sobrecargados en el marco de la expansión de servicios por una alta demanda de pacientes, como es el caso de la pandemia de COVID-19.

El personal de enfermería y el personal auxiliar de enfermería-camilleros claramente tenían un riesgo de exposición más intenso y prolongado y, al existir mayor posibilidad de contagio para los profesionales en todas las áreas de trabajo, se debía prever una alta posibilidad de bajas laborales que iban a conllevar una cuarentena de unas dos semanas de duración, con mayor duración de la baja en caso de enfermedad grave (OMS, 2020).

La sobrecarga de trabajo y el estrés emocional son procesos comunes en los espacios hospitalarios, con diferencias específicas entre los distintos tipos de profesionales y funciones (Breihl 2018); sin embargo, es evidente que en tiempos de pandemia esos procesos se tornan más graves y frecuentes. En el personal de enfermería que es de primera línea, que involucra la atención y tratamiento directo de pacientes, hay una alta probabilidad de contagio al propio personal y, lo tanto, a sus familiares. Dichas condiciones de trabajo también desencadenan sentimientos de inseguridad frente al estado de salud percibido por parte del colectivo de auxiliares y enfermeras, de la misma manera que sensaciones de miedo constante al llegar a sus domicilios. Por lo tanto, el trato con sus familiares directos, sus relaciones interpersonales en el trabajo y, sobre todo, el nivel de compromiso en los procesos de atención con los pacientes se ven afectados (Feldman y Blanco 2006).

Durante el tiempo de enfrentamiento a la pandemia de COVID-19, se configuró una realidad en torno a las normativas que debieron implementarse en el espacio de trabajo hospitalario y las recomendaciones que realizaban las unidades de cuidado y protección a los trabajadores. Se recomendaba, entre otras cosas, el cumplimiento escrupuloso de períodos adecuados de descanso, la configuración de espacios de ingesta de alimentos que garanticen el distanciamiento social y la definición de espacios de descanso para el personal que salía de áreas de nivel de riesgo biológico IV (OMS 2020), entendido que había una exposición a un agente "patógeno" que causa enfermedad grave en el humano y supone un "grave peligro" para los "trabajadores". En este contexto, existían muchas probabilidades de que se "propagara a la colectividad" la enfermedad y no existían profilaxis o tratamientos eficaces, ni acceso a alimentación saludable o a espacios de descarga emocional (Castro 2020).

Un factor crítico en el proceso de trabajo de atención y cuidado durante la pandemia fue la implementación de los equipos de protección individual, los cuales estuvieron casi todo el tiempo en saldos de uso críticos. De hecho, en torno a este tema, se generó todo una problemática de corrupción por su acaparamiento y exagerado costo, muchas autoridades del sistema de salud se vieron envueltas en escándalos de corrupción por insumos médicos, mascarillas, guantes, protectores faciales y todos los equipos de bioseguridad indispensables para el trabajo en zonas de riesgo biológico (Castro, 2020).

Es así como en el Hospital Carlos Andrade Marín se reportaron 649 casos de enfermeras y auxiliares de enfermería contagiados por COVID-19, como lo evidencia el cuadro 2. El grupo mayoritario fueron las enfermeras de áreas de cuidado crítico, seguido por auxiliares de enfermería, lo que develó una necesidad urgente de repensar la salud de los trabajadores más allá del enfoque clásico de los riesgos del trabajo, específicamente en estos dos colectivos.

En el cuadro 2, no se evidencian otros grupos ocupacionales, porque los datos fueron obtenidos de la estadística interna del Hospital Carlos Andrade Marín, los cuales no son significativos respecto a lo expuesto a nivel nacional por parte del Ministerio de Salud Pública del Ecuador. Adicionalmente, es necesario mencionar que en la estadística del Hecam se considera a los camilleros como un grupo ocupacional diferente a pesar de que en el caso del Ministerio de Salud Pública se los incluye como auxiliares de enfermería.

Cuadro 2. Distribución del personal de enfermería Hecam, según grupo ocupacional, confirmado y descartado por COVID-19, período marzo-agosto 2020

Grupo ocupacional	Confirmados/ Total de muestras		Descartados		Total de muestras
	n.º	%	n.º	%	n.º
Enfermeras/os	394	46,6	452	53,4	846
Auxiliares de enfermería	228	59	158	41	386
Camilleros	27	73	10	27	37
Total general	649	51,1	620	48,8	1 269

Fuente: Unidad de Salud de Personal Hecam (2020). Elaboración propia.

Debido a todas estas cuestiones, durante la epidemia de COVID-19, se debió adoptar una política de grupos de trabajo amplios que contaran con personal de reemplazo disponible, dado el desgaste profesional existente y la alta posibilidad de bajas no previstas durante el horario laboral o inmediatamente previas al inicio de la jornada laboral. La relación habitual debió ser de una enfermera por turno y por cada dos pacientes críticos (hasta 1-4 en áreas de cuidados intensivos, emergencias y áreas COVID-19), con un refuerzo de una enfermera por cada 4-6 camas que sirviera de apoyo para los momentos de máxima carga de trabajo (decúbito prono, intubación, realización de técnicas especiales, traslados, etc.) y para posibles sustituciones en caso de bajas durante los turnos de trabajo. La enfermera de apoyo debe ser un profesional experimentado que pueda suplir la menor experiencia y conocimientos de otros profesionales (Cadena-Baquero et al. 2020).

CONSIDERACIONES FINALES

Incorporar los aportes teóricos de la epidemiología crítica y de la complejidad presente en el proceso de trabajo frente a la pandemia de COVID-19 en Ecuador es un desafío necesario para una mirada crítica acerca del fenómeno. Lo anterior es necesario, entendiendo que para analizar la realidad objetiva de salud del colectivo de enfermería es fundamental estudiar la estructura, la particularidad y la singularidad de sus espacios de trabajo y modo de vivir, ya que en este último se concretizan los procesos de desgaste y protección que están presentes desde la estructura de la sociedad.

Así, durante el enfrentamiento de la pandemia, en los espacios de trabajo hospitalario, el colectivo de enfermería tuvo múltiples procesos de desgaste profesional de diferente naturaleza, definidos por patrones de consumo, movilidad, alimentación, vida familiar, economía y vida social. Adicionalmente, en los ambientes de trabajo, los conflictos, las relaciones de poder ejercidas en todos los niveles jerárquicos y la alta demanda de los pacientes y sus familiares generadores de tensión y sobrecarga emocional en las áreas críticas de acciones, como en las áreas de emergencia y cuidados intensivos.

De esta manera, muchos trabajadores de este colectivo que no tenían el entrenamiento adecuado para el manejo de pacientes críticos fueron insertados directamente en áreas de manejo y tratamiento de pacientes con COVID-19. por necesidad institucional. Esto generó mayor desgaste para el trabajador y sus familiares por el aumento de las probabilidades de infectarse con el virus mientras realizaba su trabajo y, al mismo tiempo, transportarlo a su entorno domiciliario y familiar.

El proceso de trabajo del colectivo de enfermería debe entenderse como un proceso dialéctico y de enfoque transdisciplinario, que, para ser comprendido hace necesaria una visión integral de la dinámica histórica y social de la categoría "salud- trabajo". Durante el enfrentamiento de la pandemia de COVID-19, los procesos políticos, económicos y sociales nos dan la oportunidad de pensar la lucha de la salud de los trabajadores desde una perspectiva emancipadora a partir de los avances tecnológicos y los desafíos a los que se enfrenta la humanidad en situaciones de extrema emergencia, como es el caso de las pandemias o enfermedades emergentes. En este sentido, debemos colocar en la agenda de trabajo de las instituciones de salud la necesidad de debatir sobre el rol de la organización de los profesionales de la salud, su participación activa en la toma de decisiones respecto a sus condiciones de trabajo, los procesos de capacitación y entrenamiento que realizan, los elementos de protección personal, etc.

En este contexto, es indispensable reconocer que la vida saludable no depende solamente de las condiciones materiales básicas dentro o fuera del trabajo, sino que está profundamente determinada por procesos de orden cultural y espiritual que se interrelacionan con los procesos de la vida material. Un elemento sustantivo en la determinación de los modos de vivir y de la salud es la identidad. De esta forma, para la construcción de la subjetividad, en esta línea, es fundamental transformar el contenido y proyección de la cultura y la comunicación de los trabajadores hospitalarios, ejes conductores en las políticas públicas de salud de los trabajadores. Esta transformación es un verdadero desafío para los gestores de la salud en el trabajo.

Este desafío pasa por incorporar los aportes teóricos de la epidemiología crítica y de la complejidad presente en el proceso de trabajo, en este caso, frente a la pandemia de COVID-19 en Ecuador, teniendo en cuenta que para el colectivo de enfermería es fundamental estudiar sus espacios de trabajo y vida, ya que aquí se concretizan los procesos de desgaste y protección que están presentes desde la estructura de la sociedad.

REFERENCIAS

Amnistía Internacional. 2020. "Global: El personal sanitario, silenciado, expuesto y atacado". https://www.amnesty.org/es/latest/news/2020/07/health-workers-rights-covid-report/.

—. 2021. "Covid-19: Las muertes de personal sanitario ascienden al menos a 17 000". https://www.amnesty.org/es/latest/news/2021/03/covid19-health-worker-death-toll-rises-to-at-least-17000-as-organizations-call-for-rapid-vaccine-rollout/.

Betancourt, Óscar. 2007. "Enfoque alternativo de la salud y seguridad en el trabajo". *Prevención es desarrollo* 1 (1): 3-16.

Bourdieu, Pierre. 2000. *La dominación masculina*. Barcelona: Anagrama.

Breilh, Jaime. 2007. *Epidemiología crítica*. Buenos Aires: Lugar Editorial.

—. 2008. *Nuevos conceptos y técnicas de investigación. Guía pedagógica para un taller de metodología*. 3.ª ed. Quito: Centro de Estudios y Asesoría en Salud.

—. 2018. *La medicina ecuatoriana en el siglo XXI*. 3 vols. Quito: Universidad Andina Simón Bolívar, Sede Ecuador / Corporación Editora Nacional.

—. 2020a. "COVID-19: Determinación social de la catástrofe, el eterno presente de las políticas y la oportunidad de repensarnos". *Revista Andina* 2: 8-14.

—. 2020b. "SARS-CoV2: Rompiendo el cerco de la ciencia del poder. Escenario de asedio de la vida, los pueblos y la ciencia". En *Posnormales*, editado por Aislamiento Social, Preventivo y Obligatorio (ASPO), 31-90. Buenos Aires: ASPO.

Cadena-Baquero, María Elena, Elena Pérez, Shirley Andrade, María López-Ruiz, Antonio García, y Pamela Merino-Salazar. "Conflicto empleo-familia y autopercepción de la salud desde una perspectiva de género". *Saude soc.* 29 (2): 1-14.

Castro, Mayuri. "Médicos denuncian la falta de protección en el sistema de salud pública". *GK*. 26 de marzo. https://gk.city/2020/03/26/falta-insumos-proteccion-coronavirus/.

Chamizo Vega, Carmen. 2004. "La perspectiva de género en enfermería: Comentarios y reflexiones". *Index Enferm* 13 (46): 40-4.

Feldman, Lya, y Gisela Blanco. 2006. "Las emociones en el ambiente laboral: un nuevo reto para las organizaciones". *Revista de la Facultad de Medicina* 29 (2): 103-8.

Gonçalves, Ricardo Bruno. 1992. "Práticas de saúde: processos de trabalho e necessidades". *Práticas de Saúde: Processos de Trabalho e Necessidades* 1: 1-53.

Iriart Celia, Howard Waitzkin, Jaime Breilh, Alfredo Estrada, y Emerson Merhy. 2002. "Medicina social latinoamericana: Aportes y desafíos". *Revista Panamericana de Salud Pública* 12 (2): 128-36.

Ministerio de Salud Pública (MSP). 2020. "El MSP informa: Situación coronavirus covid-19 (11-08-2020)". https://www.salud.gob.ec/el-ministerio-de-salud-publica-del-ecuador-msp-informa-situacion-coronavirus/.

Organización de las Naciones Unidas. 2020. "Plan de respuesta humanitaria covid-19 Ecuador".

Organización Internacional del Trabajo (OIT). 2012. *Igualdad de género y trabajo decente: Convenios y recomendaciones claves de la OIT para la igualdad de género*. Ginebra: Oficina para la Igualdad de Género / Departamento de Normas Internacionales del Trabajo.

—. 2019. "El gran problema del empleo en el mundo: Las malas condiciones de trabajo". http://www.ilo.org/global/about-the-ilo/newsroom/news/WCMS_670577/lang—es/index.htm.

Organización Mundial de la Salud. "Situación de la enfermería en el mundo 2020". https://www.who.int/es/publications/i/item/9789240003279.

Raurell-Torredà, Marta, G. Martínez-Estalella, M. J. Frade-Mera, Luis Fernando Carrasco Rodríguez, y Emilia Romero de San Pío. 2020. "Reflexiones derivadas de la pandemia COVID-19". *Enfermería Intensiva* 31 (2): 90-3.

Sabater Fernández, María del Carmen. 2014. "La interacción trabajo-familia. La mujer y la dificultad de la conciliación laboral". *Lan Harremanak: Revista de Relaciones Laborales* 30: 163-98.

Samaja, Juan Alfonso. 2004. *Epistemología y metodología. Elementos para una teoría de la investigación científica.* Buenos Aires: Editorial Universitaria de Buenos Aires.

Spinelli, Hugo. 2016. "Volver a pensar en salud: Programas y territorios". *Salud colectiva* 12 (2): 149-71.

SALUD COLECTIVA, TERRITORIOS EN CRISIS Y DESPOJO

Capítulo 6

Inequidad social y desigualdades espaciales en la tenencia de la tierra bananera y su impacto sobre la salud en la Costa sur ecuatoriana

Giannina Zamora Acosta

INTRODUCCIÓN

Este artículo forma parte de la investigación de la tesis doctoral de Giannina Zamora Acosta, en el marco del doctorado Salud Colectiva, Ambiente y Sociedad, en la Universidad Andina Simón Bolívar, Sede Ecuador (UASB-E), y tiene como objetivo mirar críticamente la tenencia de la tierra, en torno a la agroindustria del banano, y su expresión en la injusticia espacial e inequidad social que se presenta especialmente para los pequeños productores.

Las inequidades sociales y espaciales se han configurado históricamente desde la Colonia y han continuado a pesar de que Ecuador se convirtió en república en 1830. Durante el primer siglo republicano, las constituciones desde 1830 a 1929 "reflejaron y al mismo tiempo garantizaron una república oligárquico-terrateniente" (Paz y Miño 2007, 3 citado en Zamora 2016, 57), entendida como la personificación "de categorías económicas, como representantes de determinados intereses y relaciones de clase" (Marx 1975 [1867], XV).

Los poderes económicos y políticos de turno han marcado el rumbo del Estado (Zamora 2016, 57). La sociedad ecuatoriana ha estado dividida entre

> esa élite económica y política, que no llegó a representar más del 10 % de la población nacional y la enorme mayoría de pequeños o medianos propietarios, campesinos, trabajadores, capas medias y, sobre todo, indios y negros, subordinados al poder de la minoría dominante. (Paz y Miño, 2007, 3)

La estructura del espacio ecuatoriano responde, entonces, a formas de producción y reproducción social que fortalecen la configuración de su territorio en su forma capitalista de acumulación. Este espacio, como plantea Lefebvre (1970, 98, citado en Oslender 2010, 10),

> no es un objeto científico ajeno a la ideología o la política, no solo es el sitio donde se articula el conflicto físicamente. El espacio es político y estratégico [...] es político e ideológico, [...] es un producto literalmente lleno de ideologías, [...] espacio de interpretaciones y representaciones. (Lefebvre 1970, 98, citado en Oslender 2010, 10)

A lo largo de la historia de Ecuador se han generado diversas leyes o marcos normativos para regular la distribución de la tierra, entre los cuales podemos citar la Ley de Tierras Baldías (1875), la Ley de Tierras Baldías y Colonización (1964), la Primera Ley de Reforma Agraria (1964), la Ley de Abolición del Precarismo (1970) y la Segunda Ley de Reforma Agraria y Colonización (1973), entre otras.

Todo el marco normativo ha respondido a la tensión entre diferentes grupos sociales (personas sin tierra, terratenientes, etc.). A pesar de dos reformas agrarias, la primera en 1964, denominada "de los terratenientes" (Cevallos 1984) y la segunda, emitida en 1973 por el Gobierno militar de Rodríguez Lara, podemos en esencia decir que no se ha cambiado la estructura de la tenencia de la tierra en el país (Cevallos 1984).

Las leyes emitidas a partir de la década de 1960 respondieron al período en el que recorría el fantasma del comunismo por Latinoamérica, fantasma que permitió generar ciertas políticas públicas con tinte de equidad social.

Si bien las reformas agrarias (1964 y 1973) consolidaron las grandes haciendas en la Costa (Cevallos 1984), tanto la primera como la segunda leyes de reforma agraria generaron olas de invasiones por parte de los precaristas[1] y campesinos sin tierra (Carrillo 2013, Roberts 2009, 2019), siendo entre es-

1. Personas que vivían y trabajaban en tierras que no les pertenecían y, en muchos casos, sin pago de salarios.

tos parte de los beneficiarios, gracias a la segunda ley, los campesinos de la Unión Regional de Organizaciones Campesinas del Litoral (Urocal), que se asentaban en las provincias de Guayas, Azuay y El Oro (Carrillo 2013).

Sin embargo, a partir de 1990 se sepultó "cualquier resquicio de reforma agraria, promoviendo el acaparamiento de los recursos, mercantilizando la tierra y el agua, y concentrándolas en pocas manos" (Yulán 2014) básicamente a través de la Ley de Desarrollo Agrario, emitida en 1994 por el presidente Sixto Durán Ballen. Adicionalmente, en este período se observa la mayor deforestación que ha sufrido la Costa ecuatoriana (Sierra et al. 2021).

Posteriormente, para Madrid (2018), la Ley de Tierras y Territorios Ancestrales (2016) y su Reglamento General de Aplicación (2017) no han modificado la estructura de tenencia de la tierra en el país (Madrid 2018, 104).

Históricamente, el territorio bananero se ha construido y se reconstruye por "prácticas sociales" (Lefebvre 2013 [1974]) que pueden leerse desde la distribución de la tierra y que responden a una matriz de poder político, económico e ideológico. La agroindustria de banano en Ecuador tomó impulso con la entrada de la United Fruit (UF) en 1934 (Roberts 2009, 2019; Striffler, 2002) permitiendo que Ecuador se inserte en el mercado global de banano (Striffler 2002) y sea parte del "movimiento mundial de capitales en la industria del banano", en conjunto con otras trasnacionales (Striffer 2002, 31).

El epicentro de expansión de los espacios de capital para la agroindustria del banano a mediados del siglo XX fue la hacienda Tenguel, de propiedad de la UF, que se localizaba al sur de la provincia del Guayas, con límites cerca de la provincia de El Oro.

La entrada posterior de otras trasnacionales al país, como Chiquita Brands (UF), Dole (Standard Fruit) y Del Monte (Striffler 2002), así como de empresas nacionales o de capital mixto, como Bonita Banana (grupo Noboa) y Reybanpac (grupo Wong), entre otras, configuran histórica y actualmente formas y estructuras espaciales jerárquicas, de acuerdo con la estructura vertical del mercado bananero (Montalvo 2008).

En 1948, el país llegó a ser el primer exportador de banano del mundo (Striffler 2002; Maiguashca 1992; Larrea, Espinosa y Silva 1987; Estadísticas del Banco Central del Ecuador 1910-2018). En este hito confluyeron la mejora de la producción (cajas-hectárea), la calidad del producto, la inversión local, la ampliación de los mercados de consumidores, las políticas de fomento estatales, la inversión en infraestructura (principalmente vial y de puertos) y las políticas laborales (flexibilización), entre otros factores que lograron producir un producto competitivo a nivel internacional (Zamora Acosta 2022).

Los auges y crisis a lo largo de la historia del mercado bananero (gráficos 1 y 2) se vendrían a expresar en la configuración y estructuración del espacio del litoral ecuatoriano, tanto en la zona urbana como rural. En la primera, se consolidó y expandieron las ciudades (INEC 1950-2010) y, en la segunda, de acuerdo al movimiento del mercado, las plantaciones de banano se expandieron en los auges y se fragmentaron o cambiaron de producción durante las crisis, como señalan el Ministerio de Agricultura, Ganadería y Pesca y otros indicadores (MAGAP 1982; CLIRSEN-PNB 1995; IEE-CLIRSEN 2017).

Gráfico 1. Producción nacional de banano expresado en toneladas

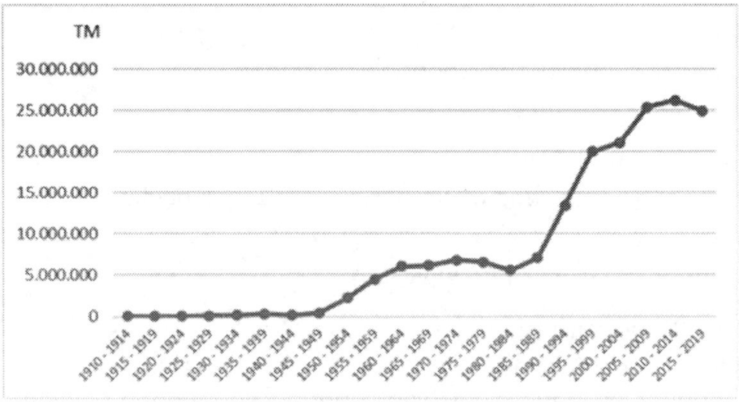

Fuente: Ministerio de Agricultura y Ganadería (1954-2008) e Instituto Nacional de Estadísticas y Censos (2008-2017). Referencia: Anexo Producción de Banano. Elaboración propia.

Gráfico 2. Superficie nacional de banano en hectáreas 1941-2018

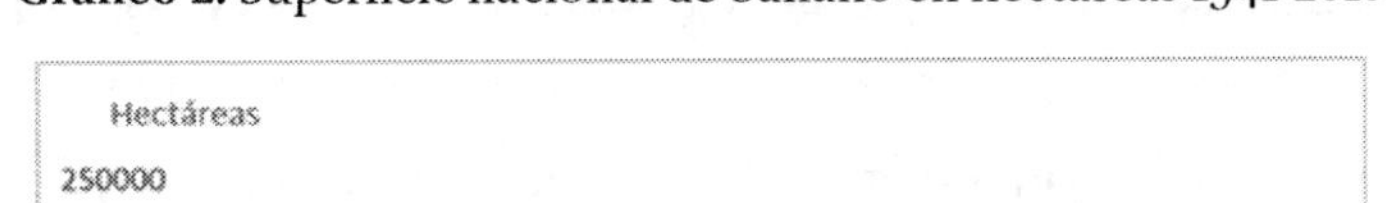

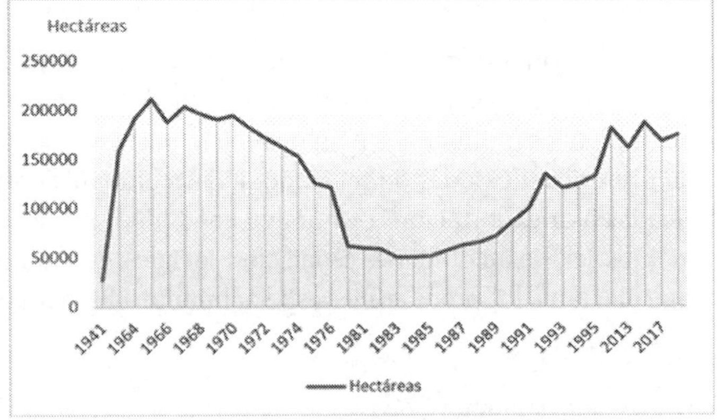

Fuente: Stacy May 1949, INEC (Censos agropecuarios de 1954, 1962, ESPAC 2016, 2017, 2018), PNB-CLIRSEN (1980-1994, Catastro bananero 1995), INFOPLAN (2009), MAGAP (2013). Elaboración propia.

En la presente investigación se propone leer la problemática de la distribución de la tierra para uso bananero a partir de la utilización de la categoría "territorio", entendida como la articulación de procesos "sociales, económicos, ambientales, culturales y político institucionales" (Zamora 2016), y de la categoría "determinación social de la salud", de la epidemiologia crítica, que recogemodos de vida tanto de producción, como de reproducción, deterioro y desgaste, y niveles del proceso salud enfermedad en lo singular, particular y general [...]. Los sujetos están subsumidos en los modos y condiciones de vida impuestas por un todo social. (Breilh 2003, Morales et al. 2013, 800)

El agronegocio del banano en Ecuador está en constante expansión (es un negocio rentable[2]) y puede ser considerado como una práctica de extractivismo en los territorios ocupados por este, debido a que se expropia, se despoja

2. Entre los productos no petroleros de mayor exportación están el camarón y el banano, respectivamente (Revista Vistazo. Edición 1202 de septiembre 22 de 2017).

de tierra y agua y se desarticulan las relaciones sociales colectivas,[3] lo que para Machado-Aráoz (2012) representa una expropiación ecobiopolítica.

El mercado del banano (articulación entre productores, exportadores, mayoristas y detallistas) tiene una estructura vertical (Montalvo 2008) y "las ganancias para los productores bananeros terminan siendo limitadas debido a la presencia de poder de mercado de las compañías trasnacionales dedicadas a la exportación" (Montalvo 2008, 165); por lo tanto, se establecen injusticias e inequidades espaciales, sociales, económicas y de decisión que afectan a los productores, especialmente a los pequeños.

MATERIALES Y MÉTODOS

El método de investigación es dialéctico, se utiliza la geohistoria como herramienta teórica-metodológica porque articula la triada espacio-tiempo-sociedad. La categoría "territorio" de la geografía crítica dialoga con la categoría "determinación social" de la salud de la epidemiología crítica para así identificary analizar los procesos críticos en la producción de banano ligados a la distribución de la tierra.

Los procesos críticos se evalúan desde la consideración de los principios de vida (4 S): "sustentabilidad, soberanía (autonomía), solidaridad/organicidad y seguridad de la vida (Breilh 2019), principios que permiten entender la "relación agricultura-ambiente-salud" (Breilh 2019, 21).

La zona de estudio corresponde a la Costa sur, la cual forma parte de la llanura aluvial costera, con

> una anchura de 30 a 40 km, donde descienden numerosos ríos cortos de los contrafuertes andinos (AMBE-IFAC 1959, 17), con las mejores características de suelo para actividades agrícolas (IEE-CLRSEN 2017), zona que históricamente ha sido la que ha proveído al país de "divisas extranjeras al producir una gran variedad de cosechas como el cacao, caña de azúcar, arroz, café, piña, algodón y maíz duro. (Roberts 2009, 12)

3. En la provincia de Santa Elena se presentan conflictos sociales entre las comunidades locales y los agronegocios del banano.

Político-administrativamente, la provincia de El Oro ocupa la mayor parte de la zona denominada "Costa Sur", con un área de 5770[4] km^2, y limita político-administrativamente al norte con las provincias de Guayas y Azuay, al este y al sur con la provincia de Loja, al oeste con el océano Pacífico y al sur con Perú.

Los límites político-administrativos de la provincia de El Oro, al igual que para el resto de provincias de Ecuador, no responden a criterios geográficos o étnico culturales, sino a geometrías cartesianas (Zamora 2016). El Oro se organiza político-administrativamente en catorce cantones y sesenta y cuatro parroquias (ver mapa 1). Los cantones en los que históricamente se han localizado cultivos de banano para exportación son El Guabo, Machala, Pasaje, Tendales y Santa Rosa.

Mapa 1. Provincia de El Oro: Límites político-administrativos

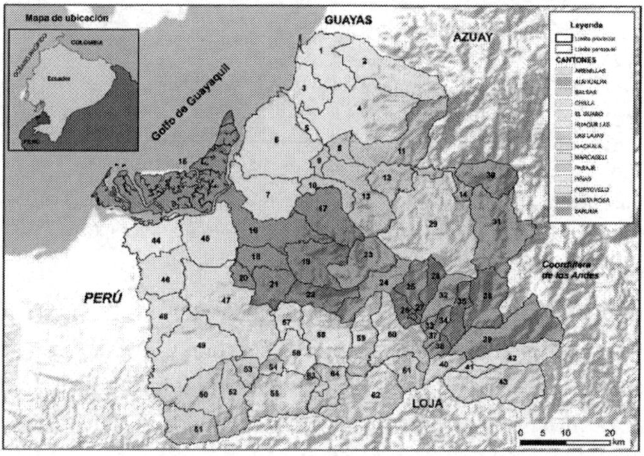

Fuente: CELIR (2019). Elaboración propia.
Ver Giannina Elizabeth Zamora Acosta, "El espacio socialmente producido y el espacio en la determinación social de la salud: Agroindustria bananera 1948-2018; Costa sur", repositorio UASB- E, https://repositorio.uasb.edu.ec/handle/10644/8691.

4. Área establecida por medio de herramientas de sistemas de información geográfica (SIG) de la capa geográfica del CELIR (2019) elaborada por el IEE (2019).

De acuerdo con la interpretación de imágenes radar realizada por la autora, la cobertura de banano para 2020 ha sido de 46 036 ha (mapa 2).

Mapa 2. Provincia de El Oro: Territorio bananero a 2020

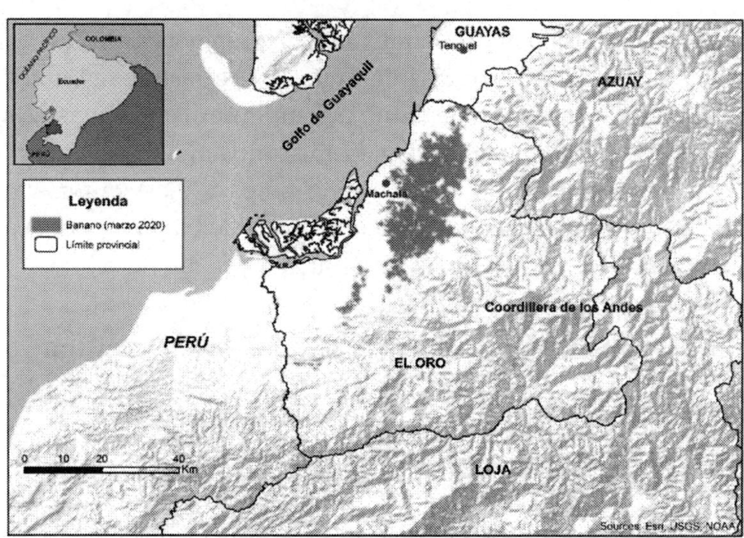

Fuente: CELIR (2019). Elaboración propia.
Ver Giannina Elizabeth Zamora Acosta, "El espacio socialmente producido y el espacio en la determinación social de la salud: Agroindustria bananera 1948-2018; Costa sur", repositorio UASB- E, https://repositorio.uasb.edu.ec/handle/10644/8691.

Las fuentes de información de esta investigación son las siguientes: revisión documental, entrevistas a sujetos sociales claves, bases de datos de exportaciones y área sembrada (Banco Central del Ecuador, Instituto Nacional de Estadísticas y Censos, Programa Nacional del Banano, Clirsen, MAGAP) y bases de datos de los catastros bananeros de 1995 y 2013. El primero, generado por el Centro de Levantamientos Integrados por Sensores Remotos (Clirsen)-Programa Nacional del Banano (PNB) y, el segundo, realizado por el Ministerio de Agricultura, Ganadería y Pesca (MAGAP).

Las capas geográficas de los catastros de 1995 y 2013 se cruzaron con la capa geográfica de parroquias, obteniéndose en ambos casos superficies (por rangos y UPA[5]) de banano por parroquia, siendo esta la unidad político-administrativa que servirá como unidad espacial de análisis para calcular la curva de Lorenz y el índice de Gini, productos que permiten analizar la determinación social de la salud en la zona de estudio.

CURVA DE LORENZ E ÍNDICE DE CONCENTRACIÓN DE LA TIERRA (GINI)

Para analizar el modo de producción se ha considerado el poder sobre los medios de producción, uno de ellos es la disponibilidad de la tierra, identificándose la desigualdad e inequidad en la tenencia de la tierra (en este caso, para plantaciones de banano) a través de la curva de Lorenz y su índice de Gini, calculados sobre la base de la información de los catastros bananeros de 1995 y 2013.

Cuando se grafica la curva de Lorenz, el área bajo la curva establece la mayor o menor distribución de la tierra: a "mayor concentración de la tierra mayor es la curvatura" (Rodríguez 2010, 5). En cuanto al índice de Gini, trata de poner en evidencia "el mayor o menor grado de desigualdad en el reparto del total de los valores de la variable de interés" (Rodríguez 2010, 2). El índice de Gini varía de 0 a 1, siendo 0 la igualdad perfecta, en contraposición a valores cercanos a 1, que representarían una muy alta concentración de la tierra en pocas manos.

Para calcular la curva de Lorenz, el índice de Gini y las características de las unidades de producción bananera (tipo de producción, forma de fumigación, etc.), se consideró la información disponible en los dos catastros bananeros, el de 1995, realizado por el CLIRSEN-PNB, y el de 2013, realizado por el MAGAP, información que se evaluó metacríticamente con entrevistas, revisión documental, líneas espacio-tiempo, bases de datos estadísticas y análisis espacial, que permitieron identificar

5. Unidad de Producción Agrícola.

territorialmente los procesos críticos en el metabolismo agroindustrial bananero de la Costa sur.

RESULTADOS

Para el año 2000, a nivel nacional, el índice de Gini era de 0,80 (Alvarado et al. 2011). Considerando las tres provincias donde se localizan mayoritariamente las plantaciones de banano, como son Guayas, Los Ríos y El Oro, se observa que esta última presenta un valor menor (0,728) de índice de Gini, en comparación con valores de 0,836 y 0,778 que presentan las otras dos provincias (INEC 2000, SIPAE 2011).

En el mismo año, los cantones con mayor desigualdad en la provincia de El Oro, con relación a la distribución de la tierra fueron Huaquillas y Portovelo con 0,75; seguidos de Atahualpa, El Guabo, Santa Rosa y Zaruma con 0,74, mientras que el valor de Gini inferior al promedio provincial y nacional correspondería a Chilla, con un valor de 0,52 (INEC 2000; Alvarado et al. 2011).

La superficie de plantaciones bananeras en Ecuador, para 1995, habría sido de 132 366 ha, localizándose el mayor porcentaje en las zonas de Machala, con el 23 %, seguido de El Guabo, con 19 %, pertenecientes a la provincia de El Oro. Otras zonas bananeras de importancia son Babahoyo (17 %) y Quevedo (12 %), ubicadas en la provincia de Los Ríos; El Triunfo (15 %) y Milagro (9 %), correspondientes a la provincia del Guayas, mientras que la provincia de Esmeraldas registraría solo el 4 % de las plantaciones a nivel nacional (CLIRSEN-PNB 1995).

Para 1995, se observaría una correlación entre el número de propietarios y la superficie plantada en las "zonas de Machala, el Guabo, El Triunfo, Milagro, Esmeraldas, no siendo así en Babahoyo y Quevedo que tienen el doble de superficie con relación a los propietarios" (CLIRSEN-PNB 1995, 40); Machala y El Guabo pertenecen a la provincia de El Oro, mientras que El Triunfo y Milagro son parte de la provincia de Guayas.

El índice de Gini para tierra ocupada por banano a nivel nacional para 1995 resultaría ser de 0,60. El 79 % de las plantaciones de banano en la provincia de El Oro son UPA menores a 20 ha. Por otra parte, el 8,7% de tierra de banano le pertenece al 0,65 % de propietarios. A este año (1995), no se registraban propiedades mayores a 500 ha. Para 1995, la provincia de El Oro presentaría un índice de Gini de 0,61, ligeramente mayor al nacional.

El índice de Gini a nivel nacional para 2013, con relación a la superficie de banano, sería de 0,70, el cual es un valor mayor a 0,60 registrado para 1995, dato con el que podemos plantear que existe una tendencia en la concentración de tierra bananera a nivel nacional, principalmente en las provincias de Guayas y Los Ríos (CLIRSEN-PNB 1995, MAGAP 2013).

El levantamiento de 2013 registra 2406 predios en El Oro, con 43 324 ha, siendo los cantones con mayor área de banano cultivado El Guabo y Machala, con el 70 % de la superficie de producción provincial.

A nivel de parroquias, las mayores áreas plantadas de banano se encuentran en El Guabo y Machala, con el 20 % y 18 %, respectivamente, pero, si consideramos la superficie de las parroquias en relación con la superficie plantada, se distinguen las parroquias Iberia, con el 81 %, y Peaña, con el 75 % de área parroquial cubiertas por plantaciones de banano.

En 2013, el 60,3 % de los propietarios tendría el 14,2 % de la superficie plantada de banano, en comparación al 0,6 % de propietarios que dispondrían del 11,6 % de propiedades con una superficie mayor a 200 ha. Las dos propiedades mayores a 500 hectáreas registradas en la provincia de El Oro suman 1612,5 y se ubican en un 80 % en la parroquia Tendales y en un 20 % en la parroquia El Guabo.

El índice de Gini de la provincia de El Oro para 2013 sería de 0,64, inferior al nacional para este año (0,70) para tierra ocupada por banano, pero superior al provincial registrado en 1995, que fue de 0,61.

El mapa 3 muestra la distribución y estructura del espacio bananero por tamaño de UPA en la llanura litoral. Es notoria la consolidación del espacio bananero especialmente en la parte norte de la provincia (parroquias El Guabo y Barbones); adicionalmente, se observa la emergencia de plantaciones mayores a 500 ha.

Mapa 3. Estructura del espacio bananero, tipología según rangos de tamaño de UPA en hectáreas 1995 y 2013

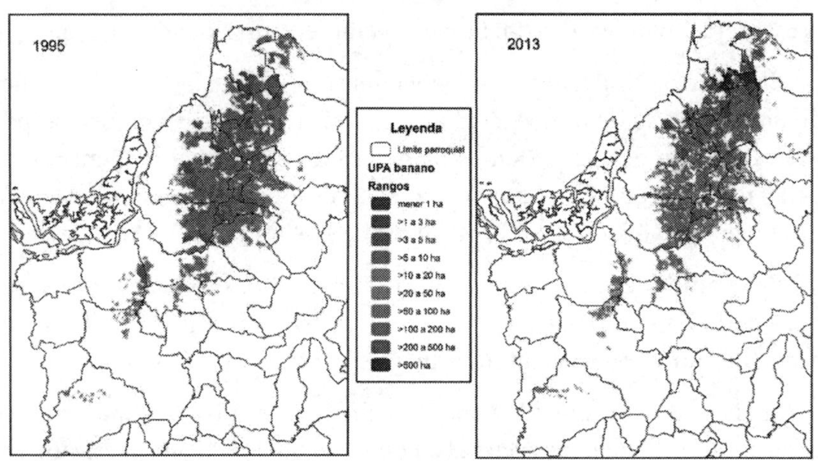

Fuente: CLIRSEN-PNB (1995), MAGAP (2013). Elaboración propia.
Ver Giannina Elizabeth Zamora Acosta, "El espacio socialmente producido y el espacio en la determinación social de la salud: Agroindustria bananera 1948-2018; Costa sur", repositorio UASB- E, https://repositorio.uasb.edu.ec/handle/10644/8691.

Analizando los porcentajes de tierra y de propietarios para 1995 y 2013 (ver Tabla 1), para 1995 la parroquia más inequitativa en la distribución de la tierra sería Tendales, donde el 20 % de los propietarios tendrían el 78 % de la tierra para plantaciones de banano, seguida de La Victoria, Cañaquemada y Buenavista, con el 74 %, 71,5 % y 70,6 %, respectivamente.

Sin embargo, para 2013, las parroquias donde aproximadamente el 20 % de propietarios tiene el 83 % de la superficie de banano serían Tendales, seguida de las Barbones (76 %), Cañaquemada (76 %), Bellavista (75 %), El Guabo (75 %), Buenavista (72 %), Río Bonito (71 %) e Iberia, con el 69 %.

La estructura del espacio de El Oro presenta transformaciones de uso; por ejemplo, la parroquia Carcabón en 1995 registraba 41 ha de banano y, para el año 2013, registra solamente 21 ha de esta fruta, pues, de acuerdo al IEE-CLIRSEN (2017), estas 20 ha se transformaron a cultivos principalmente de cacao.

En la tabla 1, las filas resaltadas representan a las parroquias que tienen plantaciones de banano en 1995 o 2013, no fue posible calcular la curva de Lorenz debido a la insuficiencia de datos. Las parroquias Chacras (1995) y La Avanzada (2013) no presentan zonas de banano para esos años.

Tabla 1. Porcentaje de tenencia de tierra por parroquia 1995 y 2013

Año	1995					2013				
% Propietarios	**40**	**60**	**80**	**90**	**95**	**40**	**60**	**80**	**90**	**95**
ARENILLAS	12,9	26,3	45,2	62,0	76,0	13,4	27,4	50,1	69,8	82,4
BARBONES	9,2	20,1	40,0	58,4	72,1	3,9	9,7	23,7	40,8	58,5
BELLAMARÍA	20,0	37,7	62,7	79,6	89,6					
BELLAVISTA	11,0	24,4	47,7	66,9	80,2	2,3	8,0	25,4	50,8	67,5
BUENAVISTA	4,7	13,7	29,4	45,6	62,1	4,6	12,4	28,5	49,5	67,3
CAÑAQUEMADA	5,1	14,7	28,5	40,3	52,4	4,9	11,6	24,5	40,1	56,9
CARCABON										
CHACRAS										
EL GUABO	7,1	18,2	36,1	53,5	67,8	5,0	12,1	27,6	43,3	58,3
EL RETIRO	8,4	18,4	38,7	57,1	71,5	6,5	16,7	39,7	58,6	74,0
LA AVANZADA										
LA CUCA	8,3	18,6	35,5	49,8	61,4	9,0	18,3	36,4	55,2	72,5
LA IBERIA	4,4	15,7	37,3	55,8	71,7	6,7	15,2	30,8	47,6	62,2
LA PEAÑA	5,4	14,4	30,3	48,9	63,9	4,8	15,4	38,1	59,0	74,2
MACHALA	8,0	18,2	37,2	54,4	68,0	7,9	18,2	36,9	54,6	68,3
PALMALES	14,2	27,8	51,5	74,0	86,3	12,0	27,8	54,8	75,1	86,8
PASAJE	9,9	21,7	41,2	59,1	71,8	8,0	18,2	37,2	55,6	71,2
PROGRESO	7,6	18,6	37,4	56,8	74,7	7,6	16,2	37,0	55,4	67,7
RIO BONITO	9,1	19,5	35,5	49,5	62,1	5,7	12,9	28,6	45,1	58,2
SAN ANTONIO										
SANTA ROSA	7,6	18,7	39,5	60,7	75,9	8,7	19,9	43,0	64,7	78,5
TENDALES	3,1	8,2	21,7	44,6	65,1	1,6	5,4	17,0	29,8	41,1
VICTORIA	3,6	9,2	26,1	47,6	64,3	9,2	21,2	43,3	62,4	76,0

Fuente: CLIRSEN-PNB (1995) y MAGAP (2013). Elaboración propia.

Si comparamos el porcentaje de tierra ocupada por banano que pertenece al 20 % de propietarios entre 1995 y 2013, se observa que las parroquias donde se ha concentrado la tierra en 18 años son Tendales, Río Bonito, Pasaje, El Guabo, Cañaquemada, Buenavista, Bellavista y Barbones.

Si se analiza el 60 % de los propietarios en función de la tenencia de las UPA bananeras por parroquia, entre 1995 y 2013, se observa que para 1995 en las parroquias de Tendales y Victoria al 60 % de los propietarios le pertenece menos del 10 % de la tierra, en contraposición a las parroquias Barbones, Pasaje, Bellavista, Arenillas, Palmales y Bellamaría, que presentan una apropiación del 20 % , 21 %, 25 %, 26 %, 28 % y 39 %, cada una de ellas.

El comportamiento para 2013 muestra que el 60 % de los propietarios tienen menos del 10% de la tierra en las parroquias de Tendales, Bellavista y Barbones, en contraste con las parroquias de Victoria, Arenillas y Palmales, en las cuales este porcentaje de propietarios disponen del 21 %, 27 % y 28 % de la tierra, respectivamente.

Mapa 4. Porcentaje de tierra de banano para el 60 % de propietarios en 1995 y 2013

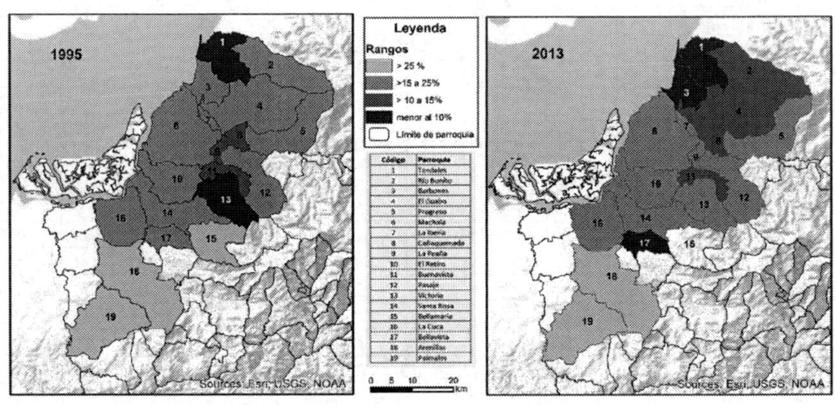

Fuente: CLIRSEN-PNB (1995) y MAGAP (2013). Elaboración propia.
Ver Giannina Elizabeth Zamora Acosta, "El espacio socialmente producido y el espacio en la determinación social de la salud: Agroindustria bananera 1948-2018; Costa sur", repositorio UASB- E, https://repositorio.uasb.edu.ec/handle/10644/8691.

De acuerdo con los catastros de 1995 y 2013, desde la perspectiva geográfica, la concentración de la tierra bananera inicia en el cantón El Guabo (provincia de El Oro, ver mapas 3 y 4) y se consolida en Guayas y Los Ríos.

La distribución inequitativa de la tierra para plantaciones de banano se ha expresado en la producción y reproducción de grupos vulnerables, constituidos principalmente por los pequeños productores, debido a las economías de escala y a la estructura vertical del mercado bananero.

Los pequeños productores (> 3 y menor a 10 ha) y medianos productores (> 10 y < 20 ha) viven en o cerca de sus espacios de trabajo (plantaciones de banano), resultando muchas de sus familias afectadas de manera directa e indirecta por las fumigaciones realizadas durante la fase de producción, contaminación materializada en diferentes espacios (aire, agua y suelo) durante los ciclos (tiempos) de "fumigación, principalmente por vía aérea, la cual se realiza periódicamente a las plantaciones de banano, para el control de plagas especialmente la Sigatoka" (T001, 08/2020, Matamoros, 2004, Cepeda, 2009).

En el mapa 5, se observa la injusticia socioespacial a través de las zonas potenciales de contaminación por fumigación (aérea, terrestre y mixta) y sus afectaciones a poblados (localidades) e infraestructura educativa.

Mapa 5. Proceso destructor de la agroindustria: zonas de incidencia de agroquímicos

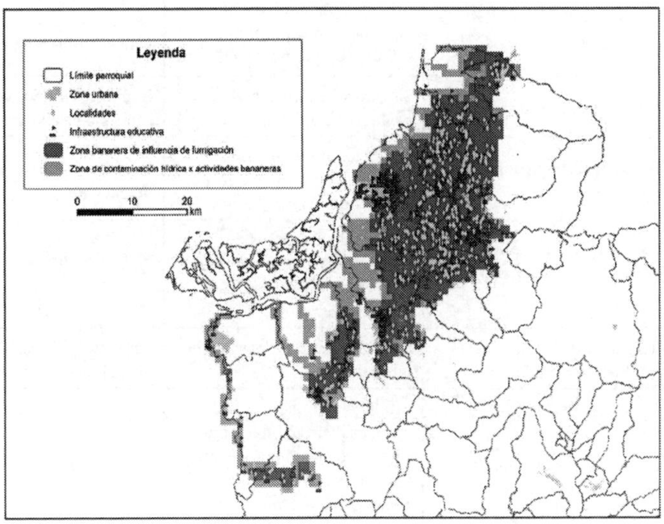

Fuente: MAGAP (2013). Elaboración propia.
Ver Giannina Elizabeth Zamora Acosta, "El espacio socialmente producido y el espacio en la determinación social de la salud: Agroindustria bananera 1948-2018; Costa sur", repositorio UASB- E, https://repositorio.uasb.edu.ec/handle/10644/8691.

Analizando desde el principio de las 4 "S" (sustentabilidad, soberanía, solidaridad y seguridad de la vida, planteadas por Breilh), cada uno de los encarnamientos de los procesos malsanos presentes en la zona bananera de la provincia de El Oro, si se pone énfasis en la distribución de la tierra para plantaciones de banano, se sistematizan en la tabla 2.

Tabla 2. Procesos protectores y destructores

Dimensión de evaluación comparativa	Categorías	Proceso protector	Proceso destructor
Sustentabilidad	Manejo del agua	Protección de fuentes y cursos de agua Equidad en la distribución del agua	Contaminación por agroquímicos y contaminación cruzada (otros proceso extractivos) Distribución y acceso inequitativo
	Diversidad de cultivos	Metabolismos agrarios saludables Agricultura familiar campesina	Pérdida de biodiversidad Agricultura monotemática de grandes propiedades
	Manejo de plagas y enfermedades	Mitigada por la diversidad de cultivos en producciones familiares pequeñas y medianas	Fumigaciones con productos dañinos para el ambiente y la salud humana
Soberanía	Manejo de insumos agrícolas	Sistemas de control y evaluación continua	Impuestos por los compradores de la fruta, sin evaluación estatal
	Grado de distribución de la tierra	Establecimiento de unidades de producción con justicia social y espacial	Concentración de la tierra y monopolio del mercado
	Localización en la estructura del mercado de banano	Lógicas de mercados de comercio justo especialmente para economías familiares campesinas	Mercado vertical y monopólico
Solidaridad	Relaciones laborales productor-trabajadores	Cumplimiento de legislación laboral	Irrespeto a la legislación laboral y violación a derechos humanos
Seguridad de la vida	Grado de vulnerabilidad a fumigaciones	Producción orgánica para grandes plantaciones, agroforestal-orgánica para medianos y pequeños productores. Protección y fortalecimiento a espacios de agricultura familiar campesina basada en la diversidad	Agroquímicos y metabolismos agrarios malsanos

Fuente y elaboración propias.

Cada uno de los procesos críticos malsanos analizados anteriormente, poniendo énfasis en la distribución de la tierra, se visualizan en el mapa 6.

Mapa 6. Costa sur: Encarnamientos a procesos destructores por parroquia

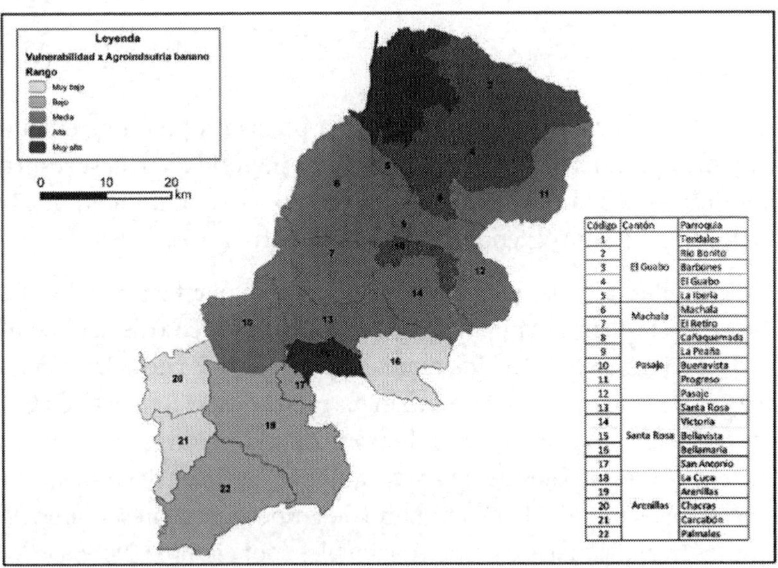

Código	Cantón	Parroquia
1	El Guabo	Tendales
2		Río Bonito
3		Barbones
4		El Guabo
5		La Iberia
6	Machala	Machala
7		El Retiro
8	Pasaje	Cañaquemada
9		La Peaña
10		Buenavista
11		Progreso
12		Pasaje
13	Santa Rosa	Santa Rosa
14		Victoria
15		Bellavista
16		Bellamaría
17		San Antonio
18	Arenillas	La Cuca
19		Arenillas
20		Chacras
21		Carcabón
22		Palmales

Fuente: MAGAP (2013), CLIRSEN (1995), MAE-SUIA (2018), INEC (2010, 2020) y Policía Nacional (2020). Elaboración propia.
Ver Giannina Elizabeth Zamora Acosta, "El espacio socialmente producido y el espacio en la determinación social de la salud: Agroindustria bananera 1948-2018; Costa sur", repositorio UASB- E, https://repositorio.uasb.edu.ec/handle/10644/8691.

El mapa 6 muestra no solo cómo el capitalismo produce y reproduce espacios geográficos malsanos, sino también como las identidades y patrones culturales construidas en este territorio bananero permiten sostener estas formas de acumulación.

Algunos de los pequeños y medianos agricultores de banano, que producen de forma convencional (usando agroquímicos) y que consideran cambiar a un tipo de producción orgánica para tener la posibilidad de entrar a nichos de mercado de comercio justo, resultan imposibilitados debido a las economías de escala y los costos que deben asumir por el tiempo de transición para pasar de una producción convencional a una orgánica, a lo que se suma la contaminación por fumigación principalmente aérea, "recibida por parte de sus vecinos que tienen grandes y medianas plantaciones" (P01, 2020), como se observa en el mapa 3.

DISCUSIÓN

La concentración de la propiedad en pocos propietarios es uno de los factores productivos más notorios "de la inequidad en el sector rural, generando serias implicaciones en el acceso y disponibilidad de recursos" (Rodríguez 2010, 2) como agua, tierra, entre otros.

Los resultados en la tenencia de la tierra para plantaciones de banano en la provincia de El Oro implican la expresión del proceso de neoliberalización de la tierra, cuyo inicio fue marcado por la entrada de la UF a Ecuador en 1934, que se ha extendido de manera radial desde Tenguel por toda la Costa Sur, patrón espacial que perdura y se difunde a través de la conformación de nodos espaciales de mercado, dotados de zonas de influencia económica (zonas productoras), por parte de grupos que representan ya sea a empresas trasnacionales o grupos nacionales (por ejemplo, Noboa y Wong) o de capital mixto. A partir de mediados del siglo XX, se han sumado a estas de redes de mercado las asociaciones y centros agrícolas, entre otros.

Desde la multiescalaridad espacial, en el nivel general que corresponde a la lectura del país, desde fines del siglo XX hasta la fecha, el territorio bananero se ha ido consolidando en las provincias de El Oro, Guayas y Los Ríos (CLIRSEN-PNB 1995, MAGAP 2013, IEE-ClIRSEN 2017), provincias que para el año 2017 representan el 92 % de la superficie de banano cultivado en el país (IEE-CLIRSEN 2017).

Las relaciones inequitativas de poder se mantienen hasta la actualidad, expresándose en una injusta distribución de la tierra a nivel del país, mostrando la provincia de El Oro una leve disminución en la concentración de la tierra destinada a plantaciones de banano, respecto a las provincias de Guayas y Los Ríos (Alvarado et al. 2011; MAGAP 2013; ESPAC 2018).

Guayas, Los Ríos y El Oro presentaron de acuerdo al Censo Agropecuario del 2000 índices de Gini de 0,84; 0,79 y 0,73 (Alvarado et al. 2011). La provincia de El Oro parecería mostrar una menor injusticia espacial en términos de la distribución de la tierra, evaluada mediante el índice de Gini (Alvarado et al. 2011, MAGAP 2013). Sin embargo, a escala particular, esta provincia presenta, al interior de su territorio, injusticias espaciales, en cuanto a tenencia de la tierra, que se expresan en inequidades sociales y económicas que vulneran a sus modos y estilos de vida, especialmente a los campesinos productores de banano.

La concentración de la tierra implica no solo la apropiación de esta sino también del trabajo de los sujetos sociales (especialmente de las familias de pequeños productores y trabajadores del sector bananero), sujetos que prestan su fuerza de trabajo a estas actividades y cuyas historias de segregación social y espacial se manifiestan en sistemáticas violaciones a sus derechos, como se evidenció en el Primer Encuentro Internacional de Trabajadores Bananeros,[6] organizado por la Asociación de Trabajadores Bananeros y Campesinos en octubre de 2017, evento en el que se expusieron algunos casos, como el de Efrén Vélez (antiguo trabajador), quien durante 30 años fue víctima de tercerización, por lo que no se le reconocían las horas extras, ni se le había afiliado al Seguro Social. Adicionalmente, cuando se enfermó de cirrosis hepática, fue despedido en el año 2003. En el mismo evento se presentaron otros estudios de fincas que no cumplían con los parámetros de seguridad en las actividades de fumigación y que finalmente afectaban la salud de los trabajadores (El Telégrafo 2017).

Se observa que el tamaño de la propiedad en la producción marca la vulnerabilidad de los productores en el mercado, debido a las fluctua-

6. La Asociación de Trabajadores Bananeros y Campesinos (ASTAC), junto con Oxfam-Alemania; Sudwind-Austria; Fundación Rosa Luxemburgo-Alemania; Pueblos solidarios-Francia, Mai Bine-Rumania; Médicos Austriacos por un Ambiente Sano AGU y la Federación Austriaca de Trabajadores realizaron en Ecuador-Guayaquil, el Primer Encuentro Internacional de las y los Trabajadores Bananeros: Por la libertad, la salud y la naturaleza, el 2 y 3 de octubre de 2017 (El Universo, 2 de octubre 2017).

ciones en los precios de la caja de banano y al no cumplimiento de los contratos por parte de los exportadores e importadores de la fruta.

El costo de producción por las economías de escala varía de acuerdo al tamaño de la unidad productiva, por lo que "los productores grandes van a tener un costo de producción menor que el productor pequeño" (T001 08/2018). Esta vulnerabilidad se ejemplifica cuando, en el mes de abril 2020, a inicios de la pandemia, el comprador no cumplió con el precio oficial de la caja establecido en Ecuador, de 6,20 USD/caja, valor que no fue respetado por los "importadores de la fruta [...] el dueño de la marca" (T001, 07/2020), a pesar de existir un contrato[7] productor-exportador-importador; el importador "simplemente dijo que no se podía cumplir el contrato y lo rompió, rompió el contrato" (T001, 07/2020), llegando a pagarse al productor hasta "2,50 USD/caja, valor que ni siquiera cubre el costo de producción [...], generando pérdidas especialmente a los pequeños productores" (T001, 07/2020).

A esto se suma el uso de los agroquímicos que utiliza la producción de banano convencional, que ha ocasionado históricamente daños colaterales a la salud de los grupos sociales, individuos y territorios (suelo, agua, ecosistemas y relaciones sociales, entre otros). El esparcimiento de los agroquímicos a través de fumigaciones afecta de manera directa a los trabajadores y a las familias que habitan o transitan en zonas próximas a las plantaciones de banano (u otros monocultivos), como se observó en el mapa 5.

Analizando los mapas de las figuras 4 y 6 podemos encontrar patrones de correlación entre mayores inequidades y diferencias espaciales (distribución de tierra para cultivos de banano) con mayores rangos de presencia de procesos destructores, que se visualizan especialmente en el cantón El Guabo.

7. El productor firma con "la exportadora un contrato de compra-venta de banano, este tiene que ser notariado y registrado en el Ministerio [...] es decir, firma del gerente de la compañía y la firma del productor, incluye cláusulas como precios, volumen, código de la finca, precio de sustentación de la caja, [...]. El Ministerio regulariza ese contrato para que la compañía con ese código saque el producto" (T001 07/2020).

CONCLUSIONES

En síntesis, a criterio de la autora, los procesos que han incidido en la actual estructura de los territorios en la Costa Sur son división social del trabajo, economías de la dependencia, globalización del mercado bananero, políticas de fomento Estatal, políticas agrarias, mercado vertical e inversión en infraestructura: principalmente vías y puertos. Todos estos han operado en el marco de matrices inequitativas de poder, con incidencia en todas las escalas espaciales, global, nacional y local, y de forma complementaria, aunque en muchos casos contradictoria.

Por lo tanto, podríamos plantear que la glotonería del capital que expande los espacios geográficos del capital mismo configura espacios de monotonía (monocultivos); el capital extrae excedentes a través de salarios bajos, precios bajos, explotación intensiva y de la naturaleza (Bedoya Martínez 1999), produciendo y reproduciendo socialmente grupos o comunidades e individuos vulnerables a los daños colaterales (Bauman 2011) del extractivismo en todas sus formas.

La actual configuración del espacio bananero en la provincia de El Oro, con presencia de agroindustria entre otros procesos extractivos, incide en la salud de los territorios y de los individuos y grupos que se articulan en estos espacios, en razón de que el uso de agroquímicos deviene la matriz tecnológica para los cultivos monotemáticos. Sin embargo, en opinión de los pequeños productores y técnicos de la zona de estudio, "los pequeños contaminan menos que las grandes plantaciones debido principalmente a razones económicas" (T001[8], 2018), ellos no aplican los 20 o 30 ciclos que regularmente se aplica en los cultivos de banano (T001, AP04, Matamoros 2004).

Las inequidades en la distribución de la tierra para cultivos de banano se han configurado históricamente por la inserción de Ecuador al mercado global, las políticas estatales y la estructura vertical del mer-

8. Código del técnico especialista en banano, entrevistado durante el proceso de investigación de la tesis doctoral.

cado de banano, injusticia socioespacial que condiciona el proceso de salud-enfermedad-muerte de los territorios de monocultivos y de los grupos sociales que se articulan a estos espacios.

Las economías de escala y la estructura del mercado bananero generan sujetos sociales vulnerables, especialmente aquellos con UPA pequeñas y medianas de producción, que condicionan los modos de vida de las familias y grupos sociales de campesinos bananeros y de sus trabajadores, como lo demuestra el informe de Oxfam (2014) que manifiesta que "alrededor de tres cuartas partes de los trabajadores bananeros en Ecuador tienen ingresos por debajo del umbral de la pobreza y miles de pequeños productores ya han desaparecido" (2014, 3).

Territorializando la concentración de la tierra y la matriz de procesos críticos a través de lenguajes visuales (mapas, coremas, etc.), es posible identificar alternativas y estrategias a los espacios vividos (malsanos) por los sujetos sociales que se localizan en la provincia de El Oro, así como en todas la zonas bananeras (en general agroindustriales) del país. Estas alternativas se generan desde la teoría y la praxis y podrían permitir plantear espacios "otros" de vida saludable, desde los principios de las 4 "S" (sustentabilidad, soberanía, solidaridad y seguridad) de la vida (Breilh 2010, 2017, 2019), o considerando los derechos humanos y de la naturaleza, enmarcados en conceptos como el del "buen vivir", incluidos en la Constitución del Ecuador (2008).

REFERENCIAS

ANBE-IFAC. 1959. *Les Bananeraies en Équateur.* Mission J. Champion.

Alvarado, Marcela, y Anaïs Vandecandelaere. 2011. "Tenencia de la tierra e inequidad en el acceso a la tierra". En *Tierra urgente*, editado por Francisco Hidalgo y Henry Laforge, 51-79. Quito: Ediciones La Tierra.

Banco Central del Ecuador (BCE). 2002. "1927-1997. Setenta años de información estadística". Quito: BCE-Departamento de Artes Gráficas.

Bauman, Zygmunt. 2011. *Daños colaterales: Desigualdades sociales en la era global.* Madrid: Fondo de Cultura Económica.

—. 2002-2018. "Estadísticas de Comercio Exterior, exportaciones por aduana y partida. Quito: BCE.

Bedoya, Eduardo, y Soledad Martínez. 1999. "La ecología política y la crítica al desarrollo". *Debate Agrario* 29/30: 22

Breilh, Jaime. 2003. *Epidemiología crítica: Ciencia emancipadora e interculturalidad.* Buenos Aires: Lugar Editorial / Universidad Nacional de Lanús.

—. 2010. *Epidemiología: Economía política y salud.* Quito: Universidad Andina Simón Bolívar, Sede Ecuador (UASB-E) / Corporación Editora Nacional (CEN).

—. 2012. "Principios y estrategias para las 4 'S' de una agricultura para la vida: Perspectiva desde el derecho a la vida y la salud integral". http://repositorio.uasb.edu.ec/handle/10644/3616.

—. 2017. "El desafío de construir un mundo agrario sustentable, solidario, soberano y seguro (las 4 'S' de la vida). En *Ecología política en la mitad del mundo*, editado por Elizabeth Bravo, Melissa Moreano e Ivonne Yánez, 299-312. Quito: Abya-Yala-Universidad Politécnica Salesiana.

—. 2019. Ciencia crítica sobre *impactos* en la salud colectiva y ecosistemas. Guía investigativa pedagógica: Evaluación de las 4 "S" de la vida. Quito: UASB-E.

—. 2021. *Critical Epidemiology and the People's Health.* Nueva York: Oxford University Press.

Carrillo, Germán. 2013. "Historia agraria y organización social en la Costa austral del Ecuador 1950-2010. Estudio de caso de una cooperativa agrícola: La Unión Regional de Organizaciones Campesinas del Litoral, Urocal". Tesis doctoral, Universidad de Murcia.

Cepeda, Darío. 2009. *Ces mains qui font le régime. Dynamique et performances agro-économiques des systèmes de production bananiers en Équateur.* Tesis doctoral, AgroParisTech, UR Systèmes Agraires et développement rural, París.

Cevallos, Víctor. 1984. "Consecuencias políticas de la aplicación de la ley de reforma agraria en el Ecuador". XI Curso Superior de Seguridad Nacional y Desarrollo. Secretaría General del Consejo de Seguridad Nacional. Quito: IAEN.

Instituto Espacial Ecuatoriano-Centro de Levantamientos Integrados de Recursos Naturales por Sensores Remotos (IEE-Clirsen). 2017. *Mapa de cobertura y uso de la tierra.* Quito: IEE-Clirsen.

Instituto Nacional de Estadística y Censos (INEC). (1950, 1962, 1974, 1982, 1990, 2000, 2010). *Censos de Población y Vivienda.* Quito: INEC.

Larrea, Carlos, Malva Espinosa, y Paola Sylva Charvet. 1987. *El banano en el Ecuador: Transnacionales, modernización y subdesarrollo*. Quito: CEN / FLACSO Ecuador.

Lefebvre, Henri. 2013 [1974]. *La producción del espacio*. Madrid: Capitán Swing.

Machado-Aráoz, Horacio. 2012. "Los dolores de Nuestra América y la condición neocolonial. Extractivismo y biopolítica de la expropiación". *Revista Observatorio Social de América Latina* XIII (32): 51-66.

Madrid, Tito. 2018. "La política agraria en Ecuador 1965-2015". *Propuestas para el Desarrollo* II: 47-48.

Maiguashca, Lincoln. 1992. "El segundo *boom* bananero ecuatoriano". Tesis de maestría, Facultad Latinoamericana de Ciencias Sociales, Ecuador, Quito.

Marx, Karl. 1975 [1867]. *El Capital: Crítica de la Economía Política*. Ciudad de México: Fondo de Cultura Económica.

Matamoros Camposano, David. 2004. *Predicting River concentrations of Pesticides from Banana Plantations under Data-Poor Conditions*. Tesis de doctorado, Ghent University, Flandes.

May, Stacey. 1949. The Economic Development of Ecuador. Informe enviado por International Basic Economy Corporation (presidido por Nelson A. Rockefeller) al presidente del Ecuador Galo Plaza.

Montalvo, Carlos. 2008. "La estructura vertical del mercado bananero para el Ecuador y el carácter limitado de las reformas de comercio internacional". *Revista Tecnológica-ESPOL* 21 (1): 165-79.

Morales-Borrero, Carolina, Elis Borde, Juan Carlos Eslava-Castañeda y Concha-Sánchez, S. C. 2013. "¿Determinación social o determinantes sociales?: Diferencias conceptuales e implicaciones praxiológicas". *Revista de salud pública* 15: 810-3.

Oslender, Ulrich. 2010. "La búsqueda de un contra-espacio: ¿Hacia territorialidades alternativas o cooptación por el poder dominante?". *Geopolítica: Revista de Estudios sobre Espacio y Poder* 1 (1): 95-114.

Oxfam. 2014. "Banano a bajo precio".

Paz y Miño, Juan. 2007. "Constituyentes, Constitución y Economía". En *Boletín del THE: Taller de Historia Económica* VII (6): 1-22. http://the.pazymino.com/boletinJunio07A.pdf.

Rodríguez Castillo, Diana. 2010. *Modelar la concentración de la tierra en Colombia mediante modelos econométricos espaciales/Modeling the concentration of land in Colombia using spatial econometric models*. Bogotá: Universidad Nacional de Colombia-Departamento de Estadística.

Roberts, Lois. 2009. *Empresarios ecuatorianos del banano*. Quito: Corporación para el Desarrollo de la Educación Universitaria.

—. 2019. *United Fruit in Ecuador: How United Fruit and Local Growers Made Ecuador the World's Top Banana Exporter*. Publicación independiente. Edición para Kindle.

Sierra, Rodrigo, Oscar Calva, y Alejandra Guevara. 2021. *La deforestación en el Ecuador, 1990-2018. Factores promotores y tendencias recientes*. Quito: Programa de las Naciones Unidas para el Desarrollo / Ministerio de Ambiente, Agua y Transición Ecológica del Ecuador.

SIPAE. 2011. "Informe de las Prácticas de Compra y Condiciones Sociales, Laborales y Ambientales en las plantaciones bananeras ecuatorianas que exportan a Alemania".

Striffler, Steve. 2002. *In the Shadows of State and Capital: The United Fruit Company, Popular Struggle, and Agrarian Restructuring in Ecuador, 1900-1995*. Duke University Press. Versión Kindle.

Yulán Milton. 2014. "Ley de Tierras Rurales y Territorios Ancestrales: ¿Para la soberanía alimentaria o profundizar la matriz agroexportadora y libre mercado de tierras?". *La Línea de Fuego*. 11 de noviembre. https://lalineadefuego.info/ley-de-tierras-rurales-y-territorios-ancestrales-para-la-soberania-alimentaria-o-profundizar-la-matriz-agroexportadora-y-libre-mercado-de-tierras-por-milton-yulan-moran/.

Zamora, Giannina. 2016. "La gestión del territorio en un Estado plurinacional: Retos de la implementación de las circunscripciones territoriales indígenas, como regímenes especiales en el Ecuador. Tesis de maestría en Estudios Socioambientales, FLACSO Ecuador.

—. 2021. "Determinación social de la vida, la salud y la muerte: Una mirada geo-histórica y post COVID-19". En *Tendencias, perspectivas y retos en el contexto del post COVID-19: El Sur Global y otros territorios*. Río Grande del Norte, BR: Universidad Federal de Río Grande del Norte (UFRN). En prensa.

—. 2022. El espacio socialmente construido y el espacio en la determinación social de la salud: agroindustria del banano litoral sur 1948-2018. Tesis de doctorado en Salud Colectiva, Ambiente y Sociedad. Quito: Universidad Andina Simón Bolívar, Sede Ecuador.

Zamora, Giannina, y Efraín León Hernández. 2021. La agroindustria del banano en el Litoral Sur ecuatoriano: Una mirada crítica desde La Coremática. *Revista de Investigación Talentos* 8 (1): 62-83. https://doi.org/10.33789/talentos.8.1.144.

Medios de comunicación

El Telégrafo. 2017. "Bananeros prestos a diálogo con empleados". *El Telégrafo*. 17 de octubre. https://www.eltelegrafo.com.ec/noticias/economia/4/bananeros-prestos-a-dialogo-con-empleados.

El Universo. 2017. "Foro y encuentro de sector bananero en Guayaquil". *El Universo*. 2 de octubre. https://www.eluniverso.com/noticias/2017/10/02/nota/6411127/foro-encuentro-sector-bananero/.

Entrevistas

P001, T001, AP01 son los códigos para los entrevistados durante la investigación de tesis doctoral de Giannina Zamora. P para productor, T para técnico especialista en cultivos de banano y AP es la combinación del entrevistado que es académico y técnico.

Bases de datos de acceso libre

Banco Central del Ecuador. 1927-1997. "Setenta años de información estadística", Quito, BCE Departamento de Artes Gráficas, 2002.

Banco Central del Ecuador. 2002-2018. "Estadísticas de Comercio Exterior, exportaciones por aduana y partida. Quito, Ecuador.

MAGAP. 2013. "Informe y mapas del catastro bananero 2013". Quito: MAGAP.

ESPAC 2016-2018. Datos de la Encuestas de Superficie y Producción Agropecuaria. Ecuador en Cifras. INEC. Quito, Ecuador.

Capítulo 7
Las cicatrices de la determinación social en el estado nutricional

David Acurio Páez

No hay relaciones sociales sin espacio
y no existe espacio sin relaciones sociales,
Aún más, el espacio urbano supone simultaneidad,
encuentros, confrontación de diferencias
y expresión de los desequilibrios.

Lefebvre

INTRODUCCIÓN

La alimentación "expresa a la vez y de golpe todo tipo de instituciones; religiosas, jurídicas [y] morales" (Mauss 2009, 157), incluye la producción, la distribución, el consumo y el desecho de alimentos (Contreras 1993). Todos estos procesos están subordinados a las condiciones que impone el capitalismo hegemónico, capitalismo que es no solo una forma de producción, sino un esquema de reproducción social y una cultura que se manifiesta y reproduce en el consumo (Bourdieu 2013; Harris 1999; Fischler 1995; Bertran 2015; Appadurai 1991).

Hay un proceso de determinación social (Breilh 2013a, 2013b, 2020) del consumo de alimentos y la malnutrición que es producto de históricas tensiones existentes entre la acumulación de capital y conservación de la vida y la salud, tensiones que dejan marca —cicatrices— en los territorios, llámense estos cuerpos, barrios, ciudades o países.

Por ello, hacer un estudio de la alimentación como hecho social total demanda abandonar el análisis centrado en el individuo y asumir la existencia de una complejidad con al menos tres movimientos:

> el primero el que se da entre las tres dimensiones de la realidad; general, particular y singular, un segundo el que se establece ente el objeto y sujeto de investigación en el campo de la praxis y un tercero un movimiento de autonomía relativa, que se contrapone a la subsunción y regulación generadas por las condiciones generales del sistema. (Breilh 2003, 124)

Este artículo posiciona su análisis desde la epidemiología crítica y tiene como objetivo comprender las expresiones territoriales del proceso de determinación social del estado nutricional de niños y niñas menores de 5 años que asisten a centros de desarrollo infantil en el área urbana de Cuenca, Ecuador.

El texto presenta parte de los resultados de la investigación realizada entre 2018 y 2020 y está organizado en cinco componentes: el primero presenta una proposición conceptual; el segundo formula una metodología que le es consecuente a la proposición conceptual; el tercero encara los resultados del estudio transversal sobre el estado nutricional estudiado; el cuarto se enfoca en la expresión geográfica de la determinación y, finalmente, el quinto muestra un componente de discusión y conclusiones acerca de lo abordado.

PROBLEMA

El sistema alimentario hegemónico mantiene como esencia la explotación agroindustrial a partir de los siguiente elementos: primero, el monocultivo extensivo; segundo, la sobreexplotación de los productores y trabajadores agrícolas de las grandes plantaciones y, tercero, la optimización máxima de utilidades mediante instrumentos financieros e industriales como los commodities y la elaboración de productos comestibles industriales altamente procesados (hiperprocesados) (Veraza 2007, 2008).

La expresión del sistema alimentario en Ecuador muestra un espejismo de crecimiento anual del 4,8 % de la producción agrícola desde el año 1996 (Maldonado 2011; Calero León 2011), pero la extensión de tierra dedicada a la agricultura disminuyó de 28,6 % del territorio en 1990 a

26,9 %, en 2005. Lo que se incrementó fue la superficie de siembra de cultivos para exportación como el cacao, plátano y palma y los cultivos de caña y maíz duro para la gran industria, mientras disminuyó la cosecha de cebada en un 13 % o de choclo en 22 % (Aguinaga y Flores 2012).

La pérdida de soberanía alimentaria tiene como consecuencia una alta prevalencia de desnutrición infantil, para 2018 era de un 23 % en los niños menores de 5 años (Freire et al. 2014; INEC 2019), algo muy superior al promedio de América Latina y el Caribe, que se estimó en 9 % (UNICFE, 2019) y muy lejos de la meta mínima de los objetivos de desarrollo sostenible (ODS) de 2030, que proponen llegar a un 12,2 % de niños con retraso en crecimiento.

La provincia del Azuay, cuya capital es la ciudad de Cuenca —área del presente estudio—, ha mantenido también porcentajes de desnutrición infantil superiores al del promedio de país. Así, en 2012, según Freire et al. (2014), era del 29,9 % y para 2018, de acuerdo con el reporte de Ensanut (INEC 2019), era de un 28,79 % de niños menores de 5 años con desnutrición crónica.

MARCO TEÓRICO

El presente estudio asume el paradigma de la epidemiología crítica y se sustenta en cuatro categorías fundamentales: a) la reproducción social como lógica explicativa de las relaciones de complejidad existentes; b) la determinación social de la salud y el estado nutricional; c) la hegemonía como proceso de imposición-aceptación de la realidad social, y d) el metabolismo sociedad-naturaleza

La reproducción social y el sistema alimentario

Samaja (2009) propone que la naturaleza primordial de los seres vivos es la reproducción de sí mismos (homeostasis y homeorresis) y de otros del mismo tipo (procreación). Su esencia es la reproducción de la autoconciencia como saber emergente de su vínculos sociales, igualmente la reproducción de las relaciones materiales y jurídicas, que permiten mantener integrados todos los modos de vida en una misma supracomuna, lo cual constituyen el sentido ordinario del Estado.

Para que este proceso de reproducción social no atente contra la propia vida y reproducción del sujeto comunitario, Breilh plantea que debe estar sustentado, cuando menos, sobre cuatro valores esenciales; sustentabilidad, soberanía, solidaridad-organicidad y seguridad de la vida (salud), si estos aspectos se afectan, lo que se produce es un ciclo malsano que condena a la autodestrucción (Breilh y Tillería 2008; Breilh 2011, 2014) .

La alimentación asegura la reproducción biológica y la reproducción de los símbolos que conforman la autoconciencia y la conducta comunal (Giraldo da Silva et al. 2005) y le da contenido a las redes simbólicas con las que se construye una diferenciación ligada a la posesión de bienes materiales y la inserción de clase (Fischler 1995), que genera la reproducción social hegemónica.

La alimentación es producto de las distintas formas de relación entre sociedad y la naturaleza y entre el sujeto (S) y la materia prima (M), relación con la que se cultivan o transforman productos alimenticios. La apropiación de la naturaleza se da "dentro de una determinada forma social y mediante ella" (Schmidt 1977, 76), donde la tierra es un medio de producción y un instrumento estratégico y el alimento producido está marcado por la forma en que se ejecuta el trabajo humano (Bartra Vergés 2006).

La producción de alimentos, como un bien con valor de uso, tiene dos caminos: el de resolver las necesidades de subsistencia y el de convertirse en mercancía que es negociada en el mercado. En la actualidad, el mercado de alimentos; sin procesar, procesados o hiperprocesados está absolutamente subordinado a los intereses del capital, que ha transformado los alimentos en valores de cambio transables en las bolsas de valores como *commodities* homogéneos que generan un plusvalor extra al capital financiero y, paulatinamente, controla las condiciones de producción del pequeño agricultor.

La soberanía alimentaria como una producción libre de agrotóxicos, destinada principalmente para el consumo local y reivindicando el valor de uso de los alimentos, es la forma sana y sostenible de relación con la naturaleza y, por lo tanto, una forma de resistencia frente a las lógicas acumulación de capital.

DETERMINACIÓN SOCIAL DEL CONSUMO ALIMENTARIO Y EL ESTADO NUTRICIONAL

Las condiciones biológicas están determinadas por las condiciones sociales. Por lo tanto, la complejidad de dichas relaciones y procesos exige reconocer tres dimensiones de la determinación, una general, una particular y otra singular, que explican el conjunto de contradicciones, tensiones y movimientos existentes entre ellas (Breilh 1977; Castellanos 1990).

La dimensión de lo general hace referencia a las condiciones estructurales que entran en juego en el proceso de determinación de la salud (Breilh 2010). Es "la estructura de distribución del capital y los mecanismos que tienden a garantizar su reproducción" (Bourdieu 2013, 31). El componente de esta dimensión general es el sistema alimentario capitalista, "cuyo rasgo distintivo es ser esencialmente inadecuado a las necesidades consuntivas de los seres humanos, por ser adecuado para las necesidades productivas del capital" (Veraza 2007), donde los alimentos se han convertido en instrumento de dominio y sumisión a los países del tercer mundo (Rubio 2015, 40).

"La dimensión particular reconoce la existencia de distintos modos de vida que son la expresión estructurada y dinámica del perfil epidemiológico, que articula las relaciones de poder de clase, etnia y de género, que condicionan patrones estructurados del vivir, en colectividades definidas" (Breilh 2010, 43), así como también las relaciones que cada uno de estos grupos establece con la naturaleza (Breilh 2015).

El modo de vida responde a la clase social, entendida, en palabras de Agustín Cueva (1988), como los grandes grupos que se diferencian entre sí por el lugar que ocupan en un sistema de producción históricamente determinado, por las relaciones en que se encuentran frente a los medios de producción, por el papel que desempeñan en la organización social del trabajo y por el modo y la proporción en que reciben la parte de la riqueza social de que disponen.

El modo de vida genera una forma de actuar, de pensar, de sentir y de representarse grupalmente, un *habitus* que devienen en signos socialmente calificados como distinguidos, pues la distinción transforma la distribución de capital en un sistema de diferencias simbólicas percibidas por todos (Bourdieu 2013).

En la dimensión singular están las expresiones fenomenológicas individuales y las prácticas familiares de consumo y de cuidado, en las que se puede valorar la forma en que se encarnan los procesos sociales en las formas de consumo y en la condición biológica.

El metabolismo sociedad-naturaleza

La reproducción de las sociedades humanas no se da en un vacío ecológico, las sociedades son afectadas por las dinámicas y ciclos de la naturaleza, las sociedades humanas producen y reproducen sus condiciones materiales de existencia a partir de su metabolismo con la naturaleza (Toledo y González de Molina 2007).

El sistema alimentario expresa los cinco procesos metabólicos propuestos por Toledo (2008): 1. la apropiación de alimentos y agua de la naturaleza; 2. la transformación mediante la cocción o la incorporación de técnicas y substancias para lograr su conservación, incluso la incorporación de ingredientes que los convierte en hiperprocesados; 3. la distribución-circulación que permite el modelo actual de acumulación; 4. el consumo alimentario, y 5. la excreción.

El consumo alimentario como cuarto proceso del metabolismo sociedad-naturaleza muestra no solo la capacidad de la sociedad para satisfacer las necesidades humanas a partir de la apropiación y producción y distribución de alimentos, sino también desnuda las dificultades de buena parte de la población para acceder a consumos sanos y enfrentar, con ello, el hambre y la desnutrición. El creciente consumo de carnes es hoy unos de los principales problemas a resolver en el metabolismo sociedad-naturaleza.

La excreción como proceso final es la devolución de materiales, energía y residuos a la naturaleza. En la alimentación, la enorme cantidad de alimentos desperdiciados puede llegar a significar un tercio de lo que se produce anualmente, sobrepasando en ocasiones la capacidad de reciclaje y la cada vez mayor cantidad de residuos no reciclables que acompañan a los alimentos (fundas, envases, platos, etc.) y exigiendo para su tratamiento nuevos procesos metabólicos.

METODOLOGÍA

Se realizó un estudio analítico cuanti-cualitativo con tres componentes: (a) un análisis de la economía política del sistema alimentario; (b) un estudio transversal de prevalencia de malnutrición basado en datos antropométricos (peso y talla), que incluyó una encuesta sobre condiciones sociales y económicas de los hogares, y (c) un estudio cualitativo con enfoque etnográfico sobre prácticas de consumo alimentario con seis madres de familias de distinta inserción social.

El objetivo general del estudio fue comprender los procesos de determinación sociocultural del consumo alimentario de las familias del área urbana de Cuenca y la malnutrición en niños y niñas menores de 5 años que asistieron a centros de desarrollo infantil entre mayo y julio de 2019. Asimismo, uno de los objetivos específicos es el explicar la relación entre inserción social y espacio urbano con las prácticas de la alimentación en las familias del área urbana de Cuenca.

Para procesar la complejidad de la determinación social, y reconociendo que el perfil epidemiológico de la nutrición no se limita a la dimensión biológica de la antropometría, se identificaron procesos críticos que permitan entender la dinámica de la determinación social del consumo alimentario y la malnutrición.

Tabla 1. Dominios de la determinación social y procesos críticos

Dominio	Procesos protectores	Procesos destructores
General	Episteme de la salud, la vida y el consumo sano Soberanía alimentaria	Modelo de acumulación del capital Régimen alimentario neoliberal
Particular	Equidad social Modos de vida saludables Organizaciones de productores y consumidores	Inserción social generadora de inequidad Modos de vida insanos y de alto consumo Estructuras actuales de poder Modelos de urbanización y segregación del espacio urbano
Singular	Alimentación sana, equilibrada, gratificante y compartida Selección y reciclaje de desechos	Consumismo Desestructuración alimentaria (dieta neoliberal) Búsqueda de distinción
	Equilibrio antropométrico	Malnutrición

Elaboración propia.

El estudio transversal de prevalencia de malnutrición está basado en datos antropométricos (peso y talla) de 1293 niños y niñas, menores de 60 meses de edad, es decir, de la totalidad de asistentes de todos los 16 centros de desarrollo infantil (CDI) y 15 programas de acompañamiento domiciliario de desarrollo infantil (CNH) del área urbana del cantón Cuenca durante los meses de mayo, junio y julio de 2019.

Se aplicó una encuesta a 1121 hogares, al realizar la limpieza de datos se contó con 1053 registros que contenían toda la información necesaria para el análisis, con las cuales se han trabajo los resultados. Con la información de la encuesta de hogares se construyó unos índices derivados que permitieron construir tipologías para las formas de inserción social, los modos de vida, la vulnerabilidad territorial y los estilos de vida, para luego con estos índices valorar los procesos críticos, tanto en la dimensión particular como singular

Tipologías de inserción social

Se usaron estas tipologías para construir el índice de inserción social. Se definieron usando cuatro variables: (a) lugar que ocupa en el aparato productivo; (b) relaciones técnicas basadas en el rol que ocupan en la organización del trabajo; (c) relaciones de propiedad frente a los medios de producción y (d) relaciones de distribución, cuota de la riqueza de que disfrutan (Breilh 1989).

Basado en esas variables, Jaime Breilh (2017) y Ylonka Tillería (2019) proponen algunas definiciones referenciales, a partir de las cuales se definieron las siguientes tipologías de inserción social: empresario, la capa media pudiente, la capa media pobre, pequeño productor artesano, pequeño productor comerciante, obrero, subasalariado y desocupado.

Tipologías de modos de vida

Estas tipologías son la forma como se organizan históricamente las condiciones sociales, por lo que los colectivos están situados en diferentes posiciones dentro de la estructura de poder, lo que hace que práctica y condiciones diferentes en los procesos protectores o destructivas para la salud (Iriart et al. 2002).

La construcción de los modos de vida partió de identificar cinco ámbitos (Breilh 1999) en los que se expresan las distintas formas de vivir: condiciones de trabajo, consumo, soporte organizativo, conciencia y subjetividad alimentaría y metabolismo sociedad-naturaleza.

Para este estudio, se generaron cuatro tipologías de modos de vida: a) modo de vida precario, con niveles de consumo básico, precariedad alimentaria y ausencia de soportes colectivos; b) modo de vida modesto, con consumo intermedios, precariedad alimentaria y algo de soporte social; c) modo de vida medianamente saludable, que tiene condiciones de trabajo regulares, consumo alimentario variable entre patógeno y sano y cuenta con soporte gremial o político, y d) modo de vida acomodado con buenas condiciones de trabajo, consumo de alimentos distintivos y soporte organizativo gremial o político.

En un sistema dónde la reproducción social está marcada por la concentración de poder y riqueza en grupos hegemónicos, la mayoría de la población mantiene condiciones de subordinación que impiden su dominio sobre la propiedad de bienes y riquezas, sobre las formas organización colectiva, sobre la subjetividad, sobre la cultura y sobre el manejo del saber y, como consecuencia, sobre el acceso autárquico al bienestar y libertad plenos (Breilh 1996).

En esta investigación se han propuesto cuatro ámbitos para operativizar los procesos de la "matriz de poder" e inequidades existentes: a) posesión de bienes perdurables y el nivel de ingresos; b) condición de género; c) etnia, y d) edad del principal responsable económico.

Índice de vulnerabilidad territorial

Este índice está definido por la interrelación de territorio y sociedad en la historia. En esta parte del estudio se hace una valoración aproximada a partir de la cantidad de facilidades y servicios con que cuenta un espacio social específico.

Para entender la complejidad del proceso de construcción de vulnerabilidades se operativizó el proceso en tres dimensiones: (a) cobertura de servicios púbicos necesarios y complementarios, como recolección de desechos sólidos, iluminación en las calles y existencia de espacio de recreación y veredas; (b) condiciones de vivienda, como un índice derivado de las características físicas de las viviendas y el hacinamiento, y (c) tipo de espacio urbano que valora los procesos ambientales destructivos y protectores existentes, así como también la percepción que del espacio urbano tienen sus habitantes.

Tipología de estilos de vida

Se construyó una tipología de estilos de vida en el nivel singular-individual de la alimentación: (a) estilo de vida hiperconsumista con dieta dañina; (b) consumista con dieta dañina caracterizada por consumo una alimentación medianamente estructurada; (c) estilo de vida de consumo estándar, comportamiento alimentario dañinos y convivialidad alta; (d)estilo de vida de consumo básico con dieta sana y (e) consumo totalmente básico con dieta sana y muy alta convivialidad.

Previo a la aplicación de las encuestas todas las personas firmaron y asintieron mediante la suscripción de un documento de consentimiento y asentimiento informado.

RESULTADOS

Malnutrición infantil en Cuenca urbana

La tabla 2 muestra que la prevalencia de desnutrición crónica en los niños y niñas menores de 5 años que asisten a los centros de desarrollo infantil del área urbana de Cuenca es del 26,2 %. La prevalencia es mayor en los niños de hogares cuyos responsables económicos no superaron la educación primaria (30 %). El porcentaje de niños con desnutrición crónica que asisten a servicios privados de desarrollo infantil fue del 14,7 %.

Un período reconocido como crítico para el desarrollo infantil es el comprendido entre los cero y veintitrés meses de edad. Los menores de 2 años tienen una prevalencia del 35,4 %, frente a los niños entre 2 y 5 años en los que la prevalencia desciende a 23,1 %. Vale resaltar que la prevalencia de desnutrición crónica llaga a un 40 % cuando el responsable económico es un adolescente.

La investigación confirma una prevalencia del 8,7 % de sobrepeso y obesidad en las niños y niñas menores de 5 años, incrementando al 14,7 % en el caso de los menores de 2 años (tabla 3). Es significativa la diferencia entre niños, que llega a ser del 9,7 %, mientras que en las niñas es de 6,8 %. Es muy importante notar que cuando el responsable económico del hogar es un adolescente, el porcentaje de niños con sobrepeso y obesidad llega al 13,3 %, casi dos veces más prevalente que en hogares donde los responsables económicos son adultos.

Tabla 2. Prevalencia de desnutrición crónica en niños y niñas menores de 5 años que asisten a servicios de desarrollo infantil del área urbana de Cuenca por características generales de los participantes Cuenca-2019

Variable		Relación talla para edad		chi2 Valor de p.	
		% de desnutrición crónica	% normal		
Sexo	Masculino	27,3	72,7	1,423	0,13
	Femenino	24,3	75,7		
Grupo de edad	Menor de 2 años	35,4	64,4	15,859	0,0001
	2 a 5 años	23,1	76,9		
Financiamiento de servicios desarrollo infantil	Público	26,6	73,4	11,371	0,0001
	Privado	14,7	85,3		
Nivel de instrucción Principal responsable	Primaria o menos	30	70	5,132	0,052
	Secundaria o superior	24,1	75,9		
Edad de responsable económico	Adolescentes	40	60	1,4	0,179
	Adultos	26,2	73,8		
Etnia de responsable económico del hogar	Indígena y afroecuatoriana	26	74	0.003	0,538
	Mestiza y blanca	26,3	73,7		
Condición de ocupación de principal responsable económico	Desocupado	42,2	57,8	12,748	0,76
	Ocupado	24,9	75,1		

Fuente y elaboración propias.

Tabla 3. Prevalencia de sobrepeso y obesidad en niños y niñas menores de 5 años que asisten a servicios de desarrollo infantil del área urbana de Cuenca por características generales de los participantes Cuenca-2019

Variable		IMC para edad		chi2	valor de p
		% de sobrepeso y obesidad	% normal		
Sexo	Masculino	9,7	90,3	3,56	0,037
	Femenino	6,8	91,7		
Grupo de edad	Menor de 2 años	15,3	84,7	19,411	0,00001
	2 a 5 años	6,5	93,5		
Financiamiento de servicios de desarrollo infantil	Público	8,8	91,5	21,69	0,0001
	Privado	5,9	94,6		
Nivel de instrucción Principal responsable	Primaria o menos	7,9	92,1	9,924	0,217
	Secundaria o superio	8,8	91,4		
Edad de responsable económico	Adolescentes	13,3	86,7	0,42	0,378
	Adultos	8,6	91,4		
Etnia de responsable económico del hogar	Indígena y afroecuatoriana	6,5	93,5	11,522	0,195
	Mestiza y blanca	8,9	91,1		
Condición de ocupación de principal responsable económico	Desocupado	6,3	93,8	0,785	0,356
	Ocupado	8,9	91,1		

Elaboración propia.

En Cuenca urbana el 26 % de niños menores de 5 años padecen de desnutrición crónica. Este padecimiento está determinado por una serie de procesos críticos vinculados con el nivel de inserción social que tiene la población en el contexto de un sistema de reproducción social generador de inequidad.

En la tabla 4 se muestra como las distintas inserciones de clase marcan de manera diferenciada la condición nutricional, así, los hogares de desempleados urbanos llegan a tener un 43,6 % de niños menores de 5 años con desnutrición crónica.

También, permite ver cómo los modos de vida, que hemos insistido, son prácticas basadas en posiciones materiales, pero no son exclusivamente económicas, determinan la prevalencia de desnutrición. De esta forma, los porcentajes de desnutrición crónica varían de forma directamente proporcional al nivel de vulnerabilidad territorial. En los modos de vida con mayor precariedad, la prevalencia es significativamente mayor que en los otros.

Tabla 4. Desnutrición crónica en niños y niñas menores de 5 años que asisten a servicios de desarrollo infantil del área urbana de Cuenca 2019

Variable		Relación talla para edad	
		% de desnutrición crónica	**% normal**
Inserción social (INSOC)	Capa media pudiente	25,0	75,0
	Capa media pobre	25,6	74,4
	Pequeño productor Artesano	28,8	71,2
	Pequeño productor comerciante	22,6	77,4
	Obrero	28,8	71,2
	Subasalariado	24,7	75,3
	Desempleado	43,6	56,4
Modo de vida	Modo de vida precario	32,0	68,0
	Modo de vida modesto	24,6	75,4
	Modo de vida medianamente saludable	23,9	76,1
	Modo de vida acomodado	26,5	73,5
Índice de vulnerabilidad territorial	Baja vulnerabilidad	25,9	74,1
	Mediana vulnerabilidad	24,9	75,1
	Alta vulnerabilidad	31,6	68,4

Elaboración propia.

En el presente estudio, el comportamiento del sobrepeso y la obesidad en niños y niñas menores de 5 años muestra una prevalencia menor en obreros (3 %) y desempleados (5,5 %), capa media pobre (6,4 %), que tienen valores por debajo de la media en los subasalariados (8,7 %) y superan el promedio en los niños de la capa media pudiente (10%), los pequeños productores comerciantes (11,7 %) y los artesanos (13,6 %) (tabla 5).

Tabla 5. Sobrepeso y obesidad en niños y niñas menores de 5 años que asisten a servicios de desarrollo infantil del área urbana de Cuenca por procesos críticos en salud. Cuenca-2019

Variable		Relación IMC para edad		
		% de riesgo de sobrepeso	**% de sobrepeso y obesidad**	**% normal**
INSOC	Capa media pudiente	26,8	10,9	62,3
	Capa media pobre	24,5	6,4	69,1
	Pequeño productor Artesano	24,2	13,6	62,1
	Pequeño productor comerciante	43,3	11,7	45,0
	Obrero	42,4	3,0	54,5
	Subasalariado	20,8	8,7	70,5
	Desempleado	27,3	5,5	67,3
Modo de vida	Modo de vida precario	28,7	6,0	65,3
	Modo de vida modesto	27,0	8,4	64,6
	Modo de vida medianamente saludable	24,3	12,4	63,3
	Modo de vida acomodado	24,2	10,6	65,2
Índice de vulnerabilidad	Baja vulnerabilidad	22,1	12,4	68,2
	Mediana vulnerabilidad	28,4	1,9	62,9
	Alta vulnerabilidad	31,6	6,6	61,8

Elaboración propia.

LA GEOGRAFÍA DE LA DETERMINACIÓN SOCIAL DE LA MALNUTRICIÓN EN CUENCA

> La Gobernación de Cuenca es la más rica y felizy la más infeliz y pobre de toda América.
>
> Actas del Cabildo de Cuenca, 1791

Las formas de la ciudad son consecuencia del proceso de reproducción social que actualiza permanente una estructura trans-histórica de relaciones, en las que las que la totalidad social actúa en una zona o territorio de la naturaleza para lograr de esta una respuesta favorable al mantenimiento de sus condiciones de reproducción (Echeverría, 1984).

En el caso de Santa Ana de los Cuatro Ríos de Cuenca, la ubicación de la fundación española marcó las tensiones y las diferencias con la población indígena. Los invasores españoles no eligieron como centro de la emergente ciudad la misma ubicación del castillo inca de Pumapungo, lo dejaron como traspatio, en la zona externa y trasera de la ciudad, distribuyendo los terrenos para los españoles alrededor de la nueva plaza central, dejando en préstamo u arrendamiento que los indígenas se ubiquen en la zona del viejo castillo de Atahualpa (Cordero Íñiguez 2007).

A partir del núcleo central, el crecimiento de la ciudad fue centrípeto y respondió a la historia de acumulación basada en la producción y comercialización de sombreros de paja toquilla y en la agricultura, ambas generaron una burguesía comercial que empezó a constituirse desde aproximadamente 1860, cuando se consolida la exportación de sombreros y luego de cascarilla. Esta burguesía aristocrática tuvo poder político suficiente para obtener en 1954 una ley de protección para iniciar un proceso de industrialización, que se consolidó hasta los años 70 con la construcción del parque industrial ubicado al noroccidente de la ciudad (Carrasco 1985).

Para los años 70 y 80, el desarrollo industrial genera la ampliación del espacio urbano, por un lado, los barrios de obreros y trabajadores de la naciente industria en la zona noroccidental de la ciudad y, por otro, los nuevos espacios de la consolidada burguesía local al suroccidente.

INSERCIÓN SOCIAL EN EL TERRITORIO DE LA CIUDAD

Utilizando las tipologías de inserción social, se pudo identificar que Cuenca mantiene una tendencia en la que los sectores pudientes se asienten en las cercanías de los ríos de la ciudad, en aquellos espacios que se transformaron de hacienda en barrio, y que esta se hace más evidente en las nuevas zonas de crecimiento urbano, ubicadas hacia el norte de la ciudad. Mientras que hay una mayor concentración de hogares de clase media pobre y subasalariados en las zonas más distantes de los ríos, sea hacia el sur o hacia el noroccidente de la ciudad (mapa 1).

Mapa 1. Distribución geográfica de los diversos tipos de inserción social en Cuenca, 2019

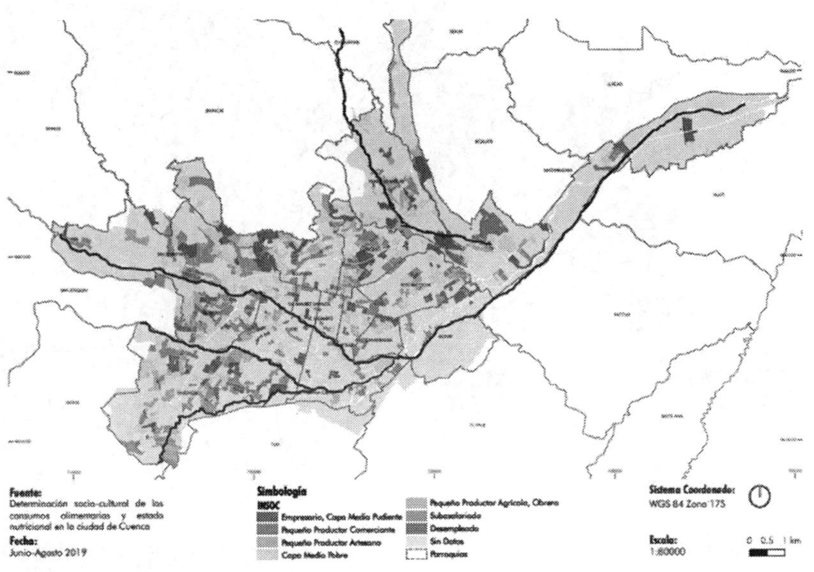

Fuente: Base de datos. Elaboración propia.

Las características que el espacio brinda a quienes lo habitan son expresión del proceso histórico social de la ciudad. Todavía, en una ciudad como Cuenca, que tiene una cobertura de servicios básicos (agua, energía eléctrica y alcantarillado) que rebasa el 98 %, se puede ver *cómo* en los servicios que son necesarios y complementarios (recolección de desechos sólidos, iluminación en las calles, existencia de espacio de recreación y construcción de veredas) las coberturas son menores en aquellos sectores donde están asentados las capas medias pobres, los pequeños productores, los subasalariados y los desempleados, es decir, en el sur y en el noroccidente de la ciudad (mapa 2).

Mapa 2. Cobertura de servicios necesarios y complementarios en área urbana de Cuenca , 2019

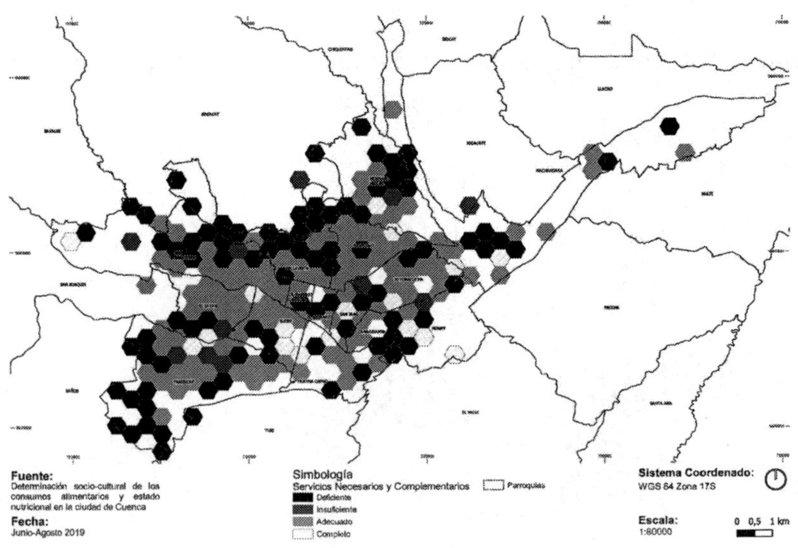

Fuente y elaboración propias.

Cuando se combina los territorios ocupados por las distintas clases sociales (en formatos de polígonos) con los tipos de modos de vida (mapa 3), se puede ver que la capa media pudiente y los pequeños comerciantes (en tonos de celeste) tienen modos de vida medianamente saludables y acomodados.

Mapa 3. Inserción social y modos de vida saludables hogares del en área urbana de Cuenca, 2019

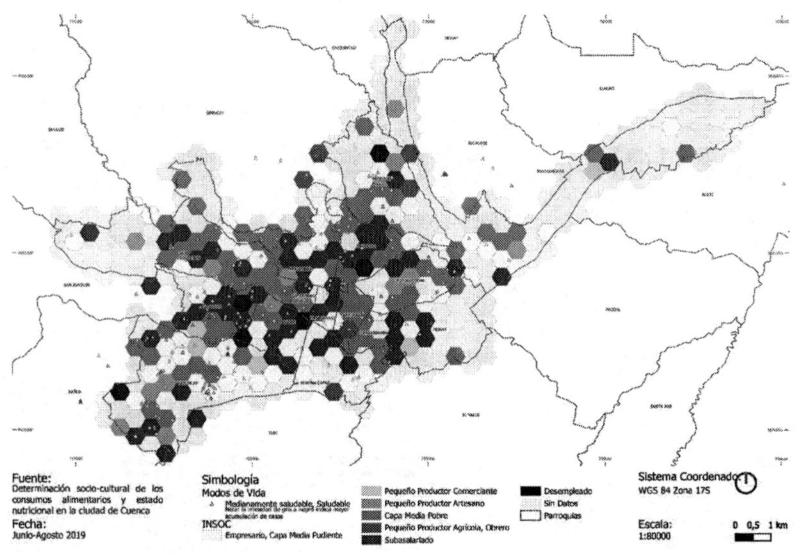

Fuente y elaboración propias.

Ver David Acurio Páez, “Cuenca: alimentación, inequidad y poder; estudio de la determinación sociocultural de los consumos alimentarios y del estado nutricional en la ciudad de Cuenca”, repositorio UASB-E, https://repositorio.uasb.edu.ec/handle/10644/8879

La inserción social subordina a las condiciones biológicas y determina las condiciones de salud y el presente estudio identifica las cicatrices que en el territorio de la ciudad deja el proceso de determinación social.

En el mapa 4, sobre la base de las diversas formas de inserción social (en tonos que van desde el celeste más intenso para el grupo de empresarios y capa media pudiente hasta el rojo intenso para desempleados), se puede observar la distribución geográfica de los niños menores de 5 *años con desnutrición crónica. Los polígonos donde predominan inserciones sociales más pobres tienen mayor presencia de niños con desnutrición crónica.*

Mapa 4. Inserción social y desnutrición crónica en menores de 5 años que asisten a centros de desarrollo infantil en área urbana de Cuenca, 2019

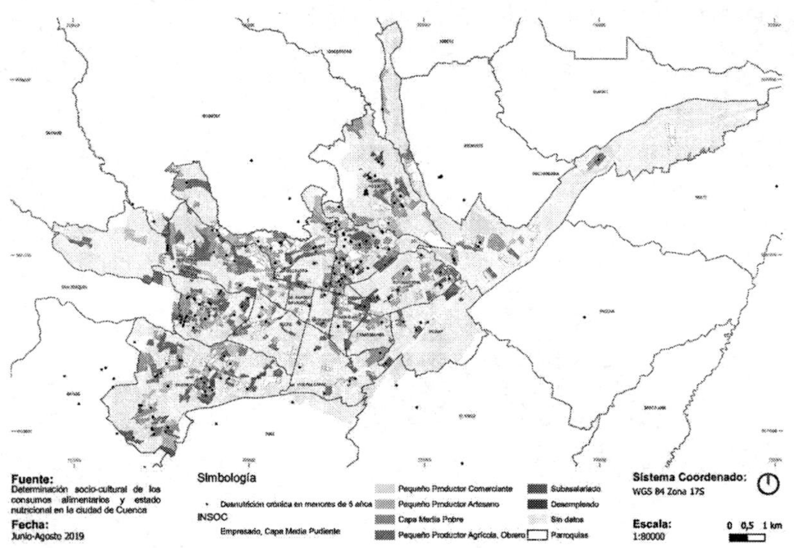

Fuente y elaboración propias.

Cuando se analiza el riesgo de sobrepeso, el sobrepeso y la obesidad en la ciudad de Cuenca, los territorios con mayor presencia de hogares con niños y niñas con sobrepeso y obesidad corresponden a niveles de inserción social más bajo (mapa 5).

Mapa 5. Inserción social, riesgo de sobrepeso, sobre peso y obesidad en área urbana de Cuenca, 2019

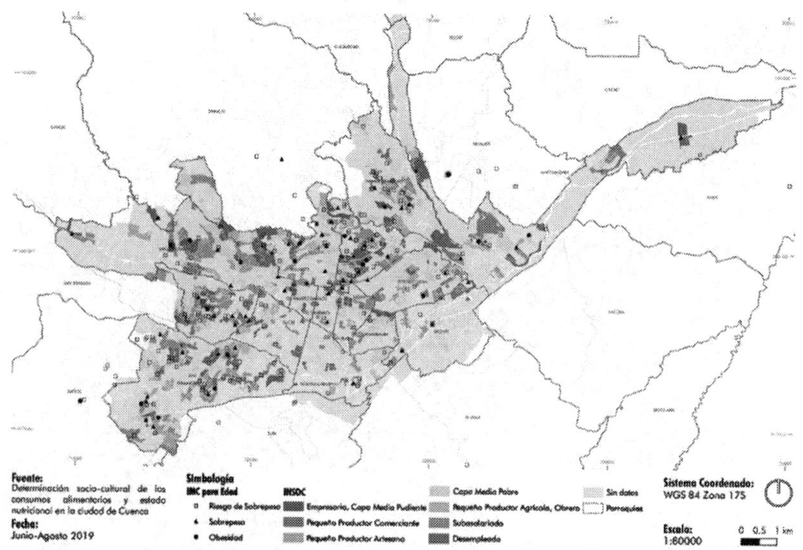

Fuente y elaboración propias.

Cuenca es una ciudad con una importante dotación de servicios ambientales, con viviendas en buenas condiciones y procesos protectores importantes, pese a ello se pueden identificar sectores con mayor vulnerabilidad territorial que otros, de hecho, la zona sur de la ciudad y la noroccidental vuelven a ser las que tienen zonas con mayor porcentaje de vulnerabilidad. En el mapa 6, se puede observar que la mayor cantidad de polígonos de baja vulnerabilidad coinciden con las zonas donde hay un mayor asentamiento de capas medias pudientes.

Mapa 6. Índice de vulnerabilidad territorial en área urbana de Cuenca, 2019

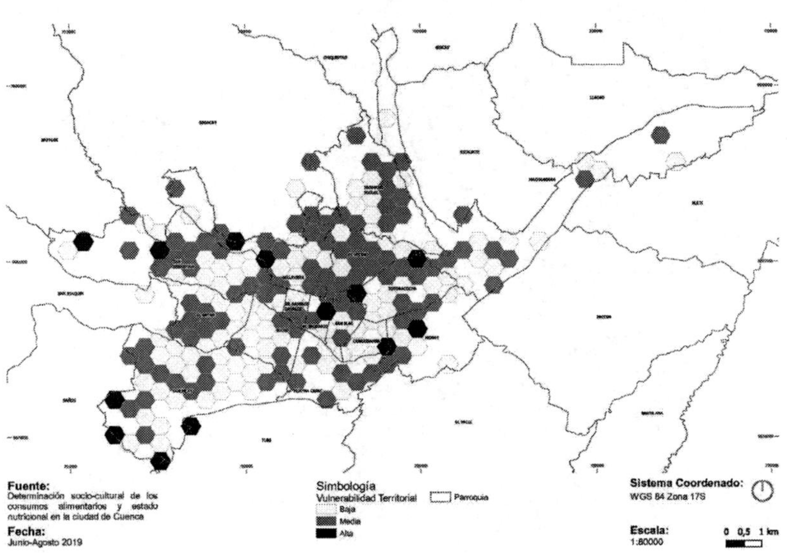

Elaboración propia.

DISCUSIÓN

Al poner la presente investigación en diálogo con los dos últimos estudios nacionales de nutrición, se pueden constatar tres elementos fundamentales: a) la situación nutricional no ha mejorado en nada, es más, ha empeorado; b) la mirada desde la epidemiología crítica permite tener una dimensión diferente que relaciona de forma clara los procesos generales de acumulación de capital y la configuración del espacio urbano con la malnutrición, y c) los estudios realizados en el país sobre malnutrición están marcados por una epidemiología causalista al margen del origen de los problemas y su complejidad.

La situación nutricional

El presente estudio encontró un promedio del 26,2 % de desnutrición crónica en niños menores de "5 años del área urbana de Cuenca. El sobrepeso y la obesidad de las niñas y niños representa el 8,7 %", que es similar al promedio nacional de 2012 (8,6 %), pero inferior a los datos de 2012 para la provincia del Azuay (11,1 %) (Freire et al. 2014).

Se calculó una tasa de desnutrición del 29,9 % en niños y niñas menores de 5 años, en 2018 ese porcentaje fue del 28,79 % (INEC 2019). El presente estudio encontró un promedio del 26,2 % de desnutrición crónica en niños menores de 5 años, pese a que se centró en el área urbana y en aquellos que asisten a servicio de desarrollo infantil, en los cuales se aspiraría que la situación es mejor que en aquellos donde no están estos servicios.

Según este estudio, el sobrepeso y la obesidad de los niños que acuden a los servicios de desarrollo infantil de Cuenca urbana, de 8,7 %, es similar al promedio nacional del año 2012 (8,6 %) pero inferior a los datos de 2012 para la provincia del Azuay (11,1 %) (Freire et al. 2014).

El estudio más reciente y mejor documentado de la situación de la niñez de Cuenca se realizó en 2013 y analizó la situación de las niñas y niños de entre 12 y 36 meses (Huiracocha-Tutiven et al., 2019), encontrando una desnutrición crónica promedio para este grupo del 29,4 %, que es muy similar a los resultados de mi investigación para ese grupo de edad (30,2 %).

La metodología utilizada permite ver un proceso de determinación de la malnutrición, así, se ha encontrado que en los hogares de desempleados la desnutrición infantil llega al 43 %, duplicando el promedio de la ciudad, esto es coincidente con el hecho de que en los modos de vida precarios y malsanos la desnutrición infantil en Cuenca es del 32 %.

Cuando se valora por las condiciones que da la ciudad a los distintos sectores sociales, se confirma que, en los sectores de alta vulnerabilidad territorial, tres de cada diez niños tienen desnutrición crónica. Este estudio evidencia además que la vulnerabilidad es mayor en las zonas periféricas de la ciudad, en las que se asientan obreros, subasalariados y desempleados, pues la distribución de la población en las distintos territorios urbanos de Cuenca responde a la historia de acumulación de capital y en la actualidad muestra patrones de segregación del espacio, donde el mayor porcentaje de desempleados y capas medias pobres se ubican lejos del eje del río Tomebamba.

CONCLUSIONES

Breilh (2020) plantea la necesidad de reconocer subprocesos críticos que puedan explicar los movimientos que se dan entre la imposición de los niveles generales de reproducción social y la dinámica creadora o de resistencia de los niveles singulares, este artículo evidencia a la segregación del espacio urbano como un subproceso capaz de explicar parte de la dinámica general de la determinación social del consumo alimentario y la malnutrición.

El espacio urbano de Cuenca expresa las históricas tensiones de clase y perfila rasgos de segregación social en su uso. La lógica dominante del modelo de desarrollo de Cuenca pone en desventaja a aquellos grupos sociales que no son propietarios de los medios de producción y los provee de menos servicios recreativos y ambientales e, incluso, los expone a procesos ambientales destructivos

La malnutrición en Cuenca es un sindemia (Swinburn et al. 2019) en la que coexiste la malnutrición, los consumos patógenos, la pobreza y la desigualdad social. Por ello, su distribución responde en el territorio como una cicatriz del proceso de determinación social.

El imaginario de una ciudad donde las clases sociales comparten el territorio se diluye, pues este estudio muestra una tendencia a la segregación el espacio con una distribución inequitativa de los servicios públicos y unas vulnerabilidades territoriales supeditadas a los niveles de acumulación económica y de poder.

El estudio hace evidente que existe un proceso de determinación social del estado nutricional de niños y niñas menores de 5 años y que sus condiciones de malnutrición están subordinadas a la inserción de clase y a los modos de vida que esta genera, como parte de la dinámica de reproducción social de Cuenca y su proceso de acumulación de capital.

REFERENCIAS

Aguinaga, Margarita, y Enith Flores. 2012. "¿Quiénes sostienen la alimentación en Ecuador? Un derecho aún no resuelto". En *Horizonte de derechos humanos Ecuador 2012*, editado por Gina Benavides y María Gardenia Chávez, 217-27. Quito: Universidad Andina Simón Bolívar, Sede Ecuador (UASB-E) -Programa Andino de Derechos Humanos.

Appadurai, Arjun. 1991. *La vida social de las cosas: Perspectiva cultural de las mercancías*. Ciudad de México: Grijalbo.

Bartra Vergés, Armando. 2006. *El Capital en su laberinto: De la renta de la tierra a la renta de la vida*. Ciudad de México: Ítaca.

Bertran, Miriam. 2015. *Incertidumbre y vida cotidiana: Alimentación y salud en la ciudad de México*. Ciudad de México: Universidad Autónoma Metropolitana (UAM).

Bourdieu, Pierre. 2013. *Las estrategias de la reproducción social*. Buenos Aires: Siglo XXI Editores.

Breilh, Jaime. 1977. "Crítica a la interpretación capitalista de la epidemiología". Ciudad de México: UAM.

—. 1996. *El género entrefuegos*. Quito: Centro de Estudios y Asesoría en Salud.

—. 1999. "La inequidad y la perspectiva de los sin poder: Construcción de los social y el género". En *Cuerpo, diferencias y desigualdades*, compilado por Mara Viveros y Gloria Garay, 130-41. Bogotá: Centro de Estudios Sociales-Universidad Nacional de Colombia (UNAL).

—. 2003. *Epidemiología crítica: Ciencia emancipadora e intercultural*. Buenos Aires: Lugar Editorial.

—. 2010. *Epidemiología: Economía política y salud*. 7.ª ed. Quito: UASB-E / Corporación Editora Nacional (CEN).

—. 2011. "Aceleración agroindustrial: Peligros de la nueva ruralidad del capital". En *¿Agroindustria y soberanía alimentaria? Hacia una Ley de Agroindustria* *y Empleo Agrícola*, editado por Frank Brassel, Jaime Breilh y Alex Zapatta, 171-90. Quito: Sistema de Investigación sobre la Problemática Agraria en Ecuador (SIPAE).

—. 2013a. "Hacia una redefinición de la soberanía agraria: ¿Es posible la soberanía alimentaria sin cambio civilizatorio y bioseguridad?". En *Comercialización y soberanía alimentaria*, editado por Francisco Hidalgo, Pierril Lacroix y Paola Román, 45-55. Quito: SIPAE.

—. 2013b. "La determinación social de la salud como herramienta de ruptura hacia la nueva salud pública (salud colectiva)". *Revista Facultad Nacional de Salud Pública* 31: 13-27.

—. 2014. "Epidemiología crítica latinoamericana: raíces, desarrollos recientes y ruptura metodológica". En *Tras las huellas de la determinación social de la salud*, editado por Carolina Morales y Juan Carlos Eslava, 19-76. Bogotá: UNAL.

—. 2015. "La salud en el neoproductivismo de la gobernanza". En *Ecuador: desafíos para el presente y el futuro*, editado por Fernando Balseca y César Montúfar, 37-62. Quito: UASB-E / Ediciones La Tierra.

—. 2017. "INSOC: Cuestionario para la investigación de la inserción social en población". Inédito.

—. 2020. *Critical epidemiology and the peoples health*. Nueva York: Oxford University Press.

Breilh, Jaime, e Ylonka Tillería. 2008. *Aceleración global y despojo en Ecuador: El retroceso del derecho a la salud en la era neoliberal*. Quito: UASB-E / Abya-Yala

Calero León, Carla. 2011. *Seguridad alimentaria en Ecuador desde un enfoque de acceso a alimentos*. Quito: FLACSO Ecuador / Abya-Yala.

Carrasco, Adrián. 1985. "La industrialización en el Azuay". *Revista IDIS* 14: 99-129.

Castellanos, Pedro Luis. 1990. "Sobre el concepto salud enfermedad". *Boletín epidemiológico* 10 (4): 1-7.

Contreras, Jesús. 1993. *Antropología de la alimentación*. Madrid: Eudema.

Cordero Íñiguez, Juan. 2007. *Historia de la región austral del Ecuador desde su poblamiento hasta el siglo XVI*. Cuenca: Municipalidad de Cuenca / Fundación Cultural Cordero.

Cueva, Agustín. 1988. *La teoría marxista: Categorías de base y problemas actuales*. Ciudad de México: Planeta.

Echeverría, Bolívar. 1984. "La forma natural de la reproducción social". *Cuadernos Políticos* 41: 33-46.

Fischler, Claude. 1995. *El (h)omnívoro: El gusto, la cocina y el cuerpo*. Barcelona: Anagrama.

Fondo de las Naciones Unidas para la Infancia (Unicef, por sus siglas en inglés). 2019. *Estado Mundial de la Infancia: Niños, alimentos y nutrición: Crecer bien en un mundo en transformación*. Nueva York: UNICEF.

Freire, Wilma, María José Ramírez, P. Belmont, M. J. Mendieta, M. K. Silva, N. Romero, K. Sáenz, P. Piñeiros, I. Gómez, y R. Monge. 2014. *Tomo 1: Encuesta nacional de salud y nutrición del Ecuador. ENSANUT-ECU 2012*. Quito: Ministerio de Salud Pública (MSP) / Instituto Nacional de Estadística y Censos (INEC).

Harris, Marvin. 1999. *Bueno para comer: Enigmas de alimentación y cultura*. Madrid: Alianza.

Huiracocha-Tutiven, Lourdes, Adriana Orellana-Paucar, Victoria Abril-Ulloa, Mirian Huiracocha-Tutiven, Gicela Palacios-Santana, y Stuart Blume. 2019. "Child Development and Nutritional Status in Ecuador". *Global Pediatric Health* 6. https://doi.org/10.1177/2333794X18821946.

INEC. 2019. "Encuesta Nacional de Salud y Nutrición: ENSANUT 2018". Ficha de indicadores. Quito: INEC.

Iriart, Celia, Howard Waitzkin, Jaime Breilh, Alfredo Estrada, y Emerson Elías Merhy. 2002. "Medicina social latinoamericana: Aportes y desafíos". *Revista Panamericana de Salud Pública* 12 (2): 128-36.

Lefebvre, Henri. 2013. *La producción del espacio*. Madrid: Capitán Swing.

Maldonado, Rosario. 2011. *Seguridad alimentaria y nutricional en el Ecuador*. Quito: Ministerio Coordinador de Desarrollo Social / Organización de las Naciones Unidas para la Alimentación y la Agricultura.

Mauss, Marcel. 2009. *Ensayo sobre el don: Forma y función del intercambio en las sociedades arcaicas*. Buenos Aires-Madrid: Katz.

Naranjo, Plutarco. 1991. *Saber alimentarse*. Quito: CEN.

Rubio, Blanca. 2015. *El dominio del hambre: Crisis de hegemonía y alimentos*. Ciudad de México: Universidad Autónoma Chapingo / Universidad Autónoma de Zacatecas.

Sader, Emir. 2001. "Hegemonía y contrahegemonía para otro mundo posible". En *Resistencias mundiales* (*De Seattle a Porto Alegre*). Buenos Aires: Consejo Latinoamericano de Ciencias Sociales (CLACSO).

Samaja, Juan. 2009. *Epistemología de la salud: Reproducción social, subjetividad y transdisciplina*. Buenos Aires: Lugar Editorial.

Schmidt, Alfred. 1977. *El concepto de naturaleza en Marx*. Madrid: Siglo XXI Editores.

Silva, Augusto Lía Giraldo da, Lourdhinha Florencio, y Rosa María Carneiro. 2005. *Pesquisa* (*Acao*) *em saude ambiental.* Recife: Editora Universitária da UFPE.

Swinburn, Boyd A., Vivica I. Kraak, Steven Allender, Vincent J. Atkins, Phillip I. Baker, Jessica R. Bogard, Hannah Brinsden, Alejandro Calvillo, Olivier De Schutter. 2019. "The Global Syndemic of Obesity, Undernutrition, and Climate Change: The Lancet Commission Report". *The Lancet* 393: 791-846. https://doi.org/10.1016/S0140-6736(18)32822-8.

Tillería, Ylonka. 2019. "Las enfermedades de la imagen. Determinación social de los trastornos alimentarios en adolescentes. Un estudio en escuelas secundarias de Quito, Machala y Otavalo". Tesis doctoral, Universidad Andina Simón Bolívar, Sede Ecuador.

Toledo, Víctor. 2008. "Metabolismos rurales: Hacia una teoría económico-ecológica de la apropiación de la naturaleza". *Revista Iberoamericana de Economía Ecológica* 7: 1-26.

Toledo, Víctor, y Manuel González de Molina. 2007. "El metabolismo social: Las relaciones entre la sociedad y la naturaleza". En *El paradigma ecológico en las ciencias sociales*, coordinado por Francisco Garrido, Manuel González, José Luis Serrano y José Luis Solana, 85-113. Granada: Fundación Gondwana.

Veraza, Jorge. 2007. *Los peligros de comer en el capitalismo*. Ciudad de México: Ítaca.

—. 2008. *Subsunción real del consumo al capital*. Ciudad de México: ITACA.

Capítulo 8

La determinación social de la salud colectiva del despojo de tierras y territorios en Colombia: Dinámicas y disputas geográficas

Natalia Paredes Hernández

> Nuestra apuesta es defender el territorio; nos quitaron la zona plana y nos fuimos para las laderas; ahora ¿para dónde nos corremos? La gente dice que es preferible morir de un tiro que irse a los corredores de miseria de las ciudades. [...] Pero solamente volveremos a ser esclavos cuando el último hijo haya vendido el último metro de tierra.
>
> Testimonio de líder afrocolombiano, citado en Escobar

INTRODUCCIÓN

En Colombia, hasta el año 2011, las múltiples violencias dirigidas contra la población civil en medio del conflicto armado interno ocasionaron el desplazamiento forzado de 5 700 000 personas aproximadamente, que dejaron abandonadas alrededor de 6,5 millones de hectáreas de tierra, equivalentes al 15 % de la superficie agropecuaria del país (ACNUR 2012). A una parte de estas, la población pudo retornar, pero también otra gran parte fue despojada material y jurídicamente, situación que aún hoy continua y frente a la cual no hay cifras debidamente actualizadas y verificadas. La magnitud del fenómeno generó una crisis humanitaria de grandes proporciones e impactos profundos y persistentes sobre el bienestar y los procesos vitales de las víctimas, especialmente en las comunidades agrarias y en la reconfiguración de amplios territorios rurales, principal escenario de esta disputa. Este texto pretende describir y cartografiar cómo se han dado las dinámicas de despojo y abandono forzado de tierras y territorios y cuál es su relación con la determinación social de la salud colectiva de la población rural.

EL ENFOQUE DE LA DETERMINACIÓN SOCIAL Y LA SALUD COLECTIVA DE LA POBLACIÓN RURAL

En el contexto de conflicto armado interno (CAI), que vive el país hace más de 60 años, el enfoque de la determinación social de la salud resulta muy apropiado porque aborda la realidad desde el devenir sociohistórico de los fenómenos y reconoce la complejidad que este implica en sus múltiples dimensiones.

Para comprender la relación entre el despojo de tierras y la salud colectiva, se requiere un enfoque analítico que permita explicar la incidencia del sistema social en los procesos vitales. Dicho análisis en concreto supone introducir tres aspectos fundamentales: "la distribución por clases de las formas e intensidades de exposición humana a procesos peligrosos; [...] la vulnerabilidad diferencial de los colectivos situados en inserciones sociales distintas; [...] comprender en profundidad el metabolismo sociedad-naturaleza y su impacto social" (Breilh 2013, 15). Desmenuzar el comportamiento de estos tres aspectos e interrelacionarlos constituye un reto permanente para la realidad colombiana por las siguiente razones:

- Se vive en un sistema social atravesado por la exclusión, el despojo y la violencia.
- Se constata cotidianamente que las mayores víctimas del conflicto armado interno han sido y siguen siendo los campesinos, indígenas y afrodescendientes y, por lo mismo, estos grupos sociales son los más expuestos a los procesos peligrosos de la guerra.

- Estos fenómenos se han dado con mayor intensidad en las zonas más alejadas y periféricas, es decir, allí hay una vulnerabilidad diferencial de comunidades especialmente afectadas por el conflicto.
- El despojo o abandono forzado transmuta los pobladores del territorio, sus sistemas productivos y las articulaciones con los ecosistemas.

Las múltiples relaciones sociales, de poder, económicas, culturales y con la naturaleza que suceden en cada contexto específico influyen de manera determinante en la vida humana y no humana. Para el caso de la población rural agraria, su relación con la tierra y el territorio define estas múltiples relaciones, es decir, del tipo de vínculo que las comunidades establezcan con la tierra y el territorio dependen sus procesos vitales y, por lo mismo, su salud. En palabras de Breilh, el movimiento agrícola,

> No abarca solamente procesos complejos del orden económico y social, y relaciones con la naturaleza y sus ecosistemas, sino que implica procesos de generación de cultura y relaciones de poder que tienen una profunda influencia en la vida social y humana y en la naturaleza. Todo ese gran conjunto es lo que definimos finalmente como proceso de determinación social de la salud y de la vida. Un complejo proceso que termina encarnándose en los cuerpos humanos y en los tejidos vegetales. (Breilh 2019, 15)

Esta lógica analítica toma distancia del enfoque dominante, según el cual, la salud colectiva es el resultado de sumatorias o promedios de las dolencias o patologías que sufren los individuos y lo social aparece como condiciones externas que inciden en estas. Por el contrario, en la DSS, el sistema social imperante como proceso colectivo define la producción de salud o enfermedad, tanto a nivel de los individuos como de los grupos sociales; recogiendo los planteamientos de Cecilia Donnangelo, "se incorporan las nociones de proceso y de lo colectivo [...]; la epidemiología social asume los procesos colectivos o grupales como elemento irreductible a lo individual, y espacio de intervenciones" (Breilh 2013, 20).

Esta visión además es coherente con la crítica al reduccionismo que supone la mirada exclusivamente medicalizada y que desconoce la multiplicidad de procesos que inciden directamente sobre la salud de los grupos sociales. En síntesis,

> La salud no obedece a un orden exclusivamente individual, sino que es un proceso complejo, socialmente determinado, aspecto que muchas veces desaparece del pensamiento en la salud pública, debido al predominio de una visión biomédica, que reduce la problemática al estrecho límite de los trastornos o malestares individuales, su curación y la prevención individual. (Breilh 2013, 20)

El enfoque de la DSS adopta la categoría de la reproducción social como uno de sus fundamentos teóricos y metodológicos para comprender los fenómenos de salud colectiva a partir de las dinámicas de la realidad. Esta categoría le permite interrelacionar las múltiples dimensiones que determinan la salud. Es decir, en el devenir histórico, las diferentes interrelaciones que suceden le van otorgando a la salud de los grupos ciertas características o atributos, que los hacen más o menos saludables debido a su mayor o menor grado de exposición a procesos destructores. Al mismo tiempo, hacen que sean más o menos vulnerables por las condiciones socioeconómicas, de trabajo, consumo, educación, ubicación geográfica y acceso a protección social, entre otras. La determinación social, más allá de las condiciones de vida, pero en conexión con estas, considera definitivos el modelo de acumulación de capital y las relaciones de poder y las formas como estos se concretan en cada sociedad, en cada territorio y en los grupos sociales a los que afectan de manera diferencial.

Para comprender la aplicación de la categoría de la reproducción social resulta muy útil la construcción teórica planteada por Juan Samaja, al afirmar que las relaciones sociales no son un fenómeno homogéneo, sino que, por el contrario, se constituyen por diversas formas de vida social y estas, a su vez, se caracterizan por una "incesante actividad de autorreproducción", interrelacionada entre sí. Desde esta perspectiva, con el fin de desmedicalizar la salud, Samaja sustenta la importancia de abordar la salud en relación con la totalidad de "los problemas de la reproducción y transformación social". Esto supondría incorporar una perspectiva interdisciplinar, el derecho, la arquitectura, la economía y la sociología, entre otras disciplinas, podrían incluirse en el análisis de lo normal y lo patológico, lo que permitiría realmente llegar al fondo de la cuestión.

> El objeto de estudio de las disciplinas que actualmente ubicamos en el "área de la salud" lo constituyen los problemas, las representaciones y las estrategias de acción que se presentan en el curso de la reproducción de la vida social. Esta definición amplía enormemente el campo tradicional de las ciencias de la salud, porque no sólo ubica los problemas de la reproducción biológica ni solamente los problemas de la reproducción psicológica: también incluye los problemas de la reproducción ecológico-política y económica. (Samaja 2009, 106-7)

El concepto de "reproducción social" supone una cierta continuidad en las prácticas estimadas como normales, por ello, la alteración del curso esperado de estas supone la aparición de un problema y el concepto de problema es inseparable del de reproducción social (Giraldo da Silva et al. 2005, 23). Para el caso que nos ocupa, el problema central es el despojo y abandono forzado de tierras y territorios, ocasionado mediante la violencia directa contra comunidades rurales, problema que altera las prácticas normales que sustentan la reproducción social de la vida de dichas comunidades víctimas en el contexto de conflicto armado.

Para efectos metodológicos, los contenidos esenciales de la reproducción social pueden ser analizables en cuatro dimensiones, de esta manera estos no se separan, sino que, por el contrario, se conciben como momentos de una entidad procesual, "cada uno de estos cuatro procesos reproductivos contiene a los otros como insumos o condiciones de su realización" (Samaja 2009, 108). Esquemáticamente, estas cuatro dimensiones son la reproducción biocomunal, la reproducción comunal-cultural, la reproducción económica-societal y la reproducción ecológico-política.

En la reproducción biocomunal, se reproducen los medios de existencia de los miembros de la sociedad, tanto sus cuerpos como sus interacciones sociales; es decir, se requiere que diariamente se reproduzcan las condiciones materiales de vida, tanto individuales como comunales: respirar, alimentarse y procrear, pero no solamente aquellas biológicas, sino también la red de interacciones que construyen el medio social en el cual se realizan como individuos (Giraldo da Silva et al. 2005; Samaja 2009).

La reproducción comunal-cultural se refiere al ser humano como "producto y productor de la cultura, es decir, de redes y totalidades simbólicas para la elaboración y transmisión de experiencias y aprendizajes" (Samaja 2009, 111). En esta dimensión, se ubica la reproducción de la autoconciencia, la conducta y las redes simbólicas mediante las cuales se forma la personalidad humana (Giraldo da Silva et al. 2005; Samaja 2009).

Con la reproducción societal o tecno-económica, se hace referencia a los procesos de producción de los medios de vida y los pactos de asociación que los seres humanos requieren para producir e intercambiar bienes, incluyendo los procesos de trabajo; aquí se sitúan los momentos de producción, distribución, intercambio y consumo (Samaja, 2009).

"La reproducción ecológico-política es la relacionada con la interdependencia entre condiciones ambientales, relaciones sociales, relaciones comunales-culturales y biocomunitarias" (Giraldo da Silva et al. 2005, 23). Para Samaja, esta dimensión, a la que denomina "reproducción estatal o política", incluye la interdependencia entre las otras tres dimensiones, en la medida en que los grupos humanos requieren restablecerlas incesantemente, en un macro escenario de condiciones territoriales en el que se ubican "las diversas comunidades integradas en una transcomunidad estatal" (Samaja 2009, 113).

En la misma línea descrita y reconociendo la complejidad de la realidad social y de su determinación sobre la salud, Breilh desarrolla ampliamente la dimensión ecológica:

> Si queremos comprender de manera integral e integrada los fenómenos sociales y ambientales para desentrañar los impactos en la salud y en los ecosistemas, tenemos que insertar su movimiento en el de la reproducción social, pues este explica no solamente la relación que existe en cada sociedad entre las formas de producir y de consumir, sino la que existe entre dichos modos y las relaciones políticas y culturales que intervienen en la vida social. (Breilh 2019, 12-3)

Las dinámicas de reproducción social (modos de vida) son determinadas por los espacios en que se configuran. Para el caso de estudio, estos espacios son las zonas rurales en las que el conflicto armado y el despojo marcan con el sello de la violencia los modos de vida y ponen a las comunidades víctimas en un mayor grado de exposición y vulnerabilidad a procesos destructores de la salud y la vida.

> Los modos de devenir que determinan la salud se desarrollan mediante un conjunto de *procesos*. Esos procesos adquieren proyección distinta frente a la salud, de acuerdo a los condicionamientos sociales de cada espacio y tiempo [...]. Cuando un proceso se torna beneficioso, se convierte en un favorecedor de las defensas y soportes y estimula una direccionalidad favorable a la vida humana, individual y/o colectiva, y en ese caso lo llamamos "proceso protector" o benéfico; mientras que cuando ese proceso se torna un elemento destructivo, provoca privación o deterioro de la vida humana individual o colectiva, lo llamamos "proceso destructivo". (Breilh 2003, 209)

EL DESPOJO DE TIERRAS, LAS DISPUTAS POR LA TERRITORIALIDAD Y LOS PROCESOS VITALES

La dimensión espacial es intrínseca al análisis del despojo de tierras y territorios, pues cuando se da la ocupación material y las transacciones de derechos sobre la tierra también se transforman las prácticas de producción agraria y los usos del suelo definidos por sus sucesivos dueños. Estas, a su vez, modifican las prácticas de reproducción social que van caracterizando dichos territorios; por ello, como se verá a continuación, la dimensión espacial abordada desde los procesos de apropiación y construcción del territorio permite comprender el despojo de tierras como objeto de estudio de los procesos de salud colectiva de la población rural, étnica y campesina.

En el enfoque epistemológico de la determinación social de la salud (DSS), cada territorio resulta de un proceso histórico específico y es en esa concreción del espacio donde se definen los procesos de salud-enfermedad, a partir de la comprensión de la reproducción social en sus dimensiones interrelacionadas. El espacio no es una localización o un contenedor, sino un producto social (territorio); el tiempo no es un momento, sino un proceso histórico, y las personas no son individuos, sino parte de grupos sociales.

Por ello, la tríada conceptual territorialización, territorialidad y territorio, propuesta por Porto Gonçalves (Figura 1), es fundamental para comprender la determinación social de la salud del despojo de tierras y territorios de la población rural; esta posibilita identificar los procesos esenciales que configuran el territorio en los que sucede la reproducción social.

Figura 1. Territorialización, territorialidad y territorio

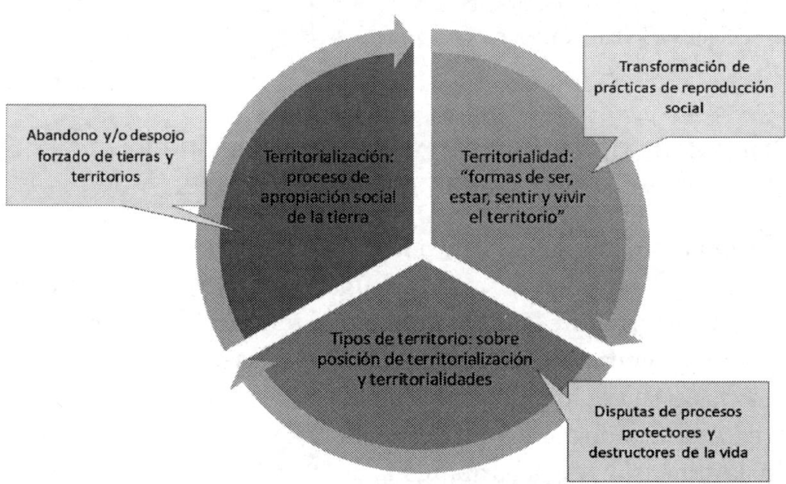

Fuente: Porto Gonçalves (2001), Escobar (2014) y Breilh (2003, 2013, 2019). Elaboración propia.

Arturo Escobar (2014, 91), citando a Porto Gonçalves, señala la distinción entre territorio, territorialización y territorialidad:

> El territorio es una categoría densa [espessa, en el texto original en portugués] que presupone un espacio geográfico que es apropiado, y ese proceso de apropiación —territorialización— crea las condiciones [enseja] para las identidades —territorialidades— las cuales están inscritas en procesos, siendo por tanto dinámicas y cambiantes, materializando en cada momento un determinado orden, una determinada configuración territorial, una topología social.

Continúa Escobar (2014, 91) diciendo que el "El territorio es por tanto material y simbólico al tiempo, biofísico y epistémico, pero más que todo es un proceso de apropiación sociocultural de la naturaleza y de los ecosistemas que cada grupo social efectúa desde su 'cosmovisión' u 'ontología'".

Es importante señalar que el despojo genera un impacto a las comunidades y a un espacio cultural previamente construido, es decir, no se ocasiona una afectación sobre un vacío espacial y social, sino que se altera dicha construcción preexistente con todo lo que ello significa: estas construcciones culturales son variadas y diversas, no homogéneas. Las tierras "comunes" no están "libres", son espacios trabajados, transformados y convertidos, culturalmente, en territorios campesinos y étnicos, así lo plantea Enrique Leff, prologando el libro *Geo-grafías* y continua:

> Porto Gonçalves nos habla una nueva geografía que reconoce que el planeta es uno, pero los mundos son muchos. Ni un mundo, ni una tierra. El territorio y el terruño son un *locus*, un espacio en el que se asienta la cultura apropiándose la tierra: simbolizándola, significándola, marcándola, geo-grafiándola. [...] El territorio es *lugar* porque allí arraiga una identidad en la que se enlaza lo real, lo imaginario y lo simbólico. El ser cultural elabora su identidad construyendo un territorio haciéndolo su morada. Las geografías se vuelven verbo. Las culturas, al significar a la naturaleza con la palabra, la convierten en acto; al irla nombrando, van construyendo territorialidades a través de prácticas culturales de apropiación y manejo de la naturaleza, [...] [de esta manera las diferentes comunidades crean una identidad, fundan un territorio que], "da sentido y sustento a la vida. (Gonçalves 2001, IX-X).

El caso de la señora Ana, desplazada por el asesinato de su cuñado y las amenazas de reclutamiento forzado de sus hijos, ilustra esa construcción de sentido que los campesinos labran con gran esfuerzo:

> empezamos a trabajarla porque estaba muy abandonada, cultivamos caña, café, plátano, cacao, nos aporreo la broca, y volvimos a cortar y sembramos pasto y luego maíz, y plátano; compramos vacas, gallinas, marranos y caballos y así duramos trabajando hasta el 28 de enero de 2004, que nos desplazamos porque mataron a Álvaro.

La señora se desplazó a Bogotá, ciudad con más de 7 millones de habitantes, y, aunque el fallo judicial fue favorable a la restitución de su tierra, manifestó no querer retornar, pues:

> en la finca había una casa con tres alcobas y cocina [...], hicieron el trapiche, los corrales y las ramadas; que en el mes de diciembre de 2012 estuvo en el predio (su esposo), y encontró que la casa esta que se cae, los cafetales no existen, todo está en maleza, queda uno que otro alambrado" (Juzgado Segundo Civil del Circuito Especializado en Restitución de Tierras de Ibagué 2013, 25).

Esto evidencia que en muchos casos no se recupera el proyecto de vida campesino, por lo tanto, tampoco sus prácticas de reproducción social (procesos vitales previos), no solo por el paso del tiempo, la sentencia se da 9 años después, sino por la destrucción de sus bienes materiales y simbólicos.

"Toda apropiación material es al mismo tiempo simbólica, puesto que se apropia de lo que tiene o hace sentido" (Porto Gonçalves 2001, 5). La expropiación violenta de la tierra y el territorio no es solamente una usurpación material, es un despojo de los significados que los grupos sociales habían construido allí. Como se muestra en el testimonio de la señora Ana, cuando todo está caído, ya no tiene sentido. Entonces, no es solo la importancia de lo material en sí mismo, es lo que desde ese lugar hace sentido para las personas, lo que representa. Para ellos, es apropiado, significativo e importante, lo que constituye su cotidianidad, su sustento y su bienestar. La cultura no se puede ver como algo externo, como una sumatoria a lo económico o lo social, ya que todas estas dimensiones están profundamente imbricadas y generan territorialidad para las personas y comunidades que conforman los territorios.

> Las identidades colectivas implican por tanto un espacio hecho propio por los seres que las *fundan*, vale decir, implican un *territorio*. Si es posible extender a otras sociedades el concepto de desarrollo, despojándolo de su carácter moderno productivista podemos afirmar, entonces que el devenir de cualquier sociedad, su desarrollo propio se inscribe dentro de un orden específico de significados, entre los que se encuentra el modo en que cada una *marca la tierra* o, desde el punto de vista etimológico, *geo-grafía*, vuelve

propio, hace común un determinado espacio, adueñándose de él. Incluso se puede decir que existe un determinado espacio concreto, físico, con límites y fronteras bien marcados, en el que un largo proceso de apropiación simbólico-material implicaría que los propios miembros de esta comunidad humana hubieran construido el sentimiento de ese espacio que es *su* espacio, su espacio común, lo que significa que se *comunican* a través del mismo, como parte constitutiva de su ser social. (Porto Gonçalves 2001, 6)

Cuando se expropia, se despoja la tierra, el territorio y, al mismo tiempo, el sentido y las prácticas que constituyen aquel tejido social que fue profundamente violentado. Por ello, los derechos sobre la tierra y la posibilidad de ejercerlos plenamente son tan importantes, porque son aspectos determinantes que les permiten a las personas y comunidades rurales apropiarse y realizar dominio pleno sobre lo que les "hace" sentido, sobre lo que constituye sus relaciones sociales, su manera de comunicarse y de ser, su identidad, sus procesos vitales y, por lo mismo, su salud. En esta lógica, resulta esencial el régimen de propiedad de los medios de producción, para el caso en estudio, el medio de producción por excelencia de los productores agrarios es la tierra y su propiedad conlleva la reproducción de la sociedad. Juan Samaja (2009, 107) lo expresa así:

Existe, ciertamente, un plano primordial de reproducción en los procesos sociales: ese plano es la reproducción de las relaciones de producción (es decir, del régimen de propiedad existente, de la forma de distribución de los medios productivos). Sin embargo, la distribución presupone a la producción, al consumo y al intercambio, de modo que la reproducción del sistema de distribución o régimen de propiedad implica la reproducción de la sociedad misma.

DESPOJO DE TIERRAS, TERRITORIALIZACIÓN Y REDES DE PODER

Como se ha venido señalando, para Porto Gonçalves, en el territorio, entendido como producto y productor de múltiples relaciones, los diferentes actores se disputan su apropiación y sentido. La territorialización como dinámica de apropiación social de la tierra va a la par con la conformación de territorialidades: ambos procesos son constitutivos y previos a la existencia del territorio. En esta perspectiva, hay modos de "hacer territorio" que tienen dimensiones materiales y simbólicas. Estos procesos suponen relaciones de poder que en cada territorio particular resultan en distintos procesos de territorialización y en la imposición de territorialidades y de determinados tipos de territorio. Sin embargo, si bien hay unas formas dominantes, no desaparecen las subordinadas, sino que coexisten, por ello lo que hay es una sobreposición de territorialidades, que posibilitan la sobrevivencia de los territorios-otros y su re-existencia (Borde 2017). Es decir, hay disputas por el tipo de territorialización, territorialidad y territorio en una relación dinámica de imposición y resistencia.

Desde una crítica a las nociones de rendición de cuentas y agencia como alternativas para superar los problemas de inequidad en salud, Breilh plantea que el reto va más allá de estas, "pues se trata de la transformación de las relaciones de poder construidas alrededor de un sistema de acumulación y exclusión, que destruye la vida" (Breilh 2013, 20). Es decir, la apuesta de la DSS comprende que hay un sistema estructural sustentado por el poder imperante que es destructor de la vida en sí mismo. Para el caso del despojo en Colombia, este poder dominante está imbricado en una serie de redes legales e ilegales que han hecho posible la consumación del abandono y despojo forzado de tierras y que, por lo mismo, como se ha venido sustentando, estarían favoreciendo procesos destructores de la vida de las comunidades agrarias expulsadas de sus territorios.

Las relaciones de poder a su vez atraviesan las dinámicas de la triada territorialización, territorialidad y territorio, pues, como lo señala Robert Sack, la territorialidad está íntimamente ligada a la forma en que las personas usan la tierra, se organizan en el espacio y le dan sentido al lugar. Por lo tanto, al mismo tiempo, la territorialidad está ligada a las relaciones de poder como recurso estratégico que se moviliza según el grupo social y su contexto geográfico e histórico (Miranda et al. 2008, 26).

El desplazamiento, abandono y despojo forzado de tierras fue ocasionado por parte de todos los actores armados y el Estado, que, por acción u omisión, no protegió los derechos de los campesinos y pueblos étnicos, ni frente a la acción violenta de las guerrillas, ni frente a la de los paramilitares.

Según Michael Mann (1991, 22-6), hay cuatro fuentes de poder que estructuran todas las sociedades a lo largo de la historia: el poder ideológico, referido a valores, creencias, rituales y estéticas; el poder económico, que responde a la extracción, transformación, distribución y recursos de la naturaleza; el poder militar, de la fuerza física, y el poder político, encargado de la regulación centralizada y territorial de los Estados y de la geopolítica. Estas fuentes se concretan en redes de poder, entendidas como los medios que utilizan las organizaciones emergentes para alcanzar sus objetivos (Mann 1993, 20).

Si bien la expropiación violenta de la tierra ha sido histórica en Colombia, a partir de la década de los 80 se dan los mayores fenómenos de despojo por violencia político-social. La conformación de múltiples redes de poder local, regional y nacional posibilitó el despojo. Estas redes respondieron a objetivos económicos, ideológicos, políticos y militares. La participación de actores armados de "izquierda" y de "derecha" en el conflicto armado progresivamente se fue degradando, de tal forma que se difuminaron las apuestas ideológicas que dieron origen a la confrontación político-militar, tanto para atacar el orden establecido como para defenderlo. Lo cierto es que la principal víctima de este conflicto ha sido la población civil rural, especialmente las comunidades campesinas, indígenas y afrodescendientes, que han derivado tradicionalmente su sustento de la economía agraria y que han construido sus modos de vida —formas de vivir, consumir y trabajar— en múltiples interrelaciones sociales, culturales, políticas y con la naturaleza.

Para comprender este entramado de poderes de diversa índole, tanto legales como ilegales, algunos con plena conciencia y otros simplemente siendo funcionales a los intereses de los despojadores, es útil revisar la parcelación "El Toco", uno de los casos típicos de lo ocurrido. La comunidad de ochenta y cinco familias campesinas, mediante un proceso de toma de tierras (año 1991), con posterior adjudicación por parte del

Instituto de Reforma Agraria (Incora), en el año 1996, se constituyó en una parcelación en la que se distribuyeron los predios entre las diferentes familias para trabajarlos de manera asociativa. Al año siguiente, miembros del Bloque Norte de las Autodefensas (grupo paramilitar)

> Incursionaron en el predio asesinando a dos personas, Darío Prada presidente de la asociación de campesinos de la parcelación El Toco y Daniel Cogollo hijo del secretario de la misma agremiación, quien muere por portar el mismo nombre de su padre, quien era el objetivo del grupo armado ilegal [...]. Este primer hecho generó sufrimiento y temor, y produjo un [...] desplazamiento masivo de la parcelación hacia el corregimiento de los Brasiles y a consecuencia de este hecho violento los parceleros ingresaban al "Toco" a tempranas horas del día, desarrollaban las actividades propias del campo y llegada la tarde retornaban a los Brasiles a dormir. Al mes siguiente, el 19 de mayo de 1997, el mismo grupo armado incursiona nuevamente, pero esta vez haciendo presencia en el corregimiento de Los Brasiles, lugar donde se desplazaron los parceleros y ordenaron reunir a los moradores del sector e identificaron con nombre propio a ocho (8) parceleros del Toco, procediendo a ejecutarlos de forma violenta. Hecho que les dio a entender que existía un marcado interés en sus predios, por lo que no vieron alternativa diferente a desplazarse a otros lugares. (Juzgado Primero Civil del Circuito Especializado en Restitución de Tierras de Valledupar 2013, 3)

Los hechos violentos fueron reconocidos posteriormente por Jhon Jairo Esquivel, El Tigre, y Francisco Gaviria, Mario, quienes en diferentes incursiones a esta parcelación y a otras áreas circunvecinas del mismo territorio cometieron alrededor de trece asesinatos en diferentes masacres y ocasionaron el desplazamiento masivo, abandono de tierras y territorios de varias comunidades.

A pesar de la violencia y por las precarias condiciones de vida algunas familias retornaron a "El Toco" y fueron nuevamente desplazados por orden de este ganadero-paramilitar durante el período 2000 a 2006. Como lo relata una de las solicitantes de restitución: "para salvaguardar su vida tuvieron que abandonar su parcela, que no solo constituía su hogar, sino su *único patrimonio del cual derivaban su sustento diario*". Asimismo, se reconoce en la sentencia lo siguiente:

> Sin duda alguna la especial protección sobre los derechos a la población desplazada especialmente lo referente a la reubicación y restitución de la tierra reviste de gran importancia entendiendo que el principal efecto de este fenómeno se centra en el desarraigo y abandono de la misma, lo que sin duda conlleva una privación de los derechos sobre la explotación de la tierra como principal fuente de estabilidad social, laboral, económica y familiar. (Juzgado Primero Civil del Circuito Especializado en Restitución de Tierras de Valledupar 2013, 18)

Incluso, el jefe paramilitar intentó legalizar el despojo material a través del despojo jurídico: obligó a los campesinos a realizar ventas falsas a precios irrisorios y, después, les instauró un embargo sobre los predios que no llegó a ejecutar. El mismo Instituto Colombiano de Desarrollo Rural (INCODER), instituto encargado de la asignación de tierras, inició un proceso para revocar la adjudicación original de las parcelas, argumentando que sus ocupantes las habían abandonado y desconociendo los hechos de violencia. Posteriormente, uno de los jefes del grupo paramilitar, Hugues Rodríguez, alias "Barbie", empezó a explotar las parcelas abandonadas mediante la cría y levante vacuno en toda la región. A través de Inversiones Rodríguez Fuentes, él y su familia llegaron a poseer casi 27 000 ha de tierra compuestas por varias fincas, no solo por "El Toco", que explotó en el año 2006 (Juzgado Primero Civil del Circuito Especializado en Restitución de Tierras de Valledupar 2013); lo que constituye un fenómeno de acaparamiento, que sin entrar a detallar en este texto, pudo ser producto del englobe de varias parcelaciones y predios despojados.

Este caso ilustra claramente el cambio en el uso del suelo y la consecuente transformación de los modos de vida, porque, al expulsar a los antiguos propietarios de sus tierras dedicadas a la economía campesina, con un tejido de relaciones sociales, ecológicas y culturales propias, los nuevos ocupantes del territorio lo están viendo exclusivamente como un recurso para extraer ganancias y están vaciando del territorio esa dinámica social que lo caracterizaba. Al cambiar de "dueños", aunque ilícitamente entraron a apropiárselo, los suelos fueron usados para la ganadería extensiva: la nueva territorialización modificó la territorialidad y el territorio. Se cambiaron dinámicas culturales asociativas por actuaciones violentas de control territorial al servicio de intereses para la guerra.

El caso de "El Toco", muestra cómo el desplazamiento, abandono y despojo forzado de tierras y territorios determina socialmente la salud de un grupo particular campesino, en la medida en que modifica las diferentes dimensiones de la reproducción social y los modos de vida: comunitaria, cultural, económica, ecológica y política.

Este grupo de parceleros, que derivan sus procesos vitales de la relación con la tierra, no solo se vieron afectados por el horror de la violencia directa, sino por la carencia de sus formas tradicionales de vivir, habitar, trabajar y consumir, entrando en una mayor vulnerabilidad y exposición a procesos patológicos y malsanos. Sin embargo, como se puede evidenciar en la sentencia de restitución de sus derechos sobre la tierra, las familias retornaron en varias ocasiones como una forma de resistencia para retomar sus proyectos vitales.

¿Cómo se puede explicar el ingreso reiterado y la comisión de hechos violentos por parte del grupo paramilitar?, ¿cómo fue posible la ocupación ilícita y explotación ganadera de larga duración por parte de alias "Barbie"?, ¿cómo llegó a poseer tal cantidad de tierras y a controlar el territorio sin contar con el apoyo de redes locales y regionales de poder económico, ideológico, político y militar?

Para efectivizar las estrategias regionales de apropiación de la tierra, las redes de poder, concebidas como medios, desarrollaron capacidades organizativas y logísticas que posibilitaron la legalización del despojo material. En los territorios, se conformaron redes de poder político, administrativo y jurídico al servicio del poder económico. También, en este caso, se dio una sobreposición e intersección de las redes de poder.

A nivel administrativo, la red que operó más comúnmente fue la conformada por funcionarios del INCODER, que revocó adjudicaciones de tierras baldías hechas a campesinos, es decir, de manera ilícita quitó por la vía de resoluciones administrativas las tierras entregadas por reforma agraria y las readjudicó a los despojadores materiales (terratenientes, comandantes paramilitares y testaferros). Otra modalidad de conformación de redes fue la que comprometió a jueces y funcionarios de Notariado y Registro, esta red modificó escrituras públicas, hizo ventas falsas y englobo propiedades a nombre de los despojadores y sus testaferros, legalizando títulos en connivencia con las notarías locales.

La Fundación Forjando Futuros encontró en 46 sentencias de restitución de tierras en las que resultaron involucradas 33 empresas, que, en muchos casos de desplazamiento y abandono forzado a raíz de masacres, enfrentamientos armados, homicidios e incluso secuestros, mediante diferentes argucias, se obligó posteriormente a la transferencia de la propiedad que favoreció el despojo jurídico.

Adicionalmente, se identificó como uno de los patrones de actuación de las redes de poder la compra masiva de parcelas abandonadas a bajo precio, que por ser tierras baldías adjudicadas terminó constituyendo una contrarreforma agraria violenta, generando desarraigo y alterando el uso de la tierra. La acumulación de predios (acaparamiento de tierras) posibilitó su destinación a ganadería extensiva, cultivos agroindustriales (de palma aceitera, caña de azúcar, teca) y explotación minera (Fundación Forjando Futuros 2018), con lo que se modificó el uso de la tierra, los modos de vida y la territorialidad de los territorios despojados.

> En distintos ámbitos del territorio nacional (departamentos, regiones, municipios, veredas, inspecciones de policía y asentamientos humanos, entre otros), los grupos armados han formado parte de "empresas del crimen" y sus operaciones han estado al servicio de narcotraficantes, terratenientes, latifundistas, políticos y empresarios. Esto quiere decir que el éxodo forma parte de una estrategia criminal financiada y patrocinada por poderosos agentes económicos, legales e ilegales, en un ambiente propicio para la reproducción de prácticas ilegales como la corrupción sistémica y la captura y cooptación institucional del Estado. (Hernández Sabogal et al. 2015, 133)

CONCENTRACIÓN GEOGRÁFICA DEL FENÓMENO DE DESPOJO Y ABANDONO FORZADO DE TIERRAS Y TERRITORIOS EN COLOMBIA: DISPUTAS TERRITORIALES

Para el análisis y espacialización de las cifras sobre predios solicitados en restitución de tierras, se procesó la base de datos Estadísticas Solicitudes Restitución Discriminadas Municipios (SRTDAF) de la Unidad de Restitución de Tierras (URT), descargada de la página de Datos Abiertos Colombia y consultada el 31 de julio de 2021. Esta base contiene 1015 registros. Para su procesamiento se utilizó el programa R Studio, agrupando el número de predios por dos criterios, municipio y departamento, y obteniendo así el consolidado global (se aplicaron filtros para la obtención directa de los datos más representativos).

Para cartografiar, los *shapes* empleados fueron los límites departamentales y municipales 1 100 000 del Instituto Geográfico Agustín Codazzi (IGAC). La asociación entre la capa de información espacial y el consolidado de datos se realizó a través del código DANE (número único asignado a cada departamento y municipio para su identificación).

EL COMPORTAMIENTO ESPACIAL DEL DESPOJO Y EL ABANDONO FORZADO DE TIERRAS Y TERRITORIOS

La base de datos SRTDAF relaciona información de número de predios solicitados a nivel departamental y municipal. Como ya se señaló, las estimaciones sobre el número de predios, hectáreas, personas afectadas y patrimonio expoliado o destruido, entre otras, son muy difíciles de calcular, sin embargo, esta referencia de información oficial nos permite estimar y ubicar espacialmente las dimensiones del abandono y despojo forzado de tierras en Colombia.

Según dicha base, a la fecha se han presentado un total de 130 819 solicitudes de restitución, correspondientes a 116 894 predios (en muchos casos sobre un mismo predio suele haber varias solicitudes). En todo el país hubo abandono y despojo forzado, abarcando los 32 departamentos con distintas intensidades.

Mapa 1. Consolidado departamental de predios solicitados para restitución de tierras

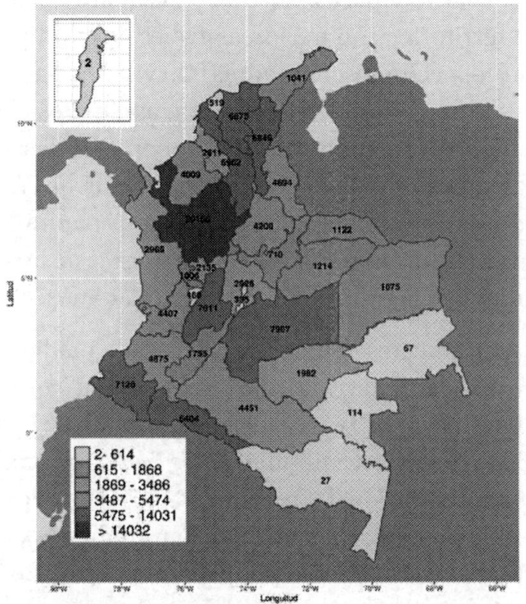

Fuente: SRTDAF de la Unidad de Restitución de Tierras, 2021. Elaboración propia.

El mapa 1 corrobora cómo los departamentos con mayores índices de violencia político-social también han presentado el mayor número de predios solicitados en restitución de tierras. Departamentos como Meta, Nariño, Putumayo, Tolima, Cesar, Magdalena y Bolívar tienen cada uno más de 6000 predios solicitados en restitución, incluso en el Meta este número llega a 7907. Antioquia sigue siendo el departamento más afectado por el CAI, allí el número de predios casi triplica al promedio del resto del país, con 20 156 solicitudes. Entonces, se podría afirmar que el conflicto armado interno colombiano y el uso de la violencia política han sido funcionales para el despojo y abandono forzado de tierras y territorios, a diferencia de otros países, donde si bien ha habido despojo —todo despojo es violento en sí mismo—, los métodos han sido diferentes y de menor magnitud.

En Colombia, previo a la usurpación de sus hogares y medios de vida, los habitantes del campo han sufrido múltiples crímenes, como asesinatos, violencia sexual, amenazas, torturas y desaparición forzada. En muchos casos, en territorios con mayores niveles de expropiación violenta del patrimonio, los vecinos y compadres han visto masacrar durante días a sus familiares y amigos, es decir, han visto asesinatos colectivos frente a todo el pueblo, con métodos de sevicia como el descuartizamiento. Estas masacres supusieron el confinamiento de dichas poblaciones y la complicidad de las autoridades, pues, los grupos paramilitares se tomaban dichos caseríos durante días, haciendo "fiestas de la muerte" sin que el Estado acudiera en la protección de los ciudadanos.

Los diez departamentos con mayor número de predios solicitados son Antioquia (20 156), Meta (7907), Nariño (7128), Tolima (7011), Bolívar (6962), Cesar (6849), Putumayo (6404), Magdalena (6075), Cauca (4875) y norte de Santander (4694). Estos concentran el 66,77 % de los predios solicitados en restitución a nivel nacional. En contraste, los diez departamentos con menor número de predios solicitados son San Andrés (2), Amazonas (27), Guainía (67), Vaupés (114); Quindío (160), Atlántico (519), Boyacá (710), Risaralda (1006), La Guajira (1041) y la ciudad de Bogotá, con 335 predios.

Si bien los datos departamentales son importantes para dimensionar regionalmente la magnitud del fenómeno, un análisis pormenorizado de los municipios que concentran el mayor número de predios solicitados en restitución es esencial, pues muestra con mayor claridad la concentración geográfica del despojo. Como se puede apreciar en el mapa 2, de los 1122 municipios que hay en el país, solo 62, que corresponden al 5,52 % de estos, concentran casi la mitad (44,09 % de los predios solicitados) de todo el despojo y abandono forzado. Es decir, hubo territorios en el que el ensañamiento de los actores armados contra las comunidades rurales fue de enormes proporciones. esa concentración de la violencia es inconcebible a la luz de un Estado social de derecho como el consagrado en la Constitución Nacional de 1991: ¿cómo fue posible que la violencia focalizada con tanta claridad no hubiera sido controlada y la población protegida frente a la violación de sus derechos humanos y el resguardo de su patrimonio, que proveía sus necesidades vitales? Como ya se señaló, parte de la respuesta puede encontrarse en el involucramiento de fuertes redes de poder local, regional y nacional que fueron cómplices de tal violencia y viabilizaron el despojo.

Hay zonas en las que fue particularmente incisivo el despojo: Urabá Antioqueño, Montes de María, Catatumbo, Altillanura y Pacífico Nariñense, entre otras. Como se puede apreciar en el mapa 2, allí se encuentran los diez municipios con mayor número de predios solicitados: Turbo (2380), Carmen de Bolívar (2118), Tibú (1806), San Carlos (1784), Valle del Guamuez (1535), Mapiripán (1386), Tumaco (1307), Ataco (1294), Riosucio (1293) y Granada-Antioquia (1241).

Mapa 2. Municipios con más de 500 predios solicitados para restitución de tierras

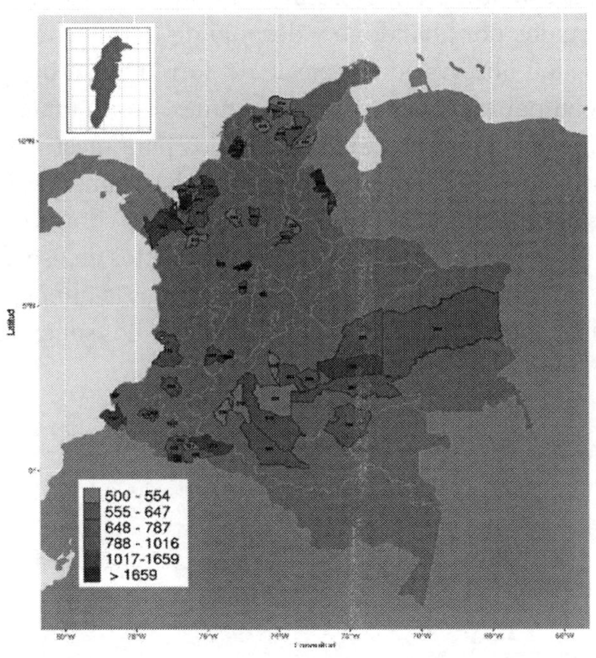

Fuente: SRTDAF de la Unidad de Restitución de Tierras, 2021. Elaboración propia.

Dentro de los departamentos con menor número de predios solicitados, cobran relevancia los municipios de Montería (1161) y Valencia (895), ambos ubicados en Córdoba, y Valledupar, en Cesar, con 1089 predios. Estos ocupan el lugar número 12, 18 y 14, respectivamente a nivel nacional, lo que corrobora que, si bien el despojo afectó todo el país, al mismo tiempo, estuvo muy concentrado en territorios particulares sobre los que el Estado habría podido focalizar su atención y actuar oportunamente para desactivar la violencia sociopolítica que originó dichos despojos, pues era imposible no haber identificado fenómenos con tan alta densidad durante determinados períodos de tiempo.

LOS BLOQUES TERRITORIALES DEL DESPOJO Y EL ABANDONO FORZADO DE TIERRAS

Al analizar la ubicación espacial de los municipios mediana o altamente afectados por abandono y despojo de tierras y territorios en el país, se pueden observar una especie de corredores o bloques geográficos que comparten características comunes. Por lo tanto, en el mapa 3, estos son señalados con óvalos o círculos para mostrar una especie de agrupamientos. Su conformación siguió básicamente dos criterios: el primero agrupa municipios que presentan una continuidad espacial y el segundo se relaciona con patrones y conflictos de uso del suelo comunes. Se presenta en un tamaño reducido, pues la intención es que se observen los bloques más que el número de predios solicitados, presentados en el mapa 2.

Mapa 3. Bloques territoriales que agrupan municipios con más de 500 predios solicitados

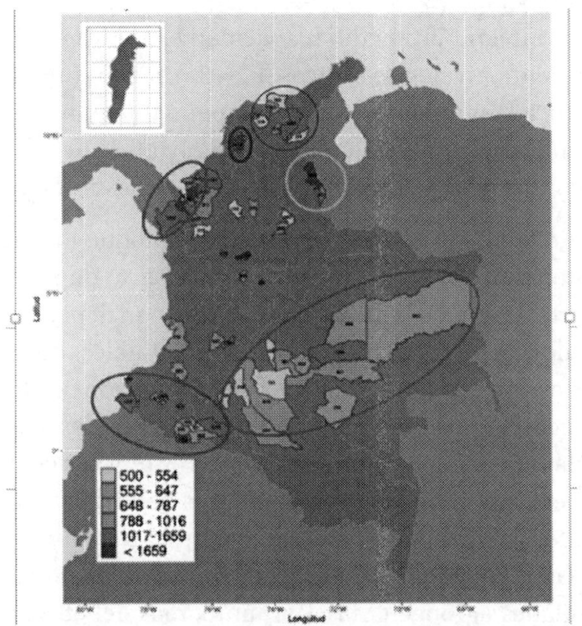

Fuente: SRTDAF de la Unidad de Restitución de Tierras, 2021. Elaboración propia.

Un primer elemento a destacar lo constituye el hecho de que buena parte de los bloques están en la periferia del país. Esto, además de indicar si los municipios se ubican cerca o lejos del centro o de áreas metropolitanas, está relacionado, principalmente, con una presencia diferenciada del Estado en el territorio, que afecta de manera desproporcionada ciertas zonas del país, caracterizadas por un abandono institucional y una delegación del poder en élites locales —terratenientes, políticos clientelistas, paramilitares, narcotraficantes, etc.—, que lo ejercen en función de sus propios intereses, y que afectan seriamente la garantía de derechos de sus habitantes (García Villegas 2011). A partir de este concepto, Dejusticia realizó la medición de desempeño institucional de los municipios para identificar zonas de segregación y precariedad institucional.

Comparando dicha medición con los 62 municipios más afectados por despojo, el 64,5 % de estos presenta un índice de desempeño de la justicia local muy bajo (25,8 %) y bajo (38,7 %). Respecto a los niveles de desempeño integral promedio (capacidad ejecutiva del municipio), el 48,38 % presenta niveles de críticos (4,83 %) a bajos (43,54 %). Vistos en su conjunto, los municipios con desempeño integral crítico o bajo y desempeño en justicia muy bajo o bajo son el 51,6 % de los 62 municipios con mayor número de predios solicitados en restitución.

Un segundo elemento tiene que ver con el bloque localizado hacía el piedemonte amazónico (color rojo), buena parte de los municipios que hacen parte de este se localizan en el límite con departamentos que han sido catalogados como enclaves agroambientales, que corresponden a territorios con un cierto grado de transformación productiva, pero inmersos en ecosistemas predominantemente naturales. Estos municipios marcan la transición o el límite entre la frontera agrícola y las áreas conservadas, es el caso de los departamentos del Amazonas, Vaupés y Guainía, donde la mayor parte de su extensión se encuentra por fuera de la frontera, es decir que menos del 2 % del territorio ha sido transformado con actividades agropecuarias, por tanto, más del 98 % cuenta con ecosistemas y bosques naturales. Les sigue el departamento de Guaviare con más del 95 % de su extensión por fuera de la frontera. Otros departamentos, como Caquetá, exhiben entre un 80 % y 85 % de su extensión en coberturas naturales (Ministerio de Agricultura 2018).

Este tipo de municipios, al estar localizados en los límites de áreas con predominio de coberturas naturales, requieren de un manejo ambiental y agrícola diferenciado, justamente para garantizar su desarrollo y estabilización. Es decir, un uso eficiente del suelo rural que impida y disminuya la pérdida de ecosistemas de importancia natural y que, con ello, garantice la conservación y preservación de bienes y servicios ambientales.

Sin embargo, dado que son tierras muy poco transformadas, son altamente codiciadas para establecer otro tipo de coberturas productivas o, lo que es lo mismo, para expandir la frontera agropecuaria. Por ejemplo, en el departamento del Meta, con más del 60 % del territorio en frontera agrícola, los municipios con mayor número de predios solicitados se concentran en el extremo inferior del departamento, limitando justamente con los municipios del Vichada, Guaviare y Caquetá, fuertemente afectados por la deforestación, encaminada a generar procesos de conversión directa e indirecta del bosque (IDEAM 2016).

Como se explicó, respecto a este bloque de entrada a la Amazonía, la principal preocupación radica en su conservación, pues suele suceder que en muchos de los predios despojados se transforma el uso del suelo hacia proyectos de carácter extractivo, sean estos agroindustriales o hidrocarburíferos. En ese sentido, preocupa que uno de los bloques que se observa claramente en el mapa evidencia alto despojo y posiblemente la instalación presente o futura de proyectos extractivos con la consecuente destrucción ecosistémica y biocultural de estos territorios amazónicos.

Un tercer elemento tiene que ver con el bloque localizado en el suroccidente del país (color azul), del cual hacen parte un continuo de municipios entre los departamentos de Nariño y Putumayo. Históricamente, estos departamentos, junto al norte de Santander, han sido los más afectados por los cultivos de coca. Para 2016, estos tres departamentos concentraban el 63 % de toda la coca sembrada en Colombia; Nariño reportaba el porcentaje más alto, con el 29 %; seguido de Putumayo, con el 17 % y norte de Santander, con el 16 % (UNODC 2017). Cifra que se ratifica con el más reciente informe de la Oficina de Naciones Unidas contra la Droga y el Delito (UNODC, por sus siglas en inglés), donde se estima que, en 2019, el 78 % de los cultivos se concentraban en estos tres departamentos más Cauca (UNODC 2018).

Adicionalmente, la dinámica de la coca asociada a este bloque de municipios debe entenderse bajo la lógica de la región pacífico, históricamente afectada por este tipo de cultivos de uso ilícito, lo que se explica por su posición geoestratégica, ya que cuenta con una extensa línea costera a través de la cual se conecta con el centro del país y, al mismo tiempo, con la salida internacional a través del océano Pacífico. Allí, también se ubican el puerto más importante de Colombia, en el municipio de Buenaventura, y el puerto de Tumaco (UNODC 2017), que le sigue en extensión al de Buenaventura. Tanto Tumaco, con 1307 predios solicitados en restitución, como Buenaventura, con 775, ocupan los puestos 7 y 24, respectivamente, dentro de los 62 municipios que concentran la mayor densidad de despojo a nivel nacional.

Un cuarto elemento se relaciona con el bloque llamado la mejor esquina de América, hacia el golfo de Urabá, en los límites con Panamá (color verde), donde se incluyen los municipios de Turbo (Antioquia) y Riosucio (Chocó), que ocupan el primer y décimo lugar de los municipios con mayor número de predios solicitados, con 2380 y 1293, respectivamente. Según el estudio, *Una nación desplazada: Informe nacional del desplazamiento forzado en Colombia* del Centro Nacional de Memoria Histórica, en el período comprendido entre 1989 y 1996, Urabá registró la tasa más alta de población desplazada, con 167 178 personas. Allí "los municipios que registraron mayores niveles de expulsión fueron Turbo (38 136), Necoclí (17 787), Tierralta (9998), Apartadó (9890) y Arboletes (9761)" (Hernández Sabogal et al. 2015, 169). Estos cinco municipios hacen parte de los 62 municipios con mayor concentración de despojo.

El Estado colombiano fue condenado por la Comisión Interamericana de Derechos Humanos (CIDH) en 2013, por los hechos ocurridos en esta región, caso de comunidades afrodescendientes de la cuenca del río Cacarica, donde se le instó a "restituir el efectivo uso, goce y posesión de los territorios". Asociado a este caso, reposan también declaraciones de grupos paramilitares, según las cuales, el control socioterritorial que ejercían en la zona aseguró la extracción a gran escala de maderas del bosque nativo, la promoción de la ganadería extensiva y el desarrollo del sector agroempresarial, asociado a cultivos de plátano y palma aceitera (Sulé Ortega 2020).

Continuo a este bloque, figuran algunos municipios de Antioquia, por ejemplo, San Carlos, cuarto municipio con mayor número de predios solicitados, cuya relevancia económica y geográfica se adquirió por cuenta de la llegada de hidroeléctricas a la región, debido a su potencial hídrico y en recursos naturales (Comisión Nacional de Reparación y Reconciliación 2011).

Hacia el centro del caribe colombiano se encuentra el bloque de los Montes de María (color morado), integrado por 16 municipios, 4 de los cuales se ubican dentro de los 62 municipios: Carmen de Bolívar, San Jacinto y San Juan Nepomuceno (Bolívar) y Ovejas (Sucre). La subregión de Montes de María se caracteriza por su riqueza hídrica, por ello ha sido catalogada como la despensa alimentaria de la Costa Norte, pues la mayor proporción de sus suelos tienen, en primer lugar, vocación agrícola; en segundo lugar, vocación en conservación y, en tercer lugar, agroforestal. Además de que estos suelos han sido usados, también, para actividades de ganadería. Este último renglón supone buena parte de los conflictos por el uso del suelo en este territorio, pues esta actividad se viene expandiendo en tierras no aptas para este uso, incluso a costa de los cuerpos de agua y las áreas inundables. La otra parte está representada en la expansión de cultivos de palma (Duica 2010).

Uno de los aspectos más característicos de esta subregión tiene que ver con una suerte de mixtura entre extensos latifundios y procesos de colonización campesina y estabilización, pues era una zona de baldíos y de propiedad privada que fue en parte usada para responder a los fallidos procesos de reforma agraria, ya que allí se constituyeron importantes sindicatos agrarios que impulsaron la asociación campesina (Montañez 2004).

En el bloque del Catatumbo (color amarillo), los inicios de la violencia, el desplazamiento y abandono forzado de tierras se explican, en un primer momento, por la explotación de petróleo que generó éxodos importantes de la población indígena Barí y, posteriormente, de la población campesina asentada en territorios en disputa para controlar corredores estratégicos (desde Córdoba hasta la frontera con Venezuela) y cultivos de coca. El capital social y productivo local que se había desarrollado durante las décadas de los 60 y los 90 se fue desestructurando por la cruenta disputa entre guerrillas y grupos paramilitares. Entre 1999 y 2006, los paramilitares cometieron más de 15 masacres, que produjeron éxodos masivos y abandono de tierras (CNMH 2018). Dentro de este bloque, figuran Tibú, con 1806 predios, y Cúcuta, con 633, ocupando los puestos 3 y 20, respectivamente, de los 62 municipios con mayor número de predios solicitados.

El comportamiento descrito de los bloques geográficos que concentran el mayor número de predios solicitados en restitución ratifica lo señalado por uno de los estudios más completos que se han hecho sobre el tema del desplazamiento interno en Colombia, en el sentido en que el abandono y despojo forzado de tierras y territorios rurales no puede ser explicado, históricamente, únicamente como un efecto colateral de la dinámica de la guerra del conflicto armado interno, sino que ha sido funcional a la satisfacción de intereses socioeconómicos no legítimos por encima de la vigencia de los derechos fundamentales de las comunidades y de la función social de la propiedad consagrada constitucionalmente: "El éxodo rentista constituye por lo tanto una manifestación de violencia funcional a un modelo de acumulación y apropiación de poder y riqueza" (Hernández Sabogal et al. 2015, 131).

CONCLUSIONES

Si bien los procesos de disputa por el territorio se dan en todo el planeta, en cada contexto cobran un sentido sociohistórico particular. En el caso colombiano, este está fuertemente marcado por la existencia de un conflicto armado interno de larga duración, que se constituye en un proceso determinante de la territorialización y la territorialidad y de los procesos vitales y de salud de la población rural. Este conflicto ha generado masivamente desplazamiento, abandono y despojo forzado de tierras y territorios.

Para las poblaciones rurales campesinas y étnicas, la tierra y el territorio constituyen el tejido primario de relaciones comunitarias, el soporte para la conformación de identidades y el escenario de producción, consumo y sociabilidad, por ello, en ese espacio se dan los procesos rectores de la vida. Para estudiar la destrucción de procesos saludables o la imposición de procesos malsanos a las comunidades rurales, resulta muy reveladora y útil la caracterización de las dinámicas de territorialización y la configuración de territorialidades y territorios derivadas de allí.

El abandono y despojo forzado de tierras tiene un claro comportamiento geográfico en el que ciertos territorios han sido particularmente afectados y sus pobladores extremadamente victimizados, allí el proceso de territorialización ha sido a "sangre y fuego", ocasionando fuertes rupturas y reconfiguraciones territoriales, generalmente funcionales al modelo de acumulación de capital.

REFERENCIAS

Alto Comisionado de las Naciones Unidas para los Refugiados (ACNUR). 2012. "Operación Colombia: Las tierras de la población desplazada-2012". https://www.acnur.org/fileadmin/Documentos/RefugiadosAmericas/Colombia/2012/Situacion_Colombia_Tierras_-_2012.pdf.

Breilh, Jaime. 2003. *Epidemiología crítica: Ciencia emancipadora e interculturalidad.* Buenos Aires: Lugar Editorial / Universidad Nacional de Lanús.

—. 2010. *Epidemiología: Economía política y salud.* 7.ª ed. Quito: Universidad Andina Simón Bolívar, Sede Ecuador (UASB-E) / Corporación Editora Nacional.

—. 2013. "La determinación social de la salud como herramienta de transformación hacia una nueva salud pública (salud colectiva)". *Revista Facultad Nacional de Salud Pública* 31: 13-27.

—. 2014. "Cecilia Donnangelo y el *ethos* tecnocrático de la salud pública actual. (Esencia contrahegemónica de su memoria)". En *O Social na Epideiologia. Um legado de Cecilia Donnangelo,* ediado por Jose da Rocha Carvalheiro, Luiza Sterman Heimann y Márcio Derbli, 85-98. Sao Pablo: Instituto de Saúde.

—. 2019. *Ciencia crítica sobre impactos en la salud colectiva y ecosistemas. Guía investigativa pedagógica: Evaluación de las 4 "S" de la vida.* Quito: UASB-E.

Centro Nacional de Memoria Histórica (CNMH). 2018. *Catatumbo. Memorias de vida y Dignidad.* Bogotá: CNMH.

—. 2015. *Una nación desplazada: Informe nacional del desplazamiento forzado en Colombia.* Bogotá: CNMH / Unidad para la Atención y Reparación Integral a las Víctimas.

Comisión Nacional de Reparación y Reconciliación. 2011. *San Carlos: Memorias del éxodo en la guerra*. Bogotá: Taurus.

Datos Abiertos Colombia Estadísticas Solicitudes Restitución Discriminadas Municipios de la Unidad de Restitución de Tierras (URT). https://www.datos.gov.co/Agricultura-y-Desarrollo-Rural/Estad-sticas-Solicitudes-Restituci-n-Discriminadas/s87b-tjcc/data.

Duica, Liliana. 2010. "Despojo y abandono de tierras en los Montes de María: el impacto de los grupos armados en la reconfiguración del territorio". Tesis de maestría, Universidad de los Andes, Colombia. https://repositorio.uniandes.edu.co/bitstream/handle/1992/11146/u402211.pdf.

Escobar, Arturo. 2014. *Sentipensar con la tierra*. Medellín: Universidad Autónoma Latinoamericana.

Fundación Forjando Futuros. 2018. "Empresas, desplazamiento y despojo de tierras en Colombia". https://www.forjandofuturos.org/wp-content/uploads/2020/07/541- informe-a-jep-empresas-y-despojo-de-tierras-forjando.pdf.

García Villegas, Mauricio, ed. 2011. *Los Estados del país: Instituciones municipales y realidades locales*. Bogotá: Dejusticia.

Instituto de Hidrología, Meteorología y Estudios Ambientales (IDEAM). 2016. *Mapa de cambio de bosque Colombia-área continental (Escala Fina LANDSAT), período 2010-2015*. Bogotá: IDEAM.

Juzgado Primero Civil del Circuito Especializado en Restitución de Tierras de Valledupar. "Sentencia n.º 200013121001-2012-000153-00". 11 de febrero de 2013.

Juzgado Segundo Civil del Circuito Especializado en Restitución de Tierras de Ibagué. 2013. "Sentencia n.º 73001-31-21002-2012-00089-00". 21 de febrero.

Mann, Michael. 1991. *Las fuentes del poder social II*. Madrid: Alianza Editorial.

—. 1993. *Las fuentes del poder social I*. Cambridge: Cambridge University Press.

Ministerio de Agricultura (MAG). 2018. "Identificación general de la frontera agrícola en Colombia". https://www.minagricultura.gov.co/Normatividad/Projects_Documents/IDENTIFICACION%20GENERAL%20DE%20LA%20FRONTERA%20.pdf

Miranda, Ary Carvalho de, ed. 2008. *Território, ambiente e saúde*. Rio de Janeiro: Editora Fiocruz.

Montañez, Gustavo. 2004. *Dimensiones territoriales de la guerra y la paz*. Bogotá: Universidad Nacional de Colombia.

Oficina de las Naciones Unidas contra la Droga y el Delito (UNODC). 2017. "Monitoreo de territorios afectados por cultivos ilícitos". Bogotá: UNODC. https://www.unodc.org/documents/crop-monitoring/Colombia/Colombia_Monitoreo_territorios_afectados_cultivos_ilicitos_2017_Resumen.pdf

—. 2018. "Monitoreo de territorios afectados por cultivos ilícitos". Bogotá: UNODC. https://www.unodc.org/documents/colombia/2019/Agosto/Informe_de_Monitoreo_de_Territorios_Afectador_por_Cultivos_Ilicitos_en_Colombia_2018_.pdf.

Sulé Ortega, Javier. 2020. "Resistir en la mejor esquina de América". *El País*, 26 de septiembre. https://elpais.com/elpais/2020/09/01/planeta_futuro/1598976077_712958.html.

Porto Gonçalves, Carlos Walter. 2001. *Geo-grafías: Movimientos sociales, nuevas territorialidades y sustentabilidad*. Ciudad de México: Siglo Veintiuno Editores.

Samaja, Juan. 2009. *Epistemología de la salud: Reproducción social, subjetividad y transdisciplina*. Buenos Aires: Lugar Editorial.

Silva, Augusto Lia Giraldo da, Lourdhinha Florencio y Rosa María Carneiro. 2005. *Pesquisa (Acao) em saude ambiental*. Recife: Editora Universitária da UFPE.

SISTEMA AGRARIO, METABOLISMO Y SALUD COLECTIVA

Capítulo 9

Evaluación de las 4 "S" en los espacios agrarios: El paradigma de la determinación social en la propuesta de un sistema de evaluación crítico e intercultural

Doris Guilcamaigua Paztuña[1]

INTRODUCCIÓN

Existe una tendencia mundial en evaluar la agricultura desde lógicas reduccionistas y productivistas. Disposición centrada en la dimensión económica que es cuestionada desde distintas posturas que consideran necesario el desarrollo de metodologías que amplíen dimensiones, para, así, establecer el alcance real de las acciones agrarias en las localidades (Sain et al. 2007, 11).

En este sentido, se comprende la necesidad de transitar de la evaluación convencional a la evaluación participativa de carácter crítico e intercultural. En el contexto actual, esto implica acercarse a la comprensión de la complejidad histórica agraria, para, desde allí, cuestionar las transformaciones suscitadas que van en desmedro de los derechos humanos, sociales y ambientales y, así, pensar—desde la evaluación— en un proceso de empoderamiento de las colectividades afectadas.

1. Esta investigación contó con el apoyo del Fondo de Investigaciones de la Universidad Andina Simón Bolívar, Sede Ecuador.

EVALUACIÓN AGRARIA: TRAS LAS HUELLAS DEL AGROCAPITALISMO Y DE LA AGRICULTURA DE LA VIDA, HACIA LA CONSTRUCCIÓN DE UNA TEORÍA EVALUATIVA ALTERNATIVA

Se reconoce ampliamente que el agrocapitalismo dejo de ser ya el escenario de la explotación de la fuerza de trabajo y extracción de plusvalor, con apenas condiciones básicas de seguridad social y bienestar social. Como lo menciona Breilh (2019), ahora se trata de un sistema que ha agudizado los términos de explotación y de dominación social, llegando al punto de degradar la subsistencia a lo mínimo y creando la imposibilidad estructural para una reproducción social y ecológica sustentable.

Las grandes empresas agrocapitalistas que controlan el sistema alimentario (Otero 2013) han desestructurado la agricultura familiar y campesina mediante el histórico acaparamiento de tierras y agua a través de mecanismos de despojo y de dominio sobre los recursos naturales, la modificación de patrones de cultivo alimentación y la ruptura de los tejidos sociales. En simultaneidad, estas empresas han degradado los suelos, el agua y la agrobiodiversidad, es decir, han generado graves problemas ambientales y de salud a partir de estas formas de producción malsanas.

Subyace, a este movimiento, la admitida superioridad de los sistemas productivos agroindustriales de tecnologías modernas que va posicionándose como opción irreemplazable en la generación de alimentos para la población humana. Se considera, según Villalobos et al. (2017, 52), que la vía segura para la reducción de la pobreza y la desigualdad, la seguridad alimentaria y la sustentabilidad ambiental se encuentra ligada a la transformación industrial, en la agricultura del siglo XXI.

Es vigente un modelo de agricultura productivista que basa sus altos rendimientos en el uso de semillas genéticamente modificadas, la mecanización agrícola, el uso de fertilizantes sintéticos y productos fitosanitarios provenientes de la petroquímica y las empresas transnacionales (Houtart y Laforge 2016). Este modelo dominante de agricultura además encuentra apoyo irrestricto en universidades y centros de investigación y desarrollo.

Pese a la poca importancia otorgada en décadas atrás, los modelos y propuestas de agricultura que giran alrededor de la preeminencia de la vida, como la agroecología, han ido tomando fuerza desde una visión renovada de la cuestión agraria. Se evidencia este renacer en la multiplicación de espacios en los que empiezan a concretarse interesantes experiencias de praxis y producción académica. Un estudio realizado por Heifer (2014, 78) identificó que los espacios de producción agroecológica representan el 0,93 % del total de producción agropecuaria y se encuentran en diferentes niveles de implementación en varias provincias de Ecuador.

No obstante, en torno al movimiento esbozado, existe una tendencia en los estudios de evaluación de la agricultura realizados durante las últimas décadas, una atención centrada en el reduccionismo y la unidimensionalidad. Varias investigaciones evaluativas como las de Narváez Moreno (2016), Espín Mayorga (2016), Asencio (2017) y Raza y Alejandro (2020), entre otras, consideran la productividad y los efectos económicos como el centro de atención en los procesos evaluativos. Pocos son los estudios que se dirigen a hacia otras dimensiones, entre ellos los de Bonilla y Tapia (2019) y, sobre todo, es directa la correspondencia entre estos estudios y el paradigma dominante en la agricultura. La carencia de información que aporte a medir los cambios en la compleja estructura agraria dificulta vincular los grandes cambios y el movimiento particular e individual en los socioecosistemas. Solo un acontecimiento de la magnitud de la pandemia de COVID-19 nos recordó, de la peor manera, el vínculo directo entre la agricultura industrial y la salud humana.

Ciertamente nos encontramos en la actualidad en una fase en la que urgen cambios profundos hacia formas solidarias, sustentables, soberanas y bioseguras en la construcción del mundo agrario, con miras a revertir los graves impactos que el modelo vigente de agricultura nos está dejando y a construir propuestas del cuidado de la vida, desde perspectivas como la agroecología y la soberanía alimentaria.

En este sentido, la demanda urgente es la transición del actual sistema alimentario hacia un sistema agroecológico que integre las dimensiones y consideraciones ético-políticas, técnico productivas, ecológicas y culturales, desde una perspectiva local, cooperativa e intercultural, de acuerdo con varias propuestas como las de Gliessman et al. (2007), Altieri y Nicholls (2013) y Marasas et al. (2015) —en sus trabajos sobre principios para el diseño y la conversión agroecológica— y Calle y Gallar (2010), en su modelo para la transición social agroecológica, entre otros. Tal como lo menciona Breilh (2019), la demanda urgente es hacia la implementación de un nuevo paradigma agrario, en el que converjan las nuevas expresiones del pensamiento académico crítico sobre el metabolismo sociedad naturaleza y su economía política, la filosofía ancestral del pensamiento andino y las opciones de transición y transformación agroecológica. De esta forma este nuevo paradigma se dirigiría hacia una agricultura de la vida, la agricultura de las 4 "S". En ese transitar, es importante contar con herramientas que visibilicen los cambios: un sistema de evaluación alternativo bajo dicho nuevo paradigma es una de ellas.

En el presente trabajo el objetivo es aportar a la creación y consolidación de una matriz metodológica intercultural de evaluación, integrando los elementos y postulados de las diversas propuestas. Por lo tanto, se enuncian los principales conceptos y dimensiones de la construcción de un sistema de evaluación agraria. Se toma como base científica crítica los bagajes de la epidemiología crítica latinoamericana y la salud colectiva en el desarrollo del sistema categorial y la propuesta metodológica.

HACIA UN NUEVO PARADIGMA EN LA EVALUACIÓN AGRARIA: ¿DESDE DÓNDE ANALIZAR Y PROPONER EN LOS PROCESOS EVALUATIVOS?

Los procesos agrarios se encuentran definidos por instancias de poder y, en este sentido, las evaluaciones de estos procesos están atravesados por racionalidades, ideologías[2] y paradigmas que marcan, según

2. Lewontin et al. (2003, 221) define las ideologías como las ideas dominantes de una sociedad en un momento determinado, las mismas que estarían ex-

Barrera (2009), las decisiones políticas que van definiendo prioridades sociales, asignación de recursos y formas de cooperación.

A grandes rasgos, partimos de señalar la racionalidad subyacente a los modelos evaluativos vigentes. En ellos, la "racionalidad instrumental", en su devenir atravesado por la lógica del dominio e instrumentalización radical (Horkheimer 2009, 13), opera con carácter transitivo y técnico, promoviendo la evaluación por utilidad. La "racionalidad burocrática gubernamental", en su apego a la norma independientemente de los efectos que ella tenga, asume como criterio el "cumplir con los fines del plan" (Nirenberg 2007), operando técnica y burocráticamente hacia la evaluación por cumplimiento. De igual forma, la "racionalidad ambiental", propuesta por Leff (1994) como el proceso de renovación del mundo y de deconstrucción de los fundamentos de la civilización occidental y de las falacias de la globalización económica, con miras a la recuperación de un futuro sustentable, podría derivar en propuestas técnicas de carácter interdisciplinar dirigidas hacia la evaluación por conveniencia.

En este sentido, se acoge para la propuesta presente, la evaluación desde una perspectiva de "racionalidad ética comprehensiva" (Apel 1992), refiriendo los problemas de la evaluación desde el punto de vista de una *"ética de la responsabilidad"*, de las consecuencias y subsecuencias de la ciencia y de las acciones u omisiones. Es decir, sería una evaluación desde la *"ética* de la vida", como lo propone Breilh (2020),

presando la naturalidad de un orden existente y manteniéndolo. Lewontin et al. (2003) citan a Marx y Engels (1846) afirmando, lo siguiente: "Las ideas de la clase dominante son en cada época las ideas dominantes. Es decir, la clase que constituye la fuerza material dominante en la sociedad es, al mismo tiempo, su fuerza intelectual dominante. La clase que tiene los medios de producción material a su disposición tiene al mismo tiempo el control de los medios de producción mental, de modo que, hablando en general, las ideas de aquellos que carecen de los medios de producción mental, están sujetos a ellas. Las ideas dominantes no son más que la expresión ideal de las relaciones materiales dominantes".

haciendo énfasis en los principios de la vida y la salud y en las 4 S (sustentabilidad, solidaridad, soberanía y bioseguridad), en una propuesta intercultural, transdisciplinar y participativa.

PARADIGMAS EN LA EVALUACIÓN AGRARIA: DE LA UNIDIMENSIONALIDAD A LA COMPLEJIDAD

Se puede señalar los paradigmas[3] vigentes en la evaluación desde las teorías del discurso del desarrollo económico para comprender el problema trabajado.[4] Bajo el paradigma economicista, las teorías de la evaluación adquieren un orden productivista, causal, reduccionista y unidimensional. La evaluación queda supeditada a dimensionar los niveles de producción[5] y productividad[6] y la capacidad de apropiación de procesos, en una notable pretensión del uso de herramientas que faciliten la expansión de economía de gran escala. A través de estrate-

3. Paradigma se refiere al sistema de generalizaciones simbólicas y compromisos colectivos, con creencias o modelos y valores, que vienen a constituir la teoría o matriz disciplinar que comparte una comunidad de científicos y a las soluciones concretas a problemas que a manera de modelos pueden ser la base a la solución restante de los problemas de la ciencia (Kuhn 2004, 269).
4. Yapa (1993) resume los paradigmas dentro del discurso del desarrollo económico así: (a) *la teoría económica neoclásica,* la misma que se enfoca en la transferencia de tecnología, la sobrepoblación y la difusión del desarrollo; (b) la concepción ambientalista sobre el desarrollo sustentable y (c) las teorías neomarxistas sobre el desarrollo desigual concerniente al imperialismo, la dependencia y los sistemas mundo.
5. El discurso hegemónico refiere a la producción como la capacidad de un factor productivo (trabajo, capital, materias primas) para la creación de bienes en períodos determinados.
6. y a la *productividad* como la expresión de resultados de cierta forma de hacer las cosas con relación a otras; como el cálculo de la cantidad de bienes producidos a través del uso de una cantidad determinada de un recurso particular (Bernstein 2016, 24).

gias y mecanismos encaminados a imponer en la humanidad una cultura productivista extrema se asegura el funcionamiento del mercado (Tapia 2006, 28). Desde el paradigma de la concepción ambientalista sobre el desarrollo sustentable, el orden en la evaluación de la producción es de carácter causal, tridimensional (factores social, económico y ambiental), productivista e innovador; su base teórica tiene un centro en medidas enfocadas hacia una administración responsable y eficiente de los recursos naturales y está dirigida a la preservación del equilibrio ecológico (Guilcamaigua 2019, 21). Implica "satisfacer las necesidades de las generaciones presentes sin comprometer las posibilidades de las del futuro para atender sus propias necesidades" (Mihelcic y Zimmerman 2012). Paralelamente y en una fase de transición, se reconoce *el paradigma marxista ecológico,* cuyo orden en la evaluación es de carácter ecológico y multidimensional. Este posee elementos clave de tránsito hacia un paradigma crítico, intercultural y participativo, con un orden que se apega a la comprensión de la complejidad y a la crítica al modelo económico de acumulación de capital. Este paradigma crítico es una forma de acoger una propuesta de un sistema de evaluación, ante el desafío en la praxis, que transforme las relaciones de poder, que se construyen en torno a un sistema de exclusión que va destruyendo las 4 "S" de la vida y que amerita un enfrentar multidimensional y estratégico de base popular que permita superar el sistema de contradicciones vigente.

En suma, el desafío en una propuesta alternativa de evaluación es superar la lógica causal y reduccionista, de tendencia productivista, así como las miradas de conjunción o conexión externa con factores propios de una sociedad y un ambiente cosificado y fragmentado. El reto es mirar más allá de la lógica cartesiana del pico del iceberg en el que los fenómenos visibles a ser evaluados son las evidencias empíricas cosificadas, aisladas y comprobadas a través de las unidades productivas (productividad, contaminación y agrobiodiversidad), con miras a tomar acciones sobre estos factores. Lo desafiante es situar las explicaciones del movimiento y el contexto para pensar en la acción sobre procesos.

METODOLOGÍA (POBLACIÓN, TERRITORIO Y MÉTODOS)

Se llevó a cabo una fase de estudio y construcción de los principales elementos de un sistema de evaluación agraria desde el paradigma de la determinación social de la salud. Se integraron los enfoques crítico, intercultural y participativo, con base disciplinar en la epidemiología crítica latinoamericana. El enfoque crítico (Breilh 2020a) es comprendido como el cuestionamiento de las ideas, las prácticas y la ética del campo científico de la evaluación agraria. El enfoque intercultural (Reascos 2020) en concebido como la orientación ética que busca la convivencia armónica entre diferentes a través de nuevas formas de entender la vida y de relacionarse. Por último, el enfoque participativo se entiende a partir de las perspectivas populares, de género y étnicas de la colectividad, desarrollando herramientas de conciencia, análisis y planeación y reflexión y propuestas alternativas (Breilh 2003b).

Se recurrió al análisis de las experiencias y herramientas de investigación del CILABSalud, proyecto TEG 3 y el Programa Andina Ecosaludable del Área de Salud en los territorios de Machala y Cayambe, así como a la experiencia propia en la evaluación investigativa en las comunidades de Cotopaxi, Chimborazo y Tungurahua, Ecuador. Las técnicas utilizadas fueron nueve entrevistas y tres conversatorios con representantes de instituciones; cinco talleres metodológicos organizados por el CILABSalud y una revisión bibliográfica sobre las temáticas: evaluación agraria, evaluación agroecológica, sustentabilidad, soberanía, solidaridad y bioseguridad. Las bases revisadas fueron repositorios académicos de escuelas agrarias, Jstor, ProQuest, Google scholar y Redalyc. Se enfatizó en las características del modelo, conceptos y fases. Se generó un conocimiento metodológico que permitiera constituir un modelo de evaluación que facilitara las decisiones sobre las unidades productivas, así como a la transformación de los escenarios y los territorios. Se contempla en una siguiente fase la aplicación del modelo en los sistemas productivos del valle agroproductivo del cantón Latacunga, en la provincia de Cotopaxi.

RESULTADOS

NUEVO PARADIGMA EN LA EVALUACIÓN AGRARIA: LA COMPLEJIDAD SOBRE EL SUJETO, EL OBJETO Y LA PRAXIS

En la formulación de un nuevo paradigma de la evaluación agraria, se acoge la propuesta epistemológica de la *complejidad* planteada por Breilh (2020) y se la aplica al campo de la evaluación En esta propuesta se reconoce la complejidad sobre el objeto del conocimiento, la complejidad sobre el sujeto de conocimiento y la complejidad sobre la praxis de este conocimiento, en una propuesta dirigida a cuestionar la lógica cartesiana del pico del iceberg, más allá del plano empírico.

La complejidad del sujeto

En la *complejidad sobre el sujeto* se recurre a la conjunción del poder explicativo de varias formas o expresiones del pensamiento crítico agrario: las expresiones de los "movimientos agrarios transnacionales", con sus debates y prácticas en el campo de la sustentabilidad ambiental y el cambio climático, los derechos sobre la tierra y la reforma agraria redistributiva, la soberanía alimentaria, la economía liberal y las regulaciones sobre el comercio mundial, el control corporativo del material genético de los cultivos y otras tecnologías agrícolas, los derechos campesinos, la justicia social y la equidad de género (Edelman y Borras 2018); la economía política agraria latinoamericana de Osorio (2014); el pensamiento de las "organizaciones de mujeres" y su papel activo en torno a la agroecología y la soberanía alimentaria (Siliprandi 2014); los manifiestos de los "movimientos agroecológicos" de producción y consumo en su defensa de la agricultura familiar campesina agroecológica, en búsqueda de la sustentabilidad agrícola (La Vía Campesina; los postulados de los "movimientos campesino e indígena" y sus tesis de lucha por la tierra y el buen vivir (Figura 1).

Figura 1. La complejidad sobre el sujeto

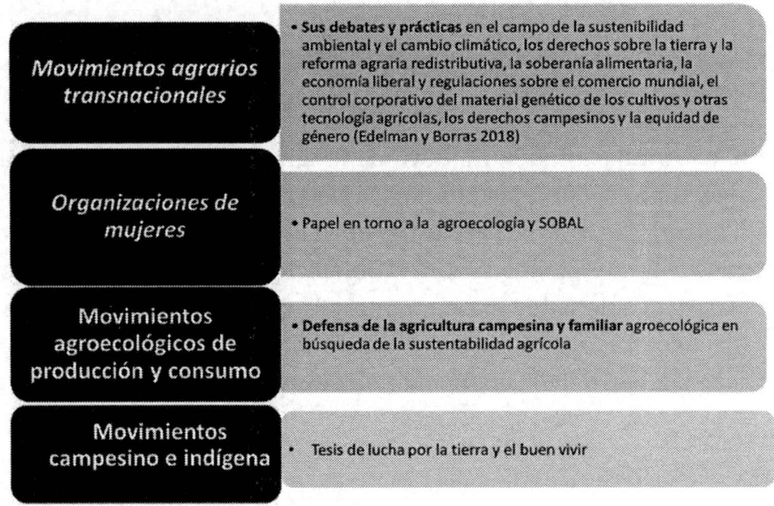

Elaboración propia.

Al mismo tiempo, en la complejidad del sujeto, se busca el diálogo transdisciplinar entre el *pensamiento epidemiológico crítico* (Breilh 2020) y el *pensamiento agroecoló*gico académico y del movimiento campesino (Rosset y Altieri 2018) y el *pensamiento andino* (Chuji, Rengifo y Gudynas 2019). Se trata de nutrir un pensamiento que cuestione las inequidades de clase, género y etnia; que aporte con nociones renovadas sobre la espacialidad agraria y que dialogue con el movimiento dialéctico del metabolismo sociedad-naturaleza, cimentado en el bagaje del conocimiento tradicional de los agricultores y en los principios de los pueblos andinos, reciprocidad, solidaridad y complementariedad, y un pensamiento que en la praxis consiga pasos firmes hacia la transición social agroecológica.

Finalmente, la complejidad del sujeto requiere de una *construcción intercultural* contrahegemónica, que reconozca las diferencias y la diversidad cultural y que sea establecida desde la solidaridad y el reconocimiento de los procesos históricos. Estos procesos implican la relación entre saberes, que comparten un espacio social de reproducción de cultura y que se han ido gestando en los grupos, comunidades y organizaciones campesinas e indígenas, investigadores, colectivos y movimientos vinculados a las luchas agrarias. Pues la consolidación de un proyecto humanista popular que propenda por una "agricultura por la vida" pasa, como dice Breilh (2003, 193), por la selección de las mejores ideas acerca de las visiones emancipadoras y de la humanización de la sociedad, que tienen origen en los espacios no académicos y en los saberes de los otros.

LA COMPLEJIDAD DEL OBJETO

En relación con la complejidad del objeto, la multidimensionalidad establece la expresión de las dimensiones integrales de la realidad agraria. El movimiento histórico de la fertilidad implica

> la relación dinámica entre los procesos de una sociedad de base natural, organizada en forma de sistemas sociales productivos, y una naturaleza socialmente determinada y construida, que no es un simple contingente agroecológico pasivo, sino un polo dinámico en permanente transformación. (Breilh 2006, 17)

Este movimiento de reproducción social es de carácter productivo-económico, político, cultural y ecológico y se encuentra en relación con los itinerarios técnicos de domesticación de los procesos ecológicos, la modificación del medio físico y el control y manejo de competidores, parásitos y predadores, es decir, la forma de artificializar y simplificar los ecosistemas.

La complejidad de la praxis

En cuanto a la complejidad de la praxis, en una articulación del objeto y el sujeto del conocimiento renovados, es indispensable vincular la propuesta evaluativa a una nueva concepción de planificación e incidencia contenida en la teoría del triángulo político (Matus 1987), en sus implicaciones emancipadoras con base en la articulación científica, intercultural y transdisciplinaria para la evaluación crítica, la docencia y la creación estratégica de redes de incidencia en políticas. Esta visión renovada de praxis presentada por Breilh (2020) propone la creación de redes alternativas que relacionen el al pensamiento transformador, las comunidades movilizadas y los recursos científico-instrumentales, bajo esta articulación: 1. Un proyecto de base crítica y carácter emancipatorio para la salud colectiva y ecológica, con impacto estratégico en los procesos críticos de determinación social; 2. Un bloque social en articulación con las comunidades afectadas, movilizadas e interesadas; y 3. Un cuerpo o bagaje de conocimiento científico con herramientas adaptadas y rediseñadas de acuerdo con los dos primeros elementos.

PROPUESTA DEL SISTEMA DE EVALUACIÓN DE LAS 4 "S": PRINCIPIOS, CONCEPTOS Y OPERACIONES

Desde la perspectiva de un cambio en la construcción de una visión científica alternativa aplicada al campo de la evaluación, se toman como referentes las 4 claves/principios[7] propuestos por Breilh (2006, 25), que deben ser aplicados transversalmente en el sistema de evaluación:

1. La evaluación como instrumento de contrahegemonía, no funcional a las reglas del juego de la acumulación y a las políticas que las favorecen.
2. La distinción de inequidad y desigualdad en la evaluación para enfrentar la superación de las relaciones históricas de dominación.
3. La transición de la investigación-evaluación participativa a la producción intercultural del saber en respuesta al planteamiento de la necesidad de conocimientos -y formulación de estrategias de acción que contribuyan a generar las bases para la construcción de contrahegemonía.
4. Un proyecto alternativo para la evaluación desde una perspectiva latinoamericana en la que se reconozcan los sujetos nuevos situados en la globalidad de vida de reproducción colectiva, que forma parte de la reproducción de la naturaleza.

7. Varios de estos principios han sido validados en los contextos de la investigación de los proyectos del programa Andina Ecosaludable, con adaptaciones a diferentes procesos de acuerdo con contextos territoriales específicos.

En la fase de propuesta transformativa se acogen desde el paradigma agroecológico los siguientes elementos: a) los *principios guía para el proceso de conversión al diseño y manejo de agroecosistemas sostenibles* de Gliessman et al. (2007, 20); b) las *etapas de conversión del sistema alimentario*, también de Gliessman et al. (21- 2); c) la *propuesta de transición social agroecológica* de Calle y Gallar (2010) y (d) las *herramientas de evaluación agroecológica* de Nicholls et al. (2015).

Los *principios* (a) de Gliessman et al. para el proceso de conversión son los siguientes:

- Pasar del manejo de los flujos de nutrientes al manejo del reciclaje de nutrientes con una creciente dependencia de procesos naturales (como la fijación biológica de nitrógeno y las relaciones micorrícicas).
- El uso de fuentes de energía renovables en lugar de fuentes no renovables.
- Eliminar el uso de insumos de origen sintético, como pesticidas externos al sistema, que son potencialmente dañinos para el ambiente y la salud de los agricultores y los consumidores.
- En el caso de agregar materiales al sistema, se deben usar aquellos de origen natural, en lugar de materiales o insumos de origen sintético o manufacturado.
- Equilibrar o manejar las plagas, enfermedades y malezas y evitar "controlarlas".
- Restituir las relaciones biológicas que pueden darse naturalmente en la unidad de producción, en lugar de reducirlas o simplificarlas.
- Buscar que los modelos de cultivo estén en armonía con el potencial productivo y las limitaciones del paisaje agrícola.
- Usar las estrategias de adaptación del potencial biológico y genético de la agrobiodiversidad (animales y vegetales cultivables) y las condiciones ecológicas del lugar de cultivo, antes que modificar el sitio de cultivo, para satisfacer las necesidades de esas plantas y animales.
- Valorar la salud integral del agroecosistema, más allá del producto de un sistema de cultivo en particular.
- Enfatizar en la conservación del suelo, el agua y la energía en la agrobiodiversidad

- Incorporar la idea de la sustentabilidad en el largo plazo, en el diseño y manejo integral del sistema, pensando en la comunidad y en la sociedad.

Asimismo, *las etapas de conversión del sistema alimentario* (b) de Gliessman et al. son transversales (21-2):

- Nivel 1: la reducción del consumo y uso de insumos costosos, escasos o nocivos para la salud colectiva y ecológica.
- Nivel 2: la sustitución de prácticas e insumos de la agricultura convencional por prácticas alternativas sustentables.
- Nivel 3: el diseño de un agroecosistema que funcione sobre una renovada base de integración del conjunto de procesos ecológicos.
- Nivel 4: el cambio de los principios éticos y los valores en los sistemas agrario-alimentarios, es decir, una transición hacia una cultura de las 4 "S".

Los postulados (c) de Calle y Gallar (2010) pueden resumirse da la siguiente manera: los cambios hacia un agricultura sustentable afianzarán la toma de decisiones a nivel local, en las escalas comunitarias, a partir de estructuras que favorezcan a campesinos y agricultores en dimensiones socioculturales (sindicatos, organizaciones comunitarias y asociaciones), sociopolíticas (entidades públicas que se adscriben al sistema agroalimentario) y socioeconómicas (canales de distribución y comercialización, sistemas de precios, rol de los mercados globales, créditos, etc.). El afianzar la toma de decisiones sucede al mismo tiempo que se reduce la vulnerabilidad alimentaria y se promueven prácticas culturales apropiadas. No se pueden ignorar las relaciones de poder que se reproducen con fuerza en las dinámicas de producción y consumo, es decir, las relaciones de clase, género y etnia, que determinan la participación de hombres y mujeres en los espacios de decisión hacia la construcción de una agricultura de la vida.

Sistema conceptual y operacional de evaluación de las 4 "S"

Partiendo del concepto de que un sistema es "un objeto complejo cuyas partes o componentes se relacionan con al menos algunos de los demás componentes" (Bunge 2007, 190), en esta investigación se utiliza el término sistema en el sentido de una construcción que tiene base en hipótesis teóricas sobre el movimiento de una realidad compleja y que propone la comprensión de esta, así como la proyección de acciones que aporten a generar transformaciones.

Entonces, el sistema de evaluación de las 4 "S" propuesto presenta dos momentos: en primer lugar, un sistema conceptual que ilustra las interacciones de los componentes del sistema y en segundo lugar, un sistema operativo que se puede definir como el sistema operacional, que se trata de la relación entre los procesos, la organización, la tecnología, las técnicas, la organización, los participantes y los recursos disponibles para ejecutar las estrategias planteadas.

EL SISTEMA CONCEPTUAL DE EVALUACIÓN DE LAS 4 "S" EN LOS ESPACIOS AGRARIOS: DETERMINACIÓN SOCIAL DE LA SALUD COLECTIVA Y ECOLÓGICA COMO HERRAMIENTA DE TRANSFORMACIÓN HACIA UNA AGRICULTURA DE LA VIDA

El sistema conceptual de las 4 "S", que se entiende como el sistema de interacciones de los componentes del sistema, se sustenta en el núcleo interpretativo de la determinación social de la salud. Breilh (2013b, 22) sostiene que este núcleo alude a la unidad de procesos agrarios, sociales, ecológicos y culturales en torno a la reproducción social, que en la actualidad es de acumulación. Asimismo, pretende que, desde la autonomía relativa de clases, pueblos y comunidades afectadas por esta forma de reproducción, sea posible una génesis emancipadora saludable.

Se considera un proceso multidimensional de correlación o interacción entre espacios individuales, particulares y generales, como dirían Calle y Gallar (2010) en su propuesta evaluativa de transición agroecológica. En su nivel general, son vigentes las relaciones de poder político, económico y científico; que se manifiestan a nivel particular en los modos de vida. Estos modos de vida son productos de las asimetrías dictadas por las relaciones de clase, género y etnia; en tanto que a nivel individual tienen lugar los procesos dialéctico metabólicos de subsunción entre lo biológico y social.

Las transformaciones que devienen de la correlación multidimensional tienen lugar en los diferentes niveles y son dimensionados como *embodiments*, encarnaciones o impactos de carácter socioespacial o sociometabólico, que son motivo de la evaluación o valoración y se adscriben en su carácter protector o destructivo a sostener o menoscabar los cuatro pilares que sostienen la vida: solidaridad, soberanía, sustentabilidad y bioseguridad.

Figura 2. Sistema conceptual de evaluación de las 4 "S" en los espacios agrarios

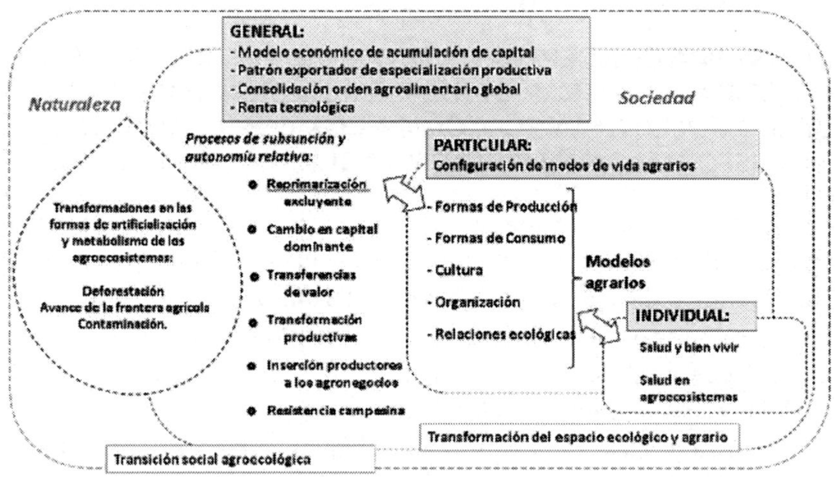

Fuente: Breilh (2020). Elaboración propia.

Los cuatro principios enunciados hacen referencia a los modos de vivir en la agricultura y se transversalizan en la evaluación de la siguiente manera: la *sustentabilidad*, comprendida como la capacidad de reproducción presente y futura de la vida del sujeto social, de los espacios agrarios y, en ellos, de los agroecosistemas; la *soberanía*, entendida como la capacidad de autarquía en los sujetos agrarios, la capacidad de autonomía y dominio en sus decisiones respecto a la producción y la distribución y consumo de alimentos, noción en la que el Estado también debe poseer autonomía respecto a las políticas, normativas y procedimientos para la gestión de los sistemas alimentarios; la *solidaridad*, concebida como principio organizador de la estructura económica productiva alrededor de la preeminencia de la vida y el bien común, que posibilita a los sujetos el acceso a elementos y redes que permitan el buen vivir, a fin de que los pueblos se realicen a plenitud en su identidad y cultura y puedan disfrutar de la protección de la organización social, es decir que la solidaridad se extienda al cuidado de la madre tierra, y la *bioseguridad*, entendida como principio consolidador que expresa en lo concreto el éxito del conjunto, permitiendo la preeminencia de patrones saludables con expresiones en la calidad de vida fisiológica y psicológica, incluyendo la seguridad en espacios de trabajo y en los alimentos, la no contaminación y, desde el Estado, el desarrollo de políticas antimonopolio y la garantía de la calidad nutricional de las matrices de consumo: alimentos, aire y agua.

El modelo tiene soporte en lo que reconoce como la pauta o finalidad que surge de las propias condiciones de autonomía relativa, pauta necesaria que, para las clases, pueblos y comunidades deviene de un *proyecto ético compartido.*

En tanto evaluación, y en el reconocimiento a las posibilidades de transformación que surgen de las propias condiciones de autonomía relativa bajo el devenir de un "proyecto ético compartido" que menciona Samaja (2000, 39), se trata también de una propuesta que busca acompañar las tesis históricas de lucha de los pueblos en los territorios agrarios con miras, de acuerdo a Breilh (2013, 22), a la derrota del actual modelo económico de acumulación de capital, que es derrochador, consumista y contaminante y generador de exclusión, inequidad y destrucción de la naturaleza.

EL SISTEMA OPERACIONAL DE EVALUACIÓN DE LAS 4 "S": EVALUACIÓN DE LOS *EMBODIMENTS* EN LA SALUD COLECTIVA Y ECOLÓGICA EN LOS ESPACIOS AGRARIOS

Los procesos protectores y destructivos que tienen lugar dialéctica y multidimensionalmente hallan su expresión en los *embodiment* en los agroecosistemas y en la salud colectiva. Para dimensionarlo, deberá hacerse factible un proceso de evaluación aplicable a los diferentes estados de evolución o situación de los espacios agrarios.

Desde una perspectiva de las 4 "S" con visión agroecológica, los procesos de transición y transformación de espacios agrarios a de espacios protectores comprenden varias etapas de cambio: inicio, transición y consolidación (Gliessman et al. 2007) (véase la Figura 3). Además, son criterios claves a tener en cuenta: en el nivel individual, los atributos estructurales del agroecosistema y su estado de complejidad (Bautista et al. 2017); en el nivel particular, el conocimiento y sabiduría local de los sujetos agrarios (Toledo 2008), junto con las prácticas sobre la relación dialéctica sociedad-naturaleza en la configuración de los modos de vida agrarios y en el nivel general los procesos contextuales de orden económico, político, cultural, ecológico y social que ejercen una transformación protectora o destructiva, condicionando los agroecosistemas en su avance hacia espacios de las 4 "S" (Marasas et al. 2015).

Figura 3. Sistema operacional de evaluación de las 4 "S" para espacios agrarios

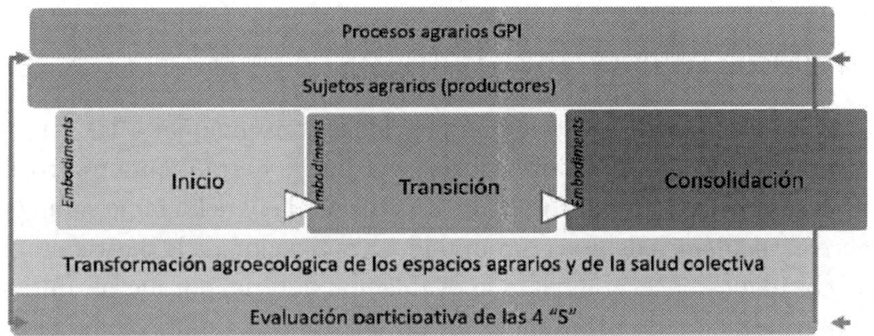

Fuente y elaboración propias.

La gestión colectiva en la que converge la población, en su autonomía y organización, con el pensamiento crítico, producto de la evaluación puede canalizarse, como secuencia del *diseño participativo* a través de tres mecanismos (Breilh 2003a, 242-3): la planeación estratégica, el monitoreo estratégico y el control social sobre la gestión.

La *planeación estratégica* es el camino de construcción de un proyecto colectivo. Su valor reposa en la claridad de su autonomía y en los objetivos estratégicos que plantea con miras a la transformación de escenarios de inequidad social, género y etnoculturales, dominados por estructuras de poder. Proyecto que parte de la construcción de una matriz de procesos críticos, establecimiento de líneas y agendas de acción, análisis estratégico y aplicación operativa. El *monitoreo participativo* es la mirada permanente de los colectivos agrarios organizados sobre los procesos que les permiten construir el bien vivir, así como su funcionamiento en democracia y la reproducción de conquistas humanas, culturales y materiales. El monitoreo tiene base en los indicadores en cada dominio o dimensión.

El *control social* es la participación en concreto de los colectivos organizados en la evaluación y discusión de procesos y en los escenarios en los que se toman decisiones, específicamente en los que se toman decisiones sobre recursos y presupuestos.

LA MATRIZ DE PROCESOS CRÍTICOS

Para transitar de la evaluación agrícola convencional a las formas participativas de evaluación agraria, se acoge la herramienta matriz de procesos críticos (Breilh 2017), que está diseñada para lograr la salud colectiva y ecológica de una comunidad. La aplicación de la matriz otorga las claridades necesarias para la evaluación agraria, porque permite la reinterpretación de prioridades en un territorio definido y, bajo el criterio de las 4 "S", de los intereses auténticos de los colectivos agrarios. Es la integralidad en el conocimiento de la relación agricultura-salud la que nos permite llegar a la matriz de procesos críticos y la que impulsa la participación efectiva de los involucrados, proyectando un impacto efectivo en los procesos protectores o destructivos.

Las dimensiones críticas devienen de la concepción de un movimiento de transformación multidimensional de determinación social que concreta encarnaciones en los agroecosistemas y en la salud colectiva, definido por la distribución de clase, género y etnocultura. Así, la evaluación se fundamenta en cuatro principios orientadores, sustentabilidad, soberanía, solidaridad y bioseguridad, bajo un enfoque de análisis de procesos críticos, con el objetivo de evaluar multidimensionalmente los *embodiments* que afectan positiva o negativamente a las 4 "S" (tabla 1).

Tabla 1. Dimensiones, enfoques y objetivos considerados para la evaluación de las 4 "S" de la vida en los espacios agrarios

Dimensiones de la evaluación: las 4 "S"	Enfoque de análisis: procesos críticos de carácter multidimensional (territorio, modelos agrarios y UPAS)	Objetivos de evaluación: evaluación multidimensional (territorio, modelos agrarios y UPAS) de embodiments que configuran las 4 "S"
Sustentabilidad Hace referencia a la capacidad de reproducción presente y futura de la vida social y de la naturaleza, es decir, la capacidad de reproducción social de los sujetos productores y sus agroecosistemas.	Análisis de los procesos de configuración espacial que hacen énfasis en el comportamiento espacial del territorio Análisis de los procesos y condiciones del metabolismo respecto a las matrices suelo, agua y agrobiodiversidad en su relación con la estructura y condiciones agroproductivas en el territorio.	Evaluar los *embodiments* (protectores y nocivos) que se generan en los procesos de configuración espacial Evaluar los *embodiments* (protectores y nocivos) de los procesos y condiciones del metabolismo respecto a las matrices suelo, agua y agrobiodiversidad en su relación con la estructura y condiciones agroproductivas.
Soberanía Se refiere a la autarquía en la conducción del modo de vivir y sobre los medios.	Análisis de los procesos referidos a políticas e instituciones de Estado y las respuestas para el desarrollo agroproductivo (propuesta tecnológica, mercados, sistemas de certificación, patentes de insumos, distribución del agua y la tierra y vinculación institucional). Análisis de los procesos referidos a sistemas de cooperación institucional pública, privada y no gubernamental y su incidencia en el territorio.	Evaluar los embodiments (protectores y nocivos) de los procesos referidos a políticas e instituciones de Estado y las respuestas para el desarrollo agroproductivo. Evaluar los *embodiments* (protectores y nocivos) de los procesos referidos a sistemas de cooperación institucional pública, privada y no gubernamental y su incidencia en el territorio.

Dimensiones de la evaluación: las 4 "S"	Enfoque de análisis: procesos críticos de carácter multidimensional (territorio, modelos agrarios y UPAS)	Objetivos de evaluación: evaluación multidimensional (territorio, modelos agrarios y UPAS) de embodiments que configuran las 4 "S"
Solidaridad Se refiere a la civilización equitativa, la lógica protectora del bien común y la organización popular orgánica sobre los intereses estratégicos.	Análisis de los procesos inherentes a las relaciones sociales de poder diferenciales e inequidad (composición social por clases agrarias, género y etnia) en torno a espacios agroproductivos. Análisis de los procesos que generan las condiciones productivas en los campesinos y productores rurales con base en la estructura de unidades productivas y la agricultura familiar campesina. Análisis de los procesos de organización y participación social, demografía y calidad de vida y soberanía agroalimentaria (socialcultural).	Evaluar los *embodiments* (protectores y nocivos) de los procesos inherentes a relaciones sociales de poder diferenciales e inequidad, en torno a espacios agroproductivos. Evaluar los *embodiments* de los procesos que generan las condiciones productivas en los campesinos y productores rurales con base en la estructura de unidades productivas y la agricultura familiar campesina. Evaluar los *embodiments* de los procesos de organización y participación social, demografía y calidad de vida y soberanía agroalimentaria (social-cultural).
Seguridad	Análisis de los procesos referentes a condiciones de bioseguridad a nivel territorial: calidad de espacios y procesos en las matrices aire, suelo y agua en relación con los sistemas de manejo agrícola e insumos. Análisis de los procesos vinculados a salud y bienestar en relación con las estrategias productivas agrícolas que definen condiciones de vida o calidad de vida desde perspectivas propias (salud y bienestar).	Evaluar los *embodiments* de los procesos referentes a condiciones de bioseguridad: calidad de espacios y procesos en las matrices aire, suelo y agua en relación con los sistemas de manejo agrícola e insumos. Evaluar los *embodiments* de los procesos vinculados a salud y bienestar en relación con las decisiones de estrategias productivas agrícolas (salud y bienestar).

Fuente y elaboración propias.

Las dimensiones críticas de la matriz devienen del diálogo categorial y de complementariedad en tres niveles de análisis: general, particular e individual. Esta visión conjuga enfoques integrales y complementarios, entre sí, de los procesos de configuración espacial en las nociones de espacio social (Lefebvre et al. 2013): el espacio geográfico, el espacio agroecológico y el territorio (Gonçalves 2001); el metabolismo agrario (Toledo 2013); la economía política agraria (Bernstein 2016); la agroecología y los agroecosistemas (Rosset y Altieri 2018) y el bien vivir y la salud (Chuji, Rengifo y Gudynas 2019). Estos enfoques enfatizan en los procesos y elementos socioespacialmente definidos e identificados como espacios de realización de los sujeto sociales concretos, con su reproducción social (economía, metabolismo, cultura y relaciones políticas) (Tabla 2).

Dentro de este marco, y en la perspectiva de una *agricultura para la vida*, son categorías esenciales y transversales la *reproducción social agraria*, entendida como movimiento histórico de generación de fertilidad, de organización y de cultura (Breilh 2006), y el *metabolismo sociedad-naturaleza* agrario, comprendido como "intercambio orgánico entre hombre y tierra" o un "intercambio entre sociedad y naturaleza" y vinculado, según Schmidt (1976, 84), con las leyes naturales que preceden a los hombres y los actos que dan forma a las sustancias naturales (el trabajo). La agroecología centra su atención en el funcionamiento de los *agroecosistemas* a través de la propuesta de un conjunto de prácticas que intenta que la agricultura sea más sostenible ecológicamente. Visiones que adquieren connotaciones de cercanía y tradición de pensamiento desde la mirada andino-ancestral, en el que resalta la *chakra* como el nudo sobre el que se teje la vida del *ayllu*: naturaleza recreada y expresión criadora de la comunidad humana.

Tabla 2. Matriz de procesos críticos del sistema de evaluación de las 4 "S" para espacios agrarios

Principios	Dimensiones críticas	Nivel general (territorial)	Nivel particular (modelos agrarios)	Nivel individual (Unidades productivas)
		Procesos protectores y destructivos		
		Nodos analíticos-***embodiments***		
Sustentabilidad	Procesos de configuración espacial	Patrones de distribución espacial territorial	Patrones de distribución espacial por modelos	Distribución espacial y calidad: agrobiodiversidad, suelo, agua y productividad
	Elementos y condiciones del metabolismo agrario	Condiciones del metabolismo a nivel territorial	Condiciones del metabolismo por modelo	
	Orientación productiva	Disposición productiva territorial	Disposición productiva por modelo	
Soberanía	Políticas e instituciones de Estado en el desarrollo agrario	Compatibilidad de políticas territoriales y políticas públicas	Políticas, normativas y percepciones de la organización sobre soberanía-autonomía	Prácticas y percepciones sobre políticas y autonomía
	Cooperación institucional pública y privada	Sistemas de cooperación institucional	Formas de cooperación local en el escenario	

Principios	Dimensiones críticas	Nivel general (territorial)	Nivel particular (modelos agrarios)	Nivel individual (Unidades productivas)
		Procesos protectores y destructivos		
		Nodos analíticos-***embodiments***		
Solidaridad	Relaciones sociales de poder diferenciales	Diferenciación de las relaciones sociales de poder	Relaciones de equidad, étnicas y de género en los escenarios	Vida comunitaria, equidad de género y equidad etonocultural
	Organización y participación social	Formas organizativas de campesinos en la región y tipos de tesis	Organización y soportes por escenario de modelo agrario para la gestión productiva	Cultura organizativa y de solidaridad
	Condiciones productivas en los campesinos y productores	Condiciones productivas en los campesinos y productores rurales	Condiciones productivas y modelo de trabajo por modelo	Modelo de trabajo y vida familiar
	Valoración y reconocimiento de la agricultura	Grado de valoración y reconocimiento de la agricultura	Cultura agroecológica solidaria en la organización	Enlaces y redes solidarias
Seguridad	Condiciones de bioseguridad	Calidad de los espacios agrícolas y bioseguridad del agua, el suelo y el aire a nivel territorial	Condiciones de bioseguridad en agua, suelo y aire por modelos	Toxicidad del paquete tecnológico
	Salud y bien vivir	Salud y buen vivir en el territorio-chacra	Buen vivir y salud en el escenario de modelo	Salud y bienestar

Fuente: Elaboración propia.

METODOLOGÍA DE LA EVALUACIÓN DE LAS 4 "S" PARA ESPACIOS AGRARIOS: ACTORES, TÉCNICAS, FUENTES, VARIABLES, RESULTADOS Y DEVOLUCIÓN

Los actores son protagonistas activos y determinan el contexto del proceso evaluativo, ya que son quienes intervienen en la definición de dimensiones, variables, técnicas e instrumentos a utilizar.

Las técnicas mediante las cuales se pretende obtener la información deberá estar adaptada a las personas, a la realidad contextual y a la evaluación que se lleva a cabo. Es importante conjugar evaluaciones cualitativas y cuantitativas para construir, sistematizar y procesar información que permita emitir juicios de valor con fundamentos críticos. Las técnicas cualitativas permitirán evaluar hechos en profundidad y detalle; mientras que las técnicas cuantitativas harán énfasis en el uso de parámetros estandarizados para medir situaciones mensurables. Trabajar los dos abordajes estratégicos juntos, entre los que existen oposiciones complementarias, favorece a la ampliación y profundización del conocimiento (Minayo et al. 2007). Para obtener la información se puede hacer uso de técnicas como observación en terreno, observación directa, taller, entrevista a informantes clave, encuesta y evaluación rural participativa (Nirenberg 2007).

En cuanto a las fuentes de información, la información secundaria constituye el primer paso que permitirá conocer la situación existente y será el punto de partida. La información primaria fluirá de la población afectada, en el marco de sistemas óptimos de participación.

La eficacia en la evaluación se basa en un esfuerzo de síntesis en la selección de variables e indicadores para cada dimensión que permitan recopilar datos en cualquier estadio de los espacios agrarios. Estas proporcionan un punto de referencia y se convierten en carta de navegación que guían avances en la transición y transformación.

La integración y sistematización y análisis de información permitirá responder a las interrogantes formuladas alrededor de la evaluación. El análisis deberá ser del conjunto de variables e indicadores, para, así, llegar a respuestas estructuradas y completas.

Los resultados de la evaluación se presentarán en base a las dimensiones, con esquemas de figuras, mapas, cuadros, etc. El objetivo es definir cómo inciden los procesos críticos agrarios sobre las diferentes variables y los *embodiments* favorables o no favorables, a fin de proyectar estrategias. Este análisis debe realizárselo de forma participativa, para que los actores locales se apropien del proceso y reconozcan su papel protagónico.

Finalmente, es imprescindible, dentro del proceso evaluativo, la devolución de hallazgos en la evaluación y corresponder con los actores involucrados en el proceso evaluativo.

DISCUSIÓN

Los modelos clásicos en la evaluación agraria, debido a procesos históricos de presión por demostrar eficacia o comprobar valor, centran su atención en la visión causal productivista. No obstante, nuevos modelos transitan hacia dimensiones factoriales de carácter social, ambiental y económica y, últimamente, hacia nociones dialécticas, ante la evidente mutación del sistema agroalimentario. Esta visión podría afectar de forma negativa la visión sobre espacios y procesos complejos, al considerarlos no evaluables o evaluándolos con metodologías tradicionales, ya que, en ocasiones, no es posible alcanzar a comprender la complejidad con que se produce el cambio. Un aporte a esta problemática pretende ser el diseño de un sistema de evaluación alternativo desde las 4 "S", que proyecte y active la visión de transición, hacia espacios saludables, sustentables, soberanos y seguros.

La transición de evaluación agrícola convencional a la evaluación agraria participativa implica partir de la comprensión de los escenarios históricos de nuestro país y cuestionarnos si seguimos evaluando las formas de incrementar, por cualquier vía, la producción y productividad agrícola o más bien se orientan las actividades evaluativas hacia procesos de empoderamiento de los sujetos agrarios, hacia la gestión de espacios agrarios protectores de las 4 "S".

El sistema de evaluación de las 4 "S" propuesto se basa científicamente en los procesos de investigación en salud y territorios agrarios del CILABSalud, desarrollados bajo metodologías de carácter crítico, intercultural y participativo que superan ampliamente los procesos evaluativos que se desarrollan como medición y que incluyen los actores interesados (Breilh 2015; CILABSalud 2017; Breilh 2020b). Así, se pretende construir y activar el llamado "triángulo de acción", en la búsqueda de la transición de los sistemas agrarios, desde una visión agroecológica y de la salud, hacia espacios de las 4 "S".

Los elementos teóricos de aporte devienen de la transgresión de categorías desde las distintas disciplinas: reproducción social agraria, metabolismo agrario, metabolismo de la crianza mutua, subsunción de la agricultura al capital y autonomía relativa desde la agroecología, que abordan multidimensional y de forma contradictoria los procesos que ocurren en los espacios agrarios.

Los elementos metodológicos de aporte devienen de la construcción de herramientas de evaluación adaptables y replicables que permitan aproximar la visualización de las relaciones en un proceso complejo y multidimensional.

La armonización de una matriz de evaluación crítica, intercultural y participativa para la evaluación pasa por el reconocimiento de un contexto sociohistórico, de una realidad diversa y contradictoria y de procesos protectores y destructivos vigentes. Desde ese reconocimiento, es posible estructurar una visión que integre los procesos del actual modo de reproducción social, del metabolismo que implican esos modos de reproducción y de los espacios que configuran. Para ello, es importante el diálogo transdisciplinar, así como la concurrencia de herramientas que permitan articular una matriz evaluativa de visión crítica con proyección a la búsqueda de caminos hacia la transición.

REFERENCIAS

Altieri, Miguel A., y Clara Inés Nicholls. 2013. "Agroecología y resiliencia al cambio climático: Principios y consideraciones metodológicas". *Agroecología* 8 (1): 7-20.

Asencio Ochoa, Pablo Andrés. 2017. "Los proyectos de inversión en el desarrollo del sector agropecuario del Ecuador". Examen complexivo, Unidad Académica de Ciencias Agropecuarias, Ecuador. http://repositorio.utmachala.edu.ec/handle/48000/10504.

Barrera, Víctor. 2009. "Diseño de un modelo de seguimiento y evaluación de los proyectos de I+D+i para el desarrollo: Aplicación a la zona de Saraguro-Ecuador". Tesis doctoral, Universidad Politécnica de Madrid, España.

Bautista, Patricia Cruz, Juan Pablo Martínez Dávila, Francisco Osorio Acosta, Gustavo López Romero, Néstor Estrella Chulin, y José Regalado López. 2017. "Marco epistémico para estudiar los agroecosistemas". *Revista Mexicana de Ciencias Agrícolas* 8 (1): 159-70.

Bernstein, Henry. 2016. *Dinámicas de clase y transformación agraria.* Barcelona: Icaria.

Bonilla Bolaños, Andrea Gabriela, y David Alejandro Singaña Tapia. 2019. "La productividad agrícola más allá del rendimiento por hectárea: Análisis de los cultivos de arroz y maíz duro en Ecuador". *La Granja* 29 (1): 70-83. https://doi.org/10.17163/lgr.n29.2019.06.

Breilh, Jaime. 2003a. "De la vigilancia convencional al monitoreo participativo". *Ciencia e Saúde Coletiva* 8 (4): 937-51.

—. 2003b. *Epidemiología crítica: Ciencia emancipadora e interculturalidad.* 2.ª ed. Buenos Aires: Lugar Editorial / Universidad Nacional de Lanus.

—. 2006. *Investigación agraria: ¿Por qué la urgencia de una espistemología crítica? ¿Con qué tipo de ciencia queremos trabajar hacia otra realidad agraria?* Quito: Universidad Andina Simón Bolívar, Sede Ecuador (UASB-E).

—. 2013. "La determinación social de la salud como herramienta de transformación hacia una nueva salud pública (salud colectiva)". *Revista Facultad Nacional de Salud Pública* 31: 13-27.

—. 2015. "Proyecto: Soberanía, equidad y bioseguridad integral de alimentos. Componente de investigación comparada sobre 'productividad neta y efectividad para el vivir saludable entres sistemas de producción de banano convencionales y agroecológicos en una región bananera del Ecuador'".

—. 2017. *Matriz de procesos críticos: Fundamentos teórico explicativos*. Quito: Dirección Nacional de Derechos de Autor y Conexos.

—. 2019. "Ciencia crítica para evaluación de impactos en la salud colectiva-ecosistemas (una operacionalización de las 4 'S' de la vida)". *Revista Facultad Nacional de Salud Pública*.

—. 2020a. *Critical Epidemiology and the People's Health*. Nueva York: Oxford University Press.

—. 2020b. "Lineamientos para metodología de análisis. Proyecto Teg 3- Andina Ecosaludable". Taller metodológico presentado en taller metodología de análisis TEG 3, Quito, septiembre 10.

Bunge, Mario Augusto. 2007. *Diccionario de filosofía*. Ciudad de México: Siglo XXI Editores.

Calle, Ángel, y David Gallar. 2010. "Agroecología Política: Transición social y campesinado". Ponencia presentada en el VIII Congreso Latinoamericano de Sociología Rural, 15-19 de noviembre, Portho de Galinhas.

Chuji, Mónica, Grimaldo Rengifo, y Eduardo Gudynas. 2019. "Buen vivir". En *Pluriverso. Un diccionario del posdesarrollo*, coordinado por Ashish Kothari, Ariel Salleh, Arturo Escobar, Federico Demaria y Alberto Acosta, 188-92. Quito: Abya-Yala.

CILABSalud. 2017. "Centro de Investigación y Laboratorios de Evaluación de Impactos en la Salud Colectiva, CILABSalud. Ciencia responsable al servicio de la vida en equidad". Quito: UASB-E.

Edelman, Marc, y Saturnino M. Borras. 2018. *Movimientos agrarios transnacionales: Historia, organización y políticas de lucha*. Barcelona: Icaria Editorial.

Espín Mayorga, Manuel Eduardo. 2016. "Evaluación de los efectos de la contaminación ambiental, en la productividad de los cultivos agrícolas, en la parroquia de Tumbaco". *FIGEMPA: Investigación y Desarrollo* 1 (1): 9-14. https://doi.org/10.29166/revfig.v1i1.1549.

Francois Houtart, y Michael Laforge. 2016. *Manifiesto para la agricultura familiar campesina e indígena en Ecuador*. Quito: Instituto de Altos Estudios Nacionales.

Gliessman, Stephen, Francisco Rosado, Carlos Guadarrama, Julie Jedlicka, y Anais Cohn. 2007. "Agroecología: Promoviendo una transición hacia la sostenibilidad". *Ecosistemas. Revista Científica y Técnica de Ecología y Medio Ambiente* 16: 13-23.

Guilcamaigua, Doris. 2019. "Evaluación de las 4"S" en los agroecosistemas y sus espacios: El paradigma de la determinación social en la propuesta de un sistema de evaluación crítico e intercultural. Notas teóricas". Proyecto de investigación. Quito: UASB-E. https://www.uasb.edu.ec/investigacion/evaluacion-de-las-4s-en-los-agroecosistemas-y-sus-espacios-el-paradigma-de-la-determinacion-social-en-la-propuesta-de-un-sistema-de-evaluacion-critico-e-intercultural/.

Heifer International, Ecuador, y Ministerio de Agricultura, Ganadería, Acuacultura y Pesca (MAGAP). 2014. *La agroecología está presente: Mapeo de productores agroecológicos y del estado de la agroecología en la Sierra y Costa ecuatoriana*. Quito: MAGAP / Fundación Heifer Ecuador.

Horkheimer, Max. 2009. *Teoría tradicional y teoría crítica*. Barcelona: Paidós / Instituto de Ciencias de la Educación (ICE) de la Universidad Autónoma de Barcelona.

Lefebvre, Henri. 2013. *La producción del espacio*. Madrid: Capitán Swing.

Leff, Enrique. 1994. *Ecología y capital: Racionalidad ambiental, democracia participativa y desarrollo sustentable*. 2.ª ed. Ciudad de México: Siglo XXI Editores.

Lewontin, Richard C., Steven P. R. Rose, y Leon J. Kamin. 2003. *No está en los genes: Racismo, genética e ideología*. Barcelona: Crítica.

La Vía Campesina. 2015. "Forum for Agroecology, Nyeleni 2015". *Food Sovereignty*, 27 de febrero. https://www.foodsovereignty.org/es/forum-agroecology-nyeleni-2015-2/.

Marasas, Mariana, María Luz Blandi, Nadia Dubrovsky, y Valentina Fernández. 2015. "Transición agroecológica: características, criterios y estrategias". *Agroecología* 10: 49-60.

Matus, Carlos. 1987. *Adiós, señor presidente: Planificación, antiplanificación y gobierno*. Caracas: Editorial Pomaire.

Mihelcic, James R., y Julie Zimmerman, eds. 2012. *Ingenieria ambiental: Fundamentos, sustentabilidad, diseño*. Ciudad de México: Alfaomega Grupo Editor.

Narváez Moreno, Favio Alirio. 2016. "Evaluación de microorganismos solubilizadores de fósforo, micorrizas y compost, en la productividad del cultivo de papa

(*Solanum tuberosum L.*), bajo condiciones semicontroladas, Carchi-Ecuador". Tesis de grado, Universidad Politécnica Estatal del Carchi, Ecuador. http://repositorio.upec.edu.ec/bitstream/123456789/554/1/307%20evaluacion%20de%20microoganismos%20solubilizadores%20de%20fosforo.pdf.

Nicholls, Clara I., Miguel A. Altieri, y Luis L. Vázquez. 2015. "Agroecología: Principios para la conversión y el rediseño de sistemas agrícolas". *Agroecología* 10 (1): 61-72.

Nirenberg, Olga. 2007. *Evaluar para la transformación: Innovaciones en la evaluación de programas y proyectos sociales*. Buenos Aires: Paidós.

Osorio, Jaime. 2014. *Estado, reproducción del capital y lucha de clases: La unidad económico-política del capital*. Ciudad de México: Universidad Nacional Autónoma de México-Instituto de Investigaciones Económicas.

Otero, Gerardo. 2013. "El régimen alimentario neoliberal y su crisis: Estado, agroempresas multinacionales y biotecnología". *Antipoda* 17: 49-78. https://doi.org/10.7440/antipoda17.2013.04.

Porto Gonçalves, Carlos Walter, y Patricia Reyes Baca. 2001. *Geo-grafías: Movimientos sociales, nuevas territorialidades y sustentabilidad*. Ciudad de México: Siglo XXI Editores.

Raza, Jarrín, y Gustavo Alejandro. 2020. "Impacto de la inversión pública en investigación y desarrollo agrícola sobre la productividad del sector: Evidencia desde Ecuador". Tesis de maestría, Facultad Latinoamericana de Ciencias Sociales, Ecuador. http://repositorio.flacsoandes.edu.ec/handle/10469/16518.

Reascos, Nelson. 2020. "Interculturalidad y comunicación". Conversatorio presentado en el foro Virtual "Visión intercultural en los medios de comunicación". https://www.facebook.com/156092527917103/videos/1628158470684397.

Rosset, Peter, y Miguel Ángel Altieri. 2018. *Agroecología, ciencia y política*. Barcelona: Icaria.

Sain, Gustavo, Sergio Salles-Filho, y Flavio Días Ávila. 2007. *Evaluación multidimensional de los impactos de la investigación agropecuaria: Una propuesta metodológica*. San José: Instituto Interamericano de Cooperación para la Agricultura.

Samaja, Juan. 2000. *A reprodução social e a saúde: Elementos teóricos e metodolgicos sobre a questão das «relações» entre saúde e condições de vida.* Salvador, BR: Casa da Qualidade Editora.

Schmidt, Alfred. 1976. *El concepto de naturaleza en Marx.* Madrid: Siglo XXI Editores.

Siliprandi, Emma, ed. 2014. *Género, agroecología y soberanía alimentaria: Perspectivas ecofeministas.* Barcelona: Icaria Editorial.

Sousa Minayo, Maria Cecília de, Suely Ferreira Deslandes, Otávio Cruz Neto, y Romeu Gomes. 2007. *Investigación social: Teoría, método y creatividad.* Buenos Aires: Lugar Editorial.

Tapia P., Nelson. 2006. *Agroecología y agricultura campesina sostenible en los Andes bolivianos: El caso del ayllu Majasaya Mujlli, Departamento de Cochabamba.* 2.ª ed. La Paz: Agruco / Plural Editores.

Toledo, Víctor M. 2013. "El metabolismo social: Una nueva teoría socioecológica". *Relaciones. Estudios de historia y sociedad* 34 (136): 41-71.

Toledo, Víctor M., y Narciso Barrera-Bassols. 2008. *La memoria biocultural: La importancia ecológica de las sabidurías tradicionales.* Barcelona: Icaria Editorial.

Villalobos, Víctor, Miguel García, y Felipe Ávila, eds. 2017. *La innovación para el logro de una agricultura competitiva, sustentable e inclusiva.* Ciudad de México: IICA / Colegio de Postgraduados / Fundación COLPOS.

Yapa, Lakshman. 1993. "What Are Improved Seeds? An Epistemology of the Green Revolution". *Economic Geography* 69 (3): 254-73. https://doi.org/10.2307/143450.

Capítulo 10

Recorrido histórico por la legislación sobre la evaluación de impacto ambiental (EIA) a nivel global y nacional

Orlando Felicita Nato

INTRODUCCIÓN

En el presente trabajo se aborda la problemática de la eficiencia de la evaluación de impacto ambiental (EIA) para evitar la contaminación ambiental, ya que, luego de 50 años de vigencia de la normativa y su aplicación en 191 países, incluido Ecuador, creando instituciones para su aplicación y control, auspiciadas por organismos internacionales, regionales y seccionales, como la Organización de las Naciones Unidas (ONU) y el Banco Interamericano de Desarrollo (BID), no se percibe efectividad en la aplicación de esas leyes, en la preservación de la naturaleza y en el cumplimiento de los objetivos planteados, generando, en consecuencia, espacios no sustentables, no soberanos, no solidarios y no bioseguros para la vida en el planeta, impactando sobre la salud humana y de los ecosistemas en zonas involucradas.

En Ecuador, se han emitido más de ochenta cuerpos legales relacionados al cuidado del ambiente, en varios de estos se establece la obligatoriedad de realizar la EIA para toda actividad productiva con potencial de contaminación, pero la falta de responsabilidad de los promotores, las deficiencias de la normativa, la falta de recursos, la complicidad de las autoridades de seguimiento y control y la poca participación real de las comunidades la han convertido en un procedimiento de cumplimiento de requisito. Estas determinaciones entre otras han llevado a la destrucción del ambiente y el incremento de procesos malsanos que atentan contra el cuidado de la vida en el país. Actualmente, este procedimiento se realiza a través del sistema único de información ambiental SUIA, que consiste en un procedimiento netamente técnico de análisis de variables y obtención de la certificación ambiental, sin considerar el modelo de producción propuesto ni la realidad del área de implantación.

La EIA es un instrumento de gestión que permite que las políticas ambientales se cumplan y controlen, evaluando las actividades productivas con potencial de contaminación (extractivismo), para identificar los posibles impactos con la finalidad de corregir y evitar las acciones que impactan negativamente al ambiente y la salud humana, mitigar o compensar los daños provocados, mediante la elaboración de un plan de manejo ambiental (PMA) adecuado. Su aplicación no ha solucionado los problemas ambientales a nivel mundial, regional, nacional y local, pese a que por más de 50 años ha sido aplicada con diferentes visiones (antropocéntrica y ecocéntrica) y una gama de aportes técnico-científicos, en más del 90 % de países en el mundo, es evidente que los impactos no han disminuido, por lo contrario, van en aumento, a tal punto de atentar con la vida tal como la conocemos en el planeta.

Hay que considerar que la EIA es un estudio predictivo que depende mucho de la subjetividad del oferente y quien realiza la evaluación, no un análisis objetivo de la realidad. Avalúa el cumplimiento respecto a parámetros establecidos sin considerar la historia y el devenir de los hechos, así como la incidencia del modo de producción, el metabolismo sociedad naturaleza desarrollado y los intereses involucrados, quedándose como una descripción de hechos y situaciones propias del surgir de los fenómenos.

El conocimiento de la EIA, su desarrollo histórico a nivel global y nacional y su aplicación y control permitirán establecer propuestas de transformación que propicien el cuidado de la salud humanan y de los ecosistemas basados en las 4 "S" de la vida planteadas por Jaime Breilh Paz y Miño.

METODOLOGÍA

En el presente trabajo, se realiza un recorrido histórico de la normativa sobre la evaluación de impacto ambiental a nivel global, recopilando y analizando fuentes secundarias sobre los años de adhesión y aplicación de la legislación sobre EIA de los distintos países, los informes de los organismos multilaterales y estatales relacionados (ONU, CEE, BID y Corporación Andina de Fomento —CAF—, entre otros) y las líneas del pensamiento ambiental predominantes en la época. Este proceso se realizó mediante la revisión bibliográfica y el análisis crítico de los temas correspondientes, en los que se identificaron las siguientes cuatro corrientes: tecnocentrismo, ecocentrismo, marxismo y el Movimiento Latino Americano de Salud Colectiva. Estas corrientes están relacionadas con la legislación ambiental. Posteriormente, se analiza la legislación ambiental ecuatoriana, mediante el estudio de la legislación ambiental desde su promulgación hasta la actualidad, en el que se identifican cuatro tendencias: sanitarista, preservacionista, conservacionista y ambientalista. Finalmente, se aborda la normativa sobre EIA en el país.

REVISIÓN HISTÓRICA A NIVEL INTERNACIONAL DE LA EVALUACIÓN DE IMPACTO AMBIENTAL

Por la década de 1960, varios son los eventos que denuncian los problemas ambientales a nivel mundial y su continuo incremento. En 1962, se presenta una de las primeras denuncias sobre la degradación del ambiente a causa de los agrotóxicos (Carson 1962, 31-2). Posteriormente, se reportan desastres petroleros en México (Ixtoc) y en Gran Bretaña (Amoco Cádiz) y el desastre nuclear en Rusia (Chernóbil), despertando el interés por la protección ambiental a nivel mundial y estableciéndose el día de la tierra para el 22 de abril de ese año, recordando la necesidad de proteger la vida en la tierra (Abdul-Sattar 2007, 5).

Posteriormente, en los años 70, se realizan las primeras reuniones, conferencias y encuentros sobre el medioambiente, estableciéndose la necesidad inmediata de incluir el ambiente como componente indispensable para garantizar el desarrollo. La primera cumbre sobre medioambiente se realizó en Estocolmo en 1972, también nace la Evaluación de Impacto Ambiental (EIA) como una herramienta de protección, para fortalecer las decisiones sobre políticas, planes, programas y proyectos de inversión con potencial de impacto sobre la salud humana y el medioambiente (De la Maza 2007, 579).

Estados Unidos es el primer país en incluir en su legislación la obligación de la EIA, mediante la Ley de Política Ambiental Nacional de 1969 (The National Environmental Policy Act NEPA), art. 101 (a) y 102(2), 102 (c), aprobada el 31 de diciembre de 1969 y puesta en vigencia el 1 de enero de 1970. Adicionalmente, los organismos internacionales CAF, BID y BM, la incluyen como requisito en sus programas de cooperación económica, favoreciendo la divulgación de la EIA a nivel mundial (Oliveira 2013, 130-133).

En diciembre de 1970 se crea la Agencia de Protección del Medio Ambiente (Environmental Protection Agency —EPA—), organismo administrativo máximo de los estudios de impacto ambiental (EsIA), especialmente con relación a la contaminación del agua, aire, gestión de residuos sólidos, ruido, radiación y pesticidas (agrotóxicos) (De la Maza 2007, 579). Posteriormente, se realizan varios eventos relacionados con la recientemente reconocida problemática ambiental. En 1972, la Conferencia de Naciones Unidas sobre el Medio Ambiente Humano (CNUMAH) en Estocolmo; en 1974, se propone el principio "Quien contamina paga" por la Organización para la Cooperación y el Desarrollo Económicos (OCDE); en 1973, se crea el Programa de las Naciones Unidas para el Medio Ambiente (PNUMA); para 1975, en Europa se incluyen temas ambientales y de derecho y, en 1977, se crean los primeros ministerios del ambiente en América Latina, todos estos eventos promueven en avance de la EIA a nivel mundial, introduciendo la dimensión ambiental en las políticas públicas en lugares donde se carecía de control medioambiental.

A partir de estos hechos, se inicia la divulgación de la EIA a nivel mundial. Para 1979, 14 países incluyen en su legislación la EIA: Estados

Unidos, Canadá, Colombia, Australia, Alemania, Tailandia, Francia, Venezuela, Brasil, Gabón, Tailandia, Corea del sur, Filipinas y Papúa Nueva Guinea, cada uno con normas, leyes, reglamentos e instituciones que promueven el control de la contaminación ambiental y la aplicación de la EIA (NCEA 2021; IISD 2021).

Entre 1980 y 1989, varios eventos apoyan la implementación de la EIA: la Asamblea General de las Naciones Unidas (1982), en la que se dicta la Carta Mundial de la Naturaleza; El Banco Mundial, que incluye en sus políticas la aplicación de la EIA (1984); la Comunidad Europea, que dicta la Directiva 337/85/CEE, referida a la EIA (1985); la Comisión Mundial sobre el Medio Ambiente y el Desarrollo CMMAD, que formaliza el concepto de "Desarrollo Sostenible", en el Acta Única Europea se formaliza el principio "Quien contamina paga"; el Programa de las Naciones Unidas para el Medio Ambiente (UNEP), que adopta los ¨Objetivos y Principios de la EIA¨ (1987) y el Banco Mundial, que establece la Directiva EIA Operacional (OD) en 1989.

En este período, otros países incluyen en su legislación ambiental la EIA: Croacia, México, Polonia, Cuba, Fiyi, Grecia, Costa Rica, Israel, Omán, Argelia, Pakistán, Turquía, Bélgica, Malasia, Reino Unido, Irlanda del Norte, Suecia, Suiza, Congo, España, Guatemala, India, Indonesia, Guinea, Países Bajos, Italia, Sri Lanka, Togo, Australia, China, Dinamarca y Groenlandia, llegando a 46 países (NCEA 2021; IISD 2021).

Para la década 1990-1999, se destaca el Convenio Sobre la EIA en un Contexto Transfronterizo, Finlandia (1991); la Declaración de la Conferencia de las Naciones Unidas sobre el Medio Ambiente y Desarrollo y el Convenio sobre la Diversidad Biológica, Rio de Janeiro-Brasil (1992); el Período Extraordinario de Sesiones de la Asamblea General sobre el Medio Ambiente (1997) y el Protocolo de Kioto (1998).

Para 1999, más de noventa países incluyen en su normativa ambiental la EIA: Zambia, Kuwait, Madagascar, Noruega, Perú y Portugal (1990); Armenia, Bulgaria, Chipre, Federación de Rusia, Kirguistán, Letonia, Malí, Nueva Zelandia, Panamá, República Democrática Popular Lao,

Serbia, Turkmenistán, Túnez y Ucrania (1991); Azerbaiyán, Bielorrusia, Belice, Bolivia, Eslovaquia, Estonia, Lituania, Nigeria, República Checa, Suazilandia, Uzbekistán (1992); Albania, Bután, Bosnia y Herzegovina, Gabón, Emiratos Árabes Unidos, Eslovenia, Honduras, República de Moldova y Tayikistán (1993); Austria, Chile, Egipto, Finlandia, Ghana, Irán, Islandia, Luxemburgo, Marruecos, Namibia, Nicaragua, Paraguay, Taiwán , Vietnam y Uruguay (1994); Hungría, Jordania, Rumania, Tailandia, Uganda y Yemen (1995); Argentina, Camboya, Camerún, Costa de Marfil, Eritrea, Georgia, Guyana, Malawi, Montenegro y Nepal (1996); Bangladesh, Burkina Faso, Iraq, Jamaica, Kazajstán, Mongolia, Mozambique, Níger, República de Corea y Sudáfrica (1997); Angola, Chad y El Salvador (1998) y Ecuador, Irlanda, Japón, Kenia y Territorios Palestinos (1999). En este período, siete países sudamericanos se adhieren a la aplicación de la EIA, incluido Ecuador. Para 1999, son 137 los países que cuentan con normativa relacionada a la EIA en su legislación, siendo este el período en que hubo mayor adhesiones (NCEA 2021; IISD 2021).

Entre 2000 y 2009 se pueden destacar el Primer Foro Global Ministerial de Medio Ambiente de Malmo, la Declaración del Milenio de las Naciones Unidas y el planteamiento de los Objetivos de Desarrollo del Milenio (2000); la Cumbre Mundial sobre el Desarrollo Sostenible y el énfasis del PNUMA sobre los impactos sociales en la EIA (2002) y la entrada en vigor del Protocolo de Kioto (2005). En este período se suman 25 países, se incluyen: Djibouti, Haití, Liberia, Mauritania, Qatar, República Dominicana, Sierra Leona y Trinidad y Tobago, Benín, Senegal, Sudán, Etiopía, Líbano, República Árabe Siria, Zimbabue, Arabia Saudita, Guinea Ecuatorial, Libia, Lesoto y República Unida de Tanzania, Botsuana y Ruanda, Afganistán, República Centroafricana, y Kosovo, llagando a 162 los países que tienen normatividad relacionada a la EIA (NCEA, 2021; IISD, 2021).

A partir de 2010, se realizan algunos eventos: la Conferencia de las Naciones Unidas sobre el Desarrollo Sostenible (Cumbre de Río + 20) (2012), la Agenda de desarrollo post 2015 y la formulación de los ODS. Tres países más se han adherido desde el 2010: Guinea-Bissau, República Democrática del Congo y Myanmar.

Para el año 2013, son 191 los países que aplican la EIA a nivel mundial, (Perevochtchikova 2013). Si consideramos los 195 países que pertenecen a la ONU, aproximadamente el 98 % cuentan con normatividad relacionada a la evaluación de impacto ambiental con miras a conseguir el desarrollo sostenible (NCEA 2021; IISD 2021). En este avance de la normativa relacionada la EIA, también se han desarrollado líneas de pensamiento vinculadas con la gestión y la evaluación ambiental.

Durante este tiempo, varios son los informes elaborados por los organismos tanto multilaterales como estatales, los cuales no llegan a exponer los motivos por los que las políticas trazadas por la ONU y aplicadas en la mayoría de los países no han frenado el avance acelerado de la crisis ambiental en el planeta, limitándose únicamente a confirmar su vertiginoso avance y la amenaza contra la vida. Lo importante no es describir el fenómeno, la idea es comprenderlo, identificar su origen y explicarlo, permitiendo así plantear propuestas de transformación de la esa realidad. Al parecer, el problema no tiene su determinación en la normatividad, su aplicación y control. También, se debe considerar si existe concordancia con la realidad de la problemática de la zona. Tampoco se consideran los modos de producción ni la relación sociedad-naturaleza, que en nuestra realidad es violenta con el ambiente en beneficio de los interés del capital, el consumo y la industria. Al no tomar en cuenta estas determinaciones, se puede llegar a conclusiones erradas, por ejemplo, que los problemas ambientales están relacionados directamente con la sobrepoblación, sin realizar un análisis complejo de la realidad, en beneficio de interés privados (Huertas et al. 2008, 2-3).

Pese a la aplicación de la EIA desde 1970 por todo el mundo, en lugar de disminuir los impactos en salud y ambiente de comunidades relacionadas con actividades productivas específicamente extractivas, estas se han visto deterioradas, de forma global, acrecentándose cada día el calentamiento global, el efecto invernadero, el cambio climático, la polución y la generación de desechos sólidos peligrosos y otros fenómenos que amenazan la vida en el planeta como la conocemos. Es decir, la aplicación de la EIA no ha servido para fomentar modos de vida saludables;

sostener la vida plena, digna, feliz y saludable para esta y las generaciones futuras o permitir a los pueblos tomar sus propias decisiones sobre el destino de su territorio, el bien común y la seguridad de la población en búsqueda del buen vivir (Breilh 2010a, 96-8; Breilh 2010, 19-21b; Breilh, 2013, 20-2; Breilh 2019, 16-9).

LÍNEAS DE PENSAMIENTO RELACIONADAS CON LA EVALUACIÓN DE IMPACTO AMBIENTAL

Para abordar las líneas de pensamiento relacionadas con la EIA, primero, revisemos las líneas del pensamiento que se relacionan con el ambiente y su protección. Sus inicios se remontan a 1970, luego de la promulgación de la NEPA, de acuerdo a la formalidad del conocimiento (positivismo) se identifican tres líneas del pensamiento relacionadas con la problemática ambiental que están estrechamente relacionadas con los movimientos de conservación.

Las dos primeras en el campo netamente positivista, el ecocentrismo (o biocentrismo), que plantea la existencia de un orden natural, en el que todos los elementos están sujetos a leyes naturales en perfecto equilibrio de no mediar la acción humana cuya intervención ha llegado a su propia destrucción y el ambiente en que vive y el tecnocentrismo, que plantea la aplicación de técnicas científicas y de gestión por parte de élites profesionales, que creen que la humanidad puede beneficiarse de la naturaleza como a bien tuviere (Tulla y De Miró 1989, 391-2; Foladori 2000, 23-6; Foladori 2005, 87-8), estas han influenciado de manera determinante en la generación de políticas ambientales a nivel mundial.

Por otro lado, respecto a la tercera, tenemos el pensamiento marxista, que relaciona a la naturaleza con todo lo real, aquí se desarrollan las actividades tanto humanas como del resto de los elementos naturales. Es decir, la actividad humana es parte de la naturaleza, lo que indica relaciones diferenciadas a distintos niveles, cada quien con sus intereses particulares y su determinación histórica: no son las leyes biológicas ni la tecnología las que guían las relaciones entre los humanos y la naturaleza (Foladori 2000, 24; Foladori 2005, 110-4). El enfoque marxista considera que los problemas ambientales se deben al crecimiento ilimitado exclusivo del capitalismo y que la única manera de superarlo es su eliminación, conduciendo a la humanidad a un sistema de socialismo real a través de una economía ecológicamente sustentable (Fernández et al. 2017, 34-9).

El marxismo es la ideología que posibilita una transformación emancipadora, plantea argumentos importantes en defensa de la vida y su transformación y se constituye en una herramienta indispensable para el quehacer científico, convirtiéndose en la doctrina adecuada para la acción sanitaria y brindándole a la humanidad la oportunidad de construir una sociedad solidaria, soberna, sustentable y segura en todos los ámbitos. La medicina social tiene un camino político, una ruta científica que recorrer, pero también tiene el derecho a participar en la consecución del más realizable de los sueños de la humanidad (Breilh 1991, 9-10).

Como se puede observar, las definiciones y objetivos del marxismo van en contraposición de las ideologías mencionadas anteriormente (positivistas), por tal razón, su incidencia ha sido poca o ninguna en la promulgación de normativas ambientales y en la legislación relacionada con la evaluación de impacto ambiental. También, se debe considerar que su origen se da en los países desarrollados capitalistas y es impulsada por los organismos multilaterales de crédito.

Para la década de los 80, se plantean cuatro enfoques sobre temas ambientales que inciden directa o indirectamente en la promulgación de la normativa ambiental a nivel general, cada uno con sus propias consideraciones sobre la naturaleza y la intervención de la humanidad: ecologistas puros, tecnologías blandas, adaptacionistas y tecnócratas (cornocupianos) (Tulla y De Miró 1989, 392; Foladori 2000, 25-6; Foladori 2005, 92-3).

Los ecologistas puros y las tecnologías blandas no confían en la tecnología moderna a gran escala, ni en la necesidad de expertos, instituciones gubernamentales o instituciones extrajeras que no conocen los territorios ni los habitantes de las zonas donde pretenden actuar. De igual forma, consideran que el materialismo es una equivocación y que el desarrollo económico no satisface las necesidades básicas de los grupos ubicados por debajo de los niveles de subsistencia (10-30 % de la población). Para los ecologistas puros, la importancia de la naturaleza es fundamental, las leyes ecológicas y otras naturales dictan la moralidad humana y existen los derechos biológicos de las especies. Su principal propuesta promueve el desarrollo de comunidades autosuficientes que mantengan una relación estrecha con la naturaleza y armoniza con la idea de los preservacionistas de defender la naturaleza "virgen". Las tecnologías blandas destacan la comunidad e integran las categorías de "trabajo" y "ocio" mediante un proceso de perfeccionamiento personal y comunitario. Mediante procesos de participación, garantizan los derechos de las minorías en campos como la política (Tulla y De Miró 1989, 392-3; Foladori 2000, 26-7; Foladori 2005, 94-8).

Los adaptacionistas creen que el desarrollo económico y la explotación de los recursos, mediante ajuste de impuestos, cuotas o gravamen, mejora de los derechos legales mínimos de calidad ambiental y promulgación de disposiciones compensatorias dirigidas a quienes sufren afectaciones sociales o ambientales adversas, promueven el debate sobre la problemática ambiental en la que participen todos los grupos actores interesados. Los adptacionistas aceptan técnicas innovadoras de valoración de proyectos y acuerdos de revisión que posibilitan una interacción que favorece acuerdos y consensos (Tulla y De Miró 1989, 393).

Los tecnócratas defienden la economía del libre mercado y reconocen los problemas entre el desarrollo capitalista y el medio ambiente. De acuerdo con este enfoque, estos pueden ser solucionados mediante políticas ambientales promulgadas por el gobierno y soluciones técnicas, proporcionadas por científicos y técnicos, con la participación de todos los estamentos involucrados. Este grupo confía en el desarrollo tecnológico y el libre mercado, fundamentado en los principios de la teoría económica neoclásica: "uso de recursos limitados para satisfacer necesidades ilimitadas" y "si es bueno para unos es bueno para todos". La solución a los problemas ambientales está en los acuerdos entre responsables y perjudicados. Todo obstáculo puede ser superado gracias a la riqueza del planeta (Tulla y De Miró 1989, 394; Foladori 2000, 31-3; Foladori 2005, 104-8).

Contrario al entorno funcionalista, a partir de los años 70 surge el Movimiento Latino Americano de Salud Colectiva, que propone tres categorías centrales: determinación social de la salud; reproducción social y metabolismo sociedad-naturaleza. Esto permite cuestionar la esencia malsana del sistema capitalista y proponer la ruptura del paradigma dominante, que favorece la acumulación de capital, el desplazamiento, la exclusión, las inequidades, la pobreza, la muerte y el deterioro del ambiente, con la participación de todos los integrantes de la sociedad, favoreciendo la organización social, el conocimiento ancestral y la interdisciplinaridad; aplicando procesos socionaturales a nivel general, particular y singular; incluyendo clases sociales; identificando procesos protectores y destructores de la vida y cambiando los procesos causa-efecto por procesos dinámicos (movimiento dialectico) de relaciones de reproducción social (los modos de vida y las formas de enfermar y morir). Es decir, el movimiento se enfoca en desarrollar nuevas perspectivas contrahegemónicas en la investigación, sin descuidarla historicidad critica, la deconstrucción y la construcción de la realidad (Breilh 2003, 288-92; Breilh 2010, 87; Breilh 2013, 43).

Al referirnos a la evaluación del impacto ambiental, se identificaron varias líneas del pensamiento relacionadas a la EIA: la economía neoclásica, la teoría del comportamiento y la valoración holística, la posición marxista, el enfoque tradicional, la ciencia "posnormal" en medioambiente, el constructivismo y racionalidad procedimental multicriterio.

La economía neoclásica considera que la evaluación de los problemas ambientales depende de la eficacia de los mecanismos de mercado y la conducta racional de los sujetos participantes, esta línea de pensamiento ignora la realidad de los conflictos de clase y las posiciones de poder y se fundamenta en el análisis coste-beneficio (Tulla y Miró 1989, 400-1).

La teoría del comportamiento y la valoración holística considera dudosa la validez del análisis coste-beneficio y desarrolla el environmental impact statements (evaluación de impacto ambiental), que, de acuerdo a la NEPA, debe considerar los atractivos y niveles no cualificados del medioambiente en las decisiones que se tomen. En este sentido, esta tendencia acepta las actitudes y percepciones de la operacionalidad, la inferencialidad y la sensibilidad. La valoración holística tiende a fortalecer los intereses económicos y sociales dominantes (401-2).

Desde el punto de vista marxista, la existencia y su división permiten que el poder imponga sus intereses. Sus actitudes representan un peso importante en las decisiones sobre el medioambiente, es decir, se imponen unas clases y las otras clases ni siquiera reaccionan. Entonces, si se toman en cuenta todos los sujetos y su participación activa, se podría tener una evaluación de impacto ambiental objetiva (402).

El enfoque tradicional está basado en valoraciones económicas cuyos soportes metodológicos siguen el paradigma de racionalidad. En este, se identifican dos escuelas mayoritariamente seguidas, la normativa y la descriptiva, pero en la última década se está planteando la existencia de una tercera vía, la escuela prescriptiva, constructivista o clínica. En este último enfoque, los métodos de evaluación ambiental tienen dos grupos: los basados en valoraciones económicas y los basados en valoraciones no económicas (Moreno Jiménez, Aguarón y Escobar 2001, 3).

La ciencia "pos-normal" en medioambiente es una adecuación de la ciencia normal a los nuevos tiempos, en los que tanto los valores culturales y éticos, como la incertidumbre e ignorancia, deben ser contemplados expresamente e incorporados en los procesos de resolución. La "ciencia posnormal" se orienta a la gestión de la incertidumbre y a la mejora de los procesos mediante un diálogo interactivo y no un método deductivo. Las características de su paradigma, en cuanto a ontología, epistemología y metodología, coinciden básicamente con las del constructivismo (7).

El constructivismo fue desarrollado entre 1970 y 2000, fruto de la convergencia de diferentes disciplinas (sicología, educación, sociología, ecología, etc.). Las características del paradigma constructivista son: ontología (relativista), epistemología (subjetivista) y metodología (hermenéutica y dialéctica). El paradigma constructivista ha sido foco de críticas, ya que niega las restricciones biofísicas de la vida social y, adicionalmente, presenta problemas al definir y medir la sostenibilidad e, incluso, al formular las preguntas (8).

La racionalidad procedimental multicriterio (RPM), o constructivismo cognitivo, está determinada por la ontología (relativista y emocional), la epistemología (adaptativa), y la metodología (constructivismo cognitivo). Su carácter es descriptivo, adaptativo, cognitivo, negociador, sistémico y general. Trata de ayudar en la toma de decisiones mediante un mejor conocimiento de los procesos de decisión, procurando un mejor conocimiento de las etapas, escenarios, elementos, factores, interdependencias, actores, interrelaciones y procedimientos. Intenta dotar de rigor científico cada una de las etapas y fases seguidas en el proceso de resolución del problema (Moreno Jiménez, Aguarón y Escobar 2001, 8).

Las líneas de pensamiento mencionadas han incidido directamente en el establecimiento de los mecanismos de evaluación del impacto ambiental a nivel internacional y, por ende, en Ecuador, pero poco o nada han aportado el cuidado de la salud humana y los ecosistemas, reproduciendo sociedades que atentan contra la vida y el ambiente, debido a que la herramienta aplicada en el país debe estar acorde con los lineamientos de organismos internacionales de control o crediticios que exigen la presentación de la EIA para emisión de créditos o la aprobación de comercialización de los productos en sus respectivos países.

Ante esta realidad, la determinación social de la salud propone un modelo diferentes que considere las determinaciones que inciden en la ineficiencia de la EIA, fundamentado en las 4 "S" de la vida: sustentabilidad, que permite reproducir la vida presente y futura mediante un modelo de producción respetuoso del ambiente; soberanía, para poder decidir sobre sus actividades presentes y futuras; solidaridad, para elaborar una estructura económica productiva organizada alrededor del cuidado de la vida y la búsqueda del buen vivir, y seguridad (bioseguridad integral), búsqueda de una calidad de vida fisiológica y psicológica que permita afrontar los procesos destructivos y potenciar los procesos protectores de la vida (Breilh 2010, 96-8; Breilh 2013, 20-2; Breilh 2019, 16-9).

LA EVALUACIÓN DE IMPACTO AMBIENTAL EN ECUADOR (LA EIA EN ECUADOR)

En el caso de Ecuador, la Ley de Gestión Ambiental de 2004 define la EIA como el procedimiento administrativo de carácter técnico que tiene por objeto determinar obligatoriamente y en forma previa la viabilidad ambiental de un proyecto, obra o actividad pública o privada. los estudio de impacto ambiental (EsIA) son estudios técnicos que proporcionan antecedentes para la predicción e identificación de los impactos ambientales. Además, describen las medidas para prevenir, controlar, mitigar y compensar las alteraciones ambientales significativas (Ley de Gestión Ambiental 2004).

Antes de describir la evolución de la EIA en Ecuador, es necesario, primero, realizar el recorrido evolutivo de la legislación ambiental de Ecuador.

EVOLUCIÓN DE LA LEGISLACIÓN AMBIENTAL EN ECUADOR

La normativa ambiental en Ecuador, en sus inicios, fue generada de forma deficitaria, generalmente adaptada o totalmente copiada de la normativa de otros países, específicamente desarrollados, sin tomar en cuenta si esta era factible o no de ser aplicada a las condiciones y realidad del país. En el desarrollo de la normativa relacionada con la protección del ambiente se pueden identificar tres visiones claramente definidas: sanitarista, de 1930 a 1970, preservacionista y conservacionista, entre 1970 y 1990, y ambientalista a partir de 1992 (Narváez 2004, 365-6; Fontaine, Narváez y Cisneros 2008, 133-7).

PERÍODO SANITARISTA

A partir de 1930, en Ecuador, se crean instituciones con el propósito de eliminar la falta de servicios básicos y coordinar con los municipios la construcción de obras de agua potable, alcantarillado e higiene (visión sanitarista), pero el impacto de la acción de estas instituciones y su desempeño fue mínimo, pese a recibir gran cantidad de recursos que llegaron alrededor del 40 % del endeudamiento externo de Ecuador.

La legislación promulgada es netamente regulatoria, no considera la protección de la salud de las poblaciones y los impactos al ambiente. Desde el punto de vista de la DSS, estas normas no consideran las relaciones de determinación generadas por el sistema productivo naciente para la época y no toman en cuenta las relaciones entre la actividad empresarial, la sociedad y la naturaleza, sin mencionar la vulnerabilidad de las comunidades en las que se desarrollan estas actividades productivas, priorizando la acumulación de capital y propiciando inequidades (Breilh 2010, 87; Breilh 2013, 14-5; Eslava 2007, 398).

PERÍODO PRESERVACIONISTA Y CONSERVACIONISTA

A partir de la promulgación de la NEPA (1969-1970) y de la Conferencia de las Naciones Unidas Sobre el Medio Humano, realizada en Estocolmo en 1972, en Ecuador se inicia un proceso de institucionalización de la gestión ambiental, cuyas características son preservacionistas, conservacionistas y ambientalistas, modificando el sistema jurídico, creando la administración pública y promulgando políticas públicas ambientales.

Se crean normas fragmentadas y dispersas, plasmadas en distintos textos legales de aplicación a temas concretos relacionados con actividades específicas y el ambiente, y se actualiza la normativa referida a la protección de los recursos naturales renovables y su aprovechamiento (Narváez 2004, 365-6, Fontaine, Narváez y Cisneros 2008, 135; Proaño 2012, 53; Alaña Castillo, Capa Benítez y Sotomayor Pereira 2017, 96-8).

Para esta época, también el país se adhiere o se suscribe a convenios internacionales de carácter conservacionista.

Durante los años 80, se incrementa el interés sobre los temas ambientales, promulgándose leyes con características preservacionista y conservacionista, específicamente alrededor de la industria petrolera —que se encuentra uno de sus mejores momentos— (Narváez 2004, 369-75; Fontaine, Narváez y Cisneros 2008, 135), direccionadas a la protección de los ecosistemas y la vida silvestre, así como al manejo de bosques y otras áreas naturales, suprimiendo o regulando la caza y la pesca.

Pese a la promulgación del cuerpo legal, el marco regulatorio en Ecuador continúa siendo deficiente, ya que no se cuenta todavía con una política ambiental nacional específica, tal es el caso de la Ley de Prevención y Control de la Contaminación Ambiental, que no se la considera con la importancia que amerita, ya que debieron pasar 15 años para que emitan los reglamentos correspondientes, lo que afecta el cuidado de la salud humana y de los ecosistemas en las zonas donde se realizan estas actividades, derivando en conflictos sociales y ambiénteles (Alaña Castillo, Capa Benítez y Sotomayor Pereira 2017, 365; Proaño 2012, 53). La tendencia "preservacionista" y "conservacionista" disminuye su incidencia hacia 1992. La mayoría de las normas generadas hasta ahora se aplica a actividades industriales, pero falta aún aplicar la regulación en los procesos productivos agropecuarios y de explotación de recursos naturales no renovables, que es donde se causan impactos ambientales de gran magnitud y generalmente irreversibles.

ETAPA AMBIENTALISTA

La incidencia de la corriente ambientalista en la legislación ambiental toma mayor fuerza a partir de La Conferencia de las Naciones Unidas sobre el Medio Ambiente y el Desarrollo realizada en Río de Janeiro en 1992, la legislación es regulatoria, específicamente direccionada a actividades productivas y extractivas potencialmente contaminantes y depredadoras de la naturaleza. Esta legislación promueve el desarrollo sustentable y la regulación jurídica, económica y administrativa, aplicando instrumentos que utilizan medidas precautorias para abordar la problemática ambiental (Narváez 2004, 366; Fontaine, Narváez y Cisneros 2008, 135), en este período la legislación emitida es protectora de la naturaleza.

Para este período, la normativa ambiental presenta características relacionadas con la prevención y control de la contaminación ambiental (Constitución de la República): las que regulan la administración y uso de recurso naturales (Ley de Hidrocarburos), las que regulan las actividades productivas y extractivas (Ley de Gestión Ambiental) y las que regulan la actividad del Ministerio del Ambiente (Fontaine, Narváez y Cisneros 2008, 136-7), es decir, desde el Estado, se promulgaron leyes que protegen la naturaleza.

Más de 80 leyes, reglamentos e instrumentos jurídico-administrativos se han promulgado a través de la historia, aunque de manera dispersa y centralizada, y han servido como base para el perfeccionamiento de la legislación ecuatoriana en lo referente a temas ambientales (Narváez 2004, 371). Estas leyes han tenido muchos problemas en su aplicabilidad y control, ya sea por falta de recurso o por la falta de claridad en su jurisdicción, actualmente la legislación ambiental se ha recopilado en Código Orgánico del Ambiente (Martínez 2019, 1).

LA EIA EN ECUADOR

La legislación sobre EIA en Ecuador tiene su origen en la promulgación de la NEPA (1970) y de la Conferencia de las Naciones Unidas Sobre el Medio Humano (1972). En 1976, se promulga la Ley de Prevención y Control de la Contaminación Ambiental, primer marco normativo relacionado con el cuidado y preservación del ambiente. En 1994, la obligatoriedad de realizar la EIA se establece en el punto 13 de las Políticas Básicas Ambientales del Ecuador, así como en la Ley Especial de Descentralización del Estado y de Participación Social de 1997, en el art. 9, lit. i, que establece la obligatoriedad de realizar los EIA, como ya se dijo. La ley de Gestión Ambiental, Codificación de 2004, incluye en el Título III Instrumentos de Gestión Ambiental, el Capítulo II de la EIA y del Control Ambiental, y la obligatoriedad de calificación en el Sistema Único de Manejo Ambiental SUIA, cuyo principio rector será el precautelatorio, de todo tipo de actividad, ya sea pública, privada o mixta, con potencial de contaminación y la obtención de la licencia ambiental respectiva, previo al inicio de sus actividades.

El Código Orgánico Ambiental, en el título II de los derechos, deberes y principios ambientales, art. 5, num. 7, establece la obligación de toda obra, proyecto o actividad, en todas sus fases, de sujetarse al procedimiento de EIA, en el título II sistema único de manejo ambiental (SUMA), capítulo I del régimen institucional, art. 165.- Competencias de los Gobiernos Autónomos Descentralizados. Las competencias referentes al proceso de evaluación de impactos, control y seguimiento de la contaminación. Capítulo IV de los instrumentos para la regularización ambiental, art. 179.- De los EsIA. La obligación de realizar los EsIA para todos los proyectos, obras y actividades potencialmente contaminantes, que permitan una adecuada y fundamentada evaluación, predicción, identificación e interpretación de dichos riesgos e impactos.

La elaboración de la EIA para proyectos con potencial de contaminación tiene el objetivo principal de minimizar los impactos socioambientales producidos por la actividad propuesta. Objetivo que no se ha logrado, la realidad indica la ineficacia de la normativa, tal como ha sucedido en la actividad extractiva petrolera desarrollada en la Amazonia ecuatoriana a partir de 1964. No se ha logrado la protección ambiental ni el progreso para esta zona, por lo contrario, se han incrementado los impactos, tales como la perdida de especies, contaminación de aguas, suelos y aire, desplazamiento de grupos humanos nativos, deterioro de la salud de las comunidades (casos de cáncer y otras morbilidades) —que no se reportaban antes de la operación hidrocarburífera en la zona de operación—, y falta de atención por parte del Estado.

La EIA al ser un procedimiento técnico de gestión, no representa la realidad del sector donde se la realiza, ya sea por incumplimiento de lo establecido en la normativa por parte el proponente, falta de recursos (técnicos y humanos), falta de presupuestos (baja inversión), falta de control o seguimiento necesario de las autoridades (deficiencia de personal capacitado y recursos económicos, pasividad, falta de compromiso, sobreposición de competencias, deficiencias técnicas, etc.), dando como resultado espacios no sustentables, no soberanos, no solidarios y no seguros para la vida en el planeta.

La falta de ética y responsabilidad ambiental y social de las empresas establecidas, en complicidad con la autoridad competente y los gobiernos a nivel general y local, así como deficiencias estructurales en la propia normativa, atentan contra la vida de las comunidades asentadas en los alrededores y su ambiente. La normativa aplicada no considera las determinaciones locales, ni el modelo de producción aplicado, ya que la actividad productiva es considerada como genérica y no con sus especificidades. Ante tal escenario, se hace necesario una nueva visión de la EIA, que fomente la sustentabilidad, solidaridad, soberanía y seguridad, procurando un metabolismo respetuoso entre la sociedad y la naturaleza, promotor de la salud humana y protector de los ecosistemas, contrario al paradigma dominante de acumulación de capital y destructor de la vida.

CONCLUSIONES

En el mundo se han promulgado una infinidad de normativas relacionadas con la Protección y Evaluación Ambiental, a partir de la promulgación de la NEPA en 1970, llegando a ser 191 países los que se han adherido, incluyendo en su marco legislativo temas relacionados al cuidado y control de la contaminación ambiental, pero los problemas ambientales y sus impactos sobre la salud humana y los ecosistemas no se solucionan, la realidad indica que van en aumento, al igual que los impactos en todos los niveles, como el calentamiento global, el efecto invernadero, la desertificación y la contaminación de ríos, suelo y aire, entre otros.

El desarrollo, aplicación y control de la legislación ambiental basada en normativas internacionales no considera la realidad local, ni el modelo de producción, ni sus determinaciones, generando normativas no aptas a la realidad del sector, no aplicables y difíciles de controlar, propiciando la evasión a cambio de una sanción que generalmente es irrisoria o el cumplimiento para solventar un requisito establecido. En otros casos, se ejercen presiones políticas y militares auspiciadas por los promotores o sus países de origen sobre las autoridades locales, para adaptar la normativa a las exigencias y necesidades del modelo económico y de producción, como es el caso del extractivismo (agrícola, minero o petrolero), impactando en las comunidades, la salud humana y los ecosistemas y atentando contra la vida en el planeta.

La revisión realizada demuestra que pese a la cantidad de normas, leyes y reglamentos relacionados con la protección del ambiente y la evaluación de impacto ambiental promulgados en Ecuador, las comunidades continúan siendo afectadas por las actividades productivas, a vista y paciencia de las autoridades de control en complicidad con los promotores del proyecto. Se debe realizar cambios en la normativa, los niveles de control y su aplicación, incluyendo las determinaciones involucradas, corrigiendo las herramientas técnicas y aplicando un nuevo modelo que revierta las tendencias destructivas descritas y construya un buen vivir basado en las 4 "S" de la vida, favoreciendo el cuidado de la vida, contrario al modelo de acumulación de capital claramente dominante en la normativa vigente.

REFERENCIAS

Abdul-Sattar, Nizami, 2007. "Comparative Analysis of the Eia System of Developed and Developing Countries: Cases of Hydroelectric Power Plants". Tesis de maestría, Chalmers University of Technology, Suecia.

Aldana Millán, Andrés. 2012. "Análisis crítico de la evaluación de impacto ambiental en el sector eléctrico colombiano y propuesta de mejora". Tesis de maestría, Universidad Nacional de Colombia. https://repositorio.unal.edu.co/handle/unal/11552.

Alaña Castillo, Tania, Lenny Capa Benítez, y Jorge Sotomayor Pereira. 2017. "Desarrollo sostenible y evolución de la legislación ambiental en las MIPYMES del Ecuador". *Universidad y Sociedad* 9 (1): 91-9.

Breilh, Jaime. 2003. *Epidemiología crítica: Ciencia emancipadora e intercultural.* Buenos Aires: Lugar Editorial / Universidad Nacional de Lanús.

—. 2010a. "La epidemiología crítica: Una nueva forma de mirar la salud en el espacio urbano". *Salud Colectiva* 6 (1): 83-101.

—. 2010b. "Lo agrario y las tres "S" de la vida". En *Tierra y agua: interrelaciones de un acceso inequitativo*, editado por Edgar Isch y Alex Zapata, 13-23. Quito: Sistema de Investigación sobre la Problemática Agraria en el Ecuador.

—. 2013a. "La determinación social de la salud como herramienta de transformación hacia una nueva salud pública (salud colectiva). Epidemiología crítica latinoamericana: raíces, desarrollos recientes y ruptura metodológica". Ponencia presentada en el VIII Seminario Internacional de Salud Pública, Saberes en Epidemiología en el Siglo XXI, Universidad Nacional de Colombia, Bogotá, 4-6 de marzo.

—. 2013b. "La determinación social de la salud como herramienta de transformación hacia una nueva salud pública (salud colectiva)". *Revista Facultad Nacional de Salud Pública* 31 (supl. 1): S13-S27.

—. 2017. "El desafío de construir un mundo agrario sustentable, solidario, soberano y seguro (las cuatro "S" de la vida)". En *Ecología política en la Mitad del Mundo: Luchas ecologistas y reflexiones sobre la naturaleza en el Ecuador*, editado por Elizabeth Bravo, Melissa Moreano e Ivonne Yánez, 299-312. Quito: Abya-Yala-Universidad Politécnica Salesiana.

—. 2019. *Ciencia crítica sobre impactos en la salud colectiva y ecosistemas. Guía investigativa pedagógica: evaluación de las 4 "S" de la vida.* Quito: Centro de Investigación y Laboratorios para Evaluación del Impacto en la Salud Colectiva (CILABSalud)-UASB-E.

Carson, Rachel. 1962. *Primavera silenciosa.* Boston / Nueva York: Houghton Mifflin Harcourt.

Comunidad Económica Europea. 1987. "Diario Oficial de las Comunidades Europeas". Acta Única Europea. N° L169.

Consejo de las Comunidades Europeas. 1985. "Directiva del Consejo relativa a la evaluación de las repercusiones de determinados proyectos públicos y privados sobre el medio ambiente (85/337/CEE)". http://www.juntadeandalucia.es/medioambiente/web/aplicaciones/Normativa/ficheros/d1.pdf.

Council on Environmental Quality. (s.f.). "About". https://obamawhitehouse.archives.gov/administration/eop/ceq/about.

—, Executive Office of the President. 1997. "The National Environmental Policy Act. A Study of Its Effectiveness After Twenty-five Years". https://ceq.doe.gov/docs/ceq-publications/nepa25fn.pdf.

EC. 1976. *Ley de Prevención y Control de la Contaminación Ambiental.* Decreto Supremo.

EC. 1994. *Políticas Básicas Ambientales del Ecuador.* Registro Oficial 456, 7 de junio.

EC. 1997. *Ley Especial de Descentralización del Estado y de Participación Social.* Registro Oficial 169, 8 de octubre.

EC. 1998. *Constitución de la República del Ecuador.* Registro Oficial 1, 11 de agosto.

EC. 2004. *Ley de Gestión Ambiental, Codificación.* Registro Oficial, Suplemento 418, 10 septiembre.

EC. 2017. *Código Orgánico del Ambiente.* Registro Oficial, Suplemento 983, 12 de abril.

Eslava, Juan. 2017. "Pensando la determinación social del proceso salud-enfermedad". *Rev. Salud Pública* 19 (3): 396-403. https://doi.org/10.15446/rsap.v19n3.68467.

Fernández, Claudio. 2016. "Desarrollo capitalista y degradación ambiental: Un enfoque marxista". *Revista de Economía Crítica* 22.

Fernández, Agustín, y Augusto Kohan. 2017. "Marxismo y crisis ecológica". *Economía y Desarrollo,* 158 (1): 26-40.

Foladori, Guillermo. 2000. "El pensamiento ambientalista". *Tópicos en Educación Ambiental* 2 (5): 21-38.

—. 2005. "Una tipología del pensamiento ambientalista". *¿Sustentabilidad? Desacuerdos sobre el desarrollo sustentable,* coordinado por Guillermo Foladori y Naína Pierri, 82-136. Ciudad de México: Miguel Ángel Porrúa.

Fontaine, Guillaume, Iván Narváez, y Paúl Cisneros. 2008. *GEO Ecuador. Informe sobre el estado del medio ambiente*. Quito: Facultad Latinoamericana de Ciencias Sociales, Sede Ecuador / Ministerio del Ambiente de Ecuador / Programa de las Naciones Unidas para el Medio Ambiente.

García Leyton, Luis Alberto. 2004. "Aplicación de Análisis Multicriterio en la Evaluación de Impactos Ambientales". Tesis doctoral, Universidad Politécnica de Cataluña, España.

Huertas, María, y David Vásquez. 2008. "Aporte crítico al análisis de la normatividad ambiental". *Revista Luna Azul* 27: 104-12.

Inca, Jorge Perikles. 2014. "El marco jurídico de la gestión ambiental ecuatoriana al amparo de la Constitución de 2008". Tesis de grado, Universidad Central del Ecuador. http://www.dspace.uce.edu.ec/bitstream/25000/3114/1/T-UCE-0013-Ab-40.pdf.

International Institute for Sustainable Development (IISD). "Línea de tiempo de la EIA". https://www.iisd.org/learning/eia/es/eia-essentials/timeline/.

Martínez, Andrés. 2019. "El nuevo marco jurídico en materia ambiental en Ecuador. Estudio sobre el código orgánico del ambiente", 8 de abril de 2019, Actualidad Jurídica Ambiental, n. 89, Sección "Comentarios de legislación". https://www.actualidadjuridicaambiental.com/wp-content/uploads/2019/04/2019_04_08_Martinez_Nuevo-marco-juridico-ambiental-Ecuador.pdf.

Maza, Carmen de la. 2007. "Evaluación de impactos ambientales". En *Manejo y conservación de recursos forestales*, editado por Jaime Hernández, Carmen de la Maza y Cristián Estades, 579-609. Santiago de Chile: Editorial Universitaria.

Moreira, I. V. D. 1992. "Vocabulario básico de medio ambiente". FEEMA/PETROBRÁS, Rio de Janeiro, citado por Luis Enrique Sánchez. "EVALUACION DE IMPACTO AMBIENTAL" II Congreso Internacional de Aspectos Geológicos de Protección Ambiental, Campinas, SP–Brasil 5 al 20 de junio de 2000.

Moreno Jiménez, José María, Juan Aguarón, y María Teresa Escobar, 2001. Metodología científica en valoración y selección ambiental. *Pesquisa* Operacional 21 (1): 1-16.

Narváez, Iván. 2004. *Derecho ambiental y temas de sociología ambiental.* (*Conflictos socioambientales en el sector extractivo: Enfoque político*. Quito: Editora Jurídica Cevallos.

Netherlands Commission for Environmental Assessment (NCEA), 2021. Why ESIA/SEA? Worldmap of EIA/SEA legislation. https://www.eia.nl/en.

Oliveira. Andressa de. 2013. “La evaluación de impacto ambiental en Brasil ante el reto de alcanzar un desarrollo sostenible”. Tesis doctoral, Universidad de Castilla- La Mancha, España.

Organización de las Naciones Unidas (ONU). 1973. *Informe de la Conferencia de las Naciones Unidas Sobre el Medio Humano*. Nueva York: ONU.

—. 1982. “Carta mundial de la naturaleza”. https://www.iri.edu.ar/publicaciones_iri/manual/Ultima-Tanda/Medio%20Ambiente/7.%20CartaMundialdelaNaturaleza.pdf.

—. 1992. “Declaración de Río sobre el Medio Ambiente y el Desarrollo”. https://www.un.org/spanish/esa/sustdev/agenda21/riodeclaration.htm.

Perevochtchikova, María. 2013. “La evaluación del impacto ambiental y la importancia de los indicadores ambientales”. *Gestión y Política Pública* XXII (2): 283-312.

Proaño Rodríguez, María Cristina. 2012. “Gobernanza ambiental: Uso y efectividad de las Evaluaciones de Impacto Ambiental (EIA) como instrumento de gestión ambiental, en el caso de la actividad petrolera ecuatoriana. Tesis de grado, Pontificia Universidad Católica del Ecuador. http://repositorio.puce.edu.ec/handle/22000/7569.

Tulla, Antoni F., y Manuel de Miró. 1989. “Métodos de evaluación de impactos medioambientales”. *Norba. Revista de Geografía* VIII (IX): 389-419.

Capítulo 11

Metabolismo social de los sistemas agrarios industriales y agroecológicos: En búsqueda de un desarrollo rural sustentable

Ronnie Lizano Acevedo

María Fernanda Solíz Torres

INTRODUCCIÓN

En el siguiente texto se habla de los sistemas agroalimentarios hegemónicos que están contribuyendo a la crisis civilizatoria y los sistemas agroalimentarios agroecológicos que representan una alternativa civilizatoria. Los sistemas agroalimentarios que dominan el planeta están en crisis debido a su lógica capitalista que estructura y orienta la producción y sus características. Esta lógica ha mercantilizado los alimentos con consecuencias nefastas para las economías locales, el ambiente y la sociedad. El sistema agroalimentario global se caracteriza por ser de gran escala, altamente mecanizado, proveniente de monocultivos, con uso intensivo de agroquímicos y en el que los alimentos viajan grandes distancias desde donde se producen hasta donde se consumen. Estas cadenas de valor han ido consolidando los mercados globales, que dependen en gran medida del uso intensivo de insumos, transporte y logística transnacional. Toda esta gran dependencia del uso de energía ha buscado la tan anhelada "eficiencia productiva agrícola", pero en detrimento de las condiciones sociales y ecológicas de las zonas rurales (Norberg-Hodge 2002). La agroecología es una alternativa ante el modelo de agricultura que domina el planeta y que está en crisis. La agroecología proviene de sistemas agrícolas tradicionales moldeados por campesinas y campesinos sobre la base de una diversidad de cultivos, árboles y de animales (Rosset y Altieri 2018).

Esta forma de agricultura reconoce la coevolución de los seres humanos con los ecosistemas y su alto nivel de sustentabilidad. La agroecología promueve la soberanía alimentaria y los circuitos cortos de comercialización. En Ecuador, desde 2008, la Constitución reconoció los derechos a la naturaleza. El año siguiente, en 2009, se dio paso a la Ley Orgánica de Régimen de Soberanía Alimentaria (LORSA), en la que se enuncia a la agroecología como el modelo de agricultura sustentable. A pesar de la existencia de esta ley, el Estado ha optado por favorecer los intereses de los agroexportadores y dejar de lado los intereses de los campesinos, que históricamente han sido articulados a procesos de desarrollo capitalista del campo en condiciones de subordinación, imposibilitando transformaciones estructurales de los territorios rurales. En la zona norte de Pichincha, en los cantones de Cayambe y Pedro Moncayo, se ha analizado la evolución de los sistemas de producción agrícolas y pecuarios. Los sistemas que han ido predominando son las florícolas, las ganaderías intensivas y los monocultivos hortícolas. Estos sistemas de producción mercantiles se han acoplado y articulado a las cadenas de valor nacionales e internacionales. Gran parte de la agricultura familiar, campesina e indígena históricamente ha adoptado el paquete tecnológico de la revolución verde con consecuencias negativas en la salud de las personas y de los agroecosistemas sobre los territorios. En este artículo se pretende comparar un sistema de producción hortícola convencional y un sistema agroecológico en los cantones de Pedro Moncayo y Cayambe. Se ha desglosado en sus fases de producción, transformación, distribución y consumo. Este estudio intenta visibilizar los costos ocultos de los sistemas de producción hortícola bajo el modelo de la revolución verde y poder contrastar el nivel de sustentabilidad de cada uno. El sistema agroalimentario hegemónico ha sido vendido como un proyecto de la modernización agrícola en el planeta. Es decir, se ha vendido con valores como el progreso y la eficiencia productiva. Esta ideología permitió reproducir el modelo agrícola de revolución verde, modelo que reemplazó la biodiversidad por estandarización con monocultivos. Además, se dio paso al uso intensivo de fertilizantes sintéticos y agrotóxicos.

En suma, esta agricultura depende en gran medida del petróleo que cada vez es más escaso y costoso. La agricultura y ganadería industrial actualmente contribuyen con más del 51 % de los gases de efecto invernadero a nivel global (Segarra 2014). Este nivel de impacto ambiental caracteriza a este sistema agroalimentario insustentable o con una sustentabilidad débil. Según Breilh (2017), la sustentabilidad (paradigma de transformación) es un concepto multidimensional que implica un conjunto de condiciones para que los socioecosistemas puedan fundamentar o sostener no cualquier forma de vida, sino una vida plena, digna, feliz y saludable. Es necesario cuestionarnos como sociedad planetaria si queremos seguir mirando con indiferencia a este sistema agroalimentario destructivo del ambiente, de las economías campesinas y de la salud poblacional o si, por el contrario, somos capaces de transformar el sistema agroalimentario globalizado.

Este capítulo será abordado desde la ecología política, la economía ecológica y la geografía crítica. La ecología política nos permite ver las relaciones de poder que definen los procesos de cambio ambiental y la relación de los seres humanos con la naturaleza. De este modo, la ecología política brinda explicaciones alternativas y críticas a las crisis ecológicas, además, reconocen que los procesos sociales y ambientales se reproducen mutuamente (Bravo, Moreano y Yánez 2017). Desde la economía ecológica, existen argumentos potentes para la defensa del campesinado y de la soberanía alimentaria, que han sido usados acertadamente en el movimiento internacional de la Vía Campesina, al insistir en la menor eficiencia energética de la agricultura moderna (Martínez Alier 2011). La geografía crítica nos permite ver el paradigma de la cuestión agraria y de los procesos de territorialización y de desterritorialización, que van configurando un tipo de desarrollo territorial que puede ser favorable o no al campesinado (Fernandes 2013).

Las categorías por analizar serán el metabolismo social, la sustentabilidad y el territorio. El *metabolismo sociedad-naturaleza* implica el conjunto de procesos por medio de los cuales los seres humanos organizados en sociedad, independientemente de su situación en el espacio (formación social) y en el tiempo (momento histórico), se apropian, circulan, transforman, consumen y excretan materiales y energías provenientes del mundo natural (Solana et al. 2007). Este capítulo intenta comparar el metabolismo social de un sistema de producción campesino agroecológico[1] frente a un sistema de producción campesino convencional[2]. El sistema agroalimentario de la modernidad se ha mostrado más productivo que el sistema agroalimentario familiar, pero en la realidad es todo lo contrario. En este punto se hace indispensable entender lo que significa la productividad total. No solo interesa la cantidad total de energía utilizada, sino qué parte corresponde a energía humana, qué parte procede de fuentes renovables y qué parte de fuentes no renovables; interesa también la utilización de agua, la conservación y la coevolución de la biodiversidad y, por supuesto, los rendimientos por hectárea (Martínez Alier y Roca Jusmet 2001). Esto nos muestra que para entender la productividad total en cualquier sistema agroalimentario se necesita aplicar una visión holística que nos permita ver el proceso productivo y no solo algunos factores. Dicho esto, si aplicamos una contabilidad energética que permita comparar diferentes técnicas agrícolas con una perspectiva diferente a la rentabilidad económica, ¿no deberíamos deducir las varias contaminaciones que son producto

1. En la Sierra norte ecuatoriana una producción campesina de pequeña escala es menor a 2 ha en promedio y muchas veces esta extensión puede sumar entre varias parcelas de distintos pisos bioclimáticos. Las fincas agroecológicas que hacen parte de esta investigación fueron entre 1000 y 5000 m^2, en este caso de estudio se encontró parcelas hortícolas agroecológicas de 100-500 m^2 en promedio.
2. Es una producción hortícola de menor escala (extensión) que la agricultura industrial florícola, pero de igual forma con el uso intensivo de fertilizantes sintéticos, agrotóxicos, semilla híbrida y maquinaria agrícola (paquete tecnológico de la revolución verde). Las fincas convencionales que hacen parte de esta investigación oscilaron entre 1-3 ha de monocultivo.

de la agricultura moderna y también el valor de la erosión del suelo y de la pérdida de la biodiversidad? Según García y Fernández (2006), la agricultura de la modernidad ha causado los siguientes costos ocultos:

- Degradación del suelo (compactación, erosión, contaminación, empobrecimiento y mineralización) y desertificación de extensas zonas.
- Erosión de la biodiversidad silvestre y agropecuaria.
- Contaminación de aguas y acuíferos y suelos por plaguicidas y nitratos (eutroficación de corrientes y embalses).
- Contaminación de alimentos con residuos de plaguicidas, hormonas y antibióticos.
- Sobreconsumo de agua.
- Empeoramiento de las condiciones de vida para los animales.

La agricultura moderna depende en gran medida de los combustibles fósiles. Este tipo de agricultura tiene un metabolismo exosomático que proviene de la incorporación de energía externa al sistema, como la quema de combustibles para su producción y transporte. Un sistema será más sustentable cuanto más alto sea su energía endosomática, esta energía es aquella que se genera a través de la transformación metabólica de la energía alimenticia en energía muscular en el cuerpo humano. La energía endosomática también es la energía y los materiales generados a partir de los elementos presentes en el mismo sistema, provenientes de manera directa o indirecta por la fotosíntesis (León 2017). En territorios agroecológicos se puede observar un reciclaje de nutrientes y energía. Variadas son las explicaciones de la mayor productividad total de las fincas agroecológicas (Lappe et al. 1998; Netting 1993):

- Policultivos: mientras las grandes propiedades casi siempre usan monocultivos, las fincas familiares intercalan múltiples cultivos: plantan múltiples veces al año e integran cultivos y animales mayores (vacas, borregos) y menores (conejos, cuyes, pollos), incluso piscicultura, haciendo más intensivo el uso del espacio y tiempo.
- Intensidad en el uso de la tierra: las grandes productores y propietarios de tierra tienden a dejar el suelo desnudo, mientras que los productores más pequeños tienden a usar sus parcelas completas.

- Irrigación: los pequeños productores hacen un uso más eficiente del agua de riego.
- Calidad del empleo: las fincas pequeñas generalmente usan trabajo familiar y es mayor este por unidad de área que en las fincas grandes.
- Uso de insumos: las fincas familiares agroecológicas utilizan más insumos (compost, bioles, bocashi, etc.) producidos en su propia finca, las fincas grandes por lo general utilizan más insumos externos a la finca, como fertilizantes sintéticos y agrotóxicos.
- Uso de recursos: las grandes producciones por lo general están menos comprometidas al manejo de otros recursos (bosque, agua, etc.), que combinados con el manejo del suelo podrían generar mayor cantidad y calidad de producción.

Esta integración de subsistemas en la finca agroecológica produce mucho más por unidad de área que los monocultivos. Aunque el rendimiento por unidad de área de un cultivo (maíz, por ejemplo) podría ser menor en una finca de pequeña escala que una de gran escala con monocultivo, la producción total por unidad de área, frecuentemente integrada de más de una docena de cultivos y presencia de animales, podría ser mucho más alto en la finca agroecológica. Por lo tanto, si se quiere comparar pequeñas fincas y grandes fincas se debería utilizar "producción total" en lugar de "rendimiento". La producción total es la suma de todo lo que una finca pequeña produce: variedad de granos, frutas, hortalizas, forraje, productos animales, etc. Mientras el rendimiento casi siempre sesga los resultados hacia las fincas grandes, la producción total permite ver la verdadera ventaja de la productividad de las fincas agroecológicas (Rosset 1999). La mayor producción total o productividad la tienen las pequeñas fincas agroecológicas. Esta mayor productividad va de la mano con el concepto de "capacidad sustentable", que permite valorar la fertilidad, la biomasa y nutrición; la capacidad de trabajo y vivir dignificante; la recreación cultural e identitaria; la organización solidaria y los soportes colectivos y relaciones armoniosas con la madre naturaleza (Breilh 2017).

El ecologismo popular es una corriente importante para este tipo de análisis porque desgraciadamente el crecimiento económico implica mayores impactos en el ambiente (Martínez Alier 2011). Esta corriente de análisis encaja muy bien en la cuestión agraria en América Latina, ya que hay una geopolítica del agronegocio que se expande o territorializa a la vez que los campesinos son desterritorializados a través del despojo de su tierra, cultura e identidad. La ecología política estudia los conflictos ecológicos distributivos, que en nuestro caso de estudio son generados por los sistemas agrícolas campesinos convencionales y por la floricultura y la ganadería intensiva. Estas actividades generan impactos importantes sobre la mayoría de los pobladores de Cayambe y Pedro Moncayo, especialmente campesinos. Es importante aportar a estas comunidades con lenguajes de valoración ambiental como una estrategia de exigibilidad de sus derechos campesinos y al Sumak Kawsay.

CONTEXTO Y PRESENTACIÓN DEL CASO

Análisis territorializado: historia y espacio social

La investigación diferencia el metabolismo sociedad-naturaleza de sistemas agrícolas campesinos convencionales y agroecológicos del sector rural de la Sierra norte ecuatoriana en los cantones Pedro Moncayo y Cayambe. Durante el proceso de la reforma agraria las estrategias de los campesinos organizados en comunidades apuntaban hacia un proceso de recuperación de las tierras de hacienda, lo que podría ser considerado como un proceso de "territorialización", no solo como ocupación física del espacio, sino también como un mecanismo generador de un sentimiento de identidad, capaz de crear sociabilidad y solidaridad entre diferentes actores (Rieutort 2009). Antes del proceso de reforma agraria, a inicios de 1960, las comunidades campesinas e indígenas de la Sierra controlaban apenas el 17 % de las tierras. Posteriormente, esa cifra se incrementó al 35 % (Ortiz-Tirado 2021). Esto denota las luchas campesinas e indígenas del pueblo kayambi, que alcanzaron la redistribución de las antiguas haciendas de la asistencia social, y de parte de otras haciendas, que configuran la situación actual de las comunidades.

A pesar de ese avance, la aplicación de la Ley de Reforma Agraria de los años 60, impulsada desde el Estado y apoyada fuertemente por los terratenientes, dejó como consecuencia una enorme desigualdad en la distribución de la tierra y una nueva concentración de los recursos (latifundios) en un monopolio sumamente reducido, polarizando aún más la brecha entre pobres y ricos y aumentando las desigualdades socioeconómicas entre las diferentes esferas sociales. En los años 70, el *boom* petrolero generó una serie de fuentes se financiamiento para el desarrollo rural agrario, que en gran parte se implementaron verticalmente e impusieron un modelo de desarrollo moderno del agro, así se fue consolidando la producción lechera de ciertas haciendas, mientras muchos otros sectores campesinos se intentaban integrar a los mercados a través de la "especialización", es decir, monocultivos, por ejemplo, de cebolla, lo que en las zonas altas de Cangahua provocó la profundización de la desnutrición de las familias y la pérdida de la fertilidad de los suelos, integración de policultivos, uso de abonos orgánicos y una lógica de comercialización asociativa.

Cuando se valora el impacto ambiental global, un concepto importante es el de análisis de ciclo de vida (ACV).[3] Desde la perspectiva de la economía ecológica, se pueden ver los procesos económicos como procesos de transformación de materiales y energía, así como la extracción de materias primas y fabricación de los *inputs* que se utilizan en la producción, distribución, utilización del bien y disposición de residuos (Martínez Alier y Roca Jusmet 2001). En esta investigación se buscó comparar el ACV de un sistema agroalimentario campesino convencional y un sistema agroalimentario campesino agroecológico.[4] Esto nos permite ver el impacto ambiental de cada uno de los sistemas bajo filosofías

3. El ACV es la valoración del impacto ambiental global que comporta el consumo de un producto "desde la cuna hasta la tumba", en este caso productos hortícolas típicos de la zona de estudio.
4. El ACV se lo realizó a varios productos de cada finca agroecológica y convencional en sus distintas etapas: agrícola, procesamiento, distribución, consumo y disposición final.

de producción distintas. Mediante encuestas, entrevistas y observación participante a los agricultores,

En los años 80, estos cantones, Cayambe y Pedro Moncayo, fueron avanzando hacia la agroindustria y la exportación de flores para mercados internacionales de Europa y Estados Unidos, principalmente (Becker y Tutillo 2009). Si se analiza el desarrollo territorial histórico de estos dos cantones de Ecuador se puede observar como en las zonas bajas (valles) se fueron consolidando fincas lecheras y fincas de flores, que, en manos de terratenientes, se fueron apropiando no solo de tierra, sino de agua para la producción de flores de corte. Esta artificialización de los modos de producción dentro de la "revolución verde" integró un paquete tecnológico de fertilizantes, pesticidas y mecanización agrícola.

CONTEXTO SOCIAL

En la historia del pueblo kayambi, que incluye los cantones de Cayambe, Pedro Moncayo, Otavalo y El Chaco, se ha visto como ha sido una historia de sometimiento de los pueblos, cientos de años de esclavitud e injusticias. No se puede negar las conquistas sociales de parte de las organizaciones campesinas como FEI y los activistas de izquierda del país. Las disputas por la tierra se mantienen vigentes y más aún cuando se ha ido consolidando ese modelo de desarrollo territorial en favor de los terratenientes. En esta región, se ha dado una formación económico-social dominada por el capital agro-industrial lechero y florícola e integrada por medianos y pequeños productores agrícolas (Ortiz-Tirado 2021).

Como una forma de resistencia a la pérdida progresiva de derechos y territorios, nacen las organizaciones sociales de campesinas y campesinos que buscan defender sus territorios. Estas organizaciones, recientemente, se han movilizado para visibilizar la propuesta de la agroecología, es decir, evidenciar la presencia de una propuesta que se alinea a sustentar la lógica de la naturaleza y al campesino como sujeto social (Requelme et al. 2020).

CONTEXTO POLÍTICO

En el territorio del pueblo kayambi, la propuesta agroecológica se constituye en una apuesta de resistencia y está yendo en contra de la producción injusta y uso del espacio. Esta propuesta ha incidido políticamente, de manera importante, por ejemplo, en las ordenanzas del uso de espacio público para ferias agroecológicas que ya están vigentes en Cayambe y Pedro Moncayo. La propuesta del pueblo kayambi está amparada en la Constitución de 2008, en sus arts. 13, 281, 283; en la Ley Orgánica del Régimen de Soberanía Alimentaria (art. 21) y en el Código Orgánico de Organización Territorial, Autonomía y Descentralización (Cootad), en su art. 54, lit. m).

METODOLOGÍA

El caso de estudio que se sintetiza en este artículo ha intentado aportar, con el lenguaje de valoración ambiental, a la comprensión compleja de los sistemas agroalimentarios campesinos. La producción hortícola convencional se caracteriza por ser monocultivos, con uso intensivo de fertilizantes y agrotóxicos y sin asociatividad en la comercialización. La producción hortícola agroecológica se caracteriza por la integración de policultivos, uso de abonos orgánicos, y una lógica de comercialización asociativa. En esta investigación se buscó comparar el ACV de un sistema agroalimentario campesino convencional y un sistema agroalimentario campesino agroecológico. Esto nos permite ver el impacto ambiental de cada uno de los sistemas bajo filosofías de producción distintas. Mediante encuestas, entrevistas y observación participante a los agricultores se obtuvieron los datos necesarios para la construcción del inventario de entradas y salidas de cada proceso durante las distintas fases: producción agrícola, procesamiento, distribución, consumo y disposición final de residuos. Se levantaron ortofotografías de las parcelas de estudio con un drone Phanton 3 para su ubicación y georreferenciación.

La toma de muestras de agua se realizó mediante el protocolo de Sadzawka (2006), mientras que las muestras de suelo fueron tomadas según el procedimiento de Fernández et al. (2008) en cada una de las parcelas de los cultivos convencionales y agroecológicos. En la fase de gabinete, se realizó el ACV mediante el cual se identificaron los insumos utilizados en cada proceso de producción de la fase agrícola de cada producto, logrando seleccionar los datos para el cálculo de la huella de carbono (HC) y para la huella hídrica (HH). Para la estimación de la HC, se utilizó el manual de directrices del IPCC de 2006 para los Inventarios Nacionales de Gases de Efecto Invernadero de la IPCC. Por el enfoque de este estudio se trabajó, con los volúmenes 2 y 4, llamados "Energía" y "Agricultura, silvicultura y otros usos de la tierra", respectivamente. El manual antes mencionado presenta 3 niveles de especificidad para el cálculo de las emisiones. Debido a que el país aún no cuenta con factores de emisión definidos, se trabajó con el nivel 1, usando los valores por defecto para todas las estimaciones de gases. La respiración del suelo se realizó bajo la metodología de la respiración basal, siguiendo el procedimiento detallado por Anderson (1982), el cual arroja un resultado en mg de CO_2 por 10 días. Pero como el estudio necesita datos diarios, se divide por 10 y posteriormente se multiplica por la duración total de días de la fase agrícola. Para la estimación de huella hídrica, se utilizó la metodología de Hoekstra y otros autores, la cual se basa en la suma de sus tres componentes: HH verde, que hace referencia al consumo del recurso hídrico por dotación de agua lluvia; HH azul, que corresponde a la dotación de agua por sistemas de riego, y, finalmente, HH gris, que se refiere a la cantidad de agua necesaria para asimilar la carga contaminante por el uso de agrotóxicos. Algunos valores fueron determinados en el programa Cropwat de la FAO, en el cual interviene cantidad de agua evaporada, agua que se incorporó y agua evapotranspirada (Hoekstra et al. 2011), valores que fueron obtenidos del procedimiento del cálculo de la precipitación efectiva y el rendimiento agrícola. Para el cálculo de HH azul y verde se utilizaron los siguientes parámetros: evapotranspiración de referencia, evapotranspiración mensual del cultivo, ajuste del factor de agotamiento crítico (p), factor de respuesta al rendimiento (Ky) y requerimiento de agua del cultivo RAC. Mientras que para el cálculo de la huella gris se utilizó la cantidad aplicada de productos químicos por hectárea, la fracción de lixiviación y escorrentía, la concentración máxima aceptable, la concentración natural para el contaminante considerado y el rendimiento del cultivo.

RESULTADOS Y DISCUSIÓN

Al comparar el análisis de ciclo de vida (ACV) de varios cultivos provenientes de fincas convencionales y fincas agroecológicas se obtuvo los siguientes resultados, presentados en las siguientes tablas.

Tabla 1. Huella de carbono desde la fase agrícola hasta la fase de disposición final del sistema hortícola agroecológico

PRODUCTO	FASE AGRÍCOLA	FASE DE PROCESAMIENTO	FASE DE DISTRIBUCIÓN	FASE DE DISPOSICIÓN FINAL DE RESIDUOS	TOTAL
kg CO_2 eq/kg producto					
BRÓCOLI	0,195	0,001	0,006	0,004	0,212
PAPA	0,64	0,001	0,006	0,005	0,655
TOMATE	4,59	0,001	0,006	0,014	4,612
ZANAHORIA	6,79	0,001	0,006	0,008	6,818
LECHUGA	0,1	0,001	0,006	0,006	0,113
RÁBANO	0,067	0,001	0,006	0,007	0,081
REMOLACHA	0,52	0,001	0,006	0,006	0,613
FRUTILLA	0,025	0,001	0,006	0,002	0,036

Fuente: Resultados de investigación del Proyecto "Sistema agroalimentario en comedores universitarios de quito vinculado a productores agroecológicos locales del Ecuador", Grupo de Investigación en Ciencias Ambientales, Universidad Politécnica Salesiana, Programa Andina Ecosaludable-Universidad Andina Simón Bolívar. SENESCYT. Elaboración propia.

Tabla 2. Huella de carbono desde la fase agrícola hasta la fase de disposición final del sistema hortícola convencional

PRODUCTO	FASE AGRÍCOLA	FASE DE PROCESAMIENTO	FASE DE DISTRIBUCIÓN	FASE DE CONSUMO	FASE DE DISPOSICIÓN FINAL DE RESIDUOS	TOTAL
kg CO_2 eq/kg product						
BRÓCOLI	0,438	0,044	0,006	0,0019	0,028	0,5179
PAPA	1,52	0,044	0,009	0,0112	0,347	1,9312
TOMATE	22,67	0,044	0,009	0,0075	1,386	24,1165
ZANAHORIA	11,92	0,044	0,009	0,0075	0,08	12,0605
LECHUGA	0,44	0,044	0,009	0	0,067	0,56
RÁBANO	0,091	0,044	0,009	0	0,021	0,165
REMOLACHA	2,66	0,044	0,009	0,0168	0,079	2,8088
FRUTILLA	0,061	0,044	0,009	0,0082	0,015	0,1372

Fuente: Resultados de investigación del Proyecto "Sistema agroalimentario en comedores universitarios de quito vinculado a productores agroecológicos locales del Ecuador", Grupo de Investigación en Ciencias Ambientales, Universidad Politécnica Salesiana, Programa Andina Ecosaludable-Universidad Andina Simón Bolívar. SENESCYT. Elaboración propia.

Si se comparan las tablas 1 y 2, se puede observar que en casi todos los cultivos la emisión de kilogramos de CO_2 equivalente por kilogramo de producción es mayor en los sistemas agroalimentarios convencionales. Esto quiere decir que los sistemas agroalimentarios agroecológicos emiten menos gases de efecto invernadero (GEI) a la atmósfera. Para el cálculo de la huella de carbono se analizaron los siguientes componentes: uso de combustibles, fertilizantes, enmiendas del suelo, control fitosanitario y respiración del suelo.

Tabla 3. Desglose de la fase de producción agrícola para cultivo agroecológico y convencional[5]

COMPONENTES ANALIZADOS	PAPA		BRÓCOLI		ZANAHORIA	
	A	C	A	C	A	C
Combustibles (diesel-gasolina)	0,67	507,78	0	43,21	88,79	29,61
GEI fertilizantes (producción)	2,47	275,88	5,9	190,4	2,52	0,26
GEI fertilizantes (uso)	6,89	727,34	4,71	121,36	1,87	0,00
Encalado-cal (uso y producción)	3,55	0	0	889,56	0	0,00
Fungicidas e insecticidas	0	104,37	0	0	0	0,18
Respiración del suelo	82,28	19092,25	68,1	2401	33,08	210,81
Total emisiones (kg CO_2 eq)	95,86	20707,62	78,71	3645,53	126,26	240,86
kg CO_2 eq/kg de producto	0,51	1,52	0,19	0,438	0,31	2,24

Fuente: Lizano et al. (2018).

En la tabla 3, se pueden apreciar las diferencias en la cantidad de emisiones de CO_2 emitidas a la atmósfera bajo el modelo agroecológico y convencional. Los cultivos agroecológicos usan en su mayoría insumos reciclados de la propia finca. Como ejemplo, se tienen los siguientes: compost, *bocashi* y bioles, entre otros. En contraste, se observa la producción bajo el modelo de la revolución verde, es alta la dependencia de insumos de fuera de la finca. En las fases de procesamiento (poscosecha), distribución y consumo y, finalmente, disposición final de residuos, donde se observa que son menores las emisiones de CO_2 del sistema hortícola agroecológico. La investigación *Greenhouse gas emissions within the production of potatoes in central europe*, realizada por Moudrý et al. (2012), reporta los resultados de HC para dos sistemas agrícolas: por un lado, el cultivo convencional (CC), con 0,145 kg de eq/kg de producto, y, por el otro, el cultivo agroecológico (CA), con

5. La simbología A corresponde a cultivos Agroecológicos, la C a cultivos Convencionales y GEI a gases de efecto invernadero.

0,126 kg de eq/kg de producto. En comparación con la presente investigación, se demuestra que en efecto el CC contribuye con mayores emisiones de . Con respecto al cultivo de brócoli, los resultados de estudios anteriores de la Comisión Económica para América y el Caribe (CEPAL 2013) para CC muestran un valor de 0,4 kg de eq/kg de producto. En relación con el presente estudio, se pueden corroborar los resultados obtenidos, mientras que en el caso de CA actualmente no existen datos que permitan realizar una comparación con respecto al indicador HC. En los resultados presentados para el cultivo de zanahoria, se observa que los CC superan en 58 veces el valor del CA, asímismo mediante un estudio de (Tesco 2012) el valor de la HC de la zanahoria es igual a 83 kg de eq/kg de producto. En definitiva, es evidente que los resultados de la presente investigación en comparación con estudios realizados revelan que los CC son los mayores contribuyentes de GEI que favorecen al cambio climático.

Tabla 4. Huella hídrica del sistema agroalimentario agroecológico en el cantón Pedro Moncayo y Cayambe

PRODUCTO	FASE AGRÍCOLA	FASE DE PROCESAMIENTO	FASE DE DISTRIBUCIÓN	FASE DE CONSUMO	FASE DE DISPOSICIÓN FINAL DE RESIDUOS	TOTAL
m³/t						
Brócoli	80,06	10,7	0	2.8	0	93,5
Papa	154,603	7,5	0	9.7	0	171,8
Tomate	41,113	0	0	2	0	43,1
Zanahoria	83,45	4,41	0	8,25	0	96,1
Lechuga	43	28,57	0	20	0	91,5
Rábano	32,2	3,09	0	1,4	0	36,6
Remolacha	24,24	2,76	0	2.5	0	29,5
Frutilla	227,3	9,19	0	10,53	0	247

Fuente: Resultados de investigación del Proyecto "Sistema agroalimentario en comedores universitarios de quito vinculado a productores agroecológicos locales del Ecuador", Grupo de Investigación en Ciencias Ambientales, Universidad Politécnica Salesiana, Programa Andina Ecosaludable-Universidad Andina Simón Bolívar. SENESCYT. Elaboración propia.

Tabla 5. Huella hídrica del sistema agroalimentario convencional en los cantones de Pedro Moncayo y Cayambe

PRODUCTO	FASE AGRÍCOLA	FASE DE PROCESAMIENTO	FASE DE DISTRIBUCIÓN	FASE DE CONSUMO	FASE DE DISPOSICIÓN FINAL DE RESIDUOS	TOTAL
m³/t						
Brócoli	230,6	0	0	3	0	233,6
Papa	627,02	0,72	0	7	0	634,7
Tomate	71,31	7,6	0	11	0	89,91
Zanahoria	759,52	6,08	0	7	0	772,6
Lechuga	83	0	0	10	0	93
Rábano	75,4	4	0	10	0	89,4
Remolacha	16,39	0	0	8	0	24,3
Frutilla	273,78	0	0	5	0	278,8

Fuente: Resultados de investigación del Proyecto "Sistema agroalimentario en comedores universitarios de quito vinculado a productores agroecológicos locales del Ecuador", Grupo de Investigación en Ciencias Ambientales, Universidad Politécnica Salesiana, Programa Andina Ecosaludable-Universidad Andina Simón Bolívar. SENESCYT. Elaboración propia.

Si se comparan las tablas 4 y 5, se puede observar que en la mayoría de los cultivos la huella hídrica (HH) calculada en m^3/t de producción de alimentos es mayor en el sistema agroalimentario convencional. En esta investigación, se demuestra que los sistemas agroalimentarios agroecológicos tienen un consumo más sustentable del agua.

Tabla 6. Huella hídrica por componente analizado para cultivos agroecológicos versus los convencionales[6]

COMPONENTES ANALIZADOS	PAPA		BRÓCOLI		ZANAHORIA	
	A	C	A	C	A	C
Huella verde (HV)	27,94	21,73	11,42	46,65	3,31	48,54
Huella azul (HA)	126,66	443,58	54,69	117,65	26,3	704,31
Huella gris (HG)	0	161,72	0	66,46	0	6,66
Huella hídrica total (m^3/t)	154,6	627,03	66,11	230,76	29,61	759,51

Fuente: Resultados de investigación del Proyecto "Sistema agroalimentario en comedores universitarios de quito vinculado a productores agroecológicos locales del Ecuador", Grupo de Investigación en Ciencias Ambientales, Universidad Politécnica Salesiana, Programa Andina Ecosaludable-Universidad Andina Simón Bolívar. SENESCYT. Elaboración propia.

Una observación importante es que los cultivos convencionales presentan las tres huellas hídricas, mientras que los cultivos agroecológicos presentan solo la huella verde y azul. Esto se debe a que los CA no utilizan agua para el uso y aplicación de fertilizantes y agrotóxicos. Por esto, la HG en todos los cultivos es igual a cero. De acuerdo a la investigación de "Gestión hídrica y metabolismo hídrico en la producción de papa en Ecuador", realizada por Silva (2015), los resultados exhibidos de HH a nivel nacional para el CC es de 563,77 /t, valor que no incluye el cálculo de HG por falta de información. De igual forma, según el reporte presentado por la WFN, el cultivo de papa a nivel mundial tiene una HH de 287 /t, frente a estos resultados se puede corroborar que la información de HH proporcionada en la presente investigación es comparable al estudio de Mekonnen y Hoekstra (2010). En relación con el cultivo de brócoli, los resultados de HH presentados en la presente investigación para los CC es de 230,75 m^3/t, conformada por la HV con 46,65 m^3/t, HA con 117,65 m^3/t y, finalmente, para HG es de 66,46 m^3/t. Estos valores son comparables con el estudio de Orjuela y Vargas (2016) realizado en Colombia, con una HH de 288,2 m^3/t, cuyos componentes presentan

6. A corresponde a cultivos agroecológicos y C a cultivos Convencionales.

resultados de 107 m³/t para HV; 94,3 m³/t para HA y 86,9 m³/t para HG. El cultivo de zanahoria, según el inventario de la WFP en el "Apéndice II. Huella hídrica por tonelada de cultivo o producto agrícola derivado a nivel nacional y subnacional (1996-2005)", el CA consume 5,20 % del total a nivel provincial y 15,18 % a nivel mundial, en comparación con el CC, que consume 3 veces más que la HH a nivel mundial y 0,33 veces más que a nivel provincial, en consecuencia, los datos presentados reflejan que el consumo del recurso hídrico en comparación con el presente estudio es relativamente mayor en los CC.

CONCLUSIONES

Se puede concluir que los productores agroecológicos entran en el modo campesino o agrario como lo expresa Solana et al. (2007, 40):

> metabolismo que produce aún transformaciones ciertamente limitadas sobre la dinámica de los ecosistemas; no obstante, se domestican plantas y animales, se manipulan especies y se transforman —aunque de manera muy limitada— determinados materiales en objetos útiles. Esta capacidad limitada de intervención en los ecosistemas y en el propio planeta es producto de la base energética sobre la que se asientan este tipo de sociedades: la energía solar.

En contraste, se observa que el sistema agroalimentario hortícola convencional expresa un metabolismo propio de las sociedades industriales, como lo expresan los mismos autores:

> utiliza como base energética los combustibles fósiles, lo que le proporciona una alta capacidad intervención en la dinámica de los ecosistemas, una enorme capacidad expansiva, subordinante y transformadora (a través de máquinas movidas por combustibles fósiles). Ello explica que se haya producido con su introducción un cambio cualitativo en el grado de artificialización de la arquitectura de los ecosistemas. La investigación, aplicada a los suelos y a la genética ha dado lugar a nuevas formas de manipulación de los componentes naturales al introducir fertilizantes químicos y nuevas variedades de plantas y animales. Por primera vez, con la promoción de este tipo de metabolismo, la producción de residuos —producto de toda trans-

> formación de la energía y la materia— superó la capacidad de reciclaje y la velocidad en la extracción de recursos comenzó a ser muy superior al tiempo de producción. (40)

Con base en la comprensión del metabolismo social campesino y el metabolismo industrial se puede entender la disputa territorial vista como espacio de vida (agroecología) o espacio económico (capital agroindustrial como floricultura, ganadería intensiva y medianos y pequeños productores agrícolas). Estos modos opuestos de desarrollo territorial plantean conflictos ecológicos distributivos. Estas formas de modernización agrícola se lucran de la explotación de las comunidades y de la naturaleza, usando colosales cantidades de agua y retornándola contaminada, erosionando los suelos a través de los años o emitiendo enormes cantidades de CO_2 a la atmósfera. Estos niveles de contaminación que amenazan el sustento de las comunidades en el pueblo kayambi y amenazan la reproducción de territorios agroecológicos entran a formar parte del movimiento por el ecologismo popular. El ecologismo popular es un movimiento de los países del sur global, que lucha contra los impactos ambientales que amenazan los campos y campesinos (Martínez Alier 2011). Ante esta suerte de injusticia ambiental causada por los conflictos ecológicos distributivos se propone aportar desde la ecología política, la agroecología, la economía ecológica y la geografía crítica. Los campesinos agroecológicos desde su cosmovisión andina de respeto por la naturaleza y a través de la organización social están construyendo una alternativa civilizatoria para la reproducción de la vida al proteger los agroecosistemas locales, generando alimentos bioseguros para sus familias y las ciudades. Es necesario el desarrollo de una ciencia crítica que permita cuestionar el orden de las cosas, en este caso la economía ecológica permite hacer una contabilidad real, que toma en cuenta los costos ocultos de la agricultura convencional y la pueda cuestionar, especialmente cuando el sistema agroalimentario globalizado está en crisis.

El conocer el metabolismo social de la agroindustria y de los sistemas agroecológicos permite poner en la opinión pública el concepto de "sustentabilidad". Dentro del territorio kayambi, los productores agroecológicos están siendo desterritorializados por las empresas capitalistas, que imponen su lógica, y los campesinos están nuevamente siendo subordinados en el campo social. Desde la academia, se puede aportar hacia la construcción de una nueva comprensión de los sistemas agroalimentarios, que revitalice la soberanía alimentaria, que vaya en dirección de una reproducción social de la vida, no del capital, y que permita avanzar hacia un proyecto de desarrollo rural transformador.

REFERENCIAS

Anderson, John. 1982. "Soil Respiration". En *Methods of Soil Analysis*, editado por A. L. Page, R. H. Miller, D.R. Keeney, y eds, 2.ª ed., 831-71. Wisconsin: Soil Science Society of America.

Becker, Marc, y Silvia Tutillo. 2009. *Historia agraria y social de Cayambe*. Quito: Facultad Latinoamericana de Ciencias Sociales, Sede Ecuador.

Bravo, Elizabeth, Melissa Moreano, e Ivonne Yánez, eds. 2017. *Ecología política en la Mitad del Mundo: Luchas ecologistas y reflexiones sobre la naturaleza en el Ecuador*. Quito: Abya-Yala-Universidad Politécnica Salesiana (UPS).

Breilh, Jaime. 2017. "El desafío de construir un mundo agrario sustentable, solidario, soberano y seguro (Las 4 'S' de la vida)". En *Ecología Política en la Mitad del Mundo: Luchas ecologistas y reflexiones sobre la naturaleza en el Ecuador*, editado por Elizabeth Bravo, Melissa Moreano e Ivonne Yánez, 299-312. Quito: Abya-Yala-UPS.

Comisión Económica para América y el Caribe (CEPAL). 2013. "Informe del Cuarto Seminario internacional sobre la huella de carbono 'Huella ambiental en las exportaciones de alimentos de América Latina: Normativa internacional y prácticas empresariales'". https://repositorio.cepal.org/bitstream/handle/11362/4083/S2013303_es.pdf?sequence=1&isAllowed=y

Fernandes, Bernardo Mançano. 2013. "Territorios: Teoría y disputas por el desarrollo rural". *Novedades en población* 17: 116-33.

Fernández, Luis, Teresa Roldán, Héctor Zegarra, y David Hernández. 2008. *Manual de técnicas de análisis de suelos aplicadas a la remediación de sitios contaminados*. Ciudad de México: Instituto Mexicano del Petróleo / Secretaría de Medio Ambiente y Recursos Naturales / Instituto Nacional de Ecología.

García, Xavier, y Fernando Fernández. 2006. "Cooperación al desarrollo y producción agraria. Modelos de producción para la soberanía alimentaria". En *Soberanía alimentaria: Objetivo político de la cooperación al desarrollo en zonas rurales*. Barcelona: Icaria Editorial.

Hoekstra, Arje, Ashok Chapagain, Maite Aldaya, y Mesfin Mekonnen. 2011. *The Water Footprint Assessment Manual*. London-Washington D.C.: Earthscan.

Lappé, Frances Moore, Joseph Collins, y Peter Rosset. 1998. *World Hunger: Twelve Myths*. 2.ª ed. Nueva York: Grove Press.

León, Xavier. 2017. "Metabolismo social y soberanía alimentaria. El caso de la industria avícola". En *Ecología política en la Mitad del Mundo: Luchas ecologistas y reflexiones sobre la naturaleza en el Ecuador*, editado por Elizabeth Bravo, Melissa Moreano e Ivonne Yánez, 429-40. Quito: Abya-Yala-UPS.

Lizano, Ronnie, Denisse Gavilanes, Maritza Chiluisa, Nora Yandún y Paola Chávez. 2018. "Estimación de impactos ambientales basado en el análisis de ciclo de vida de la fase agrícola del sistema agroalimentario convencional y agroecológico de la papa (*Solanum tuberosum*), brócoli (*Brassica oleracea var. Italica*) y zanahoria (*Daucus carota*)". VII Congreso Latinoamericano de Agroecología.

Martínez Alier, Joan. 2011. *El ecologismo de los pobres: Conflictos ambientales y lenguajes de valoración*. 5.ª. Barcelona: Icaria Editorial.

Martínez Alier, Joan, y Jordi Roca Jusmet. 2001. *Economía ecológica y política ambiental*. 2.ª ed. Ciudad de México: Fondo de Cultura Económica.

Mekonnen, Mesfin, y Arjen Hoekstra. 2010. "The Green, Blue and Grey Water Footprint of Crops and Derived Crop Products". *Hydrol. Earth Syst. Sci.* 15: 1577-1600. https://doi.org/10.5194/hess-15-1577-2011.

Moudrý, J., Jelínková, Z., Moudrý, J., y Konvalina, P. 2012. "Greenhouse gas emissions within the production of potatoes in Central Europe". *Lucrări Ştiinţifice* 55 (2): 19-22.

Netting, Robert. 1993. *Smallholders, Householders: Farm Families and the Ecology of Intensive, Sustainable Agriculture*. Stanford: Stanford University Press.

Norberg-Hodge, Helena. 2002. *Bringing the Food Economy Home: Local Alternatives to Global Agribusiness*. Londres: Zed Books.

Orjuela, Miguel Antonio, y Diego Vargas. 2016. "Estrategias para el uso eficiente del agua a partir de la estimación de huella hídrica en cultivos de lechuga

(*Lactuca Sativa*) y brócoli (*Brassica*) para una finca de diez hectáreas en Mosquera-Cundinamarca". Trabajo de grado, Universidad de la Salle, Colombia.

Ortiz-Tirado, Pablo. 2021. "Autonomía indígena en Ecuador: Fundamentos, extravíos y desafíos". En *Autonomías y autogobierno en la América diversa*, coordinado por Miguel González, Araceli Burguete, José Marimán y Pablo Ortiz-Tirado y Ritsuko Funaki, 439-72. Quito: Abya-Yala.

Requelme, Narcisa, José Carvajal, Ronnie Lizano, Charles Cachipuendo, y Patricia Yaselga. 2020. *Mujeres en resistencia y territorios agroecológicos*. Quito: Abya-Yala.

Rieutort, Laurent. 2009. "Dynamiques rurales françaises et re-territorialisation de l'agriculture". *L'information géographique* 1 (73): 30-48.

Rosset, Peter. 1999. "The Multiple Functions and Benefits of Small Farm Agriculture". *Policy Brief* 4. https://foodfirst.org/publication-type/policy-brief/page/3/.

Rosset, Peter, y Miguel Altieri. 2018. *Agroecología: Ciencia y política*. 3.ª ed. Riobamba: Sociedad Científica Latinoamericana de Agroecología.

Sadzawka, Angélica. 2006. *Métodos de análisis de agua para riego 2006*. Santiago de Chile: Centro Regional de Investigación La Platina.

Segarra, Pool. 2014. *Sinergias entre degradación de la tierra y cambio climático en los paisajes agrarios del Ecuador*. Quito: Mecanismo mundial de la Convención de las Naciones Unidas de Lucha contra la Desertificación / Ministerio del Ambiente / Ecopar.

Silva, Andrés. 2015. "Gestión hídrica y metabolismo hídrico en la producción agrícola ecuatoriana: Análisis de la huella hídrica en el año 2010". Tesis de grado, Pontificia Universidad Católica del Ecuador.

Solana, José Luis, Francisco Garrido Peña, Manuel González de Molina y José Luis Serrano, eds. 2007. *El paradigma ecológico en las ciencias sociales*. Barcelona: Icaria.

Tesco. 2012. "Product Carbon Footprint Summary". https://issuu.com/thema1/docs/tesco_product_carbon_footprint_summary_1_

Capítulo 12

El cálculo del consumo real del agua como técnica de análisis del metabolismo sociedad-naturaleza en la determinación social de la salud. Caso de estudio: Producción florícola en la subcuenca del río Pisque[1]

Renato Sánchez Proaño

INTRODUCCIÓN

Las alteraciones positivas o negativas de los espacios naturales modifican las condiciones de vida de sus especies, lo cual incluye la salud de los pobladores. Es por esto necesaria la implementación de nuevos métodos de análisis que identifiquen y contrarresten los procesos que fomentan alteraciones negativas o destructivas para los territorios, para que estos últimos puedan ser reemplazados por procesos que protejan la naturaleza y la vida que existe en ella (Breilh 2010, 115-6).

1. Texto realizado en el marco de la tesis de doctorado "Metabolismo social en el uso del agua para la producción florícola. Caso de estudio: cuenca del río Pisque en el Ecuador", parte del programa en Salud Colectiva Ambiente y Sociedad de la Universidad Andina Simón Bolívar, Sede Ecuador. El proyecto que motiva el capítulo fue financiado por la Universidad Politécnica Salesiana con sede en Quito-Ecuador, sin este apoyo no hubiera sido posible llevarlo a buen fin.

Esto incluye el caso del agua, con el cual existen múltiples conflictos de intereses de uso entre el capital, representado en muchos de los casos por las industrias, y el derecho de uso de los pobladores; por lo que es necesario incorporar esta dialéctica en un modelo de análisis. Por lo tanto, se complementa el modelo del ciclo hidro social,[2] que en su definición convencional es un factor que ejerce demanda de agua sobre el ciclo hídrico natural presentado como oferta, lo cual se representa en la figura 1 (Madrid, Cabello y Kovacic 2013, 659). Por el contrario, el modelo metabólico sociedad-naturaleza aborda esta compleja relación como un camino de ida y vuelta en la cual el accionar humano es parte de la naturaleza y la modifica y, a su vez, los ciclos naturales modifican la complejidad hidrológica humana (Schmidt 1976; Toledo 2013, 41). Esta nueva episteme es usada por Breilh (2013, 2) para abordar la complejidad de la salud, incorporando el metabolismo dialéctico entre la sociedad y la naturaleza como un factor determinador de la salud colectiva. Este modelo se ejemplifica en la figura 2 y es parte de una categoría más amplia conocida como la determinación social de la salud (DSS) (Breilh 2013).

Figura 1. Ciclos hídricos en la unidad hidro-ecosistema

Fuente: Madrid (2013). Elaboración propia.

2. El concepto de "ciclo hidro social" incorpora la complejidad que se presenta tener al ser humano actuando constantemente sobre el medio natural y, puntualmente, en cuanto al acceso al agua a través de la aplicación de una determinada tecnología (Langhoff, Geraldi y Rosell 2017, 63).

Figura 2. Ciclos hídricos en el metabolismo sociedad-naturaleza

Fuente y elaboración propias.

La complejidad en el análisis de la categoría del metabolismo sociedad-naturaleza en la DSS logra identificar las causas más profundas de los problemas de salud, como por ejemplo, la incorporación de las consecuencias de las desigualdades económicas en todas las escalas, desde las más amplias, como las globales Norte-Sur, hasta las más restringidas, como las locales urbano-rurales (Breilh 2010, 115-6). Estas escalas se replican en los procesos metabólicos sociedad-naturaleza, requiriéndose para su entendimiento del levantamiento de información de campo que aporte conocimiento y amplíe e incorpore explicaciones de los procesos que finalmente determinan la salud (Breilh 1976).

El objetivo de este trabajo es encontrar una herramienta que aporte información sobre los procesos socionaturales y permita entender el metabolismo sociedad-naturaleza desde varias escalas, con lo cual se podrá intervenir en las causas más amplias y no solamente sobre las consecuencias locales (Breilh 2013). Esto se ejemplifica en la figura 3, en donde la línea ondulada representa los procesos dialécticos y cambiantes entre la sociedad y la naturaleza, de los cuales se puede conocer su funcionamiento tomando información física o social puntual de un cierto lugar y a un cierto tiempo, representados en la figura por los puntos rojos (Breilh 2020).

Figura 3. Incorporación de información en campo para la explicación de fenómenos sociales

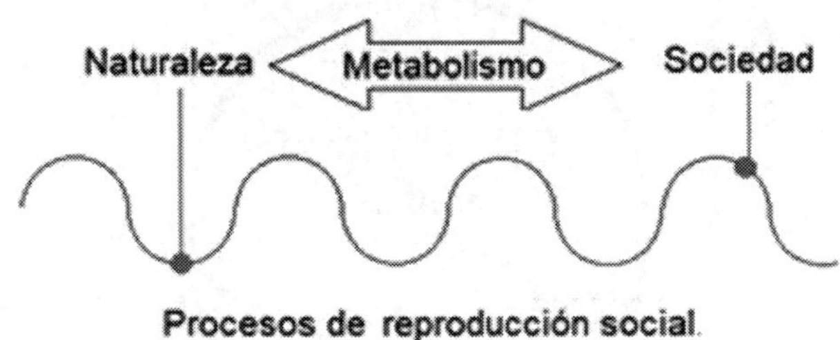

Fuente: Breilh (2020). Elaboración propia.

Una excelente herramienta para la incorporación de información útil en el análisis de los procesos metabolismos sociedad-naturaleza puede ser el cálculo del agua total usada en un proceso productivo, ya que puede mostrar las desigualdades de distribución entre las industrias y la población y, además, cuantificar la cantidad de agua que queda contaminada y es desechada por un cauce natural, produciendo problemas en la salud entre quienes tuvieron contacto con el recurso.

Para conocer la cantidad de agua total consumida en un proceso productivo se utiliza la herramienta conocida como el agua virtual, la cual fue usada por primera vez por John Anthony Allan (1993, 7), quien la definió como "la cantidad de agua total que se requiere para la producción de un producto".

El caso de estudio está centrado en la microcuenca del río Pisque, en la cual, para el año de 1985, únicamente existían 25 ha dedicadas al cultivo de rosas (Bravo 2006, 4). Esta cantidad de tierra fértil se incrementó a 3201,73 en el año 2017, como lo muestra el mapa 1 (Cachipuendo 2017). Este incremento se debió a que en el sector existe una buena iluminación, es cercano a los puertos aéreos (Farinango 2019, 28) y presenta gran disponibilidad de agua. A este éxito se le deben añadir los acuerdos comerciales alcanzados en los años 90 del siglo XX para exportar flores a Estados Unidos sin aranceles (Corrales, 2016), lo cual incrementó la productividad de la industria logrando exportaciones a otras regiones más lejanas del mundo.

Mapa 1. Área actual ocupada por florícolas entre las ciudades de Cayambe y Tabacundo

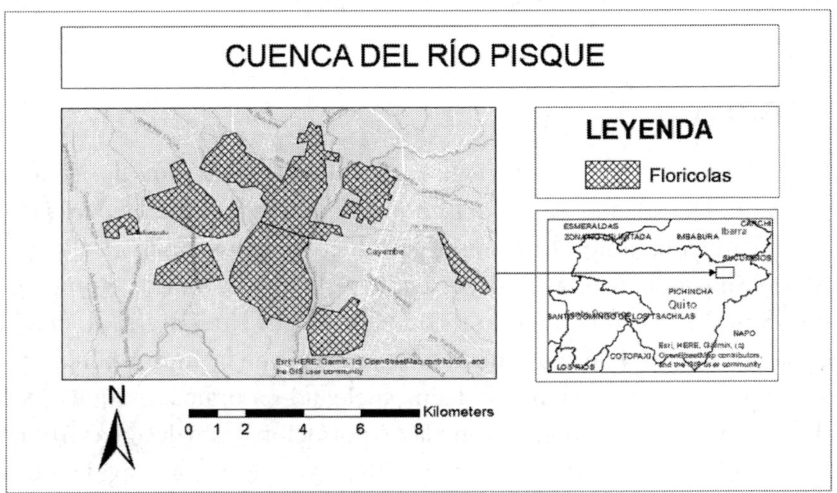

Fuente y elaboración: Sánchez 2021.

El suelo fértil de origen volcánico y la disponibilidad de agua superficial y subterránea son elementos favorables que han permitido el incremento de esta agroindustria. El aumento de la demanda de agua ha aumentado también el transporte de compuestos químicos que fueron usados en los procesos de producción. Por lo que, al incrementarse la exportación de un producto intensivo en consumo de agua, aumenta también la contaminación de este recurso. Por tanto, en los productos de exportación se ocultan grandes cantidades de agua que son extraídas de los territorios sin que se consideren enteramente los costos de extracción y tratamiento (Muratoglu 2020), provocando conflictos sociales por el acceso al agua (Vos y Boelens 2018).

Con el fin de calcular las cantidades reales de agua utilizada y contaminada, se han usado herramientas como la huella hídrica en el proceso de producción, lo cual es considerado como el agua virtual de las rosas en la cuenca (Mekonnen et al., 2012). Con este dato, se analizará el metabolismo sociedad-naturaleza de la exportación primaria de rosas a nivel regional, incorporándose de esta manera una herramienta de análisis al método de determinación social (Breilh 2003).

METODOLOGÍA

Para la cuantificación del agua virtual de la producción florícola se aplicarán los cálculos ya normalizados de la huella hídrica,[3] pero centrados únicamente en la etapa de producción (Mekonnen et al. 2012; Xhan-Ming y Chen 2012). Para el cálculo de la "huella hídrica promedio" de las rosas, se usó el método recomendado por Hoekstra et al. (2009, 25-6). Con el valor de la totalidad de agua usada en la producción de rosas se puede conocer el metabolismo sociedad-naturaleza, ya que a este dato se lo puede interpretar como la "exportación bruta de agua virtual", que se realiza al exportar las rosas producidas en la cuenca, siguiendo la metodología recomendada por Hoekstra et al. (2009, 41).

Para el cálculo de la huella hídrica se ha tomado información de campo en dos fincas florícolas en la subcuenca del río Pisque, ubicadas entre las ciudades de Cayambe y Tabacundo en la provincia de Pichincha en Ecuador. Las características productivas de estas fincas se detallan en la tabla 2 y sus ubicaciones se especifican en el mapa 2. En cada una de estas fincas, se ha realizado un muestreo de agua de tres efluentes por finca y en dos días distintos. Los muestreos realizados fueron compuestos con tres cuotas cada uno tomadas con un intervalo de una hora entre cada muestra. Para la toma de muestra y la cadena de custodia se realizó el procedimiento NTE INEN 2226:2013, vigente en Ecuador.

3. La huella hídrica es el volumen total de agua usada desde la elaboración de un producto hasta su consumo final. Para el cálculo del agua virtual se usarán las herramientas de la huella enfocada en el proceso de producción; por lo tanto, los cálculos del agua verde será la lluvia de los cultivos, el agua azul, la usada desde el riego, y el agua la contaminada en el proceso productivo (Hoekstra y Hung, 2003).

Mapa 2. Ubicación de las 2 fincas y de los 3 puntos de muestro por finca

Fuente y elaboración: Sánchez 2021.

Con cada una de las 24 muestras se realizaron análisis de parámetros de calidad fisicoquímica de DBO_5, DQO, pH, turbidez y oxígeno disuelto y de los agrotóxicos Metalaxyl-M, Oxicarboxina, Furalaxil, Abamectin, Thiabendazol, Bifenazate, Carboxin, Mancozeb, Thiram, Kasugamicina, Captan, Mandipropamid, Thiocyclam Hidrogenoxalato, Clorotalonil, DDT, Hexythiazox, Imidacloprid, Tetradifon, Diafenthiuron, Isopyrazam, Tiametoxan, Deltametrina, Bupirimato, Chlorfenapyr, Dazomet, Clofentozine y Cyproconazol, los cuales se escogieron por ser los más utilizados en las fincas, información que se determinó mediante encuestas realizadas a las fincas. Los análisis fisicoquímicos se realizaron siguiendo la metodología planteada por APHA (1998) y los análisis de agrotóxicos, siguiendo la metodología recomendad por Kiso et al. (1996), Hernández et al. (2001) y Ferrer et al. (2001).

RESULTADOS

Con los análisis de agua se obtuvieron los resultados fisicoquímicos de calidad promedio por cada finca, además de la sumatoria de los agrotóxicos en cada una de las 12 muestras tomadas por cada finca (ver tabla 1).

Tabla 1. Resultados de calidad de agua fisicoquímicas y sumatoria de agrotóxicos en cada finca

Parámetro	Unidades	Finca 1	Finca 2
DBO_5	mg/L	< 4,75	< 4,75
DQO	mg/L	< 10	< 10
pH	U pH	7,72	7,62
Turbidez	NTU	5,94	9,14
Oxígeno disuelto	mg/L	8,15	7,87
Sumatoria de agrotóxicos	kg/m^3	0,19375	0,10041

Elaboración propia.

En los valores de la tabla 1 se pueden observar que las cargas orgánicas medidas como DQO y DBO_5 son bajas, el pH es ligeramente básico; el oxígeno disuelto es cercano a la saturación y la turbidez es baja, lo cual correspondería a una calidad aceptable del agua. Se obtuvieron además concentraciones relativamente bajas de agrotóxicos en los efluentes de las fincas.

La tabla 2 indica los valores que fueron levantados y utilizados para el cálculo de la huella hídrica azul (HHA) y la huella hídrica gris (HHG) (Maite et al. 2011). Para la HHA, se requirieron de parámetros de uso de agua (CWU) y de rendimiento (Y), que se obtuvieron del número de rosas producidas al año y su peso total por cada hectárea de finca. Para el cálculo de la huella hídrica gris, se escogieron los valores de sumatoria de agrotóxicos con el fin de reflejar la mayor concentración de contaminantes persistentes en los efluentes. La huella hídrica verde o agua lluvia que infiltra en el suelo en ambas fincas es de 0 m^3/t, ya que en ambos casos el agua lluvia no es utilizada porque los cultivos se encuentran bajo invernadero y en ninguna de las fincas existen reservorios.

Tabla 2. Cálculo del rendimiento hídrico y agrotóxicos usados para la obtención de la huella hídrica azul y gris

Finca	1	2
Superficie de la finca (ha)	0,50	0,50
Superficie con rosas (ha)	0,40	0,25
Caudal de riego consumido por goteros (m^3/mes)	739,83	171,23
Caudal consumido por otros sistemas de riego (m^3/mes)	33,48	147,06
Caudal de riego total consumido (m^3/mes)	773,31	318,29
Volumen total de agua consumido al mes (m^3/ha)	1 933,28	1 273,17
Meses de verano	4	4
Total de agua consumida por temporada (m^3/ha)	7 733,14	5 092,69
Caudal de riego consumido por goteros (m^3/mes)	246,61	42,81
Caudal consumido por otros sistemas de riego (m^3/mes)	12,36	25,71
Caudal de agua total consumido (m^3/mes)	258,97	68,52
Volumen total de agua consumido al mes (m^3/ha)	647,43	274,07
Meses de lluvia	8	8
Total de agua consumida por temporada (m^3/ha)	5 179,42	2 192,58
Total de agua consumido al año (m^3/ha) (CWU)	12 912,56	7 285,28
Número de plantas por hectárea	40 200,00	35 000,00
Número de tallos (rosas) por planta al mes	0,80	1,00
Número de rosas mensuales por finca	32 160,00	35 000,00
Número de rosas al año por finca	385 920.00	420 000,00
Peso de una rosa (g)	72,90	72,90
Rendimiento (Y) (t/ha)	28,13	30,62
(α) Fracción de lixiviación	0,1	0,1
Concentración máxima de agrotóxicos (kg/ m^3)	0,193 75	0,100 41
Concentración natural de agrotóxico (kg/m^3)	0	0
(AR) Aplicación de químicos agrotóxicos (kg/ha)	160	72
(Y) Rendimiento de rosas por hectárea (t/ha)	28,13	30,62

Elaboración propia.

Se puede comprobar un tamaño de cultivo y producción similar en ambas fincas. Con estos datos se obtuvieron los valores de huella hídrica para cada una de las fincas, mostradas en la tabla 3.

Tabla 3. Cálculo de la huella hídrica total

Huella hídrica	Finca 1	Finca 2
Azul (m^3/t)	458,97	237,94
Verde (m^3/t)	0	0
Gris (m^3/t)	2,94	2,34
Total (m^3/t)	461,91	240,28

Elaboración propia.

Si bien la producción es similar, se puede notar que existe un mayor consumo de agua para el riego en la Finca 1, lo cual conlleva una mayor huella hídrica. El valor promedio de la huella hídrica para ambas fincas es de 351,095 m^3/t.

Con los datos de exportaciones anuales tomados de la producción de cada una de las fincas (Tabla 2), se pudo encontrar el agua virtual de cada finca, además del promedio agua virtual entre ambas; estos datos se muestran en la tabla 4.

Tabla 4. Valores de agua virtual por cada finca

Finca	Agua virtual (m^3/año)
1	45 858,42
2	23 854,99
Promedio	34 856,705

Elaboración propia.

Si se asume este dato para todas las fincas de la zona, se puede concluir que para el año 2017 se usaron 223,20 millones de metros cúbicos de agua en la microcuenca.

DISCUSIÓN

En los países con base en la exportación primaria la producción de bienes suntuarios como las flores son ejemplo de la extracción del agua de los territorios locales. Su uso en un ciclo hidro-social industrial considerado parte de los ciclos hídricos naturales permite no solo discurrir en la competencia entre el uso doméstico y de agricultura de supervivencia con el industrial (Cachipuendo 2018), sino también tomar en cuenta las consecuencias del uso de los efluentes en una segunda actividad.

En el estudio de caso, los 223,20 millones de metros cúbicos de agua usados al año presentan indicadores fisicoquímicos normalmente considerados en los estudios de calidad (tabla 1), por lo cual se podría discurrir en un segundo uso mediato del agua. Si bien usar el agua residual doméstica en la agricultura es cada vez más aceptado, este no puede ser el caso por la contaminación persistente de la agroindustria; ya que en el primer caso la aportación consiste en nutrientes al sistema agrícola (Sánchez 2021), mientras que en el segundo caso es con agrotóxicos persistentes que se acumulan, tanto en el suelo (Yun et al. 2006) como en los productos alimenticios (Hu et al. 2010) e, incluso, en los seres humanos (Na et al. 2011).

La consideración del metabolismo sociedad naturaleza en la DSS muestra cómo la contaminación del agua no solo transforma el ciclo hídrico natural, sino también como dialécticamente el ciclo hídrico natural con su gran disponibilidad de agua en el sur del planeta hace atractiva para el capital la producción primaria contaminante, drenando, para el caso de estudio, 223,20 millones de metros cúbicos de agua al año ocultamente en productos de exportación. Así, la disponibilidad geográfica de recursos coloca a la microcuenca geopolíticamente como un exportador de materias primas a bajos precios, ya que no se considera la descontaminación, trasladándose estos costos a la salud de la población, lo cual se ha hecho evidente en estudios realizados en la microcuenca por Breilh (2009), en donde se han encontrado agrotóxicos en la leche materna.

La producción de rosas en la cuenca del río Pisque hasta 10 años atrás se centraba en una economía de grandes capitales externos apoyados por el Estado; en la cual existe acaparamiento del agua, generando una distribución inequitativa con los pequeños productores de las comunidades (Mena-Vásconez et al. 2020) Sin embargo, en los últimos años, en los territorios comunitarios, los pequeños agricultores inician la producción de rosas en superficies menores a una hectárea, transformando sus sistemas de producción de alimentos y los sistemas de distribución del agua (Mena-Vásconez, Boelens y Vos 2016). Este incremento del agua virtual en el metabolismo sociedad naturaleza actual puede provocar la insostenibilidad de los sistemas de riego comunitarios (Rosa et al. 2019)y, con esto la pérdida de soberanía, ya que el incremento generalizado de un producto primario suntuario dependiente de mercados externos disminuye la producción alimentaria local (Schwarz, Mathjis y Maertens 2019).

La agricultura para la exportación se basa en la revolución verde con monocultivos, uso indiscriminado de agroquímicos, explotación laboral y acaparamiento del agua, que a nivel de Latinoamérica se observa en la producción de soya, cítricos, palma, etc. (Martínez-Alier y Walter 2016); situación que se repite en la producción de rosas. Así, en este estudio se usó como factor de aplicación química a compuestos orgánicos persistentes, como son los agrotóxicos, con el fin de conocer la cantidad real de agua que permanece contaminada en los efluentes. Para evitar este problema y reducir la cantidad de agua real utilizada, sería necesario implementar tratamientos a los efluentes producidos, que, al ser los agrotóxicos compuestos orgánicos persistentes, requerirían de sistemas avanzados de descontaminación (Sánchez 2018, 105), lo cual incrementaría el precio de venta del producto final, reduciendo la competitividad del producto en los mercados mundiales.

Sin embargo, evitar los costos de remediación no significa que no existan costos asociados a la contaminación del agua, sino que estos se transfieren a los pobladores que sufren con problemas de salud (Breilh 2005). Por lo tanto, balances económicos reales realizados con métodos de la economía ecológica reflejarían estas cargas sociales y ecológicas, revelando saldos económicos negativos para los países exportadores.

Es por esto necesario el cambio en los métodos de cultivo, los cuales pueden realizarse sin la imposición del uso de agrotóxicos. Para esto se requiere mayor desarrollo en métodos orgánicos y agroecológicos, lo cual conllevaría a la disminución en el uso de agua y en la mejora de la salud de la población circundante.

CONCLUSIONES

En muchas de las ocasiones la contaminación del agua por agrotóxicos persistentes no se ve reflejada en análisis de parámetros convencionales, incluso cuando se realizan análisis de productos organoclorados o de la docena sucia; esto se debe a que muchos de los químicos considerados con toxicidades de Tipo III o IV son persistentes en el ambiente.

Con el uso del concepto del "agua virtual" y las herramientas de análisis de la huella hídrica, se ha determinado que la producción de flores en la cuenca del río Pisque consume y contamina anualmente un volumen aproximado de 223,20 millones de metros cúbicos de agua. Esta agua, posteriormente, presenta varios usos, incluidos los domésticos, ya que el río Guayllabamba, luego de tener como afluente al río Pisque, se convierte en el río Esmeraldas, del cual existen varias captaciones para pueblos y ciudades.

Con el método de análisis del metabolismo sociedad naturaleza, el cual es parte de la DSS, se puede identificar que este problema de contaminación y salud, que se replica en varios países, sobre todo en el sur del mundo, parte de la apropiación de los recursos y derechos como el agua por parte del capital; ya que, debido a su gran disponibilidad, es desechada sin tratamiento. Sin embargo, al medir su contaminación real, mediante la cuantificación del agua virtual, se puede notar que estos costos son adosados a las poblaciones más vulnerables, ya que son quienes cargan con los problemas de salud.

REFERENCIAS

Allan, John. 1993. "Fortunately there are Substitutes for Water, Otherwise our Hydro-Political Futures would be Impossible". En *Priorities for water resources allocation and management*, editado por Overseas Development Administration (ODA), 13-26. Londres: ODA.

American Public Health Association (APHA). 1998. *Standard Methods for the Examination of Water and Wastewater*. 20.ª ed. Washington D.C.: APHA.

Bravo, María, y Flores, Shirley. 2006. "Antecedentes de la producción florícola". Tesis de grado, Universidad Laica Vicente Rocafuerte, Ecuador.

Breilh, Jaime. 1976. "Crítica a la concepción ecológico-funcionalista de la epidemiología". Tesis de maestría, Universidad Autónoma Metropolitana, México.

—. 2020. *Critical Epidemiology and the People's Health*. Nueva York: Oxford University Press.

—. 2005. *La floricultura y el dilema de la salud. Por una flor justa y ecológica*. Quito: Universidad Andina Simón Bolívar, Sede Ecuador (UASB-E).

—. 2013. "La determinación social de la salud como herramienta de transformación hacia una nueva salud pública (salud colectiva)". *Rev. Fac. Nac. Salud Pública* 31(supl. 1): S13-S27.

—. 2010. "Las tres 'S' de la determinación de la vida. 10 tesis hacia una visión crítica de la determinación social de la vida y la salud". En *Determinacao social da saúde e reforma sanitária*, editado por Roberto Passos Nogueira, 87-125. Río de Janeiro: Centro Brasileiro de Estudos de Saúde (Cebes).

Breilh, Jaime, Marco Campaña, Orlando Felicita, Francisco Hidalgo, María Larrea, Doris Sánchez, Nadine Straka, y Elena Navarrete. 2009. "Consolidación del estudio sobre la relación entre impactos ambientales de la floricultura, patrones de exposición y consecuencias en comunidades de la cuenca del Granobles". Informe técnico final. Quito: Centro de Estudios y Asesoría en Salud.

Cachipuendo, Charles. 2018. "Modelo dinâmico para a gestão e manejo sustentável de sistemas de irrigação comunitários, no marco do Bom Viver: Estudo do caso na bacia do Rio Pisque". Universidade de São Paulo.

Corrales, Joselyn. 2016. "Análisis del sector florícola ecuatoriano período 2005-2015 caso Cayambe". Tesis de grado, Pontificia Universidad Católica del Ecuador.

Farinango, Jorge. 2019. "Las tecnologías de la información y comunicación para el mejoramiento del sector florícola en el cantón Cayambe". Tesis de grado, Universidad Técnica del Norte, Ecuador.

Ferrer Imma, y Michael Thurman. 2007. "Multi-Residue Method for the Analysis of 101 Pesticides and their Degradates in Food and Water Samples by Liquid Chromatography/Time-of-Flight Mass Spectrometry". *Journal of Chromatography A* 1175 (1): 24-37.

Hernández Félix, Juan Vicente Sancho, Óscar Pozo, A. Lara, y Elena Pitarch. 2001. "Rapid Direct Determination of Pesticides and Metabolites in Environmental Water Samples at Sub-µg/l Level by On-line Solid-Phase Extraction-Liquid Chromatography-Electrospray Tandem Mass Spectrometry". *Journal of Chromatography A* 939 (1-2): 1-11.

Hoekstra, Arjen, y P. Q Hung. 2003. "Virtual Water Trade: A Quantification of Virtual Water Flows Between Nations in Relation to International Crop Trade". https://www.waterfootprint.org/media/downloads/Report11.pdf.

Hu, Goucheng, Jiayin Dai, Bixian Mai, Xiajung Luo, Hong Cao, Jianshe Wang, Fenchao Li, y Muqi Xu. 2010. "Concentrations and Accumulation Features of Organochlorine Pesticides in the Baiyangdian Lake Freshwater Food Web of North China". *Arch. Environ. Contam. Toxicol.* 58: 700-10.

Instituto Ecuatoriano de Normalización (INEN). 2013. "Agua. Calidad del agua. Muestreo. Diseño de los programas de muestreo". NTE INEN 2226: 2013. https://www.normalizacion.gob.ec/buzon/normas/2226-1.pdf

Kiso Y., H. Li, K. Shigetoh, T. Kitao, y K. Jinno. 1996. "Pesticide Analysis by High-Performance Liquid Chromatography Using the Direct Injection Method". *Journal of Chromatography A* 733 (1-2): 259-65.

Langhoff, María Laura, Geraldi, Alejandra, y Rosell, Patricia. 2017. "El concepto de ciclo hidro-social aplicado a los conflictos por el acceso al agua. El caso de la disputa por el río Atuel entre las provincias de La Pampa y Mendoza, Argentina". *Papeles de Geografía* 63: 146-160.

Madrid, Cristina, Violeta Cabello y Zora Kovacic. 2011. "Analizando el metabolismo hídrico de los socio-ecosistemas: Fundamentos teóricos y metodológicos". Ponencia presentada en el VII Congreso Ibérico sobre Gestión y Planificación del Agua, Toledo, 16-19 de febrero.

Martínez Alier, Joan, y Mariana Walter. 2016. "Social Metabolism and Conflicts over Extractivism". En *Environmental Governance in Latin America*, editado por Fabio de Castro, Barbara Hogenboom y Michiel Baud, 58-85. Londres: Palgrave MacMillan.

Mekonnen, Mesfin, Arjen Hoekstra, y Robert Becht. 2012. "Mitigating the Water Footprint of Export Cut Flowers from the Lake Naivasha Basin, Kenya". *Water Resource Manage* 26: 3725-42.

Mena-Vásconez, Patricio, Rutgerd Boelens, y Jeroen Vos. 2016. "Food or Flowers? Contested Transformations of Community Food Security and Water Use Priorities Under New Legal and Market Regimes in Ecuador's Highlands". *Journal of Rural Studies* 44: 227-38.

—, Maite M. Aldaya, Ashok K. Chapagain, y Mesfin M. Mekonnen. 2011. *The Water Footprint Assessment Manual.* Londres: Routledge.

Muratoglu, Abdullah. 2020. "Assessment of Wheat's Water Footprint and Virtual Water Trade: A Case Study for Turkey". *Ecological Process* 9 (1): 13.

Na Wang, Lili Shi, Deyang Kong, Daoji Cai, Yanzhong Cao, Yongming Liu, Guofang Pang, y Rongbin Yu. 2011. "Accumulation Levels and Characteristics of Some Pesticides in Human Adipose Tissue Samples from Southeast China". *Chemosphere* 84 (7): 964-71.

Rosa, Lorenzo, Davide Chiarelli, Chengy Tu, María Cristina Rulli, y Paolo D'odorico. 2019. "Global Unsustainable Virtual Water Flows in Agricultural Trade". *Environmental Research Letters* 14 (11): 114001.

Sánchez, Renato. 2018. "Tratamiento de aguas residuales de cargas industriales con oxidación avanzada en sistemas convencionales". *La granja: Revista de Ciencias de la Vida* 27 (1). https://lagranja.ups.edu.ec/index.php/granja article/view/27.2018.08

—. 2021. "Los desafíos en el tratamiento comunitario de aguas residuales". En *Agua para la gente*, coordinado por Charles Cachipuendo, 86-137. Quito: Abya-Yala.

Schmidt, Alfred. 1976. *El concepto de naturaleza en Marx.* Ciudad de México: Siglo XXI Editores.

Schwarz, Jana, Erik Mathijs, y Miet Maertens. 2019. "A dynamic view on agricultural trade patterns and virtual water flows in Peru". *Science of the Total Environment,* 683: 719-28.

Toledo, Víctor. 2013. "El metabolismo social: Una nueva teoría socioecológica". *Relaciones* 136: 41-71.

Vos, Jeroen, y Rutgerd Boelens. 2018. "Neoliberal Water Governmentalities, Virtual Water Trade, and Contestations". En *Water Justice*, editado por Jeroen Vos y Rurgerd Boelens y Tom Perreault, 283-301. Cambridge: Cambridge University Press.

Yun Long Yu, Xiao Mao Wu, Shao Nan Li, Hua Fang, Hai Yan Zhan, y Jing Quan Yu. 2005. "An Exploration of the Relationship Between Adsorption and Bioavailability of Pesticides in Soil to Earthworm". *Environmental Pollution* 141 (3): 428-33.

Zhan-Ming, Chen, y G. Q. Chenb 2013. "Virtual Water Accounting for the Globalized World Economy: National Water Footprint and International Virtual Water Trade". *Ecological Indicators* 28: 142-9.

Capítulo 13

"Canibalismo agrícola" del capital a una "praxis fundante" en la producción de cacao y chocolate en Ecuador

Hugo Zumárraga Suárez

INTRODUCCIÓN

Para poder entender el territorio del recinto Zapallo y las dinámicas en las que se desarrollan el cultivo de cacao, parto desde lo general hacia lo particular. Para el efecto hago un análisis histórico y geopolítico de la producción agrícola en Ecuador, para posteriormente centrarme en el análisis político-histórico y productivo de la cadena de cacao y la identificación de obstáculos en la producción de un cacao sostenible frente a los cambios y modificaciones legislativas y normativas a nivel mundial. Finalmente, delimito la estructuración de un modelo propuesta de desarrollo rural a ser validado por todos los actores del clúster de cacao y chocolate en Ecuador con sus respectivas conclusiones en perspectiva del reto a cumplirse.

ANÁLISIS HISTÓRICO Y GEOPOLÍTICO DE LA PRODUCCIÓN AGRÍCOLA EN ECUADOR DESDE LOS 60

En 1964 y 1973, Ecuador estableció dos reformas agrarias (Brassel, Herrera y Laforge 2008) que fueron impulsadas por los lineamientos de la Alianza para el Progreso en los 60, como respuesta de oposición a la Revolución cubana de 1959. Es decir, las reformas agrarias en Ecuador fueron producto de un proceso geopolítico implantado en Latinoamérica, no solo como saberes y prácticas estratégicas dirigidas a una futura especialización; sino como una forma de autodeterminación (León 2016) que cambió el territorio y el espacio en el campo, privilegiando a unos e invisibilizando a otros. Tanto la reforma agraria de 1964 como la de 1973 no proveyeron de una redistribución significativa y ética de las tierras. Los beneficios de las reformas agrarias fueron para los terratenientes y aquellos con poder político y económico, no para el campesinado y las clases sociales más pobres (North 1985).

Establecida la reforma agraria, se dio paso a la "revolución verde", que, liderada por Norman Borlaug (1914-2009), estableció el incremento de la producción agrícola de los principales cereales a nivel mundial entre 1960 y 1980 (Martínez y Huerta 2018), encargándose de iniciar la era de la "tecnificación del campo, el aumento de la productividad de los cultivos agrícolas, el paso de policultivos no eficientes a monocultivos de extensión con uso intensificado de plaguicidas, agua y fertilizantes sintéticos" (León 2016), la eliminación de las semillas endémicas, varietales criollos, la erosión de la diversidad genética de las plantas cultivadas y la generalización del cultivo de semillas transgénicas resistentes a los agrotóxicos impuestos, procesos y prácticas que se han instaurado como normales respecto al modo y estilo de producir alimentos.

Enseguida, luego de la reforma agraria de 1973, Ecuador experimentó el *boom* petrolero desde 1972, ambos sucesos hacen que los territorios tanto en la Costa como en el Oriente sean deforestados y se implanten nuevos modos de vida que giran alrededor de monocultivos extensivos de palma y cacao, impuestos por un "capitalismo buitresco" (Harvey 2007). En este contexto, Ecuador pasa rápidamente del "desarrollismo" al "neoliberalismo" (1984-2006), debilitando las entidades del Estado por completo, gracias a la privatización del mismo y a los famosos *think tanks* que obtuvieron posiciones importantes con influencia en los modelos políticos y económicos (Waitzkin 2013) en toda América Latina.

En los años 90, se debilitaron las entidades estatales en Ecuador, entre estas estuvo el SESA (Servicio Ecuatoriano de Sanidad Agropecuaria), entidad que se corrompió y se dejó timar por personas que ocupaban puestos de poder, permitiendo la importación al país de agroquímicos y fertilizantes sintéticos de forma irracional y beneficiando posteriores entuertos, coimas, dádivas y cargos a favor de unos pocos. A su vez, en la misma década, el INIAP (Instituto Nacional de Investigación Agropecuaria) cambió su política de investigación agraria de hortalizas y cultivos menores a investigación para mejoramiento de monocultivos de industrialización básica, haciendo que los proyectos o programas a ejecutarse se centrarán en lo que fue el denominado "desarrollismo" y priorizando cultivos tales como arroz, palma africana, cacao y banano.

Bajo esa misma influencia, en 1997, se estableció la codificación de la Ley de Desarrollo Agrario (Ley 54, Registro Oficial 55), que eliminó el IERAC (Instituto Ecuatoriano de Reforma Agraria y Colonización) para crear el INDA (Instituto Nacional de Desarrollo Agrario) (art. 25, Ley 54). Esto tuvo como objetivo

> capacitar a pequeños productores y comunidades indígenas, concesionar crédito agrícola, garantizar la propiedad de la tierra eficazmente trabajada, prohibir el trabajo precarizado, obligar al pago de tierras expropiadas, desalojar de invasores de tierras, dar paso a la venta de tierras comunales, y permitir la venta de tierras adjudicadas.

Sin embargo, sus resultados y gestión fueron precarios e ineficientes, atendiendo poco o nada al usuario o cliente final: el agricultor.

Casos como los arriba citados, entre muchos más, pudieron verse apalancados o tentados en su ejecución gracias a lo que Waitzkin (2013) llama "puerta giratoria", donde se destaca que las corporaciones e industrias ganaron poder a medida que los funcionarios del sector público se movían al sector privado a posiciones gerenciales, con sueldos mucho más altos, luego de favorecer a su nuevo empleador.

Desde la década de 1990, el capitalismo entra al mundo de lo cognitivo, no solo se centra en la oferta y la demanda de bienes y servicios donde el mercado regula todo, sino que, ahora también, extiende sus ramificaciones y entra en este campo, trabajando sobre las emociones, sentimientos y el subconsciente de las personas, usando campañas de *marketing* y publicidad en todo tipo de medio de comunicación y red social (Instagram, Facebook, Tik Tok, entre otras); haciendo que la mayoría de los consumidores, profesionales, universitarios y usuarios del sistema capitalista descontextualicen su entorno (interno y externo), deconstruyan una realidad e invisibilicen a otros actores subsumidos en un modelo de desarrollo agroproductivo mal sano, focalizándose únicamente en la oportunidad de acumular y hacer dinero; sin considerar, la descomposición del individuo (su salud individual), la salud del núcleo familiar, la comunidad, el ambiente, los agro ecosistemas y la sociedad en la que se desenvuelven. Dicha descontextualización de la realidad, la descomposición del individuo, su contorno y la sociedad hace que, a la fecha, se afronten problemas sanitarios, fitosanitarios, de salud pública, ambientales, sociales, económicos y comunitarios, fruto de la atomización y dispersión de todas las partes.

De hecho, cada uno de los actores directos e indirectos de la cadena de valor agroproductiva, en este caso de cacao, ha tomado una postura radical, egoísta y antropocentrista, haciendo que pocos se alineen y beneficien económica y socialmente; mientras que la gran mayoría de estos actores siguen subsumidos en un sistema de producción malsano, que daña los agroecosistemas, el ambiente y desmotiva a los jóvenes agricultores a quedarse en el campo, haciendo que estos migren a la ciudad por falta de oportunidades laborales dignas y equitativas, en una sociedad y mundo competitivo donde sarcásticamente puedo decir que el "mercado lo regula todo".

Cabe destacar que el "trabajo afectivo" y el "capitalismo cognitivo" se plantean como estrategias para manipular afectos (Miguez 2016) e influenciar las políticas agrarias, *pensum* universitarios de carreras técnicas agrícolas, decisiones de agremiaciones y asociaciones de productores y cámaras de agricultores, productores individuales, productores y comerciantes de insumos agrícolas, montubios y campesinos en general. De hecho,

> la unidad histórica capitalista no sólo ha sido moldeada por el mercado capitalista de producción y consumo; la sociedad global también ha sido cohesionada en una unidad técnica productiva y mercantil que en los aspectos productivos más profundos ha iniciado el largo camino de homogenización

del campo instrumental de la producción y el consumo mundiales, es decir, de lo que Bolívar Echeverría ha denominado "estrategia civilizatoria" moderna capitalista (1997). (León 2016, 111)

ENFOQUE DEL ANÁLISIS POLÍTICO-HISTÓRICO Y PRODUCTIVO EN EL CULTIVO DE CACAO

El cacao representa uno de los productos básicos (*commodity*) con cadenas de suministro de las más complejas en el mercado mundial. El procesamiento posterior a la cosecha, es decir, la poscosecha, consiste en la fermentación y secado de calidad del grano, llevando desde su origen criterios de trazabilidad, inocuidad y calidad. Sin embargo, el productor en Ecuador por lo general ha dejado de lado estas prácticas y procesos desvinculándose de mercados exigentes y chocolateros de calidad. Casi siempre, por no decir siempre, un mal proceso de poscosecha hace que el cacao sea vendido a precio de bolsa o inferior a este, por cada tonelada negociada.

A nivel global, en 1995, se crea la OMC (Organización Mundial del Comercio), que promueve el libre comercio e indirectamente influenció el Gobierno ecuatoriano de turno para que sea el BNF (Banco Nacional de Fomento) el que otorgue créditos fáciles y ágiles para todo tipo de proyecto que plantee la siembra de cultivos de exportación, como palma, banano, café y cacao, y el uso de paquetes tecnológicos (trabajo duro) y se complemente con asistencia técnica y capacitación en campo (trabajo semiblando).

De esta forma, el cacao comenzó a aumentar su área de siembra y cultivo año a año paulatinamente, promocionándose la creación de varietales más resistentes a plagas y que carguen con un mayor volumen por hectárea. Esto originó por ejemplo, la creación de la variedad CCN-51 (Complejo Castro Naranjo n.º 51), priorizando volumen de producción / hectáreas frente a perfiles organolépticos, sabor y varietales adaptados a micro cuencas y micro climas en Ecuador. Para la década de 1990, muchos cacaotales nuevos habían promovido la siembra de la variedad CCN-51, para obtener ganancias por volumen (con menores problemas fitosanitarios) frente a aquellos cacaotales conocidos como cacao nacional fino de aroma, que priorizan la obtención de sus ganancias por la calidad y el sabor de sus productos, la conservación la agrobiodiversidad, el manejo de cultivares bajo sombra agroforestería y el recate de fenogenotipos de cacao locales.

Una vez instituido y enraizado el sistema de producción agrícola de cacao a base de fertilizantes sintéticos y control de plagas y malezas por medio de pesticidas, inician, años después, los problemas en cacao: quejas y devoluciones por presencia de trazas de pesticidas y metales pesados en el producto final enviado. Mientras todo esto pasaba, la calidad, inocuidad y trazabilidad del cacao se fue perdiendo en Ecuador, en especial, dentro de la zona de estudio, todo esto debido al débil control y vigilancia dado por las entidades gubernamentales en el período neoliberal.

Según Washington Posligua, técnico de campo de ANECACAO (comunicación personal) en el año 2008 se recibió una notificación por parte de la Mitsubishi de Japón por residuos de Cipermetrina, Manathiol y 2,4-D Amina. Este hecho lo ratifica Wilman Galán,[1] quien a través de Inspectorate[2] realizó los análisis de agua, suelo y producto para 2,4-D Amina en cacao para la Mitsubishi de Japón para ese mismo año. A su vez, Hipatia Nogales[3] de Agrocalidad (comunicación personal) señala

1. Wilman Galán, gerente comercial de Inspectorate 2011, Guayaquil (comunicación personal), menciona que en adición a los problemas de los pesticidas existen problemas de cadmio, plomo, para los cultivos agrícolas como cacao por secar el cacao en la capa asfáltica. La capa asfáltica posee cadmio, y los carros que pasan sobre esta generan el plomo y otros metales pesados que el cacao absorbe.
2. Inspectorate puede analizar entre 150-200 compuestos químicos a través de un *screnning*, el precio del análisis para este caso fue de 200 dólares y los equipos que se usaron fueron cromatógrafo de gases por masa, y cromatógrafo líquido de doble masa.
3. Hipatia Nogales, Departamento de Inocuidad, Agrocalidad 2011 (comunicación personal).

que entre 2004-2006 el SESA[4] recibió más de 500 notificaciones por presencia de plagas, presencia de plaguicidas y falsificación de certificados fitosanitarios de exportación. Solo de Japón durante este período se reportaron más de 115 notificaciones para cacao con LMR en 2,4 D Amina, Diuron, Cypermetrina y Malathion. Por su parte, la GIZ[5] señala que las exportaciones a Japón de cacao bajaron significativamente de 13 410 t (2006) a 3003 t (2009).

Entre 2009 y 2010, Ecuador registró a través del Ministerio de Relaciones Exteriores 40 notificaciones por exceso de pesticidas en cacao enviado a Japón. Agrocalidad confirmó el registró de dichas 40 notificaciones por parte de Japón por presencia de residuos de 2,4-D Amina del cacao enviados por los proveedores (exportadores en Ecuador): Inmobiliaria Guangala S. A; Cofina S. A.; Transmar Commodity Group of Ecuador; Exportaciones Acmansa C. A. y Colonial Cocoa del Ecuador S. A. a clientes (importadores en Japón) como Cargill Japan Ltd., Mitsubishi Shoji y Itochu Foods Co. Ltd., con un total de 3 533 443,00 kg de cacao almendra seca contaminados (3533,44 t)

En un intento por reorganizar casa adentro la problemática de falta de calidad, inocuidad, trazabilidad y control de problemas fito y zoosanitarios en las cadenas agroproductivas del país, bajo Decreto Ejecutivo 1449 (2008), se transformó el SESA en la Agencia Ecuatoriana de Aseguramiento de la Calidad del Agro (Agrocalidad), que, entre sus primeras acciones, estableció resoluciones técnicas y normativas que permitieran generar un control y vigilancia a los procesos agroproductivos. En este contexto, recién en 2012 comienzan a darse los primeros pasos en favor de la calidad, inocuidad y trazabilidad del cacao en Ecuador y se establece oficialmente la *Guía para Buenas Prácticas Agrícolas en Cacao* bajo la Resolución Técnica n.º 183 (MAGAP 2012). Sin embargo, a 2021,

4. SESA: Servicio Ecuatoriano de Sanidad Agropecuaria, actualmente es Agrocalidad a 2021.
5. GIZ, exGTZ: Agencia de Cooperación Alemana.

tan solo 44 Unidades Productivas Agrícolas (UPA) han certificado bajo dicha normativa (Agrocalidad 2021).

Esto ha llevado a que desde 2019 Agrocalidad emita la Resolución n.º 038 que resuelve lo siguiente: "Establecer la obligatoriedad de la implementación y certificación de las Buenas Prácticas Agropecuarias a los proveedores de las empresas exportadoras con el fin de precautelar el comercio internacional de los productos agropecuarios", como una herramienta de prevención del riesgo (Agrocalidad 2021) que junto con los correspondientes procesos y procedimientos de implementación, formación, certificación, y control arrancarán desde 2022.[6]

Al mismo tiempo, desde el 1 de enero de 2019, la Unión Europea puso en vigencia el Reglamento UE de la Comisión n.º 488/2014 con el cual se regula el contenido máximo de cadmio (Cd), metal cancerígeno, en productos elaborados a partir de cacao. Con esta normativa, no solo se profundizan los problemas existentes en cacao, sino que ahora son acompañados por una restricción comercial por presencia de trazas de cadmio, que son bioacumulables, nefrotóxicas y hepatotóxicas y dañinas para la salud humana, sobre todo, por exposición crónica, aunque también en dosis bajas.

Es importante destacar que la aplicación de fertilizantes fosfatados en suelos agrícolas es considerada como una de las mayores fuentes antropogénicas de Cd en suelos, los cuales podrían llegar a 130 mg Cd/kg (Jiao et al. 2012). El Cd se encuentra con mayor disponibilidad en suelos entre 0 y 15 cm dentro de la producción de cacao y se transmite a los granos (Chávez et al. 2015; Arguello et al. 2020). De hecho, el Cd que está disponible para las plantas es fácilmente liberable en suelos ácidos, pasa a la raíz y a toda la planta, llegando a la mazorca y los granos de cacao (Barraza et al. 2017, 2019) y causando entonces un problema de inocui-

6. Wladimir Morales, encargado de Programa de Buenas Prácticas Agrícolas, Departamento de Inocuidad, Agrocalidad 2021 (comunicación personal).

dad al alimento al ser elaborado a partir de granos de cacao con trazas de Cd sobre los límites permisibles de ingesta en el ser humano.[7]

Por su parte, el Ministerio de Agricultura, Ganadería y Pesca (MAGAP) estableció el Programa de Reactivación de Café y Cacao desde el año 2012, teniendo como uno de sus objetivos incrementar la oferta exportable de cacao de 150 000 a 300 000 t/año hasta el año 2021 (MAGAP 2017). Desde 2012, gracias a la inversión estatal y privada, el sector cacaotero de Ecuador ha ido creciendo, convirtiéndose en el nuevo eje dinamizador de la economía nacional y llegando a posicionarse como el tercer país exportador de cacao en el mundo (tan solo por debajo de Costa de Marfil y Ghana).

Ecuador ha pasado de 573 833 ha (2018) a 590 579 ha (2020) sembradas de cacao, registrando al final de 2020 un total de 327 903 t de producción de cacao (almendra seca) (ESPAC, 2020). Cabe mencionar que la cifra exportada de cacao en grano desde enero a septiembre de 2020 fue de 274 756 t a USD 679 160 649,00, teniendo como sus principales exportadores a Olam Ecuador S. A. (9,70 %), Nestlé Ecuador S. A. (8,54 %) y Proecuakao S. A. (7,33 %). De hecho, dicha cifra ascendió a 360 800 t exportadas entre cacao, semielaborados y chocolate; dando un total de USD 908 102 645,00 hasta el cierre del año 2020 (ANECACAO 2020).

7. Productos específicos de cacao y chocolate: chocolate con leche con menos de 30 % de masa seca de cacao: valores máximos en el producto 0,10 mg cd.kg^{-1} y valores máximos en los granos de cacao: 0,4 mg Cd.kg^{-1}. Chocolate con < 50 % de de masa seca de cacao y con ≥ 30 % de masa seca de cacao: valores máximos en el producto 0,30 mg Cd.kg^{-1} y Valores máximos en los granos de cacao: 0,4 mg Cd.kg^{-1}. Chocolate con ≥ 50 % de de masa seca de cacao: valores máximos en el producto 0,80 mg Cd.kg^{-1} y Valores máximos en los granos de cacao: 1,6 mg Cd.kg^{-1}. Cacao en polvo: Valores máximos en el producto 0,60 mg Cd.kg^{-1} y Valores máximos en los granos de cacao: 0,6 a 1,2 mg Cd.kg^{-1}

Figura 1. Principales exportadores de cacao en Ecuador (exportaciones en toneladas métricas frente a porcentaje (%) de toneladas comercializadas por exportador

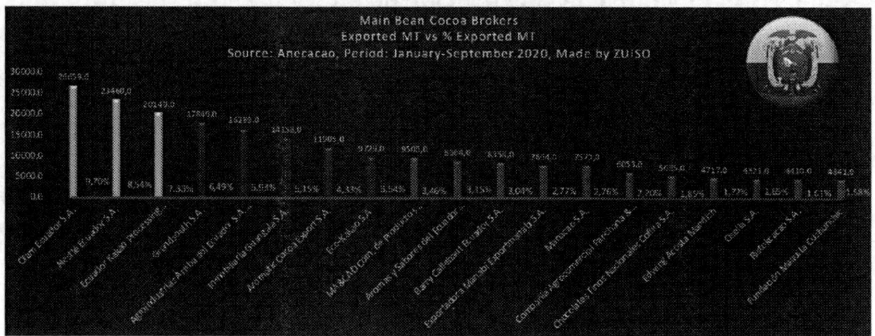

Fuente: ANECCAO (2020). Período enero-septiembre 2020. Elaborado por ZUISO.

Ahora bien, cabe mencionar que, dentro del dicho programa de reactivación de cacao, entre 2012-2021, se han gestionado una serie de contratos con proveedores del Estado respecto a siembra, resiembra, poda, dotación de insumos (principalmente químicos) y herramientas, capacitación y asistencia técnica; tratando de una u otra forma de mitigar los problemas que existen en la cadena de cacao; mas no han logrado cambiar el paradigma de producción, que ha priorizado la producción y exportación de cacao en grandes volúmenes a beneficio de unos pocos, sin precautelar los impactos negativos sociales, ambientales, económicos y sanitarios que conlleva un modelo de producción malsano, peor aún, sin un programa de control y vigilancia fuerte implementado dentro de todos los eslabones de la cadena agroproductiva de cacao en Ecuador. A esta vorágine desenfrenada de producir sin contextualizar e invisibilizar la problemática social, ambiental y económica dentro de la producción agrícola la he denominado "canibalismo agrícola del capital", capaz de arrasar con todo y con todos a su paso, provocando externalidades negativas ambientales, sociales, y económicas; perjudicando a muchos y favoreciendo a unos pocos dentro de las diferentes cadenas agroproductivas, más aún dentro de cultivo de cacao en Ecuador, que involucra a más de 166 000 pequeños productores con menos de 5 ha[8] que poco o nada se han organizado. De esto es de lo que se aprovecha el sistema capitalista salvaje y descontrolado.

Se espera que Ecuador al cierre del año 2021 sobrepase los 1000 millones de dólares en exportaciones de grano seco de cacao, proyectándose a exportar más de 400 000 t. En este punto cabe mencionar que, desde el año 2016, después del terremoto que acaeció en Ecuador, la Unión Europea financió el Proyecto de Reactivación Productiva Posterremoto[9] estableciendo el Plan de Mejora Competitiva de Cacao (PMC) con la finalidad de reactivar el sector agroproductivo cacaotero en todos sus eslabones y apoyar el mejor desarrollo del Programa de Reactivación de Cacao (iniciado en 2012). Dentro del PMC se establecieron siete objetivos estratégicos hasta 2030: 1. Calidad-inocuidad-trazabilidad; 2. Asociatividad; 3. Mejora de la productividad; 4. Fomento del valor agregado; 5. Fortalecimiento institucional; 6. Crédito, y 7. Posicionamiento de los productos a nivel internacional. De hecho, el PMC[10] pasó a ser política pública bajo el Decreto Ejecutivo 791. Sin embargo, a pesar de todos estos esfuerzos realizados, el porcentaje de cumplimiento de los planes de acción para llegar los objetivos medibles propuestos es nulo, gracias a la altísima rotación de mandos medios asignados en el sector público para la ejecución del PMC en coordinación con el sector privado, comenta Marlin (comunicación personal 2021).

8. Luis Herrera, técnico del programa de reactivación de café y cacao, MAGAP, 2020 (conversación personal) Ecuador posee sembradas 590 579 ha (ESPAC 2020), el promedio nacional por hectáreas es de 3,2 ha. Es decir, existe un estimado real nacional de 184 556 productores, de los cuales el 90 % tiene menos de 5 ha, esto es, 166 100 productores en Ecuador tienen menos de 5 ha a cierre de diciembre de 2020.
9. Dicho proyecto fue financiado por la Unión Europea (UE) después del terremoto acaecido en Ecuador en abril de 2016, afectando principalmente a las provincias de Esmeraldas y Manabí.
10. La línea de tiempo es la siguiente: febrero 2019, se elabora el Plan de Mejora Competitiva (PMC) de cacao; junio 2019, el PMC se eleva a política publica a través del Decreto Ejecutivo 791 y, noviembre 2019, Acuerdo Interministerial MPCEIP, MAG, MINTUR Registro Oficial 91-001.

Figura 2. Análisis histórico y geopolítico de la producción agrícola en Ecuador desde los 60 con énfasis en cacao

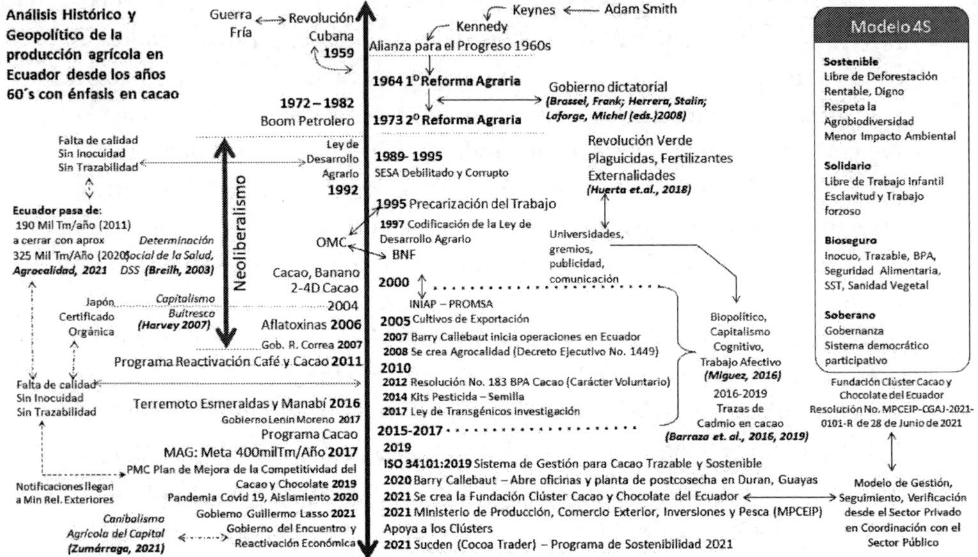

Fuente: Breilh (2003), Harvey (2007), Brassel et al. (2008), Miguez (2016), Martínez y Huerta (2018), Barraza et al. (2016, 2019), ISO 34101:2019, Agrocalidad (2012), 2021, Resolución 183. Guía de BPA de Cacao (2012), Decreto Ejecutivo 1449 (2008), Codificación de la Ley de Desarrollo Agrario (1997), Resolución MPCEIP-CGAJ-2021-0101-R de 28 de junio de 2021. Elaboración propia.

ENTENDER LA COMPLEJIDAD DEL SISTEMA AGROPRODUCTIVO DE CACAO, IDENTIFICAR LOS PROBLEMAS EN LA PRODUCCIÓN DE UN CACAO SOSTENIBLE Y CONTEXTUALIZAR LOS CAMBIOS NORMATIVOS A NIVEL MUNDIAL

El problema de tanto cacao sembrado y por sembrarse es que aún no queda claro cómo se manejará calidad, inocuidad, trazabilidad, sostenibilidad y solidaridad, de forma tal que los beneficiarios de la producción y comercialización no sean solo los intermediarios, exportadores, grandes empresas de producción de semielaborados y chocolate o transnacionales de cacao, que como es el caso de Barry Callebaut, que desde 2020 ha potenciado sus operaciones[11] en Ecuador. Cada uno de estos actores ha tomado ventaja competitiva ante el desorden existente frente a los problemas de salud, calidad, inocuidad, trazabilidad, asociatividad, crédito, sostenibilidad y productividad, entre otros. Dichos problemas han sido vistos o analizados de forma lineal y fragmentada sin entender que detrás de estas variables hay un sistema complejo que no puede verse por separado, desagregado o de forma independiente.

Para dejar de fragmentar una problemática de salud o de analizarla de forma "causal" o a través de "factores de riesgo," hay que entender su complejidad para abordarla de manera emancipadora. No se puede considerar entonces un sistema complejo desde perspectivas reduccionistas que quieren comprender el todo partiendo de las cualidades de las partes o del "holismo", que recurre a las partes para comprender el todo. Esto significa que hay que abandonar un tipo de explicación lineal por una explicación en movimiento, circular, donde se va de las partes al todo y del todo a las partes, para intentar comprender un fenómeno (Morin 1996). Las condiciones de salud, para expresarse geno-fenotípicamente dentro del individuo (biológico) debieron desarrollarse dentro determinadas condiciones sociohistóricas (sociales), que subsumieron lo biológico, y, a su vez, derivaron en cambios del ecosistema, llevando a que una determinada especie biológica se adapte y cambie o desarrollase una enfermedad que la pudiese eliminar como especie. Por lo tanto, se debe entender que la salud no se transforma y la prevención no se logra actuando sobre individuos, sino sobre procesos sociales amplios que las determinan; así como, también, trabajando la complejidad del objeto a través de la incor-

11. Por ejemplo, la transnacional Barry Callebaut inició sus operaciones en Ecuador en 2007, y abrió sus oficinas operativas en Durán-Guayas a partir de 2020.

poración de las nociones de proceso y de grupo y de una visión dialéctica que reconoce la parte y el todo, lo individual y lo colectivo (Breilh 2014).

Si no lo hacemos así, nos meteríamos en un análisis causa-efecto, que no nos permitiría entender la complejidad del sistema de producción de cacao que al menos implica tres niveles de interacción, donde el nivel inferior es siempre subsumido jerárquicamente al inmediato superior, yendo entonces desde un nivel individual (I), a un nivel particular (P) y por último a uno general (G). Un primer nivel individual (I) en el cual se desarrollan las actividades primarias, labores, en campo, dentro del predio agrícola: se desprenden perfiles epidemiológicos y patologías en los individuos que producen día a día el cacao. Un segundo nivel particular, que ejerce presión sobre el primer nivel y establece un nivel de subsunción ante las actividades y actores del primer nivel individual; de aquí se desprenden relaciones de poder entre el sujeto-objeto. Por último, un tercer nivel tercer nivel que es el general, donde se plasma el modelo de acumulación capitalista y se procura generar políticas en favor de unos pocos.

Como se ha visto, tratar de corregir problemas de forma lineal (causa-efecto) llevará a que los actores se desgasten, se desvinculen o desistan de su interés por resolver los problemas existentes dentro de la cadena de cacao. Entender la complejidad de la cadena agroproductiva de cacao-chocolate y la interacción de procesos entre actores a diferente nivel de subsunción (general-particular-individual), sabiendo que existe una autonomía relativa a ellos hace que se visualicen mejor las limitantes de plantear una propuesta de desarrollo rural fundante y establecer oportunidades que permitirán obtener un cacao sostenible, solidario, bioseguro y soberano, como modelo replicable a nivel mundial (Figura 3).

Figura 3. Dimensiones de la determinación social de la salud adaptado a la cadena agroproductiva de cacao

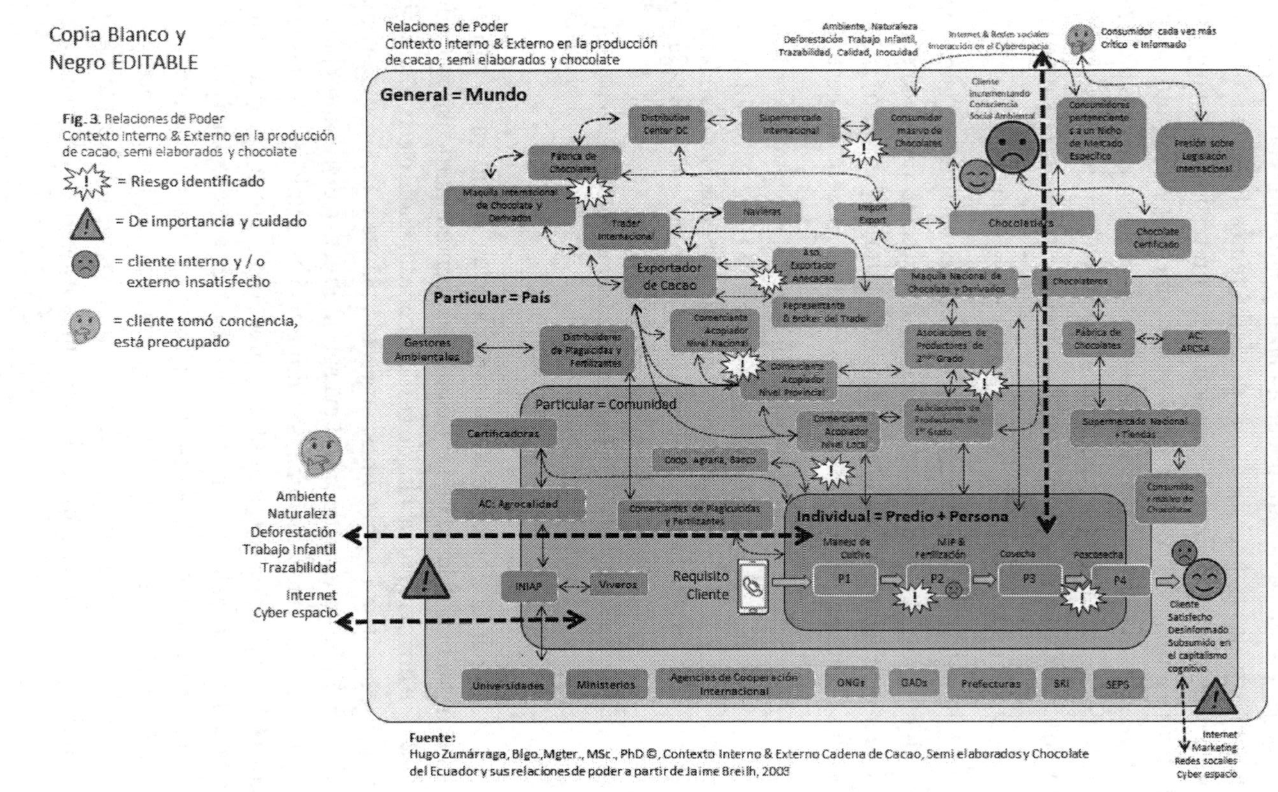

Fuente: Breilh (2003). Elaboración propia.

Cabe destacar que para poder analizar y entender la complejidad en movimiento de los procesos dentro de las diferentes disciplinas del conocimiento se requiere de la triangulación de los procesos metodológicos atributivos y formales, de razonamientos económico sociales y antropológicos y de recursos de las ciencias sociales ligados a los de las ciencias biológicas, los cuales se organizan y secuencian de acuerdo a los principios interpretativos del movimiento y las categorías y relaciones planteadas (Breilh 2003.)

Al hablar de un cacao se propone que sea:

Sostenible: libre de deforestación, rentable con ingresos dignos para el productor, respetuoso de la agrobiodiversidad y capaz de causar el menor impacto ambiental a su entorno (contexto interno y externo) y cumplir con los objetivos medibles coordinados desde un sistema de gestión.

- Solidario: libre de trabajo infantil, trabajo forzoso y esclavitud.
- Bioseguro: inocuo, trazable y de calidad, que cumpla BPA y principios de seguridad alimentaria. Que se gestione la seguridad y salud en el trabajo de los actores en los diferentes eslabones de la cadena agroproductiva de cacao.
- Soberano: que provenga de un sistema democrático participativo, con un sistema de control interno (SCI) robusto en sus bases, y que promueva la mejora continua

Los principales problemas en la producción de un cacao sostenible se encuentran a lo largo de los tres niveles (general-particular-individual) (G-P-I) se originan por la falta de gestión, coordinación, ejecución, verificación y seguimiento a programas, proyectos, planes y acciones, que beneficien a todos los actores de la cadena agroproductiva de cacao y chocolate. La gestión desde el sector público siempre será incompleta, si no se conjuga con el saber y accionar de todos los actores desde el sector privado. Por otra parte, un gran problema es tratar de desarticular estructuras de poder armadas en beneficio de unos pocos. Transparentar y ejecutar una propuesta de desarrollo rural fundante que vincule en el modelo de negocio a todos los actores del sector privado cacaotero-chocolatero afectará los intereses ocultos de los pocos beneficiarios que actualmente lucran de este negocio privado (intermediarios comerciantes, exportadoras y transnacionales), que bajo el discurso "cantidad frente a calidad" han sembrado y enraizado estrategias de comercio de un *commodity* que ha permeado en el subconsciente de los productores como la única salida frente a un modo y estilo de vida malsano heredado de este sistema capitalista.

No obstante, en la actualidad los consumidores de chocolate cada vez están más informados a través de las redes sociales o el internet y buscan consumir productos que beneficien directamente a los pequeños productores agrícolas. De hecho, cada vez más los consumidores buscan chocolate que sea más trazable, orgánico, libre de deforestación, de calidad y solidario, de tal forma que paguen un precio justo a los productores. Estos han llegado a presionar a supermercados con base en su demanda y estos, a su vez, han presionado a entidades de control, organismos normativos y de regulación a nivel mundial. Consecuencia de lo anterior, y en parte por la presión socioeconómica de los productores a nivel mundial, el cambio climático y el cuidado ambiental y la presión de los clientes chocolateros, se crea la norma ISO 34101:2019 para la gestión de cacao sostenible y trazable, luego de emitir una serie de borradores, conformar comités técnicos y establecer revisiones antes de su publicación final 2019.

La Unión Europea para 2025 ha fijado una serie de cambios respecto a la normativa legal vigente en cuanto a la compra de cacao en Europa, entre los principales cambios están la evidenciar que el cacao sea 100 % trazable desde el origen hasta su despacho-manufactura, libre de deforestación, ambientalmente amigable (orgánico o ecológico) y sin trabajo infantil o forzoso. De hecho, el nuevo Reglamento Orgánico de la Unión Europea (UE) 2018/848 se aplicará a partir del 1 de enero de 2022, mostrando cambios significativos respecto a la certificación de grupos; mientras que el Reglamento de ejecución (UE) 2021/279 contiene las normas revisadas y los cambios correspondientes con respecto a la certificación de grupos con un Sistema de Controles Internos (SCI).

En mercados competitivos, donde la calidad y valor destacan, si la calidad de los granos de cacao es pobre, los productos finales sufren y toda la cadena de valor de estos se debilita al perder clientes que eligen otros productos o proveedores. A 2021, clientes finales, consumidores de chocolate, chocolaterías y en general actores directos e indirectos de la cadena agroproductiva de cacao y chocolate están más inteligenciados y demandan:

- Mejor la calidad, inocuidad y trazabilidad del cacao en producción primaria y poscosecha, para saber quién produjo, cómo se produjo y de dónde viene ese cacao que está en el chocolate que van a consumir.
- Mejoras sociales respecto al estilo y modos de vida de los pequeños productores de cacao en el mundo vinculados al cultivo de cacao y los ingresos que perciben.
- Mejores prácticas ambientales dentro del cultivo y agroindustria.
- Acceso a una comunicación directa entre supermercado-chocolatero-proveedor agrícola de cacao.
- Sostenibilidad dentro de la cadena agroproductiva de cacao mediante el cumplimiento de:
    - Parámetros sociales y comunitarios.
    - Buenas prácticas ambientales.
    - Asociatividad y cooperativismo.
    - Responsabilidad social empresarial.
    - Vinculación a mercado y fortalecimiento organizativo.
    - Agro industrialización y cumplimiento de estándares nacionales e internacionales bajo estrictos procesos de auditoría certificable.
    - Vinculación de academia y centros de investigación a la producción con base en la demanda solicitada.

ESTRUCTURACIÓN DE UN MODELO PROPUESTA DE DESARROLLO RURAL A SER VALIDADO POR TODOS LOS ACTORES DEL CLÚSTER DE CACAO Y CHOCOLATE DE ECUADOR

Una vez que se ha entendido la complejidad de la cadena agroproductiva de cacao y sus tres niveles de interacción general-particular-individual (G-P-I) y que a su vez estos interactúan con el ambiente y el *cyber*espacio, cabe mencionar que se ha promovido la creación de la Fundación Clúster de Cacao y Chocolate del Ecuador,[12] que tiene representatividad legal y está en capacidad de ejecutar propuestas de desarrollo rural cimentadas en sostenibilidad, solidaridad, bioseguridad y soberanía dentro del recinto Zapallo y resto de comunidades cacaoteras en Ecuador.

La Fundación ha aglutinado a los principales actores del sector cacaotero y chocolatero de Ecuador, que trabajarán articuladamente con el sector público para el beneficio de todos los actores de la cadena de cacao y chocolate, gestionando la correcta ejecución de una propuesta de desarrollo rural para el sector cacaotero en Zapallo y replicando este accionar en el resto de Ecuador. Para poder operacionalizar la propuesta de desarrollo rural se han establecido diez componentes que son:

1. Comercialización de Cacao con BPA-Orgánico, Comercio Justo, ISO 34101 (cacao sostenible y trazable)
2. Sensibilización a productores y consumidores de alimentos y derivados de cacao
3. Conformación de Comité Agrícola dentro que desee incorporarse al Programa de BPA, Orgánico, Comercio Justo, ISO 34101-Sistema Interno de Control —SIC—
4. Conformación de empresa comercializadora de agroinsumos.
5. Capacitación técnica para formar instructores, promotores (asesores) y auditores
6. Diagnóstico situacional de las asociaciones y sus predios
7. Asesoramiento técnico a las Asociaciones y sus predios
8. Crédito por cumplimiento de metas a los predios
9. Conformación Centro de Acopio de Cacao, gestión de bioinsumos y manejo de desechos peligrosos de plaguicidas
10. Certificación y control

12. La Fundación Clúster Cacao y Chocolate del Ecuador se crea el 28 de junio de 2021 bajo Resolución n.º MPCEIP-CGAJ-2021-0101-R para gestionar de forma transparente todo tipo de propuesta de desarrollo rural a beneficio de todos los actores de la cadena de cacao y chocolate en Ecuador.

Todos los componentes deberán ser implementados en un lapso máximo de 3 años para aquellos productores asociados que entreguen cacao a la industria de semielaborados o estén vinculados a canales de exportación y en un lapso de máximo de 5 años para aquellos productores individuales que no estén asociados y deseen colocar su producción en un mercado nacional o internacional más competitivo a un precio más justo.

Según Jaime Gómez[13] (comunicación personal), el éxito de programa de desarrollo rural se cimenta en una buena extensión agrícola-AT en cacao, esta se da cuando se logra un nivel de adopción (*enbodiment*) que genera una producción sostenible. Para lograr esto, hay que apoyarse en un programa de investigación que genera una tecnología que consone con la problemática de cultivo de cacao en la zona intervención, dando respuesta así a la verdadera necesidad de los productores. El éxito está en un acompañamiento técnico que incluya capacitación, crédito oportuno y cumplimiento de estándares en BPA, ambientales y sociales en el cultivo de cacao. Por su parte, Isidoro de la Rosa[14] (comunicación personal) destaca

> la importancia de rejuvenecer el campo "un cambio generacional" atado a eficiencia y eficacia en los procesos dentro de la cadena agroproductiva de cacao y su agroindustrialización, gestionados y reportados a través de indicadores sociales, ambientales, y económicos que permitan visualizar el cumplimiento de programas, proyectos y planes de forma competitiva ante las exigencias del mercado (clientes), enmarcados en un mundo cada vez más consciente ecológicamente frente al cambio climático y las presiones sociales y ambientales fruto del inadecuado manejo de pesticidas, exceso de fertilizantes sintéticos en campo y la deforestación mundial desmedida en los sectores rurales. Para esto

13. Jaime Gómez (comunicación personal, 2021). Director Nacional del Departamento del Cacao, ministerio de agricultura, República Dominicana y Gerente Técnico y Certificaciones de CONACADO (Confederación Nacional de Cacaoultores Dominicanos).
14. Isidoro de la Rosa Ogando (comunicación personal, 2021). Director Ejecutivo de CONACADO (Confederación Nacional de Cacaoultores Dominicanos), Asesor del Poder Ejecutivo en materia de cacao, Presidencia de la República Dominicana (presidencia de Luis Abinader), Decreto n.º 648-21, 15 de octubre de 2021.

es importante incorporar tecnologías de la información (TIC) a los procesos de asistencia técnica en campo, establecer los pagos oportunos por la compra de cacao y créditos ágiles a los productores, comunicar claramente la política de pagos y la diferenciación de precios entre el cacao orgánico y convencional, fidelizar a quienes ejecutan la operación y a los suplidores de cacao con capacitación y remuneraciones justas; todas estas son estrategias claves para dar una continuidad al negocio del cacao de forma sostenible.

Este es el marco de referencia para al plantear una propuesta de sistema de producción de cacao enmarcado en las 4 "S"; donde se vele no solo por la calidad, inocuidad y trazabilidad de la producción de cacao, sino que, desde un enfoque histórico-transhistórico, se protejan los diferentes actores (directos e indirectos) en el campo dentro del recinto Zapallo. Nada significan anhelos como cambiar la sociedad o la vida sin la producción de un espacio apropiado (Lefebvre 2013). En este caso, el recinto Zapallo es un ejemplo, donde su territorio y espacio cambió de policultivos y territorios agrobiodiversos, con bosque primario y secundario, a monocultivos extensivos de palma africana, que posteriormente han sido debastados por la plaga de la pudrición del cogollo (PC). No obstante, a la fecha, luego de un proceso pospandemia de COVID-19, ha pasado a ser un territorio cacaotero con perspectivas de ser sostenible bajo decisiones consensuadas y mancomunadas, velando por producir un cacao "cimentado conceptualmente en manejo de biodiversidad, diversidad de varietales cacaoteros, una historia territorial de cambio en el uso de suelo, manejo del entorno social y ambiental, y respeto a la salud común todos",[15] hasta llegar a instaurar en el pensamiento de la gente y su cultura "el policultivo de la mente",[16] que va más allá del antropocentrismo y se presenta con un enfoque biocéntrico, donde el bienestar de todos los actores de la cadena cacaotera,

15. Freddy Amores (comunicación personal 2021). Miembro Fundador de la Fundación Clúster Cacao y Chocolate del Ecuador, exdirector de investigaciones de INIAP-Estación Pichilingue (Instituto Nacional de Investigaciones Agropecuarias) Ecuador.
16. Alejandro Rojas, PhD. (comunicación personal 2016). Catedrático Agroecología, Doctorado en Salud Colectiva, Ambiente, y Sociedad (Conversación personal, UASB-E, 2016).

incluido lo económico, social y ambiental, se ponderan, contextualizando el territorio y el espacio, para no quedar abstraídos de una realidad agobiante, que se está cambiando gracias a la unión, liderazgo y compromiso de todos los actores del clúster de cacao y chocolate de Ecuador.

Figura 4. Modelo de propuesta de desarrollo rural para cacao

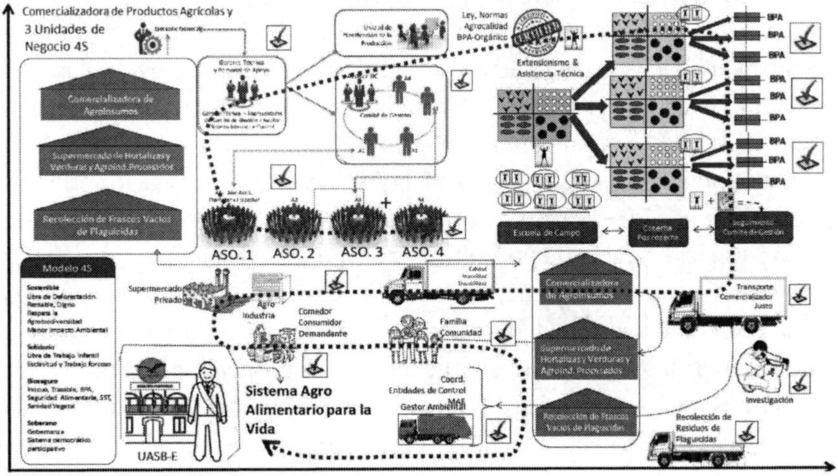

Fuente y elaboración propias.

CONCLUSIONES

Se debe buscar el desarrollo de proyectos que contribuyen a incrementar la producción, sostenibilidad y competitividad de la cadena de manera integral, con miras al comercio exterior, así como desarrollar acciones orientadas a mejorar la calidad, inocuidad, trazabilidad, agroindustrialización y comercialización en el mercado nacional e internacional.

No se puede repetir el proceso malsano de desarrollo agroproductivo planteado por la cadena de palma africana en Zapallo, donde se priorizó el modelo antropocéntrico capitalista de generar ganancias monetarias, invisibilizando a los actores directos e indirectos involucrados en el cultivo, su salud y el desarrollo sostenible, solidario y bioseguro colectivo.

Existe una oportunidad única en Zapallo para establecer una práctica fundante de sostenibilidad agroproductiva dentro de la cadena de cacao y sus subproductos, derivados en coordinación con la comunidad, individuos, asociaciones, agroempresarios, finqueros de la zona y consumidores.

Las personas de la comunidad son conscientes del cambio de paradigma, de uno netamente agroproductivo a uno solidario, sostenible, trazable, inocuo, de calidad y de alimentación saludable.

Cada vez es mayor la demanda de cacao sostenible por los diferentes *chocolatiers* en el mundo, el consumo de barras de chocolate apunta a consumidores más informados, demandantes de chocolates libres de trabajo infantil o trabajo forzoso (esclavitud) y provengan de áreas libres de deforestación.

Las tecnologías de la información aplicadas a los cultivos son fundamentales para reportar avances directos y trazables de las gestiones en campo dentro de cada polígono de terreno, esto incluye aspectos como la forma de producción, el manejo de sus variedades, las aplicaciones de productos fitosanitarios, su diferenciación orgánica o convencional, asociativa o individual, el proceso de fermentación y secado tecnificado, la gestión de los residuos, la vinculación con la comunidad, la evidenciación de la libre deforestación y la gestión oportuna de los pedidos, la conformación de lotes, el despacho y pago de primas a los productores, la gestión de no conformidades y la gestión y el control documental del sistema interno de control.

REFERENCIAS

Agrocalidad. 2021. "Proceso de certificación de unidades de producción en buenas prácticas agropecuarias". https://www.agrocalidad.gob.ec/proceso-de-certificacion-de-unidades-de-produccion-en-buenas-practicas-agropecuarias/

Asociación Nacional de Exportadores de Cacao-Ecuador. 2020. "Base de datos estadística". https://anecacao.com/index2022.html

Barraza, Fiorella, Rebekah Moore, Mark Rehkämper, Eva Schreck, Grégoire Lefeuvre, Katharina Kreissig, Barry Coles, y Laurence Maurice. 2019. "Cadmium Isotope Fractionation in Soil-Cacao Systems of Ecuador: A Pilot Field Study". *RSC Advances,* 9: 34011-22. http://dx.doi.org/10.1039/C9RA05516A

Barraza Fiorella, Eva Schreck, Thibaut Lévêque, Gaelle Uzu, Fausto López, Jenny Ruales, Jonathan Prunier, A. Marquet, y Maurice Laurence, 2017. "Cadmium Bioaccumulation and Gastric Bioaccessibility in Cacao: A Field Study in Areas Impacted by Oil Activities in Ecuador". *Environmental Pollution,* 229: 950-63.

Brassel, Frank, Herrera, Stalin, y Laforge, Michel, eds. 2008. *¿Reforma Agraria en el Ecuador?: Viejos temas, nuevos argumentos.* Quito: Sistema de Investigación Agraria.

Breilh, Jaime. 2003. *Epidemiología crítica: Ciencia emancipadora e interculturalidad.* Buenos Aires: Lugar Editorial / Universidad Nacional de Lanús.

—. 2013. "La salud colectiva". Quito: Universidad Andina Simón Bolívar (UASB-E).

—. 2014. "Cecília Donnangelo y el *ethos* tecnocrático de la salud pública actual (Esencia contrahegemónica de su memoria)". En *O social na epidemiologia: Um legado de Cecília Donnangelo / The social epidemiology: a legacy of Cecilia Donnangelo,* editado por José da Rocha Carvalheiro, Luiza Sterman Heimann y Márcio Derbli, 85-98. Río de Janeiro: Instituto de Saúde.

Chávez, Eduardo, Zhenli He, P. J. Stoffella, Rao Mylavarapu, Y.C. Li, B. Moyano, y V.C. Baligar. 2015. "Concentration of Cadmium in Cacao Beans and its Relationship with Soil Cadmium in Southern Ecuador". *Science of the Total Environment* 533: 205-14.

Instituto Nacional de Estadística y Censos. "Encuesta de Superficie y Producción Agropecuaria (Espac) 2020". https://www.ecuadorencifras.gob.ec/documentos/web-inec/Estadisticas_agropecuarias/espac/espac2020/Presentacion%20ESPAC%202020.pdf.

—. 2021. "Estadísticas agropecuarias". https://www.ecuadorencifras.gob.ec/estadisticas-agropecuarias-2/.

Harvey, David. 2007. " *El nuevo imperialismo.* Madrid: Ediciones Akal.

Jiao, W., W. Chen, A. C. Chang, y A. L. Page. 2012. "Environmental Risks of Trace Elements As- sociated with Long-Term Phosphate Fertilizers Applications: A Review". *Environmental Pollution* 168 (1): 44-53.

Lefebvre, Henri. 2013. *La producción del espacio*. Madrid: Capitán Swing.

León, Efraín. 2016. *Geografía crítica: Espacio, teoría social y geopolítica*. Ciudad de México: Universidad Nacional Autónoma de México / Editorial Ítaca.

Mann, Michael. 1991. *Las fuentes del poder social, I*. Madrid: Alianza.

Martínez Centeno, Ayda Lina, y Kleyla Karina Huerta Sobalvarro. 2018. "La revolución verde". *Revista Iberoamericana de Bioeconomía y Cambio Climático* 4 (8): 1040-52.

Mijuez, Pablo. 2016. "Trabajo cognitivo: Genealogía y aportes de un debate para pensar los procesos de valorización del capital contemporáneos desde la sociología del trabajo y la economía política". *Revista da ABET* 15 (2): 7-25.

Ministerio de Agricultura, Ganadería, Acuacultura y Pesca. 2017. "Magap impulsa proyecto de reconversión del Cacao Fino y de Aroma-Ministerio de Agricultura y Ganadería". https://www.agricultura.gob.ec/magap-impulsa-proyecto-de-reactivacion-del-cacao-fino-y-de-aroma/.

—. 2012. "Resolución Técnica n.º 183. Guía de Buenas Prácticas Agrícolas emitida en septiembre 2012 de carácter voluntario a certificarse".

Morin, Edgar. 2010. *Ciência com consciência*. Río de Janeiro: Bertrand Brasil.

North, Liisa. 1985. "Implementación de la política económica y la estructura del poder político en el Ecuador". En *Economía política del Ecuador. Campo, región, nación*, editado por Louis Lefeber. Quito: Corporación Editora Nacional / FLACSO Ecuador / York University.

Rojas, Alejandro. 2016. Conversación personal. Cátedra Agroecología. Doctorado de Salud Colectiva, Ambiente y Sociedad. UASB-E.

Unión Europea. 2021. "Reglamento de Ejecución (UE) 2021/279 de la Comisión del 22 de febrero de 2021 por el que se establecen normas detalladas para ejecutar el Reglamento (UE) 2018/848 del Parlamento Europeo y del Consejo en lo relativo a los controles y otras medidas que garanticen la trazabilidad y el cumplimiento de lo dispuesto en materia de producción ecológica y etiquetado de los productos ecológicos". https://eur-lex.europa.eu/legal-content/ES/TXT/HTML/?uri=CELEX:32021R0279&from=DE.

—. 2014. "Reglamento (UE) 488/2014 de la Comisión, de 14 de mayo de 2014 que modifica el Reglamento (CE) n.º 1881/2006 por lo que respecta al contenido máximo de cadmio en los productos alimenticios". https://www.boe.es/doue/2014/138/L00075-00079.pdf.

Waitzkin, Howard. 2013. *Medicina y salud pública al final del imperio*. Bogotá: Centro de Historia de la Medicina / Doctorado Interfacultades en Salud Pública / Universidad Nacional de Colombia.

Comunicaciones personales

Amores, Freddy. 2021. Miembro Fundador de la Fundación Clúster Cacao y Chocolate del Ecuador, exdirector de investigaciones de Instituto Nacional de Investigaciones Agropecuarias (INIAP)-Estación Pichilingue, Ecuador.

Galán, William. 2011. Gerente Comercial de Inspectorate 2011, Guayaquil, Ecuador.

Gómez, Jaime. 2021. Director Nacional del Departamento del Cacao, Ministerio de Agricultura de República Dominicana y Gerente Técnico y de Certificaciones, Confederación Nacional de Cacaultores Dominicanos (CONACADO), República Dominicana.

Marlin, Christian. 2021. Asistencia Técnica Internal, Proyecto de Reactivación Productiva Post Terremoto, Ecuador.

Morales, Wladimir. 2021. Encargado de Programa de Buenas Prácticas Agrícolas, Departamento de Inocuidad, Agrocalidad, Ecuador.

Nogales, Hipatia. 2011. Departamento de Inocuidad, Agrocalidad, Ecuador.

Posligua, Washington. 2011. Asistencia Técnica, ANECACAO, Ecuador.

Rosa Ogando, Isidoro de la. 2021. Director Ejecutivo de CONACADO, asesor del poder Ejecutivo en materia de cacao, presidencia de la república dominicana (Luis Abidaner), República Dominicana.

Normas ISO

Organización Internacional de Normalización. 2019. "ISO 34101:2019. Cacao sostenible y trazable. Parte 1: Requisitos para los sistemas de gestión de la sostenibilidad del cacao". https://www.iso.org/obp/ui#iso:std:iso:34101:-1:ed-1:v1:es.

—. 2019b. "Cacao sostenible y trazable. Parte 2: Requisitos para el desempeño (en relación con los aspectos económicos, sociales y ambientales". https://www.iso.org/obp/ui#iso:std:iso:34101:-2:ed-1:v1:es:sec:5.

—. 2019c. "Cacao sostenible y trazable. Parte 3: Requisitos para la trazabilidad". https://dgn.isolutions.iso.org/obp/ui#iso:std:iso:34101:-3:ed-1:v1:es.

—. 2019d. "Cacao sostenible y trazable. Parte 4: Requisitos para los esquemas de certificación".

Sobre los autores

COORDINADORES

Jaime Breilh Paz y Miño: Médico ecuatoriano e investigador; máster en Ciencias y Medicina Social por la Universidad Autónoma Metropolitana de México; especialista en Epidemiología en la Escuela de Higiene y Salud Pública por la Universidad de Londres y doctor (PhD) en Epidemiología por la Universidad Federal de Bahía, Brasil.

Ylonka Tillería Muñoz: Licenciada en Comunicación Social por la Universidad Central del Ecuador (UCE); magíster en Estudios de la Cultura con mención en Literatura Hispanoamericana y doctora en Salud Colectiva, Ambiente y Sociedad por la Universidad Andina Simón Bolívar, Sede Ecuador (UASB-E).

AUTORES(AS)

David Acurio Páez: Doctor en Medicina y Cirugía; máster en Salud Familiar y Comunitaria por la Universidad de Cuenca (UC) y doctor en Salud Colectiva, Ambiente y Sociedad por la UASB-E. Profesor de la UC.

José Luis Coba Carrión: Doctor en Medicina y Cirugía por la UCE; magíster en Salud Pública por la Pontificia Universidad Católica del Ecuador (PUCE); máster en Fitoterapia por la Universitat de Barcelona y doctor en Salud Colectiva, Ambiente y Sociedad por la UASB-E. Docente de la UASB-E.

Orlando Felicita Nato: Ingeniero químico por la Escuela Politécnica Nacional; magíster en Salud con enfoque de ecosistemas por la UC y doctorando en Salud Colectiva, Ambiente y Sociedad por la UASB-E. Docente de la UASB-E.

Doris Guilcamaigua Paztuña: Ingeniera agrónoma, magíster en Protección Ambiental por la Escuela Superior Politécnica de Chimborazo y doctora en Salud Colectiva, Ambiente y Sociedad por la UASB-E.

Mónica Izurieta Guevara: Ingeniera Comercial con mención en Administración de la Productividad por la PUCE; especialista superior en Dirección de Empresas con mención en Mercadeo, magíster en Dirección de Empresas y doctora en Salud Colectiva, Ambiente y Sociedad por la UASB-E. Docente de la UASB-E.

Ronnie Lizano Acevedo: Ingeniero agrónomo por la UCE; máster en Seguridad Industrial y Salud Ocupacional por la Universidad Internacional SEK; magíster en Planificación de Proyectos en Desarrollo Rural y Gestión Sostenible por la Universidad Politécnica de Madrid y doctorando en Salud Colectiva, Ambiente y Sociedad de la UASB-E. Docente de la Universidad Politécnica Salesiana (UPS).

Diana Carolina Ocampo Rivera: Enfermera; magíster en Salud Colectiva por la Universidad de Antioquia y doctora en Salud Colectiva, Ambiente y Sociedad por la UASB-E. Docente de la Universidad de Antioquia.

Natalia Paredes Hernández: Economista y magíster en Estudios Políticos por la Universidad Nacional de Colombia; doctoranda en Salud Colectiva, Ambiente y Sociedad de la UASB-E.

Jackeline Ponzo Gómez: Doctora especialista en Medicina Familiar y Comunitaria; magíster en Epidemiología por la Universidad de la República de Uruguay (UDELAR); y doctoranda en Salud Colectiva, Ambiente y Sociedad en la UASB-E. Profesora adjunta de Medicina Familiar y Comunitaria en la Facultad de Medicina de la UDELAR.

Renato Sánchez Proaño: Ingeniero ambiental por la EPN; magíster en Economía Ecológica por la Facultad Latinoamericana de Ciencias Sociales (FLACSO Ecuador); y doctor en Salud, Ambiente y Sociedad por la UASB-E. Miembro del grupo de investigación en Ecología y Gestión de los Recursos Naturales de la UPS.

María Fernanda Solíz Torres: Licenciada en Psicología por la Universidad del Azuay; especialista en Investigación y magíster en Salud de la Adolescencia por la UC; y doctora en Salud Colectiva, Ambiente y Sociedad por la UASB-E.

Juan Pablo Velasco Moncayo: Doctor en Medicina y Cirugía; magíster en Seguridad y Prevención de Riesgos Laborales por la UCE; y doctorando en Salud Colectiva, Ambiente y Sociedad de la UASB-E. Médico ocupacional del Hospital de Especialidades Carlos Andrade Marín, IESS, Quito.

Gianinna Zamora Acosta: Ingeniera geógrafa por la Escuela Politécnica del Ejército; magíster en Estudios Socioambientales por FLACSO Ecuador; y doctora en Salud Colectiva, Ambiente y Sociedad por la UASB-E. Docente en el Instituto de Altos Estudios Nacionales.

Hugo Zumárraga Suárez: Biólogo por la PUCE; magíster en Estudios Agrarios en América Latina, mención Economía Agraria, y doctorando en Salud Colectiva, Ambiente y Sociedad de la UASB-E. Gerente de Zuiso.

La Universidad Andina Simón Bolívar (UASB) es una institución académica creada para afrontar los desafíos del siglo XXI. Como centro de excelencia, se dedica a la investigación, la enseñanza y la prestación de servicios para la transmisión de conocimientos científicos y tecnológicos. Es un centro académico abierto a la cooperación internacional. Tiene como eje fundamental de trabajo la reflexión sobre América Andina, su historia, su cultura, su desarrollo científico y tecnológico, su proceso de integración y el papel de la subregión en Sudamérica, América Latina y el mundo.

La UASB fue creada en 1985. Es una institución de la Comunidad Andina (CAN). Como tal, forma parte del Sistema Andino de Integración. Además de su carácter de centro académico autónomo, goza del estatus de organismo de derecho público internacional. Tiene sedes académicas en Sucre (Bolivia) y Quito (Ecuador).

La UASB se estableció en Ecuador en 1992. En ese año, suscribió con el Ministerio de Relaciones Exteriores, en representación del Gobierno de Ecuador, un convenio que ratifica su carácter de organismo académico internacional. En 1997 el Congreso de la República del Ecuador la incorporó mediante ley al sistema de educación superior de Ecuador. Es la primera universidad en el país que logró, desde 2010, una acreditación internacional de calidad y excelencia.

La Universidad Andina Simón Bolívar, Sede Ecuador (UASB-E), realiza actividades de docencia, investigación y vinculación con la colectividad de alcance nacional e internacional, dirigidas a la Comunidad Andina, América Latina y otros espacios del mundo. Para ello, se organiza en las áreas académicas de Ambiente y Sustentabilidad, Comunicación, Derecho, Educación, Estudios Sociales y Globales, Gestión, Letras y Estudios Culturales, Historia y Salud. Tiene también programas, cátedras y centros especializados en relaciones internacionales, integración y comercio, estudios latinoamericanos, estudios sobre democracia, derechos humanos, migraciones, medicinas tradicionales, gestión pública, dirección de empresas, economía y finanzas, patrimonio cultural, estudios interculturales, indígenas y afroecuatorianos.